KB042469

부동산
경매론

전장헌 · 이영행 · 신재오 · 최근묵

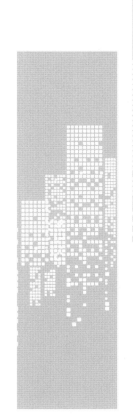
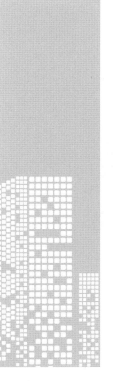
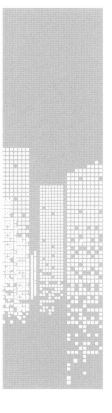

박영사

머·리·말

최근에 부동산경매 분야가 저가 매수를 통한 고수익을 창출하는 재테크 수단의 하나로 널리 인식되면서 경매에 관심을 갖고 도전하는 분들이 많이 늘어나고 있다. 그러나 경매에 관한 아무런 기초지식이 없이 도전하기에는 잠재적 위험이나 함정이 곳곳에 숨어 있어 오히려 손해를 보는 경우도 있다는 점에서 기본적인 법률지식을 갖출 필요가 있다고 하겠다.

오랜 기간 동안 대학 강단에서 민사집행법 특히 부동산경매를 강의하면서 느낀 점은 학생들이나 일반인들이 경매와 관련하여 발생하는 여러 가지 법률문제와 그것을 해결할 수 있는 실체법적 지식을 얻을 수 있는 내용의 강의를 원한다는 것이었다. 강의 이외에 이러한 수요를 만족시킬 수 있는 교재로써 집행법을 공부하는 학생들이나 일반인들이 쉽게 접근할 수 있고 흥미와 재미를 갖고 공부할 수 있는 책을 추천하기란 쉽지 않았다. 시중에 나와 있는 경매관련 책들은 주로 저가매수를 통하여 고수익을 올렸다는 개인적인 경험 위주의 내용이 대부분이었다.

이에 부동산경매에 관한 이론과 실무 그리고 풍부한 사례를 통하여 경매와 관련한 법률문제를 해결할 수 있는 능력을 배양시킬 수 있는 교재가 절실히 필요하였고 이 책을 펴내게 된 이유가 되었다.

이 책은 민사집행법 분야 중 민사집행총론과 부동산경매 분야만을 다루고 있다. 중요한 집행절차에 해당하는 법조문을 단원이 시작되는 앞쪽에 배치하여 법조문 중심의 공부가 되도록 하였고, 판례는 발행일까지 선고된 최신 판례를 수록하였다. 특히 권리분석이 필요한 유치권, 법정지상권, 공유물, 분묘기지권, 대항력 있는 임차인, 미등기대지권, 농지 관련 부분은 실체법적인 이론과 판례 위주의 다양한 사례를 풍부하게 실어 경매 초보자들도 쉽게 이해할 수 있도록 하였다.

독자들의 요구를 만족시키지 못하는 부분은 다음 기회에 보완하기로 하고, 경매에 관심을 갖고 관련 법률지식을 습득하고자 하는 분들에게 이 책이 많은 도움이 되기를 바란다. 끝으로 이 책의 발간에 도움을 주신 박영사 관계자 분들에게 깊은 감사의 말씀을 드린다.

2021. 9.

저자 씀

CONTENTS

제1편 총 론

제 1 장

민사집행의 의의와 종류

I. 민사집행의 의의

1. 민사집행의 의의와 종류

> **민사집행법 제1조(목적)** 이 법은 강제집행, 담보권 실행을 위한 경매, 민법·상법, 그 밖의 법률의 규정에 의한 경매(이하 "민사집행"이라 한다) 및 보전처분의 절차를 규정함을 목적으로 한다.

민사집행법 1조는 강제집행, 담보권실행 경매, 민상법 기타 법률의 규정에 의한 경매를 민사집행이라 하면서, 민사집행의 종류를 규정하고 있다. 이들 민사집행은 채권자의 신청에 의하여 국가가 공권력으로 그 권리를 실현한다는 공통점을 가지고 있다. 따라서 민사집행이란 채무자가 그 의무 이행을 하지 아니할 경우 국가의 공권력으로 채권자의 권리를 실현하는 제도임을 알 수 있다.

민사집행법은 위 세 가지의 민사집행 외에 보전처분의 절차에 관하여도 규정하고 있어, 전자를 협의의 민사집행이라 하고, 후자를 포함하여 광의의 민사집행이라 부른다. 협의의 민사집행은 크게 집행권원이 필요한 강제집행과 집행권원이 필요 없는 담보권 실행을 위한 경매와 민상법 기타 법률에 의한 경매로 구분하는데, 담보권실행을 위한 경매를 임의경매라 하고, 민상법 기타 법률에 의한 경매를 형식적 경매라 한다.

✪ 강제경매와 임의경매의 비교

구 분	집행권원 요부	집행채권	집행대상	강제력	부당집행에 대한 구제방법
강제경매	필요(81조 1항)	금전채권	채무자의 일반재산	○	청구이의 소 + 집행정지
임의경매	불요(264조1항)	금전채권	담보된 특정재산	○	경매개시결정에 대한 이의 채무부존재확인소송 근저당권말소소송

2. 보전절차, 판결절차, 강제집행절차의 관계

사인 간의 권리의무에 관하여 다툼이 있는 경우 그 다툼이 있는 권리의 존부와 법률 관계를 확정하는 절차가 판결절차이다. 다툼이 있는 권리의 존부를 확정하는 판결절차는 심리의 공평과 신중이 요구되고 상당한 시간과 비용의 소요도 불가피하다. 반면 강제집행 절차는 판결절차에서 확정된 권리의 실현을 목적으로 함으로 권리의 실현에 신속히 요구되고 다수의 이해관계인의 이익보호를 위하여 집행의 공정도 따라야 한다.

막대한 시간과 비용을 들여 판결을 얻어냈더라도 판결의 내용대로 임의 이행을 하지 않는 경우 강제집행절차는 불가피하고, 강제집행을 하기 전에 채무자가 책임재산을 처분하거나 은닉, 소비하는 등으로 채무의 이행을 회피하는 경우에는 어렵게 얻어낸 판결은 무용지물이 되고 만다. 이를 방지하기 위하여 판결절차에 들어가기 전에 판결의 실효적이고도 용이한 집행을 위하여 채무자의 재산에 가압류, 가처분 등 보전처분이 필요하다. 따라서 보전절차, 판결절차, 강제집행절차는 상호 유기적인 관계에 있다.

Ⅱ. 민사집행법

1. 민사집행법의 연혁

종래 민사집행에 관련된 규정 중, 강제집행 부분은 민사소송법에서, 담보권 실행 등을 위한 경매 부분은 경매법에서 규정하여 시행되어 오다가 경매법을 폐지하고 담보권실행 등을 위한 경매 규정을 민사소송법에 편입하여 단일하게 규율하고자 1990. 1. 13.자 민사소송법을 개정하였다. 그러다 민사소송법의 강제집행 부분을 분리하여 민사집행법 (2002. 1. 26. 법률 제6627호)이라는 단일법으로 제정, 2002. 7. 1.부터 시행하게 되었다.

이후 여러 차례 개정을 통하여 채무자의 주소를 알 수 없는 경우에도 재산조회를 신청할 수 있도록 하였고, 최저생계비에 대한 압류금지, 소액임차인의 최우선변제금에 대한 압류금지, 최소한의 인간다운 생활 보장을 위하여 생명과 장애를 보장하는 보험의 보험금과 채무자의 최소생계유지에 필요한 예금에 대한 압류금지 등을 도입하는 등 사회경제적 약자를 보호하는 내용을 추가하였다.

2. 민사집행법의 편제

① 민사집행법은 제1편 총칙(1조~23조), 제2편 강제집행(24조~263조), 제3편 담보권

실행 등을 위한 경매(264조~275조), 제4편 보전처분(276조~312조)으로 편제되어 있고 총 312조의 조문으로 되어 있다. 그리고 제23조에서 특별한 규정을 제외하고는 민사집행 및 보전처분절차에 관하여는 민사소송법의 규정을 준용한다는 규정을 두고 있다.

❖ 민사집행법 편제

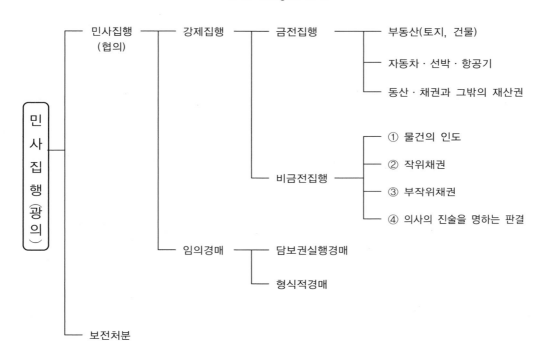

② 채권의 종류에 따른 판결주문례와 집행방법

주 문

피고는 원고에게 100,000,000원 및 이에 대하여 2017. 4. 21. 부터 2019. 8. 27.까지는 연 5%, 그 다음날부터 다 갚는 날까지는 연 12%의 각 비율로 계산한 돈을 지급하라.

(금전채권, 직접강제)

---

① 주 문

피고는 원고에게 별지2 목록 기재 **물건을 인도하라.**

(비금전채권, 직접강제)

---

② 주 문

피고는 원고에게, 00시 00읍 00리 1374-2 대 731㎡ 지상 경량철골구조 경량철골트러스지붕 1층 일반음식점 83.7㎡을 **철거하고**, 위 토지를 **인도하라**.

(대체적 작위채무, 대체집행)

③ 주 문

1. 피고는 원고의 의사에 반하여 원고에게 접근하거나 원고의 주거지 및 직장을 **방문하여서는 아니 된다**.
2. 피고는 원고에게 전화를 걸거나, 문자메시지, 전자우편, 기타 전자적 방식에 의하여 부호, 문언, 음향 또는 영상을 송신하는 방법 등으로 원고의 평온한 생활을 **방해하여서는 아니 된다**.
3. 피고가 제1, 2항 기재 **명령을 위반하는 경우**, 그 위반행위 1회당 200,000원씩을 원고에게 **지급하라**.

(부작위채무, 간접강제)

④ 주   문(의사의 진술을 명하는 판결)

피고는 원고에게 별지 기재 아파트에 관하여 2019. 5. 31. 매매계약을 원인으로 한 소유권 **이전등기절차를 이행하라**.

④ 주   문(의사의 진술을 명하는 판결)

피고는 원고에게 별지 기재 예금에 관한 원고의 중소기업은행에 대한 예금반환청구에 대하여 **승낙의 의사표시를 하라**.

※ 의사의 진술을 명하는 판결은 판결확정된 때에 채무자가 권리관계의 성립을 인낙하거나 그러한 의사를 진술한 것으로 간주하므로(263조 1항), 이로써 강제집행은 완료되고 별도의 집행절차가 필요하지 않다.

제 2 장

집행기관

I. 의 의

집행기관은 강제집행의 실시를 직무로 하는 기관이다. 강제집행절차는 판결을 하는 재판절차와 달리 신속을 요하는 절차이므로, 별도의 집행기관이 담당하도록 규정하고 있다. 집행기관에는 집행법원, 집행관, 수소법원이 있다.

> **제2조(집행실시자)** 민사집행은 이 법에 특별한 규정이 없으면 집행관이 실시한다.

II. 집행관

1. 의 의

집행관은 지방법원에 소속되어 법률에서 정하는 바에 따라 재판의 집행, 서류의 송달, 그 밖에 법령에 따른 사무에 종사하는 단독제 사법기관이다(법원조직법 55조 2항, 집행관법 2조). 집행관은 민사집행법상 원칙적인 집행실시기관이다. 집행관은 법정의 자격이 있는 자 중에서 지방법원장이 임명하며, 소속 지방법원장으로부터 사법행정상의 감독을 받는다(집행관법 7조).

2. 직 무

집행관의 집행업무로는 유체동산집행, 부동산, 선박의 인도집행, 경매목적물의 현황조사, 입찰의 실시, 매각부동산 인도명령의 집행 등이 있고, 그 외 송달의 업무도 하고 있다(민소법 190조).

집행관은 집행을 하기 위하여 필요한 경우에는 채무자의 주거·창고 그 밖의 장소를 수색하고, 잠근 문과 기구를 여는 등 적절한 조치를 할 수 있다(5조 1항). 저항을 받으면 집행관은 경찰 또는 국군의 원조를 요청할 수 있다(5조 2항). 공휴일과 야간에는 법원의 허가가 있어야 집행행위를 할 수 있다(8조 1항).

3. 집행처분에 대한 불복

집행관의 위법·부당한 집행에 대하여 이해관계인은 집행에 관한 이의로 다툴 수 있다.

Ⅲ. 집행법원

> 제3조(집행법원) ① 이 법에서 규정한 집행행위에 관한 법원의 처분이나 그 행위에 관한 법원의 협력사항을 관할하는 집행법원은 법률에 특별히 지정되어 있지 아니하면 집행 절차를 실시할 곳이나 실시한 곳을 관할하는 지방법원이 된다.
> ② 집행법원의 재판은 변론 없이 할 수 있다.

1. 의 의

집행법원은 집행행위에 관한 법원의 처분이나 그 행위에 관한 법원의 협력사항을 관할하는 집행기관이다(3조 1항). 집행절차를 실시할 곳이나 실시한 곳을 관할하는 지방법원이 집행법원이 된다(3조 2항). 단독판사가 담당하고 일부를 사법보좌관이 담당한다.

2. 직 무

집행행위에 관한 처분으로 부동산, 선박, 자동차·건설기계·소형선박 및 항공기에 대한 금전집행, 채권과 그 밖의 재산권에 대한 금전집행, 가압류 및 가처분 집행 등이 있고, 집행행위에 대한 협력 업무로는 집행관이 할 집행행위를 보조하거나 시정, 간섭하는 행위로써 공휴일·야간집행의 허가, 집행에 관한 이의신청 재판, 집행에 관한 특별대리인의 선임 등이 있다.

3. 집행법원의 재판

집행법원의 재판은 결정의 형식으로 하고, 이 재판은 변론없이 할 수 있다(3조 3항). 다만, 집행처분을 하는데 필요한 때에는 이해관계인, 그 밖의 참고인을 심문할 수 있다(규칙 2조). 재판은 상당한 방법으로 고지함으로써 효력이 생긴다. 그러나 압류명령, 추심명령, 전부명령, 관리명령, 양도명령은 채무자와 제3채무자에게, 강제경매개시결정과 강제관리개시결정은 채무자에게 송달하여야 한다.

4. 불　복

집행법원의 재판에 대하여는 즉시항고(15조)와 집행에 관한 이의신청(16조)으로 다툴 수 있다.

Ⅳ. 수소법원

예외적인 집행기관으로, 대체집행(260조)과 간접강제(261조) 등의 직무를 행한다.

제 3 장

민사집행에서의 불복방법

제15조(즉시항고) ① 집행절차에 관한 집행법원의 재판에 대하여는 특별한 규정이 있어야만 즉시항고를 할 수 있다.
제16조(집행에 관한 이의) ① 집행법원의 집행절차에 관한 재판으로서 즉시항고를 할 수 없는 것과, 집행관의 집행처분, 그 밖에 집행관이 지킬 집행절차에 대하여서는 법원에 이의를 신청할 수 있다.

민사집행법은 집행절차에서 위법한 집행에 대하여 그 시정을 구하기 위한 불복방법으로써 즉시항고와 집행에 관한 이의를 규정하고 있다. 즉시항고는 항고심(상급심)에서 판단하고, 집행에 관한 이의는 동일 심급에서 판단한다.

Ⅰ. 즉시항고

1. 의 의

강제집행절차에서 집행법원의 재판에 대한 즉시항고는 특별한 규정이 있어야 가능하고, 그러한 규정이 없거나 집행관의 처분에 대하여는 집행에 관한 이의신청으로 불복할 수 있다.

다만, 집행법원의 재판이라도 단독판사 등의 처분은 즉시항고할 수 있으나, 사법보좌관의 처분에 대하여는 이의신청을 해야 한다.

2. 항고권자와 상대방

항고권자는 불복의 대상 재판에 의하여 불이익을 받게 되는 채권자, 채무자, 그 밖의 이해관계인이다. 경매절차에서 매수인·매수신고인, 채권압류에서 제3채무자도 포함된다. 즉시항고는 편면적 불복절차이므로 반드시 상대방이 있어야 하는 것은 아니지만, 부동산인도명령, 압류물의 인도명령, 금전채권의 압류명령 등에서는 결정문에 상대방을 표시하고 결정문을 송달한다.

3. 즉시항고 제기방법과 재판

재판의 고지를 받은 날로부터 1주의 불변기간 이내에 집행법원에 항고장을 제출하여야 한다(15조 2항). 항고장에 항고이유를 적지 아니한 때에는 항고인은 항고장을 제출한 날부터 10일 이내에 항고이유서를 원심법원에 제출하여야 한다(15조 3항). 항고인이 항고이유서를 제출하지 아니하거나 항고이유가 규정에 위반한 때 또는 항고가 부적법하고 이를 보정할 수 없음이 분명한 때에는 원심법원은 결정으로 그 즉시항고를 각하하여야 한다(15조 5항). 항고법원은 항고장 또는 항고이유서에 적힌 이유에 대하여서만 조사한다(15조 7항).

4. 집행정지

즉시항고는 집행정지의 효력을 가지지 아니한다(15조 6항). 그러나 확정되어야 효력을 가지는 재판에 대하여 즉시항고가 제기된 경우에 확정이 차단되므로 집행정지의 효력이 있는 것과 같아 별도로 집행정지처분을 할 필요가 없다. 이에는 강제집행절차를 취소하는 결정, 집행절차를 취소한 집행관의 처분에 대한 이의신청을 기각·각하하는 결정, 집행관에게 강제집행절차의 취소를 명하는 결정, 매각허부결정 등이 있다. 즉시항고를 하더라도 집행정지의 효력이 없는 재판에 대하여는 집행법원으로부터 잠정처분으로서 집행정지결정을 받아 제출해야 하며, 이제 대하여는 불복할 수 없다(15조 6항).

Ⅱ. 집행에 관한 이의

1. 의 의

집행법원의 집행절차에 관한 재판으로서 즉시항고를 할 수 없는 것과, 집행관의 집행처분, 그 밖에 집행관이 지킬 집행절차에 위법이 있는 경우 그 시정을 구하는 불복방법이다(16조).

2. 이의 대상

① 집행법원의 집행절차에 관한 재판으로써 즉시항고를 할 수 없는 것

집행법원의 재판에 한하고, 법원의 사실행위는 원칙적으로 집행에 관한 이의신청 대상이 아니다. 집행취소서류의 제출에 의한 집행처분을 취소하는 재판, 집행법원이 최고가매수신고인에 대하여 특별한 사정 없이 매각허가 여부의 결정을 하지 않는 경우[1], 부동산 보관인선임 및 권리이전명령에 대한 재판, 채무불이행자명부등재말소 신청의 기각결정, 공휴일·야간집행의 허가 등에 대하여 집행에 관한 이의신청을 할 수 있다.

② 집행관이 집행을 위임받기를 거부하거나 집행행위를 지체하는 경우 또는 집행관이 계산한 수수료에 대하여 다툼이 있는 경우에는 법원에 이의를 신청할 수 있다(16조 3항). 집행권원에 표시된 대로 집행하지 않는 경우, 목적물 중 일부에 대하여 집행이 가능함에도 전체 목적물에 대하여 집행위임을 거부한 경우[2], 부동산인도집행이 불능으로 집행할 수 없다는 처분 등에 대하여도 집행에 관한 이의신청을 할 수 있다.

3. 이의 사유

집행방법에 관한 이의는 집행 또는 집행행위에 있어서의 형식적 절차상의 하자가 있는 경우에 할 수 있는 것이므로 집행의 기본이 되는 채무명의 자체에 대한 실체권리관계에 관한 사유나 그 채무명의의 성립과 소멸에 관한 절차상의 하자는 어느 것이나 집행방법에 관한 이의사유로 삼을 수 없다.[3]

4. 이의 절차

가. 이의방법, 시기

이의신청은 집행법원이 실시하는 기일에 출석하여 하는 경우가 아니면 서면으로 하여야 하고(규 15조), 구체적인 이유를 밝혀야 한다. 집행에 관한 이의는 즉시항고와 같은 신청기간의 제한이 없으나, 이의의 이익이 있고 또한 존속하고 있는 동안에 신청하여야 하므로, 집행이의에 의하여 집행처분의 취소를 구하는 경우 그 집행절차가 종료한 후에는 이미 그 이의의 이익이 없어 이의의 신청을 할 수 없다.[4]

---

[1] 대법원 2008. 12. 29. 선고 2008그205 결정
[2] 대법원 2020. 4. 17. 선고 2018그692 결정
[3] 대법원 1987. 3. 24. 선고 86마카51 결정
[4] 대법원 1996. 7. 16. 선고 95마1505 결정

나. 심리 및 재판

변론 없이 할 수 있고, 재판은 결정의 형식으로 한다. 집행법원은 집행처분을 하는 데 필요한 때에는 이해관계인, 그 밖의 참고인을 심문할 수 있다(규칙 2조). 이의 재판에 대하여는 원칙적으로 불복할 수 없다. 다만 집행절차를 취소하는 결정, 집행절차를 취소한 집행관의 처분에 대한 이의신청을 기각·각하하는 결정 또는 집행관에게 집행절차의 취소를 명하는 결정에 대하여는 즉시항고를 하거나(17조 1항), 특별항고의 방법으로 불복할 수 있다(17조 1항, 23조 1항, 민소법 449조 1항). 즉시항고 및 특별항고는 모두 원심결정이 고지된 날로부터 1주 이내에 제기하여야 한다(민소법444조 1항, 449조 2항).[5]

다. 잠정처분

법원은 이의신청에 대한 재판에 앞서, 채무자에게 담보를 제공하게 하거나 제공하게 하지 아니하고 집행을 일시정지하도록 명하거나, 채권자에게 담보를 제공하게 하고 그 집행을 계속하도록 명하는 등 잠정처분을 할 수 있다(16조 2항).

---

5) 대법원 2020. 12. 18. 선고 2020그892 결정

제 4 장　집행비용

I. 의 의

집행비용은 강제집행에 필요한 비용으로, 강제집행의 준비와 실시에 필요한 집행기관 및 당사자의 비용을 말한다.

II. 예 납

민사집행의 신청을 하는 때에는 채권자는 민사집행에 필요한 비용으로서 법원이 정하는 금액을 미리 내야 한다. 송달료, 공고비용, 현황조사수수료, 감정료, 매각수수료 등이다. 법원이 부족한 비용을 미리 내라고 명하는 때에도 또한 같다(18조 1항). 채권자가 비용을 미리 내지 아니한 때에는 법원은 결정으로 신청을 각하하거나 집행절차를 취소할 수 있다(18조 2항). 이 결정에 대하여는 즉시항고를 할 수 있다(18조 3항).

III. 집행비용의 부담과 추심

강제집행에 필요한 비용은 채무자가 부담하고 그 집행에 의하여 우선적으로 변상을 받는다(53조 1항). 강제집행의 기초가 된 판결이 파기된 때에는 채권자는 집행비용을 채무자에게 변상하여야 한다(53조 2항).

IV. 집행비용확정결정

채무자가 부담하여야 할 집행비용으로서 그 집행절차에서 변상받지 못한 비용과 법 제53조 제2항에 따라 채권자가 변상하여야 할 금액은 당사자의 신청을 받아 집행법원이 결정으로 정한다(규칙 24조 1항).

제 2 편 강제집행

제1장 총 설

Ⅰ. 강제집행의 요건

1. 집행당사자

가. 의 의

강제집행을 신청한 자를 채권자(집행채권자), 강제집행을 당하는 자를 채무자(집행채무자)라 한다. 채무자의 채무를 부담하는 제3자, 즉 채무자의 채무자를 제3채무자라고 한다.

나. 집행당사자의 확정

강제집행을 위해서는 누가 채권자이고 누가 채무자인지 집행당사자의 확정이 필요하다. 집행당사자는 집행문의 부여로 확정된다. 집행문은 채권자를 위하여, 채무자에 대하여 부여한다. 보통 집행권원에 표시된 당사자가 집행문의 채권자 및 채무자(집행당사자)가 되지만, 승계가 있는 경우에는 집행권원에 표시된 당사자와 집행문의 당사자가 다를 수 있다.

다. 집행당사자 적격과 변동

(1) 집행당사자적격

(가) 의 의

누가 정당한 집행채권자 또는 집행채무자인가의 문제로서, 집행문을 부여할 때 집행권원의 집행력을 보유한 자가 집행채권자적격이 있고, 집행력이 미치는 자가 집행채무자적격이 있다.

(나) 집행당사자적격의 범위

① 집행당사자적격의 범위는 집행권원의 집행력이 미치는 범위와 같고, 집행권원의 집행력의 주관적 범위는 집행권원의 기판력의 주관적 범위와 같다. 민사집행법 제25조 제1항은 판결이 그 판결에 표시된 당사자 외의 사람에게 효력이 미치는 때에는 그 사람

에 대하여 집행하거나 그 사람을 위하여 집행할 수 있다고 규정하고 있으므로, 판결의 원·피고와 기판력이 미치는 제3자도 집행당사자적격이 있다.

② 기판력이 미치는 제3자는, 변론종결(변론 없이 한 판결의 경우에는 판결선고) 뒤의 승계인, 당사자 또는 승계인을 위하여 청구 목적물을 소지한 사람, 제3자를 위하여 당사자가 된 자가 받을 판결에서의 제3자, 독립당사자참가 또는 소송인수에 따라 소송을 탈퇴한 당사자이다. 다만, 민사소송법 제71조의 규정에 따른 참가인에 대하여는 그러하지 아니하다(25조 1항).

(2) 집행당사자적격의 변동

(가) 집행문 부여 전의 변동

집행권원이 성립 후 집행문이 부여 전에 당사자의 사망, 승계 등으로 집행당사자의 적격이 변동되는 경우가 있다. 이때는 새로운 적격자를 위하여 또는 그 자에 대하여 승계집행문을 부여받아야 한다.

집행권원상의 청구권(이하 '집행채권'이라 한다)이 양도되어 대항요건을 갖춘 경우에는 집행당사자적격이 양수인으로 변경되며, 양수인이 승계집행문을 부여받음에 따라 집행채권자가 양수인으로 확정된다. 승계집행문의 부여로 인하여 양도인에 대한 기존 집행권원의 집행력은 소멸한다.[1]

(나) 집행문 부여 후의 변동

원칙적으로 승계집행문을 부여받아야 하지만, 강제집행을 개시한 뒤에 채무자가 죽은 때에는 승계집행문 부여 없이 상속재산에 대하여 강제집행을 계속하여 진행한다(52조 1항). 채무자에게 알려야 할 집행행위를 실시할 경우에 상속인이 없거나 상속인이 있는 곳이 분명하지 아니하면 집행법원은 채권자의 신청에 따라 상속재산 또는 상속인을 위하여 특별대리인을 선임하여야 한다.

라. 집행당사자의 대리

집행절차는 대리인에 의해서도 가능하다. 집행관에 의한 집행절차에는 대리인자격에 제한이 없으나 집행법원이 하는 집행절차에서는 변호사만이 대리인이 될 수 있다. 다만 당사자와 일정한 관계에 있는 사람은 법원의 허가가 있는 경우 대리인이 될 수 있다. 판결절차의 대리인은 강제집행에 관하여 당연히 대리권을 가진다(민소법 90조)

---

1) 대법원 2019. 1. 31. 선고 2015다26009 판결

2. 집행권원

가. 의 의

집행권원이란 사법상의 일정한 청구권의 존재와 범위를 표시한 것을 집행력이 있는 공정의 문서를 말한다. 강제집행은 확정된 종국판결이나 가집행의 선고가 있는 종국판결에 기초하여 한다(24조). 집행권원은 강제집행의 기초가 된다.

나. 집행권원의 종류

① 확정된 종국판결, 가집행선고 있는 종국판결, 집행판결

② 화해조서, 인낙조서, 항고로만 불복할 수 있는 재판, 확정된 지급명령, 가압류·가처분명령, 집행증서, 과태료 재판에 대한 검사의 명령, 확정된 화해권고결정

③ 확정된 이행권고결정, 파산채권자표, 회생채권자표 및 회생담보권자표, 개인회생채권자표, 조정조서, 조정에 갈음하는 조서, 양육비부담조서 등이 있다.

3. 집행문

가. 의 의

강제집행은 집행문이 있는 판결정본(이하 "집행력 있는 정본"이라 한다)이 있어야 할 수 있다(28조 1항). 집행문이란 집행권원에 집행력이 있음과 집행당사자를 공증하기 위하여 법원사무관등이 공증기관으로서 집행권원의 끝에 부기하는 공증문언을 말한다.[2]

집행력 있는 정본의 효력은 전국 법원의 관할구역에 미친다(37조). 채권자가 한 지역에서 또는 한 가지 방법으로 강제집행을 하여도 모두 변제를 받을 수 없는 때에는 여러 통의 집행력 있는 정본에 의하여 여러 지역에서 또는 여러 가지 방법으로 동시에 강제집행을 할 수 있다(38조).

나. 집행문 요부

① 원 칙

강제집행에는 원칙적으로 집행권원에 집행문이 필요하다.

② 예 외

확정된 지급명령, 확정된 이행권고결정, 부동산등기절차 등의 이행을 명하는 판결과 같이 의사의 진술을 명하는 판결(단, 반대급부와 상환으로 의사표시를 명한 경우는 집행문 필요) 등에는 집행문이 필요하지 않다. 그러나 판결을 집행하는 데에 조건이 붙어 있어 그

---

2) 법원실무제요 민사집행 I , 228면

조건이 성취되었음을 채권자가 증명하여야 하는 때에는 이를 증명하는 서류를 제출하여
야만 집행문을 내어 주며(30조 2항), 채권자 또는 채무자의 승계가 있는 경우에도 승계집
행문이 필요하다(31조).

⟨동시이행 판결주문⟩

피고는 원고로부터 건물을 인도받음과 **동시에** 금 000원을 지급하라.

※ 위 판결은 금전지급 부분에 집행력이 있는 동시이행판결이다. 건물을 인도받는 부분에
는 집행력이 없어 집행문을 부여할 수 없다. 즉 원고가 건물을 인도하지 않는다고 하
여 피고에게 집행문을 부여해 줄 수 없다. 피고가 금전지급의무를 이행하지 않을 때
원고의 신청으로 원고에게 집행문을 내어 준다. 단, 집행을 개시하려면 원고는 피고에
게 건물을 인도하였음을 증명하여야 한다(건물인도는 집행개시요건이다).

다. 집행문 부여기관

집행문은 신청에 따라 제1심 법원의 법원서기관·법원사무관·법원주사 또는 법원
주사보(이하 "법원사무관등"이라 한다)가 내어 주며, 소송기록이 상급심에 있는 때에는 그
법원의 법원사무관등이 내어 준다(28조 2항). 집행증서의 경우는 그 증서를 보관하는 공증
인 또는 법무법인 등이 내어 준다.

라. 집행문부여 요건

제30조(집행문부여)
① 집행문은 판결이 확정되거나 가집행의 선고가 있는 때에만 내어 준다.
② 판결을 집행하는 데에 조건이 붙어 있어 그 조건이 성취되었음을 채권자가 증명하
여야 하는 때에는 이를 증명하는 서류를 제출하여야만 집행문을 내어 준다. 다만, 판결
의 집행이 담보의 제공을 조건으로 하는 때에는 그러하지 아니하다.
제31조(승계집행문)
① 집행문은 판결에 표시된 채권자의 승계인을 위하여 내어 주거나 판결에 표시된 채
무자의 승계인에 대한 집행을 위하여 내어 줄 수 있다. 다만, 그 승계가 법원에 명백한
사실이거나, 증명서로 승계를 증명한 때에 한한다.
제32조(재판장의 명령)
① 재판을 집행하는 데에 조건을 붙인 경우와 제31조의 경우에는 집행문은 재판장(합의
부의 재판장 또는 단독판사를 말한다. 이하 같다)의 명령이 있어야 내어 준다.
제35조(여러 통의 집행문의 부여)

① 채권자가 여러 통의 집행문을 신청하거나 전에 내어 준 집행문을 돌려주지 아니하고 다시 집행문을 신청한 때에는 재판장의 명령이 있어야만 이를 내어 준다.

(1) 확정판결과 가집행선고 있는 판결

① 강제집행 할 수 있는 판결은 이행판결이다. 그러나 그 판결이 확정되지 않으면 집행력이 생기지 않으므로 집행문을 내어줄 때는 판결의 확정 여부를 조사하여야 한다. 단순 의사의 진술을 명하는 판결은 이행판결이지만 확정과 동시에 집행이 종료되므로 집행문이 필요 없으며, 판결정본과 확정증명만으로 단독 등기신청이 가능하다. 만일 의사의 진술을 명하는 판결에 조건이 붙어 있는 경우라면 그 조건의 성취사실은 집행문 부여 요건이고, 집행문을 부여받아야 등기신청을 할 수 있다.

가집행선고 있는 판결도 집행력이 있으므로 강제집행을 위해서는 집행문을 부여받아야 한다.

(2) 조건이 붙어 있는 경우

판결을 집행하는 데에 조건이 붙어 있는 경우에는 채권자가 그 조건성취사실을 증명하여야 재판장의 명령으로 집행문을 내어 준다(30조 2항). 조건에 해당하는 경우는 다음과 같은 것들이 있다.

① 피고는 갑이 사망하면 원고에게 금 100만 원을 지급한다고 한 경우(불확정기한[3])

② 피고는 원고로부터 금 1억 원을 지급받음과 동시에 원고에게 부동산에 관한 소유권이전등기절차를 이행한다고 한 경우(동시이행)

③ 부대체적 작위채무에 대한 간접강제결정이 있는 경우 : 판례는 조건이 붙어 있는 경우로 보았고, 조건 성취를 다투는 취지에서 집행문부여에 대한 이의의 소를 제기한 것은 적법하다고 보았다[4].

| 사 례 |

○ 사건개요
1. 갑(채권자)은 을(채무자)을 상대로 회계장부 등 열람 · 등사가처분 신청을 하여, 법원으로부터 다음과 같은 인용 결정을 받았다.

> 채무자는 이 결정 송달일로부터 공휴일을 제외한 30일 동안 채권자에게 이 결정 별지 목록 기재 장부 및 서류를 열람 · 등사하는 것을 허용하여야 한다.
> 채무자가 위 명령에 위반하는 경우, 채권자에게 각 위반행위 1일당 1,000,000원을 지급하라

---

3) 사망이라는 사실이 일어날 것은 확실한데 언제 일어날 것인지 불확실한 경우
4) 대법원 2021. 6. 24. 선고 2016다268695 판결

2. 갑은 위 결정에 따라 을에게 가처분 결정문 상의 장부 및 서류의 열람·등사를 요청하였으나 을은 이를 거부하였다. 이에 갑은 을의 거부를 이유로 위 결정문 2항에 대하여 집행문부여 신청을 하여 재판장의 명령에 의한 집행문을 부여 받아, 을의 재산에 강제집행을 하였다.

3. 을은 열람·등사 허용의무를 위반하지 않았다는 이유로 집행문 부여에 대한 이의의 소를 제기하였다. 1심은 이 사건 가처분결정에 의한 강제집행은 23,000,000원을 초과하는 부분에 한하여 이를 불허한다는 일부 승소판결을 하였고, 쌍방 항소하였으나, 항소심은 항소기각판결을 하였다.

4. 이에 쌍방 상고하였으나, 상고기각 되었다. 상고심은 가처분 결정문의 문언상, 채무자(을)는 채권자가 특정 장부 또는 서류의 열람 등사를 요구할 경우에 한하여 이를 허용할 의무를 부담하는 것이지, 채권자의 요구가 없어도 먼저 채권자에게 특정 장부 또는 서류를 제공할 의무를 부담하는 것은 아니며, 따라서 그러한 간접강제결정에서 명한 배상금 지급의무는 그 발생 여부나 시기 및 범위가 불확정적이라고 봄이 타당하므로, 그 간접강제결정은 이를 집행하는데 민사집행법 제 30조 2항의 조건이 붙어 있다고 보아야 한다고 판시하였다(대법원 2021. 6. 24. 선고 2016다268695 판결).

(3) 당사자의 승계가 있는 경우

집행문은 판결에 표시된 채권자의 승계인을 위하여 내어 주거나 판결에 표시된 채무자의 승계인에 대한 집행을 위하여 내어 줄 수 있다. 다만, 그 승계가 법원에 명백한 사실이거나, 증명서로 승계를 증명한 때에 한하며(31조 1항), 재판장의 명령에 의하여 부여한다(32조 1항).

확정된 지급명령은 집행문이 필요 없지만, 집행권원 성립 후 당사자의 승계가 있는 경우 집행을 위해서는 승계집행문을 부여받아야 한다(58조 1항)

(4) 재도부여 또는 수통부여의 경우

채권자가 여러 통의 집행문을 신청하거나(수통부여신청) 전에 내어 준 집행문을 돌려주지 아니하고 다시 집행문을 신청한 때(재도부여신청)에는 재판장의 명령이 있어야만 이를 내어 준다(35조 1항).

확정된 지급명령, 확정된 이행권고결정, 집행증서(공정증서)에 대한 재도 또는 수통부여신청이 있어도 재판장의 명령을 요하지 않고 법원사무관등이 부여한다.

라. 집행문 부여절차

① 서면 또는 말로도 신청할 수 있다(28조 3항). 강제집행을 하려는 채권자가 신청한다. 조건이나 승계가 있는 경우에는 조건성취증명서, 승계사실증명서 등을 제출하여야 한다.

② 집행문을 부여시 조건성취사실 등을 조사하여야 한다. 정지조건, 불확정기한, 선이행의무는 조건에 해당한다. 동시이행 관계에 있는 반대의무 이행(제공)은 집행개시요건이고, 선이행관계에 있는 반대의무 이행은 조건에 해당하여 집행문부여 요건이다.

③ 승계가 있는 경우 승계사실을 조사하여야 한다.

④ 조건, 승계, 집행문의 수통, 재도 부여시 재판장 또는 사법보좌관의 명령이 있어야 한다(32조 1항, 35조 1항, 사법보좌관규칙 2조 1항 4호).

마. 집행문 부여방식

① 집행문은 판결정본의 끝에 덧붙여 적는다(29조 1항). 집행문에는 "이 정본은 피고 아무개 또는 원고 아무개에 대한 강제집행을 실시하기 위하여 원고 아무개 또는 피고 아무개에게 준다."라고 적고 법원사무관등이 기명날인하여야 한다(29조 2항).

② 재판장 또는 사법보좌관의 명령에 따라 집행문을 부여할 때는 그 취지를 적어야 한다(32조 3항).

〈집행문 기재례 : 일반적인 경우〉

이 정본은 피고 ○○○에 대한 강제집행을 실시하기 위하여 원고 ○○○에게 내어 준다.

20 . . .

○○ 법원

법원사무관 ○○○ (직인)

〈조건이 있는 경우〉

이 정본은 **재판장의 명령에 의하여** 피고 ○○○에 대한 강제집행을 실시하기 위하여 원고 ○○○에게 내어 준다.

20 . . .

○○ 법원

법원사무관 ○○○ (직인)

〈승계가 있는 경우〉

> 이 정본은 **재판장의 명령에 의하여** 피고 ○○○에 대한 강제집행을 실시하기 위하
> 여 원고 ○○○의 승계인 ○○○(주민번호 000000－0000000)에게 내어 준다.
>
> 　　　　　　　　　　　　　　20 ．　．　．
>
> 　　　　　　　　　　　　　○○ 법원
>
> 　　　　　　　　　　　　　　　　　　　법원사무관　○○○　　(직인)

바. 구제수단

① 채권자의 구제수단 : 집행문부여거부처분에 대한 이의신청, 집행문부여의 소

집행문을 내어 달라는 신청에 관한 법원사무관등의 처분에 대하여 이의신청할 수 있
다(34조 1항). 조건, 승계 사실 증명을 할 수 없는 때에는 채권자는 집행문을 내어 달라는
소를 제1심 법원에 제기할 수 있다(33조).

② 채무자의 구제수단 : 집행문부여에 대한 이의신청(34조 1항). 집행문부여에 대한
이의의 소(45조)

Ⅱ. 강제집행의 개시요건

1. 의 의

채권자의 강제집행신청이 있으면 집행법원은 신청의 적법 여부, 필요한 요건의 구비
여부 등을 심사하여 요건이 갖추어져 있으면 현실적으로 집행을 개시하게 된다. 집행법원
이 집행을 개시하는 데 있어서 그 존부가 필요한 요건을 집행개시요건이라 한다. 여기에
는 적극적 요건과 소극적 요건이 있다.

2. 적극적 요건

가. 집행당사자의 표시, 집행권원의 송달

> 제39조(집행개시의 요건) ① 강제집행은 이를 신청한 사람과 집행을 받을 사람의 성명이
> 판결이나 이에 덧붙여 적은 집행문에 **표시**되어 있고 판결을 이미 **송달**하였거나 동시에
> 송달한 때에만 개시할 수 있다.

①집행권원이나 집행문에는 집행당사자의 표시가 있어야 한다.

② 집행권원은 이미 송달하였거나 동시에 송달한 때에만 개시할 수 있다(39조 1항). 판결, 지급명령, 조정조서 등과 같이 미리 송달한 것은 다시 송달할 필요 없다. 확정된 지급명령, 확정된 이행권고결정, 집행증서는 송달증명이 필요 없다.

나. 집행문 및 증명서의 송달

제39조(집행개시의 요건) ② 판결의 집행이 그 취지에 따라 채권자가 증명할 사실에 매인 때 또는 판결에 표시된 채권자의 승계인을 위하여 하는 것이거나 판결에 표시된 채무자의 승계인에 대하여 하는 것일 때에는 집행할 판결 외에, 이에 덧붙여 적은 집행문을 강제집행을 개시하기 전에 채무자의 승계인에게 송달하여야 한다.
③ 증명서에 의하여 집행문을 내어 준 때에는 그 증명서의 등본을 강제집행을 개시하기 전에 채무자에게 송달하거나 강제집행과 동시에 송달하여야 한다.

조건성취집행문이나 승계집행문을 부여하는 때에는 집행권원 외에 집행문 및 증명서의 등본을 송달하여야 한다.

다. 이행기의 도래

제40조(집행개시의 요건) ① 집행을 받을 사람이 일정한 시일에 이르러야 그 채무를 이행하게 되어 있는 때에는 그 시일이 지난 뒤에 강제집행을 개시할 수 있다.

① 채무의 이행기가 확정기한인 경우 그 이행기가 도래한 후에 집행을 개시할 수 있다. 이와 달리 불확정기한의 경우(사망 후 1주일 내)는 집행개시요건이 아니고 사망이라는 조건성취를 증명해야 하는 집행문 부여요건이 된다.

② 담보권 실행을 위한 경매절차의 개시요건으로서 피담보채권의 존재와 그 이행지체를 증명하도록 요구하고 있는 것은 아니다.5) 따라서 담보권자가 피담보채권의 이행기의 도래 전에 담보권을 실행하여 경매절차가 개시되었다 하더라도 그 경매신청이나 경매개시결정이 무효로 되는 것은 아니고, 이러한 경우 채무자나 소유자는 경매개시결정에 대한 이의신청 등으로 경매절차의 진행을 저지하여야 하며, 이러한 조치를 취하지 아니하여 경매절차가 진행되고 경락허가결정에 따라 경락대금이 납입되었다면, 이로써 경락인은 유효하게 경락부동산의 소유권을 취득한다.6)

---

5) 대법원 2000. 10. 25. 선고 2000마5110 결정
6) 대법원 2002. 1. 25. 선고 2000다26388 판결

라. 담보제공증명서의 제출과 그 등본의 송달

제40조(집행개시의 요건) ② 집행이 채권자의 담보제공에 매인 때에는 채권자는 담보를 제공한 증명서류를 제출하여야 한다. 이 경우의 집행은 그 증명서류의 등본을 채무자에게 이미 송달하였거나 동시에 송달하는 때에만 개시할 수 있다.

집행이 채권자의 담보제공을 조건으로 한 경우 담보를 제공한 증명서를 제출하여야 하고, 집행 개시 전 또는 동시에 채무자에게 송달하여야 한다.

바. 반대의무의 이행(제공)

제40조(집행개시의 요건) ① 반대의무의 이행과 동시에 집행할 수 있다는 것을 내용으로 하는 집행권원의 집행은 채권자가 반대의무의 이행 또는 이행의 제공을 하였다는 것을 증명하여야만 개시할 수 있다.

① 상환이행판결에서 반대의무의 이행(제공)은 집행개시요건이다.

임차주택에 대하여 보증금반환청구소송의 확정판결이나 그 밖에 이에 준하는 집행권원에 따라서 경매를 신청하는 경우에는 집행개시요건에 관한 「민사집행법」 제41조에도 불구하고 반대의무의 이행이나 이행의 제공을 집행개시의 요건으로 하지 아니한다(주임법 3조의 2 1항, 상임법 5조). 따라서 건물인도를 선이행할 필요가 없다. 그러나 임차건물이 아닌 임대인 소유의 다른 건물에 대한 경매신청의 경우는 반대의무의 이행 또는 이행의 제공이 있어야 한다.

전세권자가 전세권에 기하여 임의경매신청을 하는 경우, 전세권설정자에게 전세목적물 인도의무 및 전세권설정등기 말소의무의 이행 또는 이행의 제공을 한 사실(내용증명우편으로 보낸 서류나 등기말소에 필요한 서류에 대한 물품공탁서 등 첨부)을 소명하여야 한다.

② 예외적으로 반대의무와 동시에 의사표시를 명한 경우 반대의무의 이행은 집행문부여요건이 된다(263조 2항).

사. 대상청구의 집행에 필요한 본래의 청구권의 집행불능증명

제41조(집행개시의 요건) ② 다른 의무의 집행이 불가능한 때에 그에 갈음하여 집행할 수 있다는 것을 내용으로 하는 집행권원의 집행은 채권자가 그 집행이 불가능하다는 것을 증명하여야만 개시할 수 있다.

〈대상청구의 판결주문례〉

피고는 원고에게 별지목록 기재 물건을 인도하고, 위 물건 인도의 강제집행이 불능인 때에는 금 ○○원을 지급하라.

위 판결주문례에서 본래의 청구인 물건의 인도청구가 집행불능인 경우 그 집행불능 사실을 증명하여야 금전지급청구의 강제집행이 개시된다(집행개시요건).

3. 소극적 요건(집행장애사유)

집행개시의 소극적 요건은 집행의 개시 또는 속행에 장애가 되는 사유이다. 집행법원은 강제집행의 개시나 속행에 있어서 집행장애사유에 대하여 직권으로 존부를 조사하여야 하고, 집행개시 전부터 사유가 있는 경우에는 집행의 신청을 각하 또는 기각하여야 하며, 만일 집행장애사유가 존재함에도 간과하고 강제집행을 개시한 다음 이를 발견한 때에는 이미 한 집행절차를 직권으로 취소하여야 한다.[7]

가. 회생절차

포괄적 금지명령(채무자회생법 45조 1항)과 회생절차개시결정(동법 58조)이 있는 경우 이미 행한 강제집행 등은 중지되고, 새로운 강제집행 신청은 금지된다. 나아가 회생계획인가결정이 있는 때에는 중지된 파산절차, 강제집행, 가압류, 가처분, 담보권실행경매절차는 그 효력을 잃는다(동법 256조 1항).

나. 파산절차

파산채권에 기하여 파산재단에 속하는 재산에 대하여 행하여진 강제집행·가압류 또는 가처분은 파산재단에 대하여는 그 효력을 잃는다. 다만, 파산관재인은 파산재단을 위하여 강제집행절차를 속행할 수 있다(동법 348조 1항).

다. 개인회생절차

① 개인회생절차개시의 결정이 있는 때에는 개인회생채권자목록에 기재된 개인회생채권에 기하여 개인회생재단에 속하는 재산에 대한 이미 계속 중인 강제집행은 중지되며 새로운 강제집행은 금지된다(동법 600조 1항).

② 개인회생절차개시의 결정이 있는 때에는 변제계획의 인가결정일 또는 개인회생

---

7) 대법원 2016. 9. 28. 선고 2016다205915 판결, 대법원 2000. 10. 2. 선고 2000마5221 결정

절차 폐지결정의 확정일 중 먼저 도래하는 날까지 개인회생재단에 속하는 재산에 대한 담보권의 설정 또는 담보권의 실행 등을 위한 경매는 중지 또는 금지된다(동법 600조 2항).

③ 변제계획인가결정이 있는 때에는 제600조의 규정에 의하여 중지한 회생절차 및 파산절차와 개인회생채권에 기한 강제집행·가압류 또는 가처분은 그 효력을 잃는다. 다만, 변제계획 또는 변제계획인가결정에서 다르게 정한 때에는 그러하지 아니하다(동법 615조 3항).

라. 집행정지 또는 취소서류의 제출(49조)

마. 집행채권의 압류 · 가압류

① 집행채권자의 채권자가 집행채권에 대하여 압류 또는 가압류, 처분금지가처분을 하게 되면, 그 압류·가압류·가처분채무자(집행채권자)는 집행채무자를 상대로 채권압류명령을 신청할 수 있으나, 채권의 만족적 단계에까지는 이를 수 없으므로, 추심, 전부명령은 받을 수 없다.[8] 이런 점에서 집행채권자의 채권자가 집행채권에 대하여 한 압류 또는 가압류, 처분금지가처분이 집행장애사유에 해당한다.

② 사례(대법원 2000. 10. 2. 선고 2000마5221 결정)

---

8) 대법원 2000. 10. 2. 선고 2000마5221 결정 : 채권압류명령과 전부명령을 동시에 신청하더라도 압류명령과 전부명령은 별개로서 그 적부는 각각 판단하여야 하는 것이고, 집행채권의 압류가 집행장애사유가 되는 것은 집행법원이 압류 등의 효력에 반하여 집행채권자의 채권자를 해하는 일체의 처분을 할 수 없기 때문이며, 집행채권이 압류된 경우에도 그 후 추심명령이나 전부명령이 행하여지지 않은 이상 집행채권의 채권자는 여전히 집행채권을 압류한 채권자를 해하지 않는 한도 내에서 그 채권을 행사할 수 있다고 할 것인데, 채권압류명령은 비록 강제집행절차에 나간 것이기는 하나 채권전부명령과는 달리 집행채권의 환가나 만족적 단계에 이르지 아니하는 보전적 처분으로서 집행채권을 압류한 채권자를 해하는 것이 아니기 때문에 집행채권에 대한 압류의 효력에 반하는 것은 아니라고 할 것이므로 집행채권에 대한 압류는 이 사건 채권압류명령에는 집행장애사유가 될 수 없다.

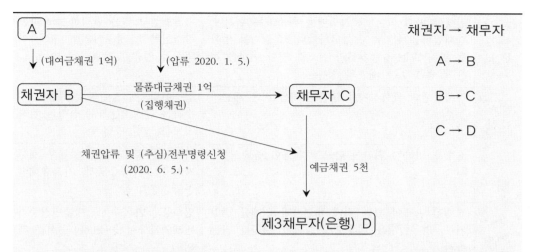

① A는 B에 대한 대여금채권을 가지고, B가 C에 대하여 가지고 있는 물품대금채권을 압류하였다.
② B는 C에 대한 물품대금채권으로 C가 은행에 예대하여 가지고 있는 예금채권에 대하여 채권압류 및 전부명령을 신청하였다. 원심법원은 B의 집행채권(물품대금채권)은 A에 의하여 압류되었으므로 집행장애사유로 보아 채권압류 및 전부명령신청을 기각하였다.
③ 그러나 대법원은 채권압류명령신청은 가능하지만, 채권의 만족적 단계인 전부명령을 기각한 원심이 정당하다고 보았다(압류까지만 가능).

Ⅲ. 강제집행의 정지 · 취소

1. 집행의 정지

가. 의 의

집행의 정지는 집행절차의 개시 또는 이미 개시된 강제집행절차를 일정한 법률상 원인에 의하여 속행할 수 없는 상태를 말한다. 채무자 또는 제3자의 권리침해를 방지하려는 데 목적이 있다. 채권자, 채무자 또는 제3채무자가 집행기관에 집행정지서류를 제출하여야 집행이 정지된다.

나. 집행정지의 원인

① 법정서류의 제출

민사집행법 제49조[9] 소정의 서류의 제출이 있는 때에는 집행기관은 집행절차를 정지하여야 한다.

1호 (취소)	집행할 판결 또는 그 가집행을 취소하는 취지나, 강제집행을 허가하지 아니하거나 그 정지를 명하는 취지 또는 집행처분의 취소를 명한 취지를 적은 집행력 있는 재판의 정본	가집행선고 있는 판결을 취소하는 항소심판결, 청구이의소, 제3자이의소를 인용한 판결 등
2호 (정지)	강제집행의 일시정지를 명한 취지를 적은 재판의 정본	청구이의, 제3자이의소 재판에 부수하는 잠정처분으로 집행의 일시정지를 명한 명령 등
3호 (취소)	집행을 면하기 위하여 담보를 제공한 증명서류	가집행면제선고가 있는 경우 채무자의 담보제공증명서, 가압류해방공탁증명서 등
4호 (정지)	집행할 판결이 있은 뒤에 채권자가 변제를 받았거나, 의무이행을 미루도록 승낙한 취지를 적은 증서	영수증, 변제증서, 대물변제증서 변제연기증서 등(변제공탁서는 제외)
5호 (취소)	집행할 판결, 그 밖의 재판이 소의 취하 등의 사유로 효력을 잃었다는 것을 증명하는 조서등본 또는 법원사무관등이 작성한 증서	상소심 본안심리중 소취하나 청구포기가 있을 때 그 사실을 적은 조서등본 등(사인이 작성한 문서는 제외)
6호 (취소)	강제집행을 하지 아니한다거나 강제집행의 신청이나 위임을 취하한다는 취지를 적은 화해조서의 정본 또는 공정증서의 정본	공증인이 사문서를 인증한 것은 제외

② 법정사실의 발생

집행절차의 진행 중에 집행을 당연무효로 하는 집행요건의 흠 또는 집행장애사유의 존재를 발견한 때에는 직권으로 정지한다.

---

9) 제49조(집행의 필수적 정지·제한)

강제집행은 다음 각호 가운데 어느 하나에 해당하는 서류를 제출한 경우에 정지하거나 제한하여야 한다.

1. 집행할 판결 또는 그 가집행을 취소하는 취지나, 강제집행을 허가하지 아니하거나 그 정지를 명하는 취지 또는 집행처분의 취소를 명한 취지를 적은 집행력 있는 재판의 정본
2. 강제집행의 일시정지를 명한 취지를 적은 재판의 정본
3. 집행을 면하기 위하여 담보를 제공한 증명서류
4. 집행할 판결이 있은 뒤에 채권자가 변제를 받았거나, 의무이행을 미루도록 승낙한 취지를 적은 증서
5. 집행할 판결, 그 밖의 재판이 소의 취하 등의 사유로 효력을 잃었다는 것을 증명하는 조서등본 또는 법원사무관등이 작성한 증서
6. 강제집행을 하지 아니한다거나 강제집행의 신청이나 위임을 취하한다는 취지를 적은 화해조서의 정본 또는 공정증서의 정본

다. 정지 · 취소서류의 제출시기[10]

법정 소정의 정지 · 취소서류는 대금납부 전까지 제출되어야 정지 또는 취소가 된다. 대금납부 후에 제출되면 절차는 속행하되 그 채권자에게 배당금을 지급 또는 공탁하거나 배당에서 제외한다.

절차 / 법정서류	경매개시결정	매각준비	매각기일 (매수신고)	매각결정기일	대금납부	배당기일
49조 2호 266조 1항 5호	← 대금납부 전 제출 : 정지 →				대금납부 이후 제출시	배당금 공탁
49조 4호 266조 1항 4호중	← 정 지 →		← 매수인 동의시 정지 →		대금납부 이후 제출시	배당금 지급
49조 3, 6호 266조 1항 4호 중 화해조서, 공정증서	← 취 소 →		← 매인인 동의시 취소 →		대금납부 이후 제출시	배당 제외
49조 1, 5호 266조 1항 1~3호	← 대금납부시까지 제출해야 집행취소 →				대금납부 이후 제출시	배당 제외

라. 집행정지의 효력

집행이 정지되면 집행기관은 새로운 집행을 개시할 수 없고, 진행 중인 집행은 속행

---

10) 민사집행규칙 제50조(집행정지서류 등의 제출시기)
   ① 법 제49조제1호·제2호 또는 제5호의 서류는 매수인이 매각대금을 내기 전까지 제출하면 된다.
   ② 매각허가결정이 있은 뒤에 법 제49조제2호의 서류가 제출된 경우에는 매수인은 매각대금을 낼 때까지 매각허가결정의 취소신청을 할 수 있다. 이 신청에 관한 결정에 대하여는 즉시항고를 할 수 있다.
   ③ 매수인이 매각대금을 낸 뒤에 법 제49조 각호 가운데 어느 서류가 제출된 때에는 절차를 계속하여 진행하여야 한다. 이 경우 배당절차가 실시되는 때에는 그 채권자에 대하여 다음 각호의 구분에 따라 처리하여야 한다.
   1. 제1호 · 제3호 · 제5호 또는 제6호의 서류가 제출된 때에는 그 채권자를 배당에서 제외한다.
   2. 제2호의 서류가 제출된 때에는 그 채권자에 대한 배당액을 공탁한다.
   3. 제4호의 서류가 제출된 때에는 그 채권자에 대한 배당액을 지급한다.

할 수 없다. 이미 진행된 집행처분은 취소되는 경우를 제외하고 효력은 유지된다.

2. 집행의 취소

가. 의 의

집행의 취소는 이미 실시한 집행처분의 전부 또는 일부의 효력을 잃게 하는 집행기관의 행위이다. 집행 개시 전이나 집행종료 후에는 집행처분을 취소할 여지가 없다.

나. 집행취소의 사유

집행취소의 사유에는 집행취소서류의 제출과 개별적으로 규정된 취소사유가 있다. 개별적으로 규정된 취소사유에는 집행비용을 예납하지 아니한 때(18조 2항), 부동산멸실(96조), 남을 가망이 없는 경우(102조) 등이 있다.

다. 집행취소의 효과

집행취소에 의하여 집행행위의 효과는 소멸한다. 즉 집행절차 또는 집행처분은 종료하며 속행을 구할 수 없다.

라. 집행취소에 대한 불복

집행처분을 취소하는 재판은 원칙적으로 확정되어야 효력을 발생하고 이에 대하여는 즉시항고가 허용된다(17조). 집행취소서류(49조 1, 3, 5, 6호 서류)가 제출된 경우에는 즉시항고가 허용되지 않고(50조 2항), 이에 대하여 불복하려면 집행에 관한 이의를 제기하여야 한다.[11]

---

11) 대법원 2011. 11. 10. 선고 2011마1482 결정

Ⅳ. 강제집행에서의 구제절차

집행기관이 진행하는 집행절차에 위법한 사례가 있는 경우(위법집행) 즉시항고와 집행에 관한 이의로 다툴 수 있다. 그러나 절차상 위법은 없지만 집행이 실체법상 근거를 결여하고 있는 경우(부당집행)에는 청구의 소와 제3자이의의 소로 그 부당집행의 시정을 구할 수 있다.

✿ 민사집행절차에서의 구제방법

구제방법 당사자	구제 방법
채권자	1. 집행문부여 거절처분에 대한 이의신청(34조 1항, 59조 2항) 2. 집행문 부여의 소(33조) 3. 즉시항고(15조)와 집행에 관한 이의(16조)
채무자	집행문 부여에 대한 이의신청(34조 1항, 59조 2항) 집행문 부여에 대한 이의의 소(45조) 즉시항고(15조)와 집행에 관한 이의(16조) 청구이의의 소(44조, 57조, 58조 3항, 59조 3항)
제3자	즉시항고(15조)와 집행에 관한 이의신청(16조) 제3자이의이 소(48조 1항)

1. 청구이의의 소

제44조(청구에 관한 이의의 소)
① 채무자가 판결에 따라 확정된 청구에 관하여 이의하려면 제1심 판결법원에 청구에 관한 이의의 소를 제기하여야 한다.
② 제1항의 이의는 그 이유가 변론이 종결된 뒤(변론 없이 한 판결의 경우에는 판결이 선고된 뒤)에 생긴 것이어야 한다.
③ 이의이유가 여러 가지인 때에는 동시에 주장하여야 한다.

가. 의 의

채무자가 판결에 따라 확정된 청구에 관하여 이의하려면 제1심 판결법원에 청구에 관한 이의의 소를 제기하여야 한다(44조 1항). 청구이의의 소는 채무자가 집행권원에 표시된 청구권에 관하여 실체적인 사유를 이유로 그 집행권원이 가지는 집행력의 배제를 구하는 소이다. 본소의 대상은 원칙적으로 모든 종류의 집행권원이다. 다만, 가집행선고 있는 판결, 의사의 진술을 명하는 재판, 가압류·가처분명령 등은 대상이 아니다.

임의경매에서 근저당권의 피담보채무가 부존재하는 경우, 채무자는 그 사유를 들어 민사집행법 제265조, 제268조, 제86조 제1항에 따라 경매개시결정에 대한 이의신청을 하고 같은 법 제86조 제2항에 따라 같은 법 제16조 제2항에 준하는 잠정처분을 받거나, 채무부존재확인소송 또는 근저당권말소청구소송을 제기하고 같은 법 제46조 제2항에 따라 잠정처분을 받아 그 근저당권에 기한 임의경매절차를 정지시킬 수 있으나 직접 근저당권에 기한 임의경매의 불허를 구하는 소를 제기할 수는 없다.12)

나. 이의원인

① 변제, 대물변제, 면제, 포기, 계약해제, 공탁13) 등으로 청구권의 전부 또는 일부가 소멸된 경우

② 청구권의 양도, 전부명령의 확정 등으로 청구권이 주체가 변동된 경우

③ 채무자가 한정승인을 하고도 채권자가 제기한 소송의 사실심 변론종결시까지 그 사실을 주장하지 아니하여 책임의 범위에 관한 유보가 없는 판결이 선고되어 확정되었다고 하더라도, 채무자는 그 후 위 한정승인 사실을 내세워 청구에 관한 이의의 소를 제기할 수 있다.14)

다. 이의원인 주장의 제한

① 이의는 그 이유가 변론이 종결된 뒤(변론 없이 한 판결의 경우에는 판결이 선고된 뒤)에 생긴 것이어야 한다(44조 2항).

② 그러나 확정된 지급명령(58조 3항), 공정증서(59조 3항), 확정된 이행권고결정(소액사건심판법 5조의 8, 3항) 등은 기판력이 없으므로 이의사유 발생시기에 제한이 없다.

③ 이의이유가 여러 가지인 때에는 동시에 주장하여야 한다(44조 3항).

라. 소송절차

① 소의제기 및 당사자적격

본소는 집행권원이 유효하게 성립한 이후 강제집행이 종료하기까지 제기할 수 있다. 집행문 부여 전이라도 가능하다. 원고는 집행권원에 채무자로 표시된 자 또는 채무자의

---

12) 대법원 2002. 9. 24. 선고 2002다43684 판결, 대법원 2018. 11. 15. 선고 2018다38591 판결 참조
13) 대법원 1992. 4. 10. 선고 91다41620 판결(집행권원에 표시된 본래의 채무가 변제공탁으로 소멸되었다 하여도 그 집행비용을 변상하지 아니한 이상 당해 집행권원의 집행력 전부의 배제를 구할 수는 없다)
14) 대법원 2006. 10. 13. 선고 2006다23138 판결

승계인 등이고, 피고는 집행권원에 채권자로 표시된 자 또는 그 승계인이다.

　② 재판절차

　일반소송절차와 같다. 청구의 전부 또는 일부를 인용할 때는 집행권원에 기한 집행의 일시적·영구적 불허, 집행의 전부·일부의 불허를 선언하는 판결을 한다. 원고승소 판결이 확정되면 집행력이 소멸된다.

〈판결주문〉

1. 피고의 원고에 대한 ○○법원 20○○. ○. ○. 선고 20○○가단12○○ 사건의 판결에 기한 강제집행을 불허한다.
2. 이 판결이 확정될 때까지 위 1항 기재 판결의 집행력 있는 정본에 기한 강제집행을 정지한다.
3. 소송비용은 피고가 부담한다.
4. 제2항은 가집행할 수 있다.

마. 잠정처분

　청구이의소를 제기하더라도 강제집행의 개시 속행에 영향이 없다(46조 1항). 따라서 당사자의 신청에 따라 판결이 있을 때까지 담보를 제공하게 하거나 담보를 제공하게 하지 아니하고 강제집행을 정지하도록 명할 수 있으며, 담보를 제공하게 하고 그 집행을 계속하도록 명하거나 실시한 집행처분을 취소하도록 명할 수 있다(46조 3항, 4항).

〈강제집행정지 결정주문〉

　신청인은 담보로 ○○원을 공탁할 것을 조건으로, 위 당사자 사이의 이 법원 20○○가단24○○ 청구이의 사건의 제1심 판결선고시까지, 이 법원 20○○가단13○○ 사건의 집행력 있는 판결 정본에 기한 강제집행을 정지한다.

---

2. 제3자이의의 소

제48조(제3자이의의 소)

　① 제3자가 강제집행의 목적물에 대하여 소유권이 있다고 주장하거나 목적물의 양도나 인도를 막을 수 있는 권리가 있다고 주장하는 때에는 채권자를 상대로 그 강제집행에 대한 이의의 소를 제기할 수 있다. 다만, 채무자가 그 이의를 다투는 때에는 채무자를 공동피고로 할 수 있다.

　② 제1항의 소는 집행법원이 관할한다. 다만, 소송물이 단독판사의 관할에 속하지 아니할 때에는 집행법원이 있는 곳을 관할하는 지방법원의 합의부가 이를 관할한다.

③ 강제집행의 정지와 이미 실시한 집행처분의 취소에 대하여는 제46조 및 제47조의 규정을 준용한다. 다만, 집행처분을 취소할 때에는 담보를 제공하게 하지 아니할 수 있다.

가. 의 의

제3자이의의 소는 제3자가 강제집행의 목적물에 대하여 소유권이 있다고 주장하거나 목적물의 양도나 인도를 막을 수 있는 권리가 있다고 주장하는 때에는 채권자를 상대로 그 강제집행에 대한 이의를 주장하며 집행의 배제를 구하는 소를 말한다(48조 1항). 집행권원 자체의 집행력의 배제를 구하는 청구이의소와 다르며, 본소를 통한 정지·취소의 대상은 제3자(원고)가 주장하는 피압류재산에 대한 집행에 한정된다.

이 소는 금전채권, 비금전집행, 보전집행, 임의경매 등 모든 재산권에 대한 집행에 대하여 인정된다. 그러나 본소로써 집행권원 자체의 집행력의 배제를 구할 수는 없다.[15]

나. 이의원인

집행채권자에게 대항할 수 있는 권리를 가지고 있어야 하고, 압류당시 이미 제3자에게 속하여야 한다. 제3자가 강제집행의 목적물에 대하여 소유권을 가지고 있거나 목적물의 양도나 인도를 저지할 수 있는 권리가 있어야 한다. 소유권, 목적물을 점유사용할 수 있는 권원(지상권, 전세권, 유치권 등), 점유권, 양도담보권자 등이 이에 해당된다.

│ 사 례 : 부부공유재산 압류와 제3자이의 │

○ **사건개요**
1. 집행관은 채권자 갑의 유체동산압류신청에 따라 채무자 을이 살고 있는 아파트에 찾아가 TV, 에어컨, 쇼파, 냉장고, 세탁기를 압류하였다.
2. 이에 채무자 을의 처인 병은 위 각 유체동산은 자신의 돈으로 구입한 것이라며 관련 증거를 첨부하여 제3자이의 소송을 제기하고 강제집행정지신청을 하였다.

○ **법원의 판단**
위 유체동산은 원고 병이 자신의 신용카드로 매수하고 대금을 결제한 사실이 인정되므로 강제집행을 불허한다.

○ **관련법리**
1. 부부의 일방이 혼인 전부터 가진 고유재산과 혼인 중 자기의 명의로 취득한 재산은 특유재산으로 한다(민법 830조 1항).

---

15) 대법원 1982. 9. 14. 선고 81다527 판결

2. 부부의 누구에게 속한 것인지 불분명한 재산은 부부공유로 추정한다(동조 2항).
3. 채무자와 그 배우자의 공유로서 채무자가 점유하거나, 부부 공동으로 점유하고 있는 유체동산은 압류할 수 있다(민사집행법 190조).
4. 위와 같은 부부공유재산 추정과 부부공유의 유체동산 압류는 혼인관계가 유지되고 있는 부부를 전제로 한다(대법원 2013. 7. 11. 선고 2013다201233 판결).

다. 소의제기

제3자이의의 소는 집행 개시 후 종료 전에만 할 수 있다. 매각절차가 종료되었더라도 배당절차가 종료되지 않았다면 본소를 제기할 소의 이익이 있다.[16] 본소 계속 중에 집행이 종료되면 부당이득반환이나 손해배상청구로 소의 변경을 할 수 있다. 한정승인을 한 상속인은 자기의 고유재산에 대한 집행에 대하여 청구이의소가 아니라 본소를 제기할 수 있다.[17]

원고는 목적물에 대하여 집행하는 채권자이며, 피고는 집행 목적물에 대하여 소유권이나 목적물의 양도 또는 인도를 저지할 권리가 있다고 주장하는 제3자이다.

본소는 집행법원이 관할한다. 다만, 소송물이 단독판사의 관할에 속하지 아니할 때에는 집행법원이 있는 곳을 관할하는 지방법원의 합의부가 이를 관할한다(48조 2항).

라. 재 판

심리 결과 이의가 정당하다고 인정되는 때에는 강제집행 불허를 선언한다. 판결주문은 다음과 같다.

〈판결주문〉
1. 피고가 ○○○에 대한 공증인가 법무법인 ○○ 작성 증서 20○○년 제○○○호 집행력 있는 공정증서 정본에 기하여 20○○. ○. ○. 별지 목록 기재 부동산에 대하여 한 강제집행을 불허한다.
2. 이 법원이 20○○카정○○ 강제집행정지 신청사건에 관하여 20○○. ○. ○. 한 강제집행 정지결정을 인가한다.
3. 소송비용은 피고가 부담한다.
4. 제2항은 가집행할 수 있다.

---

16) 대법원 1997. 10. 10. 선고 95다49049 판결
17) 대법원 2005. 12. 19. 선고 2005그128 결정

마. 잠정처분

청구이의의 소와 같이, 강제집행의 정지와 이미 실시한 집행처분의 취소를 구할 수 있다(48조 3항). 다만, 집행처분을 취소할 때에는 담보를 제공하게 하지 아니할 수 있다.

집행보조절차

I. 총 설

　　강제집행은 채무자의 재산의 유무나 그 소재를 파악하고 있는 경우에 가능하다. 그러나 현실은 채권자가 채무자의 재산을 찾아 강제집행을 하기란 쉽지 않다. 민사집행법은 강제집행의 효율성을 높이기 위하여 채무이행을 하지 아니하는 불성실한 채무자에게 재산내역을 밝히도록 하는 재산명시절차, 채무자의 경제활동에 불이익을 주어 채무이행을 강제하는 채무불이행자명부등재절차, 채권자가 채무자의 재산내역을 조회할 수 있는 재산조회제도를 규정하고 있다. 이들 절차를 집행보조절차라 한다.

II. 재산명시신청

제61조(재산명시신청)
① 금전의 지급을 목적으로 하는 집행권원에 기초하여 강제집행을 개시할 수 있는 채권자는 채무자의 보통재판적이 있는 곳의 법원에 채무자의 재산명시를 요구하는 신청을 할 수 있다. 다만, 민사소송법 제213조에 따른 가집행의 선고가 붙은 판결 또는 같은 조의 준용에 따른 가집행의 선고가 붙어 집행력을 가지는 집행권원의 경우에는 그러하지 아니하다.
② 제1항의 신청에는 집행력 있는 정본과 강제집행을 개시하는데 필요한 문서를 붙여야 한다.

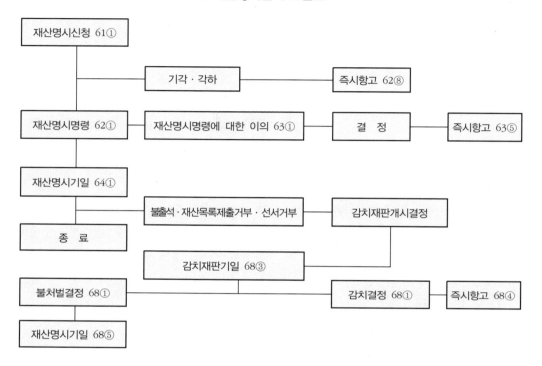

◑ 재산명시절차 흐름도

1. 의 의

일정한 금전의 지급을 목적으로 하는 집행권원상의 채무를 이행하지 아니하는 채무자로 하여금 재산목록을 제출하게 하고 그 진실성에 대하여 선서하게 함으로써 재산관계를 명시하는 절차이다(61조). 채권자는 법원에 채무자의 재산명시를 요구하는 신청을 할 수 있다. 제도의 실효성 확보를 위하여 재산명시명령 위반자에 대하여 감치제도를 도입하였다.

2. 신 청

① 신청서에는 금전채권을 내용으로 하는 집행력 있는 정본과 강제집행을 개시함에 필요한 문서를 첨부하여야 한다. 다만 가집행선고가 붙어 집행권원은 제외된다(62조 1항 단서). 법원사무관등은 신청인으로부터 집행문이 있는 판결정본의 사본을 제출받아 기록에 붙인 후 집행력 있는 정본을 채권자에게 바로 돌려주어야 한다(규칙 25조 2항).

② 채무자의 재산을 쉽게 찾을 수 없을 것을 요건으로 한다(62조 2항).

③ 관할법원은 채무자의 보통재판적이 있는 곳의 지방법원 또는 지원이다(61조 1항).

3. 재 판

① 재산명시신청에 대한 재판은 채무자를 심문하지 아니하고 한다(62조 3항). 재산명시신청에 정당한 이유가 있는 때에는 법원은 채무자에게 재산상태를 명시한 재산목록을 제출하도록 명하고, 재산명시명령은 채권자와 채무자에게 송달하여야 한다. 채무자에 대한 송달에는 결정에 따르지 아니할 경우 민사집행법 제68조에 규정된 감치 및 벌칙의 제재를 받을 수 있음을 함께 고지하여야 하고(62조 4항), 결정을 송달받은 뒤 송달장소를 바꾼 때에는 그 취지를 법원에 바로 신고하여야 하며 그 신고를 하지 아니하여 달리 송달할 장소를 알 수 없는 경우 종전에 송달받던 장소에 등기우편으로 발송할 수 있음을 함께 고지하여야 한다(규칙 26조). 채무자에 대한 송달은 발송송달이나 공시송달을 할 수 없다(62조 5항).

② 재산명시신청에 정당한 이유가 없거나, 채무자의 재산을 쉽게 찾을 수 있다고 인정한 때에는 법원은 결정으로 이를 기각하여야 한다. 기각·각하결정에 대하여 채권자는 즉시항고 할 수 있고, 재산명시명령에 대하여 채무자는 이의신청을 할 수 있다(63조 1항).

[재산명시신청서]

재 산 명 시 신 청

	인지
	1,000원

채권자 (이 름) (주민등록번호   –   )
        (주 소)
        (연락처)

채무자 (이 름) (주민등록번호   –   )
        (주 소)

집행권원의 표시 : ○○지방법원 20 . . . 선고 20 가합 손해배상사건의 집행력
있는 판결정본
채무자가 이행하지 아니하는 금전채무액 : 금   원

신 청 취 지
채무자는 재산상태를 명시한 재산목록을 제출하라

신 청 사 유
1. 채권자는 채무자에 대하여 위 표시 집행권원을 가지고 있고 채무자는 이를 변제하지 아니
하고 있습니다.
2. 따라서 민사집행법 제61조에 의하여 채무자에 대한 재산명시명령을 신청합니다.

첨 부 서 류
1. 집행력있는 판결정본   1부
1. 송달증명원   1부
1. 확정증명원   1부
1. 송달료납부서   1부

20 . . .

채권자   (날인 또는 서명)

○○지방법원 귀중

◇ 유 의 사 항 ◇

1. 채권자는 연락처란에 언제든지 연락 가능한 전화번호나 휴대전화번호(팩스번호, 이메일 주소 등도 포함)를
기재하기 바랍니다.
2. 채권자는 수입인지외에 5회분의 송달료를 납부하여야 합니다.
3. 명시신청을 함에는 집행력있는 정본과 강제집행을 개시하는데 필요한 문서를 첨부하여야 합니다.
4. 신청서를 제출할 때 집행력있는 정본외 그 사본을 한 부 제출하면 접수공무원이 사본에 원본대조필을 한
다음 정본은 이를 채권자에게 반환하여 드립니다.

[재산명시결정]

○○지방법원

결   정

사 건   20   카명   재산명시

채권자   ○○○(―   )

　　　　　　서울 ○○구 ○○로 ○○

채무자   ○○○(―   )

　　　　　　서울 ○○구 ○○로 ○○

집행권원 :

주   문

채무자는 재산관계를 명시한 재산목록을 재산명시기일에 제출하라.

이   유

채권자의 위 집행권원에 기한 이 사건 신청은 이유 있으므로 민사집행법 제62조 제1항 에 의하여 주문과 같이 결정한다.

2000. O. O.

판 사　　　　　　⑪

○ 유의사항

1. 재산명시절차안내 및 재산목록의 작성요령과 채무자가 작성하여 제출할 재산목록 양식은 추후 재산명시기일 출석요구서와 함께 보내 드릴 것이니 참고하시기 바랍니다.
2. 재산명시명령을 송달받은 채무자는 명시기일에 출석하여 채무자가 작성·제출하는 재산목록이 진실함을 선서하여야 하며, 정당한 사유 없이 명시기일에 출석하지 아니하거나 재산목록의 제출 또는 선서를 기부한 때에는 20일 이내의 감치에 처할 수 있고, 거짓의 재산목록을 낸 때에는 3년 이하의 징역 또는 500만 원 이하의 벌금에 처할 수 있습니다.
3. 채무자가 이 결정을 송달받은 뒤 송달장소를 바꾼 때에는 그 취지를 법원에 바로 신고하여야 하며, 그 신고를 하지 아니하여 달리 송달할 장소를 알 수 없는 경우에는 종전에 송달받던 장소에 등기우편으로 발송할 수 있습니다.
4. 채무자는 재산명시명령을 송달받은 날부터 1주 내에 이의신청을 할 수 있습니다.

4. 재산명시명령에 대한 이의신청

① 채무자는 재산명시명령을 송달받은 날부터 1주 이내에 이의신청을 할 수 있다(63조 1항). 채무자가 이의신청을 한 때에는 법원은 이의신청사유를 조사할 기일을 정하고 채권자와 채무자에게 이를 통지하여야 한다(63조 2항).

② 이의신청에 정당한 이유가 있는 때에는 법원은 결정으로 재산명시명령을 취소하여야 하고(63조 3항), 이의신청에 정당한 이유가 없거나 채무자가 정당한 사유 없이 기일에 출석하지 아니한 때에는 법원은 결정으로 이의신청을 기각하여야 한다(63조 4항).

③ 재산명시명령취소결정이나 이의신청 기각결정에 대하여는 즉시항고를 할 수 있다(63조 5항).

5. 재산명시기일

제64조(재산명시기일의 실시)

① 재산명시명령에 대하여 채무자의 이의신청이 없거나 이를 기각한 때에는 법원은 재산명시를 위한 기일을 정하여 채무자에게 출석하도록 요구하여야 한다. 이 기일은 채권자에게도 통지하여야 한다.

② 채무자는 제1항의 기일에 강제집행의 대상이 되는 재산과 다음 각호의 사항을 명시한 재산목록을 제출하여야 한다.

1. 재산명시명령이 송달되기 전 1년 이내에 채무자가 한 부동산의 유상양도
2. 재산명시명령이 송달되기 전 1년 이내에 채무자가 배우자, 직계혈족 및 4촌 이내의 방계혈족과 그 배우자, 배우자의 직계혈족과 형제자매에게 한 부동산 외의 재산의 유상양도
3. 재산명시명령이 송달되기 전 2년 이내에 채무자가 한 재산상 무상처분. 다만, 의례적인 선물은 제외한다.

④ 제1항의 기일에 출석한 채무자가 3월 이내에 변제할 수 있음을 소명한 때에는 법원은 그 기일을 3월의 범위 내에서 연기할 수 있으며, 채무자가 새 기일에 채무액의 3분의 2 이상을 변제하였음을 증명하는 서류를 제출한 때에는 다시 1월의 범위 내에서 연기할 수 있다.

가. 기일지정과 채무자 출석 요구

재산명시명령에 대하여 채무자의 이의신청이 없거나 이를 기각한 때에는 법원은 재산명시를 위한 기일을 정하여 채무자에게 출석하도록 요구하여야 하고, 채권자에게도 통지한다(64조 1항). 채무자에 대한 출석요구서는 소송대리인이 있는 경우에도 본인에게 송

달하여야 한다(규칙 27조 2항).

나. 재산명시기일의 진행

① 채무자의 출석

명시기일에는 채무자가 출석하여야 하고, 채권자는 출석하지 않아도 된다(규칙 27조 3항). 채무자가 정당한 사유 없이 불출석 한 경우에는 감치절차로 넘어간다.

② 재산목록제출

채무자는 명시기일에 재산목록을 제출하여야 한다. 실무에서는 재산목록은 명시기일 재판 당일 법정에 들어가기 전에 작성한다. 재산목록에는 강제집행의 대상이 되는 재산과 다음 사항을 명시한 재산목록을 제출하여야 한다(64조 2항).

ⅰ) 재산명시명령이 송달되기 전 1년 이내에 채무자가 한 부동산의 유상양도

ⅱ) 재산명시명령이 송달되기 전 1년 이내에 채무자가 배우자, 직계혈족 및 4촌 이내의 방계혈족과 그 배우자, 배우자의 직계혈족과 형제자매에게 한 부동산 외의 재산의 유상양도

ⅲ) 재산명시명령이 송달되기 전 2년 이내에 채무자가 한 재산상 무상처분 다만, 의례적인 선물은 제외한다.

[재산목록]

사건 :	카명

재 산 목 록				
채 무 자	성 명		주민등록번호	—
	주 소			

아래 재산의 종류 해당란에 ☑ 표시를 하고, 별첨 작성요령에 따라 뒷장에 그 내역을 기재하시기 바랍니다.

번호	구 분	재산의 종류
I	동 산	☐ 1.현금 ☐ 2.어음·수표 ☐ 3.주권·국채·공채·회사채 등 ☐ 4.금·은·백금류 ☐ 5.시계·보석류·골동품·예술품·악기 ☐ 6.가사비품(의류·가구·가전제품 등) ☐ 7.사무기구 ☐ 8.가축 및 기계류(농기계를 포함) ☐ 9.농·축·어업·공업생산품 및 재고상품 ☐ 10.기타의 동산
II	부동산 및 이에 준하는 권리와 자동차 등	☐ 11.부동산 소유권 ☐ 12.용익물권(지상권, 전세권, 임차권 등) ☐ 13.부동산에 관한 청구권(부동산의 인도청구권·권리이전청구권) ☐ 14.자동차·건설기계·선박·항공기에 관한 권리(소유권, 인도청구권 및 권리이전청구권) ☐ 15.광업권·어업권, 기타 부동산에 관한 규정이 준용되는 권리 및 그에 관한 권리이전청구권
III	채권 기타의 청구권	☐ 16.정기적으로 받을 보수 및 부양료 ☐ 17.기타의 소득(소득세법상의 소득으로서 16번 항목에 해당하지 아니하는 것) ☐ 18.금전채권 ☐ 19.대체물의 인도채권 ☐ 20.예금 및 보험금 채권 ☐ 21.기타의 청구권(앞의 3번 내지 9번 항목에 해당하는 동산의 인도청구권, 권리이전청구권 기타의 청구권)
IV	특허권·회 원권 등의 권리	☐ 22.회원권 기타 이에 준하는 권리 및 그 이전청구권 ☐ 23.특허권 및 그 이전청구권 ☐ 24.상표권 및 그 이전청구권 ☐ 25.저작권 및 그 이전청구권 ☐ 26.의장권·실용·안권 및 그 이전청구권 ☐ 27.기타(특허권·상표권·저작권·의장권·실용신안권에 준하는 권리 및 그 이전청구권)
V	과거의 재산처분 에 관한 사항	☐ 28.재산명시명령이 송달되기 전 1년 이내에 유상 양도한 부동산 ☐ 29.재산명시명령이 송달되기 전 1년 이내에 배우자, 직계혈족 및 4촌이내의 방계혈족과 그 배우자, 배우자의 직계혈족과 형제자매에게 유상 양도한 부동산 외의 재산 ☐ 30.재산명시명령이 송달되기 전 2년 이내에 무상 처분한 재산(의례적인 선물을 제외한다)
VI	기 타	☐ ☐
☐ 위 목록 전체 "해당사항 없음"		

재산의 종류	내 역	재산의 종류	내 역

본인의 양심에 따라 사실대로 이 재산목록을 작성하여 제출합니다.

(채무자)   ㊞

○○지방법원 귀중

※ 재산목록을 제출할 때에는 첫장부터 마지막장까지 및 별지를 사용할 경우에는 그 별지를 재산목록 양
  식에 합철하여 간인하여 주시기 바랍니다.

③ 선 서

채무자는 재산명시기일에 재산목록이 진실하다는 것을 선서하여야 한다(65조 1항). 채무자가 재산목록 제출을 거부하거나 선서를 거부한 때에는 재산명시기일 절차는 종료하고 감치절차로 넘어간다.

④ 명시기일의 연기

명시기일에 출석한 채무자가 3월 이내에 변제할 수 있음을 소명한 때에는 법원은 그 기일을 3월의 범위내에서 연기할 수 있으며, 채무자가 새 기일에 채무액의 3분의 2 이상을 변제하였음을 증명하는 서류를 제출한 때에는 다시 1월의 범위내에서 연기할 수 있다(64조 4항).

6. 재산목록의 정정 · 보완

① 채무자는 명시기일에 제출한 재산목록에 형식적인 흠이 있거나 불명확한 점이 있는 때에는 제65조의 규정에 의한 선서를 한 뒤라도 재산목록 정정허가신청을 하여 법원의 허가를 얻어 이미 제출한 재산목록을 정정할 수 있다(66조 1항).

② 정정 허가에 관한 결정에 대하여는 즉시항고를 할 수 있다(66조 2항).

7. 재산목록의 열람 · 복사

채무자에 대하여 강제집행을 개시할 수 있는 채권자는 재산목록을 보거나 복사할 것을 신청할 수 있다(67조).

8. 채무자의 감치 및 벌칙

제68조(채무자의 감치 및 벌칙)

① 채무자가 정당한 사유 없이 다음 각호 가운데 어느 하나에 해당하는 행위를 한 경우에는 법원은 결정으로 20일 이내의 감치에 처한다.
1. 명시기일 불출석
2. 재산목록 제출 거부
3. 선서 거부

② 채무자가 법인 또는 민사소송법 제52조의 사단이나 재단인 때에는 그 대표자 또는 관리인을 감치에 처한다.

③ 법원은 감치재판기일에 채무자를 소환하여 제1항 각호의 위반행위에 대하여 정당한 사유가 있는지 여부를 심리하여야 한다.

④ 제1항의 결정에 대하여는 즉시항고를 할 수 있다.

⑤ 채무자가 감치의 집행 중에 재산명시명령을 이행하겠다고 신청한 때에는 법원은 바로 명시기일을 열어야 한다.

⑥ 채무자가 제5항의 명시기일에 출석하여 재산목록을 내고 선서하거나 신청채권자에 대한 채무를 변제하고 이를 증명하는 서면을 낸 때에는 법원은 바로 감치결정을 취소하고 그 채무자를 석방하도록 명하여야 한다.

⑦ 제5항의 명시기일은 신청채권자에게 통지하지 아니하고도 실시할 수 있다. 이 경우 제6항의 사실을 채권자에게 통지하여야 한다.

⑨ 채무자가 거짓의 재산목록을 낸 때에는 3년 이하의 징역 또는 500만원 이하의 벌금에 처한다.

⑩ 채무자가 법인 또는 민사소송법 제52조의 사단이나 재단인 때에는 그 대표자 또는 관리인을 제9항의 규정에 따라 처벌하고, 채무자는 제9항의 벌금에 처한다.

가. 감 치

① 명시기일에 출석한 채무자가 정당한 사유 없이 명시기일에 불출석, 재산목록 제출 거부, 선서 거부를 하는 경우에는 법원은 결정으로 20일 이내의 감치에 처한다(68조 1항).

법원은 감치사유가 발생하면 20일 이내에 감치재판개시결정을 하고 채무자를 소환하여 감치재판기일을 열고 정당한 사유여부를 심리하여야 한다(68조 3항).

② 감치재판절차를 개시한 후 감치결정 전에 채무자가 재산목록을 제출하거나 그 밖에 감치에 처하는 것이 상당하지 아니하다고 인정되는 때에는 법원은 불처벌결정을 하여야 한다(규칙 30조 3항).

③ 정당한 사유가 없거나 재산목록을 제출하지 아니한 경우 20일 이내의 감치결정을 한다(68조 1항). 이에 대하여 채무자는 즉시항고할 수 있다(68조 4항).

나. 벌 칙

채무자가 거짓의 재산목록을 낸 때에는 3년 이하의 징역 또는 500만원 이하의 벌금에 처한다(68조 9항). 채무자가 법인 또는 민사소송법 제52조의 사단이나 재단인 때에는 그 대표자 또는 관리인을 제9항의 규정에 따라 처벌하고, 채무자는 제9항의 벌금에 처한다(68조 10항).

[감치결정]

○ ○ 지 방 법 원
결 정

사　　　　건　　　20　　정명　　채무자감치

채　무　자　　　○○○(　　　　　　－　　　　　　　)

　　　　　　　　　서울 ○○구 ○○로 ○○

선　고　일　　　20 . . .

주 문

1. 채무자를 감치 일에 처한다.
2. 감치할 장소를 ○○ 구치소로 정한다.

이 유

채무자는 이 법원 20 카명 재산명시신청 사건의 재산명시명령에 따라 20 . . . : 이 법원 제 호 법정에서 실시한 명시기일에 출석요구를 받고도 정당한 사유 없이 출석하지 아니하였으므로, 민사집행법 제68조 제1항에 의하여 주문과 같이 결정한다.

2000. O. O.

판 사　　　　　　　(서명)　㊞

※ 1. 채무자는 이 결정을 고지받은 날(감치결정 선고 시에 불출석한 경우에는 결정등본을 송달받은 날)부터 1주 이내에 이 법원에 즉시항고로 불복을 신청할 수 있습니다.
　 2. 이 결정은 법정에서 선고되면 바로 그 효력이 발생되고, 즉시항고를 하더라도 집행이 정지되지 않습니다.
　 3. 이 결정에 의하여 채무자가 감치되더라도 그 집행 중에 명시기일이 열려 채무자가 재산목록을 제출하고 선서하거나 채권자에 대한 채무를 변제하고 이를 증명하는 서면을 내면 바로 감치결정이 취소되고 채무자는 석방될 수 있습니다.

9. 재산명시신청의 재신청

재산명시신청이 기각 · 각하된 경우에는 그 명시신청을 한 채권자는 기각 · 각하사유를 보완하여 같은 집행권원으로 다시 재산명시신청을 할 수 없다(69조).

Ⅲ. 채무불이행자명부등재제도

1. 의 의

금전의 지급을 명한 집행권원이 확정된 후 또는 집행권원을 작성한 후 6월 이내에 채무를 이행하지 아니하거나 재산명시절차에서 감치 또는 처벌대상이 되는 행위를 한 경우 법원의 결정으로 채무자에 대한 일정사항을 채무불이행자명부에 등재하도록 하는 제도이다. 채무자의 채무불이행에 관한 사항을 일반인에게 공개함으로써 채무이행을 간접강제하고, 일반인의 거래안전을 도모하는데 목적이 있다.

2. 신 청

제70조(채무불이행자명부 등재신청)
① 채무자가 다음 각호 가운데 어느 하나에 해당하면 채권자는 그 채무자를 채무불이행자명부(채무불이행자명부)에 올리도록 신청할 수 있다.
 1. 금전의 지급을 명한 집행권원이 확정된 후 또는 집행권원을 작성한 후 6월 이내에 채무를 이행하지 아니하는 때. 다만, 제61조 제1항 단서에 규정된 집행권원의 경우를 제외한다.
 2. 제68조제 1항 각호의 사유 또는 같은 조 제9항의 사유 가운데 어느 하나에 해당하는 때
② 제1항의 신청을 할 때에는 그 사유를 소명하여야 한다.
③ 제1항의 신청에 대한 재판은 제1항 제1호의 경우에는 채무자의 보통재판적이 있는 곳의 법원이 관할하고, 제1항제 2호의 경우에는 재산명시절차를 실시한 법원이 관할한다.

[채무불이행자명부 등재 신청서]

채무불이행자명부 등재 신청서

채권자   (이름)   (주민등록번호   −   )
           (주소)
           (연락처)

채무자   (이름)   (주민등록번호   −   )
           (주소)

집행권원의 표시 및 채무자가 이행하지 아니하는 금전채무액

  ○○지방법원 20　가단　　청구사건의 집행력 있는 판결정본에 기한　금
및 동 금원에 대한 20 ．　．　．부터 갚는 날까지 연　　%의 비율에 의한 지연이자금

신청취지

"채무자를 채무불이행자 명부에 등재한다"라는 재판을 바랍니다.

신청이유

1. 채무자가 ○○지방법원 20　가단　　　　　호 대여금 청구사건의 판결이 확정된
   후 6월 이내에 금　　원의 채무를 이행하지 아니하였으므로 민사집행법 제71조 제
   1항에 의하여 채무자에 대한 채무불이행자명부등재 신청합니다

소명방법 및 첨부서류

1. 판결 등 집행권원 정본
2. 확정증명
3. 채무자의 주소를 소명하는 자료(주민등록초본 또는 법인등기부등본 등)

20 ．　．　．

위 채권자   (날인 또는 서명)

○○지방법원 귀중

◇ 유의사항 ◇

1. 채권자는 언제든지 연락 가능한 전화번호나 휴대전화번호(팩스, 이메일 주소 등)를
   기재하시기 바랍니다.
2. 채권자는 수입인지외에 5회분의 송달료를 납부하여야 합니다.

① 신청서에는 채권자 · 채무자와 그 대리인의 표시, 집행권원의 표시, 채무자가 이행하지 아니하는 금전채무액, 신청취지와 신청사유를 적어 제출해야 하고(규칙 31조 1항), 채무불이행자명부 등재신청을 하는 때에는 채무자의 주소를 소명하는 자료를 내야 한다(규칙 31조 2항). 채무자가 법인인 경우에도 신청 가능하다.

② 신청사유는 금전의 지급을 명한 집행권원이 확정된 후 또는 집행권원을 작성한 후 6월 이내에 채무를 이행하지 아니하거나 재산명시절차에서 명시기일 불출석, 재산목록 제출 거부 또는 선서를 거부하거나 허위재산목록을 제출한 경우 등이다. 여기에 소극적 요건으로 강제집행이 용이하다고 인정할 만한 명백한 사유가 없어야 한다.

3. 재 판

신청에 정당한 이유가 있는 때에는 법원은 채무자를 채무불이행자명부에 올리는 결정을 하여야 하고(71조 1항), 등재신청에 정당한 이유가 없거나 쉽게 강제집행할 수 있다고 인정할 만한 명백한 사유가 있는 때에는 법원은 결정으로 이를 기각하여야 한다(71조 2항). 등재결정 또는 기각결정에 대하여는 즉시항고할 수 있다(71조 3항).

[채무불이행자명부등재결정]

○ ○ 지 방 법 원
결 정

사 건   20 카불   채무불이행자명부등재
채 권 자   ○○○(－   )
　　　　　서울 ○○구 ○○로 ○○
채 무 자   ○○○(－   )
　　　　　서울 ○○구 ○○로 ○○
선 고 일   20 .   .   .

주 문

채무자를 채무불이행자명부에 등재한다.

이 유

채무자가 ○○지방법원 20 가단 호 대여금 청구사건의 판결이 확정된 후 6월 이내에 금 원의 채무를 이행하지 아니하였으므로 민사집행법 제71조 제1항에 의하여 주문과 같이 결정한다.

2000. O. O.

사법보좌관   (서명)   ㉑

4. 명부의 비치 · 열람 · 복사

제72조(명부의 비치)
① 채무불이행자명부는 등재결정을 한 법원에 비치한다.
② 법원은 채무불이행자명부의 부본을 채무자의 주소지(채무자가 법인인 경우에는 주된 사무소가 있는 곳) 시(구가 설치되지 아니한 시를 말한다. 이하 같다) · 구 · 읍 · 면의 장(도농복합형태의 시의 경우 동지역은 시 · 구의 장, 읍 · 면지역은 읍 · 면의 장으로 한다. 이하 같다)에게 보내야 한다.
③ 법원은 채무불이행자명부의 부본을 대법원규칙이 정하는 바에 따라 일정한 금융기관의 장이나 금융기관 관련단체의 장에게 보내어 채무자에 대한 신용정보로 활용하게 할 수 있다.
④ 채무불이행자명부나 그 부본은 누구든지 보거나 복사할 것을 신청할 수 있다.
⑤ 채무불이행자명부는 인쇄물 등으로 공표되어서는 아니된다.

① 등재결정이 있으면 법원사무관등은 바로 채무자별로 채무불이행자명부를 작성하여 법원에 비치한다(규칙 32조 1항). 이 명부에는 채무자의 이름 · 주소 · 주민등록번호등 및 집행권원과 불이행한 채무액을 표시하고, 그 등재사유와 날짜를 적어야 한다(규칙 32조 2항).

② 등재결정에 따라 채무불이행자명부에 올린 때에는 법원은 한국신용정보원의 장에게 채무불이행자명부의 부본을 보내거나 전자통신매체를 이용하여 그 내용을 통지하여야 한다(규칙 33조 1항).

③ 이 명부 또는 부본은 누구나 열람 · 복사를 신청할 수 있다(72조 4항). 그러나 인쇄물 등에 의하여 공표되어서는 아니된다(72조 5항).

5. 명부등재의 말소

① 채무자가 변제, 그 밖의 사유로 채무가 소멸되었다는 것이 증명된 때에는 법원은 채무자의 신청에 따라 채무불이행자명부에서 그 이름을 말소하는 결정을 하여야 한다(73조 1항). 말소결정에 대하여는 즉시항고할 수 있다(73조 2항).

② 채무불이행자명부에 오른 다음 해부터 10년이 지난 때에는 법원은 직권으로 그 명부에 오른 이름을 말소하는 결정을 하여야 한다(73조 3항).

③ 말소결정을 한 때에는 그 취지를 채무자의 주소지(채무자가 법인인 경우에는 주된 사무소가 있는 곳) 시 · 구 · 읍 · 면의 장 및 채무불이행자명부의 부본을 보낸 금융기관 등의 장에게 통지하여야 한다(73조 4항). 위 통지를 받은 시 · 구 · 읍 · 면의 장 및 금융기관 등의 장은 그 명부의 부본에 오른 이름을 말소하여야 한다(73조 5항).

IV. 재산조회

1. 의 의

재산조회는 재산명시절차를 거친 후 일정한 사유가 있는 경우에 채권자의 신청으로 법원이 개인의 재산 및 신용에 관한 전산망을 관리하는 공공기관·금융기관·단체 등에 채무자명의의 재산에 관하여 조회할 수 있는 제도이다(74조 1항). 재산명시절차가 채무자의 협조를 전제로 한다면 재산조회는 채무자의 협조 없이도 채무자의 재산을 탐색할 수 있는 제도이다. 그러나 번거로운 재산명시절차를 먼저 거친 후에야 재산조회신청이 가능하도록 함으로써 재산조회제도의 활용도가 높지 않은 면이 있으므로, 재산명시절차를 거치지 않고도 재산조회가 가능하도록 제도의 개선이 필요하다 하겠다.

2. 신 청

가. 신청요건과 방식

제74조(재산조회)

① 재산명시절차의 관할 법원은 다음 각호의 어느 하나에 해당하는 경우에는 그 재산명시를 신청한 채권자의 신청에 따라 개인의 재산 및 신용에 관한 전산망을 관리하는 공공기관·금융기관·단체 등에 채무자명의의 재산에 관하여 조회할 수 있다.
  1. 재산명시절차에서 채권자가 제62조 제6항의 규정에 의한 주소보정명령을 받고도 민사소송법 제194조 제1항의 규정에 의한 사유로 인하여 채권자가 이를 이행할 수 없었던 것으로 인정되는 경우
  2. 재산명시절차에서 채무자가 제출한 재산목록의 재산만으로는 집행채권의 만족을 얻기에 부족한 경우
  3. 재산명시절차에서 제68조 제1항 각호의 사유 또는 동조 제9항의 사유가 있는 경우
② 채권자가 제1항의 신청을 할 경우에는 조회할 기관·단체를 특정하여야 하며 조회에 드는 비용을 미리 내야 한다.

① 재산명시절차에서 채권자가 채무자에 대한 주소보정명령을 받고도, 채무자의 주소나 근무장소를 알 수 없거나 외국 송달 규정을 따를 수 없는 경우, 재산명시절차에서 채무자가 제출한 재산목록의 재산만으로는 집행채권의 만족을 얻기에 부족한 경우, 재산명시절차에서 채무자가 불출석하거나 출석하더라도 재산목록 제출 또는 선서를 거부한

경우, 채무자가 거짓의 재산목록을 제출한 경우에 신청할 수 있다(74조 1항).

　② 재산조회신청은 서면으로 하고, 신청서가 접수되면 "카조"사건번호가 부여된다. 신청서에는 채무자와 그 대리인 표시, 집행권원의 표시, 채무자가 이행하지 않는 금전채무액, 신청취지와 신청이유, 조회할 공공기관·금융기관·단체, 조회할 재산의 종류(규칙 35조 1항), 과거재산이 조회를 신청할 때는 그 취지와 조회기간(규칙 36조 2항) 등을 기재해야 한다.

　③ 재산조회비용을 예납해야 한다(74조 2항).

다. 조회대상기관 및 재산

　재산조회는 별표 "기관·단체"란의 기관 또는 단체의 장에게 그 기관 또는 단체가 전산망으로 관리하는 채무자 명의의 재산(다만, 별표 "조회할 재산"란의 각 해당란에 적은 재산에 한정한다)에 관하여 실시한다(규칙 36조 1항). 아래 별표는 재산조회규칙에 따른 것이다.

[별표] 재산조회할 기관·단체, 조회할 재산 및 조회비용

순번	기관·단체	조회할 재산	조회비용
1	법원행정처	토지·건물의 소유권	20,000원
2	국토교통부	건물의 소유권	없음
3	특허청	특허권·실용신안권·디자인권·상표권	20,000원
5	은행, 투자매매업자, 투자중개업자, 집합투자업자, 신탁업자, 증권금융회사, 종합금융회사, 명의개서대행회사, 상호저축은행 및 상호저축은행중앙회, 지역조합 및 품목조합(농업협동조합법), 수산업협동조합 및 중앙회, 신용협동조합 및 신용협동조합중앙회, 지역조합, 전문조합 및 중앙회(산림조합법), 새마을금고 및 중앙회, 보험회사	금융자산 중 계좌별로 시가 합계액이 50만원 이상인 것	기관별 5,000원*
16	과학기술정보통신부	금융자산 중 계좌별로 시가 합계액이 50만원 이상인 것	5,000원
17	한국교통안전공단	자동차·건설기계의 소유권	5,000원

[재산조회신청서]

채 권 자	이름 : 주민등록번호 : 주소 : 전화번호 : 팩스번호: 이메일 주소 : 대리인 :
채 무 자	이름 : (한자 :) 주민등록번호 : 주소 : (사업자등록번호)
조회대상기관 조회대상재산	별지와 같음
재산명시사건	지방법원 20 카조 호
집행권원	
불이행 채권액	
신청취지	위 기관의 장에게 채무자 명의의 위 재산에 대하여 조회를 실시한다.
신청사유	채권자는 아래와 같은 사유가 있으므로 민사집행법 제74조 제1항의 규정에 의하여 채무자에 대한 재산조회를 신청합니다. (해당란 □에 ∨표시) □ 명시기일 불출석 □ 재산목록 제출거부 □ 선서 거부 □ 거짓 재산목록 제출 □ 집행채권의 만족을 얻기에 부족함 □ 주소불명으로 인하여 명시절차를 거치지 못함
비용환급용 예금계좌	
첨부서류	
(인지 첨부란)	20 . . . 신청인 (날인 또는 서명) ○○지방법원 귀중

주   ① 신청서에는 1,000원의 수입인지를 붙여야 합니다.
　　② 신청인은 별지 조회비용의 합계액을 법원보관금 중 재산조회비용으로 예납하여야 합니다.
　　③ 신청인은 송달필요기관수에 2를 더한 횟수의 송달료를 예납하여야 합니다.
　　※「송달필요기관」이란 별지 조회기관 중 음영으로 표시된 기관을 의미합니다.
　　④ "불이행 채권액"란에는 채무자가 재산조회신청 당시까지 갚지 아니한 금액을 기재합니다.
　　⑤ 채무자가 법인인 경우 사업자등록번호를 기재하면 더욱 정확한 재산조회가 가능합니다.

순번	재산종류	기관분류	조회대상 재산 / 조회대상기관의 구분	개수	기관별/재산별 조회비용	예납액
1	토지·건물의 소유권	법원행정처	□ 현재조회		20,000원	
			□ 현재조회와 소급조회 ※ 소급조회는 재산명시명령이 송달되기 전 2년 안에 채무자가 보유한 재산을 조회합니다.		40,000원	

	과거주소 1.
	       2.
	       3.
	※ 부동산조회는 채무자의 주소가 반드시 필요하고, 현재주소 이외에 채무자의 과거주소를 기재하면 보다 정확한 조회를 할 수 있습니다.					

2	건물의 소유권	국토교통부	□ 국토교통부 ※ 미등기 건물 등을 포함하여 건축물대장상의 소유권을 조회합니다.		없 음	
3	특허권, 실용신안권, 디자인권, 상표권	특허청	□ 특허청		20,000원	
4	자동차·건설기계의 소유권	한국교통안전공단	□ 한국교통안전공단 ※ 한국교통안전공단에 조회신청을 하면 전국 모든 시·도의 자동차·건설기계 소유권에 대하여 조회됩니다. ※ 특별시, 광역시, 도 및 특별자치시·도와 (구)교통안전공단에 대하여 하던 자동차·건설기계의 소유권 조회를 한국교통안전공단으로 일원화합니다.		5,000원	
5	금융자산 중 계좌별로 시가 합계액이 50만원 이상인 것	「은행법」에 따른 은행, 「한국산업은행법」에 따른 한국산업은행 및 「중소기업은행법」에 따른 중소기업은행	□ 경남은행 □ 광주은행 □ 국민은행 □ 기업은행 □ 농협은행 □ 뉴욕멜론은행 □ 대구은행 □ 메트로은행 □ 뱅크오브아메리카 □ 부산은행 □ 수협은행 □ 스탠다드차타드은행(구, SC제일은행) □ 신한은행 □ 야마구찌은행 □ 엠유에프지은행(MUFG) □ 우리은행 □ 전북은행 □ 제이피모간 체이스은행 □ 제주은행 □ 크레디 아그리콜 코퍼레이트 앤 인베스트먼트뱅크 (구, 칼리온은행) □ 케이뱅크 □ 파키스탄국립은행 □ 하나은행(한국외환은행합병) □ 한국산업은행 □ 한국씨티은행 □ 한국카카오은행		기관별 5,000원	
			□ 노바스코셔은행 □ 대화은행 □ 도이치은행 □ 디비에스은행 □ 멜라트은행 □ 미쓰이스미토모은행 □ 미즈호퍼레이트은행 □ 비엔피파리바은행 □ 소시에테제네랄은행 □ 스테이트스트리트은행 □ 유바프은행 □ 중국건설은행 □ 중국공상은행 □ 중국은행 □ 크레디트스위스은행(구,크레디트스위스퍼스트보스톤은행) □ 호주뉴질랜드은행 □ 홍콩상하이은행(HSBC) □ ING은행 □ OCBC은행		기관별 5,000원	

순번	재산종류	기관분류	조회대상 재산 / 조회대상기관의 구분	개수	기관별/재산별 조회비용	예납액
6	금융자산 중 계좌별로 시가 합계액이 50만원 이상인 것	「자본시장과 금융투자업에 관한 법률」에 따른 투자매매업자, 투자중개업자, 집합투자업자, 신탁업자, 증권금융회사, 종합금융회사, 및 명의개서대행회사	□ 상상인증권(구, 골든브릿지투자증권) □ 교보증권　　　　　□ 대신증권 □ 동부증권　　　　　□ 리딩투자증권 □ 메리츠종합금융증권(구, 메리츠종금,메리츠증권,아이엠투자증권) □ 미래에셋증권　　　□ 부국증권 □ 삼성증권　　　　　□ 신영증권 □ 신한금융투자(구. 굿모닝신한증권) □ 씨티그룹글로벌마켓증권 □ 엔에이치투자증권(우리투자증권, 엔에이치농협증권 합병) □ 우리종합금융(구. 금호종합금융) □ 유안타증권(구, 동양종합금융증권)　□ 유진투자증권 □ 유화증권　　　　□ 이베스트투자증권(구,이트레이드증권) □ 코리아에셋투자증권(구, 코리아RB증권중개) □ 크레디트스위스증권(구, Credit Suisse First Boston) □ 키움증권　　　　　□ 토스증권 □ 한국포스증권(구,펀드온라인코리아) □ 하나금융투자(구, 하나대투증권) □ 하이투자증권(구,CJ투자신탁증권) □ 한국예탁결제원(구, 증권예탁원) □ 한국투자증권(구,동원증권) □ 한양증권 □ 한화투자증권(구,푸르덴셜투자증권,한화증권) □ 흥국증권(구,흥국증권중개) □ 현대차증권(구, HMC투자증권) □ IBK투자증권　　　　□ KB증권 □ SK증권		기관별 5,000원	
			□ 다이와증권캐피탈마켓코리아 □ 도이치증권　　　　　□ 맥쿼리증권 □ 비엔피파리바증권(구,BNP파리바페레그린증권중개) □ 크레디 아그리콜 아시아증권(구, 알비에스 아시아증권) □ 한국증권금융(주) □ 홍콩상하이증권(HSBC) □ CLSA □ Goldman Sachs　　　　□ J.P Morgan □ KIDB채권중개　　　　□ Merrill Lynch □ Morgan Stanley Dean Witter □ Nomura □ 주식회사하나자산신탁		기관별 5,000원	

순번	재산종류	기관분류	조회대상 재산 / 조회대상기관의 구분	개수	기관별/재산별 조회비용	예납액
7	금융자산 중 계좌별로 시가 합계액이 50만원 이상인 것	「상호저축은행법」에 따른 상호저축은행 및 상호저축은행중앙회	□ 상호저축은행중앙회		20,000원	
			□ □ □ ※ 중앙회에 조회신청을 하면 전국 모든 상호저축은행에 대하여 조회됩니다. ※ 개별상호저축은행에 대한 조회를 원하는 경우에는 그 명칭을 별도로 기재하여야 합니다.		기관별 5,000원	
8	금융자산 중 계좌별로 시가 합계액이 50만원 이상인 것	「농업협동조합법」에 따른 지역조합 및 품목조합	□ 지역조합(지역농협, 지역축협)과 품목조합		20,000원	
			□ □ □ ※ 개별 단위지역조합에 대한 조회를 원하는 경우에는 그 명칭을 별도로 기재하여야 합니다.		기관별 5,000원	
9	금융자산 중 계좌별로 시가 합계액이 50만원 이상인 것	「수산업협동조합법」에 따른 조합	□ 전국단위지역조합		20,000원	
			□ □ □ ※ 개별 단위지역조합에 대한 조회를 원하는 경우에는 그 명칭을 별도로 기재하여야 합니다.		기관별 5,000원	
10	금융자산 중 계좌별로 시가 합계액이 50만원 이상인 것	「신용협동조합법」에 따른 신용협동조합 및 신용협동조합중앙회	□ 신용협동조합중앙회		20,000원	
			□ □ □ ※ 중앙회에 조회신청을 하면 전국 모든 신용협동조합에 대하여 조회됩니다. ※ 개별 신용협동조합에 대한 조회를 원하는 경우에는 그 명칭을 별도로 기재하여야 합니다.		기관별 5,000원	

순번	재산종류	기관분류	조회대상 재산 / 조회대상기관의 구분	개수	기관별/재산별 조회비용	예납액
11	금융자산 중 계좌별로 시가 합계액이 50만원 이상인 것	「산림조합법」에 따른 지역조합, 전문조합 및 중앙회	□ 산림조합중앙회 □ ☐ □ ☐ □ ☐ ※ 중앙회에 조회신청을 하면 전국 모든 산림조합에 대하여 조회됩니다. ※ 개별 산림조합에 대한 조회를 원하는 경우에는 그 명칭을 별도로 기재하여야 합니다.		20,000원 기관별 5,000원	
12	금융자산 중 계좌별로 시가 합계액이 50만원 이상인 것	「새마을금고법」에 따른 금고 및 중앙회	□ 새마을금고중앙회 □ ☐ □ ☐ □ ☐ ※ 중앙회에 조회신청을 하면 전국 모든 새마을금고에 대하여 조회됩니다. ※ 개별 새마을금고에 대한 조회를 원하는 경우에는 그 명칭을 별도로 기재하여야 합니다.		20,000원 기관별 5,000원	
13	해약환급금이 50만원 이상인 것	「보험업법」에 의한 보험회사	□ 교보생명보험주식회사 □ 그린손해(구,그린화재해상)보험(주)(MG손해보험으로 계약이전) □ 농협생명보험 □ 농협손해보험 □ 디비생명보험주식회사 (구. 동부생명보험주식회사) □ 디비손해보험주식회사 (구. 동부화재해상보험주식회사) □ 동양생명보험주식회사 □ 디지비(구, 우리아비바)생명보험주식회사 □ 라이나생명보험주식회사 □ 롯데손해보험(주) □ 메리츠화재해상보험(주) □ 메트라이프생명보험주식회사 □ 미래에셋생명보험주식회사 □ 삼성생명보험주식회사 □ 삼성화재해상보험(주) □ 서울보증보험(주) □ 신한라이프생명보험 주식회사(구 신한생명보험 ㈜) □ 신한라이프생명보험 주식회사(구 오렌지라이프생명보험 ㈜) □ 악사손해보험(주)(구,교보악사손해보험(주)) □ 에이비엘생명보험 주식회사 (구. 알리안츠생명보험 주식회사) □ 에이스아메리칸화재해상보험(주)(구,ACE AMERICAN) □ 주식회사케이비손해보험(구, LIG손해보험) □ 처브라이프생명보험주식회사(구, 뉴욕생명보험주식회사) □ 퍼스트어메리칸 권원보험(주) □ 푸르덴셜생명보험주식회사 □ 하나생명보험주식회사 □ 한화(구. 대한)생명보험주식회사 □ 한화손해보험(주) □ 푸본현대생명보험 주식회사(구 현대라이프생명보험주식회사) □ 현대해상화재보험(주) □ 흥국생명보험주식회사 □ 흥국(구, 흥국쌍용-)화재해상보험주식회사 □ AIA생명보험주식회사 □ AIG손해보험 □ KDB생명보험주식회사 (구 금호생명보험주식회사) □ MG손해보험주식회사		기관별 5,000원	
			□ 하나손해보험 주식회사(구, 더케이손해보험 주식회사)) □ 동경해상일동화재보험 □ 미쓰이스미토모해상화재보험 □ 비엔피파리바카디프생명보험(구, 카디프생명보험) □ 비엔피파리바카디프(구,에르고다음다이렉트)손해보험 □ KB생명보험		기관별 5,000원	
14	금융자산 중 계좌별로 시가 합계액이 50만원 이상인 것	과학기술정보통신부	□ 과학기술정보통신부		5,000원	
			송달필요기관수		합계	

3. 재 판

신청에 정당한 이유가 있는 때에는 별도의 결정서 작성 없이 바로 재산조회를 실시하면 되고, 신청에 정당한 이유가 없을 때에는 신청기각결정을 하여야 한다. 위 결정에 대하여는 집행에 관한 이의로 다툴 수 있다.

4. 조회회보

공공기관·금융기관·단체 등은 정당한 사유 없이 제1항 및 제3항의 조회를 거부하지 못한다(74조 4항). 재산조회를 받은 기관·단체의 장이 정당한 사유 없이 거짓 자료를 제출하거나 자료를 제출할 것을 거부한 때에는 결정으로 500만원 이하의 과태료에 처한다(75조 2항).

5. 조회결과의 관리

① 법원은 조회한 결과를 채무자의 재산목록에 준하여 관리하여야 한다(75조 1항). 채무자에 대하여 강제집행을 개시할 수 있는 채권자는 재산조회결과를 보거나 복사할 것을 신청할 수 있다(67조, 규칙 38조).

② 누구든지 재산조회의 결과를 강제집행 외의 목적으로 사용하여서는 아니된다(76조 1항). 이 규정에 위반한 사람은 2년 이하의 징역 또는 500만원 이하의 벌금에 처한다(76조 2항).

제 3 편 부동산에 대한 집행

I. 총 설

1. 의 의

경매란 물건을 매각하려는 사람이 다수의 매수 희망자에게 매수의 청약을 해서 가장 높은 가격으로 청약을 한 사람에게 매도하는 거래의 형태를 말한다. 위와 같이 매도인이 직접 경매를 실시하는 경우도 있지만, 채권자가 자신의 채권을 회수할 목적으로 채무자 소유의 부동산에 대하여 법원에 경매를 신청하고 법원이 매각하여 그 매각대금으로 채권자가 변제(배당)를 받는 경매방식도 있다. 이를 강제경매라 한다.

즉 강제경매는 채무자 소유의 부동산을 압류, 매각(현금화)하여 그 매각대금으로 채권자의 채권을 변제하는 목적의 집행절차이다. 위와 같은 강제경매의 성질에 관하여 사법상 매매설과 공법상 처분설 등이 있는데, 학설의 대부분은 민법 제578조의 담보책임을 근거로 사법상 매매설을 취한다. 판례는 매매의 일종으로 판시한 것[1]과 매매의 성질을 보유하고 있기는 하나 다른 한편으로는 법원이 소유자의 의사와 관계없이 그 소유물을 처분하는 공법상 처분으로서의 성질을 아울러 가지고 있다고 판시한 것[2]도 있다.

2. 집행방법

민사집행법이 규정하고 있는 부동산에 대한 집행방법에는 크게 강제경매와 강제관리가 있고, 경매에는 강제경매와 담보권실행 등을 위한 경매가 있다.

강제경매는 집행권원에 기하여 채무자의 일반재산(인적책임)에 대하여 집행하는 것임

[1) 대법원 1993. 5. 25. 선고 92다15574 판결
2) 대법원 2014. 5. 29. 선고 2014다10359 판결

에 반해, 담보권실행 등을 위한 경매는 집행권원을 요하지 않고 특정 담보 목적물(물적책임)에 대한 집행(강학상 임의경매라 부른다)으로 양자는 차이가 있다. 그러나 양자는 국가의 강제력을 통하여 경매절차가 실현된다는 점에서는 같다.

임의경매에는 담보권실행을 위한 경매와 민·상법 그 밖의 법률 규정에 의하여 재산의 보관·청산·보존 등을 목적으로 하는 경매가 있다. 후자는 경매의 형식을 취하지만, 목적은 채권의 변제를 받기 위하여 실시하는 경매라는 점에서 형식적 경매라고 하며, 공유물분할을 위한 경매, 청산을 위한 경매 등이 그 예이다.

민사집행법은 임의경매에 관한 절차에도 강제경매에 관한 규정을 준용하도록 함으로써 집행절차의 통일을 기하였다.

3. 절차의 개요

경매절차는 크게 경매목적물에 대한 압류, 매각(현금화), 배당(변제)순으로 진행되며, 구체적인 부동산강제경매절차 흐름과 경매사건의 진행기간 등은 아래 표와 같다(재민 91-5).

부동산경매절차의 흐름도

숫자 : 민사집행법의 조문

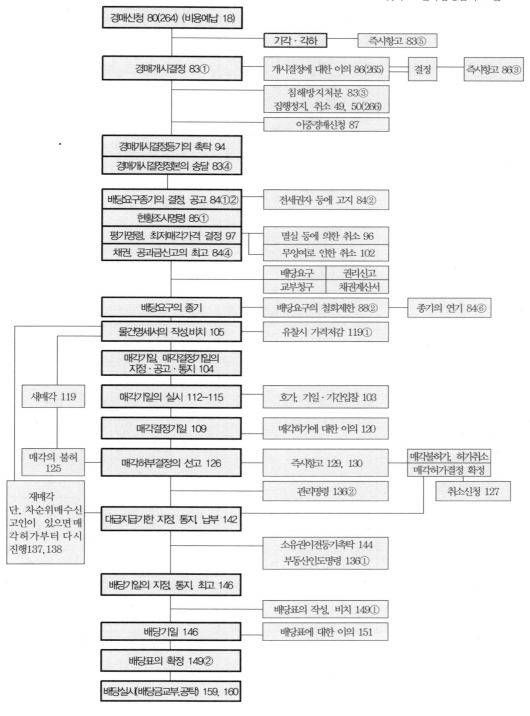

✿ 부동산경매사건의 진행기간 등(재민 91-5)

종 류	기 산 일	기 간	비 고
경매신청서 접수		접수 당일	법§80, 264①
미등기건물 조사명령	신청일부터	3일 안(조사기간은 2주 안)	법§81③④, 82
개시결정 및 등기촉탁	접수일부터	2일 안	법§83, 94, 268
채무자에 대한 개시결정 송달	임의경매 : 개시결정일부터 강제경매 : 등기완료통지를 받은 날부터	3일 안	법§83, 268
현황조사명령	임의경매 : 개시결정일부터 강제경매 : 등기완료통지를 받은 날부터	3일 안(조사기간은 2주 안)	법§85, 268
평가명령	임의경매 : 개시결정일부터 강제경매 : 등기완료통지를 받은 날부터	3일 안(평가기간은 2주 안)	법§97①, 268
배당요구종기결정 배당요구종기 등의 공고·고지	등기완료통지를 받은 날부터	3일 안	법§84①②③, 268
배당요구종기	배당요구종기결정일부터	2월 후 3월 안	법§84①⑥, 법§87③, 268
채권신고의 최고	배당요구종기결정일부터	3일 안(최고기간은 배당요구종기까지)	법§84④
최초 매각기일·매각결정기일의 지정·공고 (신문공고의뢰) 이해관계인에 대한 통지	배당요구종기부터	1월 안	법§104, 268
매각물건명세서의 작성, 그 사본 및 현황조사보고서·평가서 사본의 비치		매각기일(입찰기간 개시일) 1주 전까지	법§105②, 268, 규§55
최초매각기일 또는 입찰기간 개시일	공고일부터	2주 후 20일 안	규§56
입찰기간		1주 이상 1월 이하	규§68
새 매각기일·새 매각결정기일 또는 재매각기일·재매각결정기일의 지정·공고 이해관계인에 대한 통지	사유발생일부터	1주 안	법§119, 138, 268
새 매각 또는 재매각기일	공고일부터	2주 후 20일 안	법§119, 138, 268, 규§56

종 류		기 산 일	기 간	비 고
배당요구의 통지		배당요구일부터	3일 안	법§89, 268
매각실시	기일입찰, 호가경매		매각기일	법§112, 268
	기간입찰	입찰기간종료일로부터	2일 이상 1주일 안	규§68
매각기일조서 및 보증금 등의 인도		매각기일부터	1일 안	법§117, 268
매각결정기일		매각기일부터	1주 안	법§109①, 268
매각허부결정의 선고			매각결정기일	법§109②, 126①, 268
차순위매수신고인에 대한 매각결정기일의 지정, 이해관계인에의 통지		최초의 대금지급기한 후	3일 안	법§104①②, 137①, 268
차순위매수신고인에 대한 매각결정기일		최초의 대금지급기한 후	2주 안	법§109①, 137①,268
매각부동산 관리명령		신청일부터	2일 안	법§136②, 268
대금지급기한의 지정 및 통지		매각허가결정확정일 또는 상소법원으로부터 기록송부 를 받은 날부터	3일 안	법§142①, 268 규§78, 194
대금지급기한		매각허가결정확정일 또는 상소법원으로부터 기록송부 를 받은 날부터	1월 안	규§78, 194
매각부동산 인도명령		신청일부터	3일 안	법§136①, 268
배당기일의 지정·통지 계산서 제출의 최고		대금납부 후	3일 안	법§146, 268 규§81
배당기일		대금납부 후	4주 안	법§146, 268
배당표원안의 작성 및 비치			배당기일 3일 전까지	법§149①, 268
배당표의 확정 및 배당실시			배당기일	법§149②, 159, 268
배당조서의 작성		배당기일부터	3일 안	법§159④, 268
배당액의 공탁 또는 계좌입금		배당기일부터	10일 안	법§160, 268 규§82
매수인 앞으로 소유권이전등기 등 촉탁		서류제출일부터	3일 안	법§144, 268
기록 인계		배당액의 출급, 공탁 또는 계좌입금 완료 후	5일 안	

4. 강제경매의 대상

강제경매의 대상은 부동산이다. 여기서 부동산이라 함은 토지 및 그 정착물, 부동산과 동일시되는 권리를 말한다.

가. 토지, 건물

(1) 토 지

토지는 기본적으로 경매의 대상이 된다. 토지 위에 정착된 공작물(돌담, 다리, 도랑 등)은 독립된 부동산으로 취급할 수 없는 것으로 토지와 일체로 되어 하나의 부동산으로 취급되며 독립하여 강제경매의 대상이 되지 아니한다.[3]

채무자 소유의 미등기 수목은 토지와 함께 경매의 대상이 된다[4]. 입목은 토지의 정착물로서 원칙적으로 토지의 일부분이고 독립된 물건이 아니지만, 예외적으로 입목에 관한 법률에 의하여 등기된 입목이나 명인방법을 갖춘 입목은 토지와는 독립된 부동산이므로 경매의 대상이 된다[5].

부동산 소유자는 그 부동산에 부합한 물건의 소유권을 취득하지만, 타인의 권원에 의하여 부속된 것은 그러하지 않으므로(민법 256조), 토지의 임차권에 기하여 식재된 수목은 토지에 부합하지 않고, 그 토지의 경락인은 그 경매의 의하여 그 수목까지 경락 취득하는 것은 아니다[6]. 타인의 임야에 권원 없이 식재한 임목의 소유권은 임야 소유자에게 속한다.[7]

이와 같이 토지상에 수목이 생육하고 있는 경우에 집행법원은 경매 대상에 포함 여부를 판단하기 위하여 그 수목이 누구의 소유인지, 채무자의 소유가 아닌 경우 적법한 권원에 의하여 식재된 것이지 소명하도록 하고 있다.

토지의 공유지분도 독립하여 강제경매의 대상이 된다. 다만, 대지권의 목적으로 되어 있는 토지 공유지분은 건물과 분리하여 처분할 수 없으므로 독립한 부동산 경매목적물이 될 수 없다(집합건물법 20조). 다만 담보권 실행을 위한 경매에 있어서 대지권이 성립하기 전에 대지 지분에 설정된 저당권을 실행하는 등의 특수한 경우에는 독립하여 경매의 대상이 된다.[8]

---

3) 실무제요 민사집행법Ⅱ 2020, 8면
4) 대법원 1998. 10. 28. 선고 98마1817 결정
5) 실무제요 민사집행법 Ⅱ 8면
6) 대법원 1990. 1. 23. 선고 89다카21095 결정
7) 대법원 1970. 11. 30. 선고 68다1995 판결
8) 대법원 2002. 6. 14. 선고 2001다68389 판결

(2) 건 물

건물은 항상 토지로부터 독립된 부동산으로 취급되므로 강제경매의 대상이 된다.

건축 중인 건물이 경매 대상이 될 수 있는가? 판례는 건축 중인 건물은 미완성 상태이지만 최소한의 기둥과 지붕 그리고 주벽이 이루어지면 독립된 부동산으로서 건물이 된다고 한다.9)

본건물에 연이어 증설된 건물은 특별한 사정이 없는 한 본건물에 대한 부합물 또는 종물이라고 볼 것이므로 그 증설된 부분의 평가액도 포함하여 최저매각가격을 정해야 한다.

건물이 증축된 경우에 증축 부분이 독립된 부동산인지 아니면 기존 건물에 부합되었는지 여부는 증축 부분이 기존 건물에 부착된 물리적 구조뿐만 아니라, 그 용도와 기능면에서 기존 건물과 독립한 경제적 효용을 가지고 거래상 별개의 소유권의 객체가 될 수 있는지의 여부 및 증축하여 이를 소유하는 자의 의사 등을 종합하여 판단하여야 한다.10)

(3) 구분건물

집합건물의 소유 및 관리에 관한 법률은 "1동의 건물 중 구조상 구분된 여러 개의 부분이 독립한 건물로서 사용될 수 있을 때에서는 그 각 부분은 이 법이 정하는 바에 따라 각각 소유권의 목적으로 할 수 있다."고 규정하고(제1조) 1동의 건물 중 독립한 건물로서 사용될 수 있는 건물부분(공용부분 제외)을 목적으로 하는 소유권을 구분소유권이라고 정의하고 있다(제2조).

즉 1동 건물 중 구조상 여러 개의 독립된 건물부분을 구분건물이라 하고, 그 1동 건물을 집합건물이라 한다. 집합건물의 각 구분건물이 소유권의 객체가 되기 위하여는, 객관적·물리적인 측면에서 1동의 건물이 존재하고, 구분된 건물부분이 구조상·이용상 독립성을 갖추어야 할 뿐 아니라, 1동의 건물 중 물리적으로 구획된 건물부분을 각각 구분소유권의 객체로 하려는 구분행위가 있어야 한다.11)

따라서 구조상의 독립성이 있다고 할 수 없고, 구분소유권의 객체로서 적합한 물리적 요건을 갖추지 못한 건물의 일부는 그에 관한 구분소유권이 성립될 수 없는 것으로 설사 집합건축물대장이 작성되어 있고, 구분소유권의 목적으로 등기되어 있어 이러한 등기에 기초하여 경매절차가 진행되어 이를 매수하였다고 하더라도, 그 등기는 그 자체로 무효이므로 매수인은 그 소유권을 취득할 수 없다12).

경매에서 자주 문제되는 것은 이른바 오픈상가, 즉 구분점포이다. 상가건물의 구분소유에 관하여 집합건물의 소유 및 관리에 관한 법률 제1조의2는 구분건물의 구조상 독

---

9) 대법원 2003. 5. 30. 선고 2002다21592,21608 판결
10) 대법원 1996. 6. 14. 선고 94다53006 판결
11) 대법원 1998. 7. 27. 선고 98다35020 판결
12) 대법원 2008. 9. 11. 선고 2008마696 결정

립성 요건을 완화하여 '경계를 명확하게 알아볼 수 있는 표지를 바닥에 설치하고 구분점
포별로 부여된 건물번호표지를 견고하게 붙인 경우'에는 구분소유권의 객체가 될 수 있다
고 규정하고 있다.

　　따라서 비록 부동산이 비록 집합건축물대장에 독립한 별개의 구분건물로 등록되어
있고 부동산등기기록상에도 구분소유권의 목적으로 등기되어 있다 하더라도 위와 같이
완화된 요건을 갖추지 못한 경우에는 구분소유권의 객체가 될 수 없고 그 등기 자체가 무
효이므로 경매절차에서 매수인이 대금을 납부했더라도 소유권을 취득할 수 없다[13].

　　그러나 구분점포의 경계표지와 건물번호표지가 일시적 사정으로 훼손되어 구분건물
로서의 완화요건을 갖추지 못했다 하더라도 그 훼손 상태가 일시적이어서 복원이 가능한
경우에는 그 구분점포는 경매의 대상이 된다.

나. 미등기 부동산

　　미등기 토지라 하더라도 채무자의 소유이면 민사집행법 제81조 제1항 제2호 본문에
따라 즉시 채무자 명의로 등기할 수 있다는 것을 증명할 서류를 붙여서 강제경매신청을
할 수 있다. 채무자의 명의로 등기할 수 있음을 증명할 서류는 토지대장, 임야대장, 확정
판결, 수용증명서(재결서등본과 보상금수령증원본 또는 공탁서원본) 등이다(부등 65조).

　　미등기 건물에 대하여 경매를 신청하는 경우에는 건물이 채무자의 소유임을 증명할
서류, 건물의 지번·구조·면적을 증명할 서류 및 건물에 관한 건축허가 또는 건축신고
를 증명할 서류를 붙이면 된다(81조 1항 2호 단서).

　　채권자가 건물의 지번·구조·면적을 증명하지 못한 때에는 채권자는 경매신청과
동시에 그 조사를 집행법원에 신청할 수 있고(81조 3항), 신청을 받은 집행법원은 집행관
으로 하여금 미등기 건물의 구조 및 면적을 조사하게 하여야 한다(같은 조 4항).

　　법원의 현황조사명령 양식은 아래 표와 같다.

---

13) 대법원 2011. 9. 29. 선고 2011마1420 결정

[미등기건물에 대한 조사명령]

○ ○ 지 방 법 원
현황조사명령

○○지방법원 집행관 귀하

사   건   20○○타경○○○○ 부동산강제(임의)경매
채 권 자   ○○○
채 무 자   ○○○

별지 기재 부동산에 대한 다음 사항을 조사하여 그 결과를 기재한 현황조사보고서를   20○○.
○○. ○○.까지 제출하되(사본 1부 첨부), 야간·휴일 현황조사를 실시한 때에는 그 사유를 기재하
여 주시기 바랍니다.

- 다 음 -

1. 조사할 사항
가. 건물의 지번·구조·면적
나. 조사한 건물의 지번·구조·면적이 건축허가 또는 건축신고를 증명하는 서류의 내용과
    다른 때에는 그 취지와 구체적인 내역
2. 조사 후 기재사항
가. 사건의 표시
나. 조사의 일시·장소와 방법
다. 위 1항의 가, 나항에 해당하는 사항(건축허가서나 건축신고서에 기재되어 있는 내용이
    아닌, 실제 구조·면적을 조사하여 기재하고, 실제 건물현황에 부합하는
    소재도·평면도를 첨부하여야 합니다.)
라. 위 조사대상 건물의 도면과 사진

첨부서류

현황조사신청서 사본   1부

20○○. ○○. ○○.

사법보좌관   (인)

◇ 유의사항 ◇

1. 구분건물의 일부가 조사대상일 경우에는 1동 건물의 전부에 대한 구조·면적을 기재하고 1동 건
   물의 소재도, 각 층의 평면도와 구분한 건물의 평면도를 첨부하여야 합니다.
2. 건물의 실제 지번·구조·면적을 조사하기 위하여 건축사, 설계기사, 측량사 등 건축전문가에게
   그 부분에 관하여 조사하도록 할 수 있습니다.
3. 건축허가에 관한 서류일체(설계변경, 건축주 등 변경사항이 있다면 최종적으로 변경된 서류)를
   함께 송부하여 주시기 바랍니다.

다. 공장재단, 광업재단

'공장 및 광업재단 저당법'에 의하여 공장재단 및 광업재단은 1개의 부동산으로 취급됨으로 경매의 대상이 된다(공장저당법 12조 1항, 54조). 따라서 공장재단, 광업재단을 구성하는 기계 · 기구 등은 동산이라 하더라도 유체동산집행의 대상이 될 수 없고 그 저당권의 목적물인 토지, 건물, 광업권 등과 함께 부동산에 대한 강제집행의 방법에 의하여 경매를 할 수 있을 뿐이다[14]. 매각부동산이 공장재단, 광업재단의 일부를 구성하고 있을 때에는 이에 대한 개별집행은 금지되므로 재단의 일부에 속함이 드러난 경우에는 매각절차를 취소하여야 한다(공장저당법 14조, 54조).

신청채권자가 공동저당권인 경우뿐만 아니라 일반 근저당권자 또는 강제경매인 경우에도 해당 물건에 다른 공장저당이 설정되어 있는 경우는 공장저당이 같이 함께 실행되어야 하므로 해당 공장저당의 재단을 구성하는 기계기구 목록을 제출하여야 한다.

라. 광업권, 어업권

광업권, 어업권은 법률상 부동산으로 취급되므로(광업법 10조 1항, 수산업법 16조 2항) 이들은 강제경매의 대상이 된다. 그러나 공동광업권자의 지분은 합유로서 다른 공동광업권자의 동의가 없으면 처분할 수 없으므로(광업법 30조 2항) 그 지분은 강제경매의 대상이 되지 아니한다(재민 63 – 16).

마. 소유권보존등기된 입목

소유권보존등기된 입목은 부동산으로 취급되므로 강제경매의 대상이 된다(입목법 3조 1항, 23조).

바. 자동차, 건설기계, 소형선박 및 항공기

자동차관리법에 따라 등록된 자동차, 건설기계관리법에 따라 등록된 건설 기계, '자동차 등 '특정동산 저당법'의 적용을 받는 소형선박, 항공기와 경량항공기는 실체법상으로 동산임에는 틀림없으나 그 특수성에 비추어 등록된 자동차와 건설기계 및 소형선박에 대한 강제집행은 민사집행규칙에 특별한 규정이 없으면 부동산에 대한 강제경매의 규정을 따르고(규칙 108조, 130조 1항), 항공안전법에 따라 등록된 항공기와 경량항공기에 대한 강제집행은 선박에 대한 강제집행의 예에 따라 실시한다(규칙 106조).

---

14) 실무제요 민사집행법 II 2020, 24면

사. 용익물권 등

① 금전채권에 기초한 강제집행과 담보권실행 등을 위한 경매에서 지상권 및 그 공유지분은 부동산으로 본다(규칙 40조, 194조). 지상권은 부동산 자체는 아니지만, 부동산을 목적으로 하는 권리로서 등기의 대상이 되므로 부동산집행의 절차에 의하도록 규정하였다.15)

② 존속기간이 만료되지 않은 전세권에 대하여는 전세권 자체에 대하여 그 밖의 재산권에 대한 집행방법(251조 1항)에 의한다.

| 사 례 : 존속기간이 만료되지 않는 전세권에 대한 집행 |

① 채권자 박○○는 법원에 채무자 김○○의 전세권에 압류명령신청, 법원의 압류명령과 압류등기 촉탁에 의하여 전세권에 압류등기가 마쳐졌다.
② 압류된 전세권에 대한 매각명령신청으로 법원의 매각명령이 나자 매각기일에 기일에 신○○이 전세권을 매수하여 새로운 전세권자가 되었다.
③ 아래 등기사항증명서를 보면 존속기간이 만료되지 않는 전세권 자체에 대한 집행이 어떻게 이루어지는지 알 수 있다.

[을구]			(소유권 이외의 권리에 관한 사항)	
순위번호	등기목적	접수	등기원인	권리자 및 기타사항
3	전세권설정	2018년7월4일 제1004호	2008년7월1일 설정계약	전세금 금 200,000,000원 범위 건물 전부 존속기간 2018년7월4일부터 2020년7월3일까지 전세권자 김○○ 111111-1111111 서울특별시 서초구 서초대로xxx
3-1	3번전세권 압류	2019년5월4일 제11111호	2019년5월1일 ○○지방법원의 압류명령 (2019타기xx)	채권자 박○○ xxxxxx-xxxxxxx 서울특별시 서초구 강남대로xxx
3-2	3번전세권 이전	2020년2월5일 제2222호	2020년2월2일 매각명령에 의한 매각	전세권자 신○○ xxxxxx-xxxxxxx 서울특별시 구로구 경인로xxx
4	3-1번압류 등기말소	2020년2월5일 제2222호	2020년2월2일 매각명령에 의한 매각	

---

15) 법원실무제요, 민사집행Ⅱ 2020, 26면

③ 존속기간이 만료되거나 합의 해지된 전세권은 용익물권적 권능은 소멸하므로 전세금반환채권에 대하여 압류 및 추심명령 또는 압류 및 전부명령을 받아 집행한다.

④ 전세권에 대하여 저당권이 설정된 경우 그 저당권의 실행방법은 전세권의 존속기간 만료여부에 따라 다르다. 존속기간이 만료되지 않은 경우에는 부동산매각절차에 의하고, 존속기간이 만료된 경우에는 전세금반환채권에 대하여 압류 및 추심명령 또는 압류 및 전부명령을 받는 등의 방법으로 집행한다.

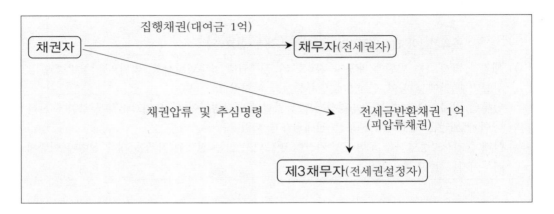

5. 집행법원

부동산이 있는 곳의 지방법원이 관할법원이 된다(79조 1항, 268조). 민사집행법 또는 민사집행규칙에 따라 부동산으로 보거나 부동산에 관한 규정이 준용되는 것에 대한 강제집행은 그 등기 또는 등록을 하는 곳의 지방법원이 관할한다(규칙 41조). 집행대상 부동산이 여러 지방법원의 관할구역 내에 있을 때에는 각 지방법원이 관할권이 있으며, 이 경우 법원이 필요하다고 인정하는 때에는 사건을 다른 관할법원에 이송할 수 있다(70조 2항). 관할위반인 경우에는 이송하여야 하고, 이송결정이 확정되면 이송받은 법원은 그 결정에 구속된다.

Ⅱ. 강제경매의 신청

1. 신청의 방식

민사집행의 신청은 서면으로 하여야 한다(4조). 신청서에는 소정사항을 적어야 하고 (80조), 집행력 있는 정본 외에 필요한 서류를 붙여야 한다(81조). 또 소정의 인지(5000원, 전자신청의 경우 4,500원)를 붙여야 한다(인지법 9조 3항, 16조 1, 2항) 여러 개의 집행권원에 기하여 신청을 하는 경우에는 집행권원의 수에 따른 인지를 첨부하여야 한다(재민 87-9).

그리고 채무자로부터 변제받으려는 청구채권금액 1천분의 2에 해당하는 등록면허세 등을 납부하고(지방세법 28조 1항 1호 라) 영수필통지서 및 영수필확인서 각 1통, 등기신청 수수료 3,000원을 납부하고 그 영수필확인서도 함께 제출하여야 한다.

2. 신청서의 기재사항(제80조)

가. 채권자 · 채무자와 법원의 표시(제80조 제1호)

(1) 채권자와 채무자의 특정

채권자와 채무자를 특정할 수 있도록 그 이름과 주소를 표시하여야 한다. 여기서 채권자라 함은 강제집행을 신청하는 자를 말하고 채무자라 함은 강제집행을 받을 자를 말한다. 채권자, 채무자는 집행권원의 집행문에 기재되어 있는 집행채권자, 집행채무자와 일치하여야 한다.

채권자 · 채무자의 이름, 주소는 신청서에 첨부된 집행력 있는 정본에 표시된 것과 일치하여야 한다. 그러나 주소의 변경이 있는 경우에는 신구 주소를 병기하며 부동산등기 기록상의 주소와 다를 경우에는 등기기록상의 주소도 병기한다. 이 경우에는 이 사실을 증명하는 주민등록표초본 등을 첨부한다. 채권자 또는 채무자가 법인인 경우에는 그 명칭, 주된 사무소 또는 영업소 및 대표자를 표시한다.

(2) 재산형의 형사판결이나 과태료재판의 집행신청인

검사의 집행명령에 기하여 벌금 등 재산형의 집행을 위하여 강제경매를 신청하는 경우의 경매신청인은 법무부장관이 아니고 검사가 되어야 한다(재민 64-2). 실무상으로는 주로 검사직무대리 명의로 신청하고 있다. 경매신청 시에 형사판결문이나 재판서의 사본을 제출하여도 무방하나, 검사의 집행명령은 반드시 있어야 한다(형소법 477조).

(3) 공유물 지분에 대한 경매신청의 경우

공유물 지분을 경매하는 경우에는 다른 공유자에게 경매개시결정이 있다는 것을 통지하여야 하기 때문에(139조), 강제경매신청에는 채무자인 공유자 이외의 공유자 전원의 이름, 주소 및 채무자가 가지는 지분을 적어야 한다.

(4) 가압류등기후 소유자의 변동이 있는 경우 당사자표시

가압류채권자가 본안판결에서 승소하고 그 확정판결을 집행권원으로 하여 경매신청(이를 '본압류'라 한다)을 하는 경우 채무자는 가압류채무자가 된다. 만일 가압류등기 후 소유권이 변동되었다면, 현 소유자를 제3취득자로 기재한다.

(5) 법원의 표시

관할법원을 집행법원을 표시한다.

나. 부동산의 표시(제80조 제2호)

등기되어 있는 부동산인 경우에는 등기기록의 표제부에 기재되어 있는 대로 표시하여야 한다. 구분소유권의 경우에는 1동의 건물 중 구분소유로 된 부분을 특정할 수 있도록 도면 등을 첨부하여 표시하여야 한다.

미등기의 부동산인 경우에는 그 부동산이 채무자의 소유임을 증명할 서류의 표시와 부합되도록 적어야 한다.

다. 경매의 이유가 된 일정한 채권(제80조 제3호)

경매의 이유가 된 일정한 채권이란 집행권원에 표시된 채권으로서 채권자가 경매에 의하여 변제받고자 하는 금액을 말한다. 청구금액은 집행권원에 표시된 채권액(원금과 이자 합산액)의 범위 내이어야 하고 특정되어야 한다. 청구금액은 집행비용 예납액과 과세표준으로서 등록면허세의 기준이 되며, 무잉여 판단의 기초가 되기 때문이다. 보통 집행권원에 기재된 대로 청구채권을 "금ㅇㅇ원 및 위 금원에 대하여 ㅇ년 ㅇ월 ㅇ일부터 다 갚는 날까지 연 ㅇ%의 비율에 의한 지연이자"로 표시한다.

채권의 일부를 청구하는 경우 경매절차가 개시 후에는 청구금액의 확장은 허용되지 않고, 그 후에 청구금액을 확장하여 잔액의 청구를 하더라도 배당요구의 효력 밖에는 없다.16)

라. 집행할 수 있는 일정한 집행권원(제80조 제3호)

경매의 이유가 된 채권에 관한 집행권원을 표시한다. 하나의 집행권원에 여러 개의

---

16) 대법원 1983. 10. 15. 선고 83마393 결정

채권이 존재하는 경우에는 어떤 채권에 기하여 강제집행을 구하는 것인지 특정하여 표시하여야 한다.

마. 대리인의 표시

대리인이 있는 경우 신청서에 대리인의 이름, 주소를 표시하여야 한다. 채권자, 채무자가 소송무능력자인 경우에는 법정대리인을 표시하여야 하고, 법정대리인이 없으면 민사소송법상의 특별대리인 선임을 신청하여 그 선임된 자를 표시하여야 한다(민소 62조 1항).

본안소송의 소송대리인은 그 판결에 기한 강제집행에 관하여 당연히 대리권이 있으므로 별도의 위임장을 제출할 필요가 없다.

3. 첨부서류

① 집행력 있는 정본
② 집행권원 송달증명원(39조 1항)
③ 집행에 조건이 붙은 경우 집행문과 조건성취를 증명하는 증명서 등본의 송달증명(39조 2항), 채무자의 승계가 있는 경우 채무자 또는 승계인에 대한 승계집행문 송달증명(39조 2항, 3항)
④ 집행에 담보제공 조건이 있는 경우 담보를 제공한 증명서류 및 그 증명서류 등본의 송달증명서(40조 2항)
⑤ 반대의무 이행과 동시에 집행할 수 있다는 것을 내용으로 하는 집행권원의 집행은 반대의무의 이행 또는 제공을 증명하는 서면(41조 1항). 예외적으로, 임차인이 임차주택 및 상가건물에 대하여 보증금반환청구소송의 확정판결이나 그 밖에 이에 준하는 집행권원에 따라서 경매를 신청하는 경우에는 반대의무이행 또는 그 제공을 증명하는 서면을 제출할 필요가 없다.(주임법 3조의 2 1항, 상임법 5조 1항) 그러나 임대인의 다른 건물에 대하여 경매신청을 하는 경우에는 개시요건으로서 위와 같은 서면을 제출해야 한다.
⑥ 다른 의무의 집행이 불가능한 때에 그에 갈음하여 집행할 수 있다는 것을 내용으로 하는 집행권원의 집행에는 그 집행이 불가능 하다는 집행불능증명서(41조 2항)
⑦ 민사집행법 제81조 제1항 소정의 서류
채무자의 소유로 등기된 부동산등기사항증명서, 미등기 부동산에 대하여는 즉시 채무자명의로 등기할 수 있다는 것을 증명할 서류, 다만 미등기 건물인 경우에는 채무자의 소유임을 증명할 서류, 그 건물의 지번, 구조, 면적을 증명할 서류 및 그 건물에 관한 건축허가 또는 건축신고를 증명할 서류

⑧ 채권자, 채무자가 법인인 경우 대표자의 자격을 증명할 자격증명서(법인등기사항증명서), 대리인을 통하여 신청할 경우 대리인 자격을 증명할 위임장

⑨ 등록면허세 영수필확인서 등

채무자로부터 변제받으려는 청구채권금액[17]의 1,000분의 2에 해당하는 등록면허세(지방세법 28조 1항 1호 라목) 및 그 등록면허세의 100분의 20에 해당하는 지방교육세(지방세 151조 1항 2호)를 납부한 후 그 영수필확인서 각 1통. 등기신청수수료 3,000원을 납부하고 그 영수필확인서도 함께 제출하여야 한다.

4. 비용의 예납

신청채권자는 집행비용을 예납하여야 한다(18조 1항). 미리 내지 아니한 때에는 법원은 결정으로 신청을 각하하거나 집행절차를 취소할 수 있다(같은 조 2항). 위 결정에 대하여는 즉시항고할 수 있다(같은 조 3항).

예납할 비용은 부동산의 감정료, 신문공고료, 매각수수료, 현황조사비용 등의 각종 수수료와 송달료이다. 예납 표준액은 다음과 같다.

① 감정료 : 감정인등 선정과 감정료 산정기준 등에 관한 예규(재일 2008 – 1)

② 신문공고료 : 민사소송비용법 제10조, 제8조

③ 매각수수료 : 집행관수수료규칙 제16조, 17조, 재민 79 – 5 제3조 제1항

④ 현황조사수수료 : 집행관수수료규칙 제15조, 제3조 제1항, 제22조

⑤ 송달료 : 송달료규칙의 시행에 따른 업무처리요령 제7조(재일 87 – 4)

5. 경매신청서의 접수

경매신청서가 법원에 접수되면 접수담당 법원사무관등은 신청서 기재사항, 첨부서류 구비여부나 인지가 첨부 여부 등을 검토하여 흠이 있으면 보정을 촉구하여야 한다. 제출자가 보정에 응하지 않더라도 그 접수를 거부할 수 없으므로(민원처리에 관한 법률 9조 1항) 사건을 접수한 후 사건번호를 부여하고 기록을 재판부에 인계한다.

---

17) 채권금액에는 채권원금뿐만 아니라 원금에 대한 이자도 포함한다(대법원 2004. 11. 11. 선고 2003두12097 판결)

[부동산강제경매신청서]

<h2 align="center">부 동 산 강 제 경 매 신 청 서</h2>

수입인지
5000원

채 권 자　　(이름)　　　　　　　(주민등록번호　　　　　　－　　　　)
　　　　　　(주소)
　　　　　　(연락처)

채 무 자　　(이름)　　　　(주민등록번호 또는 사업자등록번호　　　－　　　)
　　　　　　(주소)

청구금액　　　금　　　원 및 이에 대한 20 ． ． ．부터 20 ． ． ．까지
연　　%의 비율에 의한 지연손해금
집행권원의 표시　채권자의 채무자에 대한　○○지방법원 20 ． ． ． 선고　20　가단(합)　　대여금
청구사건의 집행력 있는 판결정본

<h3 align="center">신 청 취 지</h3>

별지 목록 기재 부동산에 대하여 강제경매절차를 개시하고 채권자를 위하여 이를 압류한다.
라는 재판을 구합니다.

<h3 align="center">신 청 이 유</h3>

채무자는 채권자에게 위 집행권원에 따라 위 청구금액을 변제하여야 하는데, 이를 이행하지 아
니하므로 채무자 소유의 위 부동산에 대하여 강제경매를 신청합니다.

<h3 align="center">첨 부 서 류</h3>

1. 집행력 있는 정본　　　　　　1통
2. 집행권원의 송달증명원　　　　1통
3. 부동산등기사항전부증명서　　1통
20　　．　．　．

채권자　　　　　　　　(날인 또는 서명)

○○지방법원 귀중

<h3 align="center">◇ 유 의 사 항 ◇</h3>

1. 채권자는 연락처란에 언제든지 연락 가능한 전화번호나 휴대전화번호(팩스번호, 이메일 주소 등도 포함)를 기재하기 바랍니다.
2. 채무자가 개인이면 주민등록번호를, 법인이면 사업자등록번호를 기재하시기 바랍니다.
3. 이 신청서를 접수할 때에는 (신청서상의 이해관계인의 수＋3)×10회분의 송달료와 집행비용(구체적인 액수는 접수담당자에게 확인바람)을 현금으로 예납하여야 합니다.
4. 경매신청인은 채권금액의 1000분의 2에 해당하는 등록면허세와 그 등록면허세의 100분의 20에 해당하는 지방교육세를 납부하여야 하고, 부동산 1개당 3,000원의 등기신청수수료를 납부하여야 합니다.

Ⅲ. 압류절차

1. 강제경매 개시결정

가. 신청서 및 집행개시요건 조사

경매신청서가 접수되면 집행법원은 신청서의 기재 및 첨부서류에 의하여 관할법원, 신청방식 및 강제집행의 요건에 관하여 형식적 심사를 한다. 심리 결과 적법하면 강제경매 개시결정을 하고, 만약 요건에 흠이 있으면 보정을 명하고, 하자가 보정될 수 없는 것인 때에는 신청을 각하한다.

강제경매신청을 기각하거나 각하하는 재판에 대하여는 즉시항고할 수 있다(83조 5항). 관할위반인 경우에는 이송하고 이송결정에 대하여는 즉시항고 할 수 있다(민소법 39조).

집행비용을 예납하지 않으면 신청을 각하하거나 경매절차를 취소할 수 있다(18조 2항).

나. 경매목적물(부동산)에 대한 조사

(1) 소유권

매각부동산은 채무자의 소유이어야 한다. 다만 가압류 이후 소유권의 이전이 있고 가압류권자가 가압류채무자에 대한 집행권원을 얻어 경매신청을 하는 경우에는 채무자 소유가 아닌 제3취득자 재산에 대해서도 경매신청이 가능하다. 이 경우 경매신청채권자인 가압류채권자는 가압류결정의 피보전채권과 집행권원상의 집행채권의 동일성을 소명하는 자료를 제출하여야 한다.

채무자가 상속을 하였으나 아직 상속등기를 마치지 않은 경우에는 대위에 의한 상속등기를 한 다음 상속인에 대하여 강제경매신청을 할 수 있다. 집행권원에 채무자가 한정승인을 한 것으로 표시되어 있는 경우는 채무자가 피상속인으로부터 상속받은 재산에 대해서만 강제집행이 가능하고, 채무자의 고유재산에 대하여는 강제집행할 수 없다.

(2) 압류금지부동산

법률의 규정에 의하여 압류가 금지되어 있는 부동산은 경매할 수 없다. 학교법인이 학교교육에 직접 사용하는 교지, 교사 등 재산은 매도하거나 담보에 제공할 수 없으므로(사립학교법 제28조 2항, 51조 본문, 같은 법 시행령 12조)[18] 이러한 재산은 강제집행의 대상

---

18) 대법원 1996. 11. 15. 선고 96누4947 판결 : 사립학교법 제28조 제2항, 같은법 시행령 제12조 제1

이 되지 아니하고 경매신청을 각하해야 한다. 그러나 유치원교육에 직접 사용되는 교지 등 사립학교법시행령 제12조에 정한 재산이라고 하더라도 유치원 설립자가 유치원 설립 허가를 얻기 전에 담보권을 설정한 경우, 담보권자의 담보권 실행이 금지되거나 감독청의 처분허가를 필요로 하지 않는다.[19)]

학교법인이 매도하거나 담보에 제공할 수 없는 교지, 교사 등을 제외한 기본재산에 대하여는, 학교법인이 이를 매도, 증여, 임대, 교환 또는 용도변경하거나 담보에 제공하고자 할 때 또는 의무의 부담이나 권리의 포기를 할 때에는 관할청의 허가를 받아야 한다고 제한하고 있을 뿐이므로, 관할청의 허가를 받을 수 없는 사정이 확실하다고 인정되는 등의 특별한 사정이 없는 한 이러한 기본재산에 대한 압류는 허용된다[20)]. 주무관청의 허가는 경매개시요건이 아니고 소유권취득요건이므로 경매신청을 각하할 수 없다. 그 외 전통사찰 소유의 부동산(전통사찰의 보존 및 지원에 관한 법률 9조), 의료법인의 재산(의료법 48조 3항), 사회복지법인의 재산(사회복지사업법 23조 3항) 등도 처분에 주무관청의 허가를 요한다.

주무관청의 허가나 승인을 받아 제출할 것을 특별매각조건으로 경매절차를 진행하고 매각허가결정 시까지 이를 제출하지 못하면 매각불허가결정을 한다.[21)] 전통사찰보존법상의 경내지에 해당하는 이 사건 임야에 관하여 문화체육부장관의 처분허가를 받지 아니한 채 경매가 이루어져 매수인 명의의 소유권이전등기가 되었다하더라도 적법한 원인을 결여한 무효의 등기이고, 매수인은 소유권을 취득할 수 없다.[22)]

(3) 최선순위의 처분금지가처분등기 또는 순위보전의 가등기가 있는 부동산

매각목적물에 최선순위의 처부금지가처분등기가 되어 있는 경우에는 경매개시결정과 그 등기촉탁만 하고 사실상 절차를 중지한다. 최선순위의 가등기가 담보가등기인지 순위보전의 가등기인지 알 수 없는 경우에도 집행법원으로서는 일단 이를 순위보전을 위한 가등기로 보아 매수인에게 그 부담이 인수될 수 있다는 취지를 입찰물건명세서에 기재한 후 그에 기하여 경매절차를 진행하면 족한 것이지, 반드시 그 가등기가 담보가등기인지

항이 학교법인의 재산 중 당해 학교법인이 설치·경영하는 사립학교의 교육에 직접 사용되는 교지 등의 재산은 매도 또는 담보에 제공할 수 없도록 규정하고 있는 것은 같은 법의 목적(제1조)에 비추어 볼 때 그 사립학교 교육에 필수불가결한 학교재산이 처분됨으로써 그 학교의 존립 자체가 위태롭게 되는 것을 방지하고자 하는 데에 그 목적이 있다 할 것이므로, 이러한 재산의 매도금지는 그것이 매매계약의 목적물이 될 수 없다는 데에 그치는 것이 아니고 매매로 인한 소유권이전 가능성을 전부 배제하는 것으로 국세징수법상 체납처분 절차에 의한 매도도 금지하는 것이어서 이에 대하여는 국세징수법에 의한 압류가 허용되지 아니함이 명백하다고 할 것이다.

19) 대법원 2004. 7. 5. 선고 2004마97 결정
20) 대법원 2004. 9. 8. 선고 2004마408 결정
21) 대법원 2014. 10. 17. 선고 2014마1631 결정
22) 대법원 1999. 10. 22. 선고 97다49817 판결

순위보전의 가등기인지 밝혀질 때까지 경매절차를 중지하여야 하는 것은 아니다.[23]

(4) 회생절차 및 개인회생절차의 개시결정, 파산선고가 있는 때

회생절차 및 개인회생절차의 개시결정, 파산선고가 있는 때 부동산에 대하여는 개별적인 강제집행이 금지되므로(채무자회생법 58조, 348조 1항), 이에 대한 경매신청은 각하하여야 한다. 다만, (개인)회생절차개시결정이 있더라도 임금채권 등과 같은 개인회생재단채권이나 공익채권(채무자회생법 583조 1항·2항, 475조, 179조, 180조 1항)에 기한 강제집행은 금지되지 않는다.

(5) 토지별도등기가 있는 때

집합건물의 구분소유물에 관한 경매신청이 있는 경우 집합건물 등기부상 별도등기(근저당, 가압류 등)가 있는 경우에는 경매신청채권자에게 토지별도등기부를 제출하도록 한다.

다. 강제경매 개시결정의 시기

집행법원은 경매신청의 요건이 구비되었다고 판단하면 강제경매 개시결정을 한다. 개시결정은 경매신청 접수일로부터 2일 이내에 하여야 한다(재민 91-5).

라. 경매개시결정(압류)의 효력

① 강제경매 개시결정에 의한 압류의 효력은 그 결정이 채무자에게 송달된 때 또는 경매개시결정의 기입등기가 된 때에 발생한다(83조 4항). 둘 중 먼저 행하여진 때에 압류의 효력이 발생한다.

② 압류에는 처분제한의 효력이 있다. 압류 이후에 채무자가 그 부동산에 대하여 처분행위(양도, 담보제공, 용익물권설정 등)를 한 경우 그 처분행위는 당사자 사이(채무자와 상대방)에서는 유효하지만, 경매신청채권자인 압류채권자에게는 대항하지 못한다(개별상대효). 따라서 압류의 효력이 발생한 이후에 채무자가 경매부동산에 관한 공사대금 채권자에게 점유를 이전함으로써 그로 하여금 유치권을 취득하게 한 경우, 그와 같은 점유의 이전은 목적물의 교환가치를 감소시킬 우려가 있는 처분행위에 해당하여 민사집행법 92조 1항, 83조 4항에 따른 압류의 처분금지효에 저촉되므로 점유자로서는 위 유치권을 내세워 그 부동산에 관한 경매절차의 매수인에게 대항할 수 없다.[24]

③ 압류는 부동산에 대한 채무자의 관리·이용에 영향을 미치지 않으며(민집 83조 2항), 채무자는 압류 후에도 부동산의 교환가치를 감소시키지 않는 한도 내에서 목적물을

---

23) 대법원 2003. 10. 6. 선고 2003마1438 결정
24) 대법원 2005. 8. 19. 선고 2005다22688 판결

관리·사용·수익할 수 있다.[25] 이점에서 채무자가 사용수익권을 상실하는 강제관리와 다르다.

④ 압류가 있으면 경매신청시에 소급하여 소멸시효 중단의 효과가 생긴다(민법 168조). 경매신청이 취하 되거나 집행이 취소되면 압류의 효력은 소멸한다.(93조 1항, 3항)

[부동산강제경매 개시결정]

○○지방법원
결   정

사   건   20 타경 ○○   부동산강제경매

채 권 자   ○○○

　　　　　　○○시 ○○구 ○○로 ○○

채 무 자   ○○○

　　　　　　○○시 ○○구 ○○로 ○○

소 유 자   채무자와 같음

주   문

별지 기재 부동산에 대하여 경매절차를 개시하고 채권자를 위하여 이를 압류한다.

청구금액

30,000,000원 및 위 돈에 대한 20○○. ○. ○.부터 다 갚는 날까지 연 5%의 비율에 의한 지연이자금.

이   유

위 청구금액의 변제에 충당하기 위한 ○○지방법원 20○○가단○○○○ 물품대금 청구 사건의 집행력 있는 판결정본에 의한 채권자의 신청은 이유 있으므로 주문과 같이 결정한다.

20   .   .   .

사법보좌관   ○○○   ㊞

---

25) 법원실무제요 민사집행Ⅱ 2020, 65면

⑤ 경매개시결정등기 후에 제3자가 매각부동산에 대하여 권리를 취득한 경우에는 제3자의 선의, 악의를 불문하고 압류의 효력이 제3자에게 미치므로 압류채권자에게 대항하지 못하지만, 집행채무자에게 개시결정 송달 후 경매개시결정등기 전에 권리를 취득한 제3자는 경매신청 또는 압류가 있었다는 사실을 몰랐으면(선의) 압류의 효력을 부인하여 압류채권자에게 대항할 수 있고, 경매신청 또는 압류사실을 알았으면(악의) 압류채권자에게 대항할 수 없다(92조 1항).[26]

2. 경매개시결정등기의 촉탁

법원이 경매개시결정을 하면 법원사무관등은 즉시 그 사유를 등기기록에 기입하도록 등기관에게 촉탁하여야 한다(94조 1항). 부동산의 공유지분에 대하여 경매개시결정을 하였을 때에도 경매개시결정의 기입등기를 촉탁하여야 한다(139조 1항). 등기관은 경매개시결정등기를 한 후에 등기사항증명서를 작성하여 이를 집행법원에 송부하여야 한다(95조).

---

26) 실무제요 민사집행Ⅱ 2020, 66면

[등기촉탁서]

○ ○ 지 방 법 원
등기촉탁서(기입)

○○등기소 등기관 귀하

사   건   20 타경   부동산강제(임의)경매

부동산의 표시   별지와 같음

등기권리자   ○○○(-   )

                    서울 ○○구 ○○로 ○○

등기의무자   ○○○

                    서울 ○○구 ○○로 ○○

등기원인과 그 연월일   .   . .자 부동산강제(임의)경매 개시결정

등기목적   강제경매(임의) 개시결정등기

과세표준   원

등록면허세   원(시 · 도명, 등록면허세 납세번호)

지방교육세   원

등기촉탁수수료   원

첨 부   결정 정본 1부

위 등기를 촉탁합니다.   (등본작성일   .   .   .)

                              20 .   .   .

                    법원사무관   ○   ○   ○

3. 강제경매 개시결정의 송달

가. 채무자에 대한 송달

법원은 강제경매개시결정 정본을 채무자에게 반드시 송달하여야 한다. 개시결정이 채무자에게 송달된 때에 압류의 효력이 발생하고(83조 4항), 채무자에게 고지되지 않고는 매각절차가 유효하지 않기 때문이다. 채무자에게 개시결정이 고지(송달)되지 않았음에도 부동산이 매각되어 대금을 완납했더라도 매수인은 소유권을 취득할 수 없고, 대금 완납 후 뒤늦게 경매개시결정을 채무자에게 송달하였다고 하더라도 마찬가지이다.[27]

채무자에 대한 송달 누락이나 부적법 송달로서 송달의 효력이 없는 경우 채무자 또는 이해관계인은 송달의 흠을 이유로 매각허가결정에 대한 항고이유로 삼을 수 있다.[28]

채무자가 아닌 다른 이해관계인에게는 경매개시결정을 송달할 필요가 없다. 공유지분에 관하여 경매개시결정을 하였을 때에는 상당한 이유가 있는 경우를 제외하고 다른 공유자들에게 경매개시결정이 있다는 것을 통지하여야 한다(139조 1항).

나. 송달방법

송달에 관한 민사소송법 규정에 따르므로 공시송달도 가능하다. 채무자가 교도소 · 구치소에 수감 중이거나 국가경찰관서의 유치장에 체포 · 구속 또는 유치된 경우에는 그 교도소장 또는 구치소장에게 송달하여야 한다(민소법 182조).

채무자가 외국에 있거나 있는 곳이 분명하지 아니한 때에는 집행행위에 속한 송달이나 통지를 하지 아니하여도 된다는 민사집행법 12조 규정은 채무자에 대한 경매개시결정 송달에는 적용하지 않는다. 채무자가 주소보정명령에 불응하는 경우에는 경매개시결정을 취소하고 경매신청을 각하한다.[29]

다. 채권자에 대한 송달

경매개시결정은 채권자에게도 송달한다. 다만, 채권자에게 송달하지 않고 절차를 진행하여도 매각허가의 효력에 아무런 영향이 없다.[30] 임의경매에서는 경매개시결정이 소유자에게 송달된 때에 압류의 효력이 생기므로 소유자에게 반드시 송달하여야 한다.

---

27) 대법원 1994. 1. 28. 선고 93다9477 판결
28) 대법원 1997. 6. 10. 선고 97마814 결정
22) 실무제요 민사집행 Ⅱ 2020, 83면
30) 대법원 1969. 6. 10. 선고 69마231 결정

4. 경매개시결정에 대한 불복

> 제86조(경매개시결정에 대한 이의신청)
> ① 이해관계인은 매각대금이 모두 지급될 때까지 법원에 경매개시결정에 대한 이의신청을 할 수 있다.
> ② 제1항의 신청을 받은 법원은 제16조제2항[31]에 준하는 결정을 할 수 있다.
> ③ 제1항의 신청에 관한 재판에 대하여 이해관계인은 즉시항고를 할 수 있다.
> 제265조(경매개시결정에 대한 이의신청사유)
> 경매절차의 개시결정에 대한 이의신청사유로 담보권이 없다는 것 또는 소멸되었다는 것을 주장할 수 있다.

가. 강제경매개시결정에 대한 이의

(1) 이의신청권자, 신청법원, 이의신청시한

경매절차의 이해관계인은 '매각허가결정이 확정되어 매수인이 매각대금을 모두 지급할 때'까지 개시결정을 한 집행법원에 이의신청을 할 수 있다. 이의신청을 하면 법원에서는 '타기'사건으로 사건부호를 부여한다(예: 2021타기 ○ ○ ○ 경매개시결정에 대한 이의).

(2) 이의사유 : 경매개시결정 전의 형식적인 절차상 하자

경매신청방식의 적법 여부, 신청인의 적격 여부, 대리권의 존재 여부, 매각부동산 표시의 불일치, 집행력 있는 정본의 불일치, 집행채권의 기한미도래 등은 이의사유가 된다.[32] 그러나 집행채권의 소멸 등과 같은 집행권원의 실체적 권리관계에 관한 사유는 이의사유가 되지 못한다.[33] 실체적 하자를 이유로 다투기 위해서는 청구이의의 소를 제기하고, 강제집정지신청을 하여 재판부로부터 강제집행정지결정을 받아 집행법원에 제출하여야 한다.

(3) 이의신청에 대한 재판, 재판의 고지, 잠정처분

이의신청이 부적합하거나 이유 없어 각하 또는 기각하는 경우 신청인에게 고지하고, 이의신청이 이유 있어 인용하는 경우 강제경매개시결정을 취소하고, 경매신청을 기각하는 결정을 한다. 이때는 경매개시취소결정을 상대방에게도 고지한다(규칙 7조).

집행법원은 이의재판에 앞서 잠정처분을 할 수 있다(86조 2항, 16조 2항).

---

31) 민집 16조 ②항 : 법원은 제1항의 이의신청에 대한 재판에 앞서, 채무자에게 담보를 제공하게 하거나 제공하게 하지 아니하고 집행을 일시정지하도록 명하거나, 채권자에게 담보를 제공하게 하고 그 집행을 계속하도록 명하는 등 잠정처분(잠정처분)을 할 수 있다.
32) 실무제요 민사집행Ⅱ 2020, 101면
33) 대법원 2010. 5. 14. 선고 2010마124 결정

(4) 이의재판에 대한 즉시항고

이행관계인은 결정을 고지받은 날로부터 1주일 안에 즉시항고 할 수 있다(86조 3항). 항고장에는 항고사유를 기재하여야 하고, 기재하지 않은 경우 항고장 제출일로부터 10일 이내에 항고이유서를 제출하여야 한다. 경매개시결정을 취소하는 결정은 확정되어야 효력이 있다(17조 2항). 따라서 경매개시결정을 취소하는 결정에 대하여 즉시항고를 하면, 확정될 때까지 집행법원은 절차를 사실상 정지한다.

(5) 취소결정 확정 후의 조치

경매개시결정 취소결정이 확정되면, 집행법원은 경매개시결정등기의 말소를 촉탁한다.

나. 임의경매개시결정에 대한 이의

(1) 이의 사유

임의경매개시결정에 대한 이의는 절차적 하자뿐만 아니라 실체적 하자도 이의사유가 된다(265조). 실체적 하자는 저당권의 기본이 되는 저당권의 부존재, 원인무효, 피담보채권의 무효, 변제, 변제공탁에 의한 소멸, 피담보채권의 이행기 미도래, 이행기 유예 등이다. 위와 같은 사유는 경매개시결정 전·후를 불문한다.

그러나 임의경매에 있어서 저당채무가 일부라도 잔존하는 한 법원은 저당목적물 전부에 관하여 경매개시결정을 하여야 하고 그 개시결정에 표시된 채권액이 현존 채권액과 다르다는 이유로서는 그 결정에 대한 이의를 없고,[34]과잉매각은 매각불허가 사유에 불과할 뿐 경매개시결정에 대한 이의사유로는 삼을 수 없다.[35]

| 사 례 |

> ○ 사건개요
> 1. 이 사건 점포들은 구분소유권의 객체가 될 수 있는 구조상 및 이용상의 독립성을 갖추지 못하여 이 사건 건물의 일부에 불과할 뿐 구분소유권의 객체가 될 수 없음에도 이 점포들에 관하여 건축물대장이 작성되고 등기부상에도 구분소유권의 목적으로 등기되어 이 등기에 기한 근저당권이 설정되었다.
> 2. 위 근저당권에 기하여 임의경매개시결정이 이루어지자 근저당권설정이 무효임을 이유로 경매개시결정에 대한 이의신청을 하였다.
> ○ 판례의 요지
> 이 사건 점포들은 구분소유권의 객체가 될 수 있는 구조상 및 이용상의 독립성을 갖추지 못하여 이 사건 건물의 일부에 불과할 뿐 구분소유권의 객체가 될 수 없다고 봄이 상당하고,

---

34) 대법원 1971. 3. 31. 선고 71마96 결정
35) 대법원 2009. 10. 8. 선고 2009마911 결정 참조

따라서 비록 이 사건 점포들에 관하여 건축물관리대장상 독립한 별개의 구분건물로 등재되고 등기부상에도 구분소유권의 목적으로 등기되어 있다고 하더라도 그러한 등기는 그 자체로 무효이고 그러한 등기에 기한 이 사건 근저당권설정등기 역시 무효라고 할 것이므로, 이러한 무효인 근저당권에 기한 경매개시결정은 위법하다.(대법원 2008. 9. 11. 선고 2008마696 결정)

(2) 변제를 이유로 이의신청하는 경우 피담보채무 변제의 범위

피담보채무의 변제자가 누구냐에 따라 변제의 범위에 차이가 있다. 즉 변제자가 채무자 겸 근저당권설정자인 경우, 제3채무자 또는 물상보증인인 경우 각 변제의 범위가 다르다. 아래의 사례를 본다.

사 례

○ **사건개요**

근저당권자인 A은행은 채무자 겸 근저당권설정자인 갑의 부동산에 설정된 근저당권(채 권 최고액 5억, 실채권액 6억) 실행을 위하여 경매를 신청하였고, 경매비용으로 100만 원이 소요되었다. 갑은 얼마를 변제하고 경매절차 취소를 구하는 이의신청을 할 수 있는가?

○ **판례요지**

채무자 겸 근저당권설정자는 채무액이 채권최고액과 경매비용을 초과하는 경우, 근저당권의 효력은 채권전액의 변제가 있을 때까지 채권최고액에 관계없이 잔존채무 전액에 미치므로 실채권액 6억 원과 경매비용 100만 원 전액을 변제해야 하고, 채무자가 아닌 근저당권설정자(물상보증인)나 또는 제3취득자는 확정된 채권액(실채권액) 중 채권최고액과 경매비용만 변제하면 이를 이유로 이의를 할 수 있다(대법원 2001. 10. 12. 선고 2000다59081 판결).

(3) 집행정지

이의신청에는 집행정지효력이 없다. 채무자가 매수인의 대금완납 이전에 채무를 변제하여 담보권을 소멸시킨 후 이를 근거로 이의신청을 하였으나 경매절차를 정지시키지 아니하여 매수인이 대금을 납부한 경우 매수인은 경매목적물의 소유권을 유효하게 취득한다.[36] 따라서 경매개시결정에 대한 이의신청을 하면서 집행정지결정을 받아 집행법원에 제출하여야 한다.

---

36) 대법원 1992. 11. 11. 선고 92마719 결정

[경매개시결정에 대한 이의신청서]

강제경매 개시결정에 대한 이의신청

신청인(채무자) ○ ○ ○
(전화번호 · 팩시밀리번호 또는 전자우편주소)
○ ○ 시 ○ ○ 구 ○ ○ 로 ○ ○
상대방(채권자) ○ ○ ○
○ ○ 시 ○ ○ 구 ○ ○ 로 ○ ○

신 청 취 지

  위 당사자간 귀원 20○○타경○○호 부동산강제경매사건에 관해서 20 . . . 귀원이 행한 강제경매 개시결정은 이를 취소한다. 채권자의 이 사건 강제경매신청을 기각한다.
라는 재판을 구함.

신 청 이 유

1. 채권자는 채무자인 신청인과의 사이의 ○○지방법원 20 가합○○호 ○○청구사건의 집행력 있는 판결정본에 기하여 20 . . . 귀원에 강제경매신청을 하여, 20 . . . 개시결정이 되어, 동 결정은 20 . . . 채무자인 신청인에게 송달되었습니다.
2. 그런데 위 강제집행의 전제인 위 집행권원은 상환이행판결로써 채권자의 반대의무(전세권설정등기말소등기절차의 이행)의 이행(제공)을 조건으로 하는 것임에도, 채권자는 반대의무의 이행 또는 제공을 하지 않아 집행개시요건에 흠이 있음에도 불구하고 위 개시결정을 한 것은 위법하다 할 것이므로, 이의신청을 합니다.

20 . . .

위 신청인(채무자) ○ ○ ○ (날인 또는 서명)

○ ○ 지방법원   귀중

5. 경매절차에서 당사자의 승계

가. 강제경매에서의 당사자 승계

제52조(집행을 개시한 뒤 채무자가 죽은 경우)
① 강제집행을 개시한 뒤에 채무자가 죽은 때에는 상속재산에 대하여 강제집행을 계속하여 진행한다.
② 채무자에게 알려야 할 집행행위를 실시할 경우에 상속인이 없거나 상속인이 있는 곳이 분명하지 아니하면 집행법원은 채권자의 신청에 따라 상속재산 또는 상속인을 위하여 특별대리인을 선임하여야 한다.

구 분	개시결정 전	개시결정 후
채무자 승계 (채무자 사망)	• 승계집행문 부여받아 집행문 및 증명서 등본의 송달증명원을 첨부하여 경매신청(39조 2항)	• 절차 속행(52조 1항) • 채무자에게 알려야 할 집행행위를 실시할 경우에 상속인 없거나 상속인이 있는 곳이 분명하지 않으면 채권자의 신청에 따라 특별대리인을 선임해야 한다(같은 조 2항).
채권자 승계 (채권자 사망)	• 승계집행문을 부여받아 경매신청(39조 2항)	• 승계집행문이 붙은 집행권원 정본을 제출해야 한다(규칙 23조 1항) • 위 정본이 제출된 때 법원사무관 또는 집행관은 채무자에게 그 사실을 통지해야 한다(같은 조 2항)

나. 임의경매에서의 당사자 승계

구 분	개시결정 전	개시결정 후
채무자 승계 (채무자 또는 소유자 사망)	• 상속인을 채무자 · 소유자로 표시해야 한다 • 상속등기가 되어 있지 않은 경우 채권자는 먼저 대위상속등기를 하고 그 상속인을 소유자로 표시하여 경매신청해야 한다. • 상속인이 불분명하거나 상속인들의 상속포기사실이 확인되면 상속재산관리인 선임을 신청하여야 하고 그 상속관리인을 특별대리인으로 표시하여 경매신청하여야 한다.	• 절차 속행 • 상속인들은 수계신청하여 절차에 참여할 수 있다.
채권자 승계 (채권자 사망)	• 담보권의 승계를 증명하는 서면을 첨부하여 경매신청가능(264조 2항)	• 절차 속행

6. 부동산의 침해방지를 위한 조치

제83조 ② 압류는 부동산에 대한 채무자의 관리·이용에 영향을 미치지 아니한다.
③ 경매절차를 개시하는 결정을 한 뒤에는 법원은 직권으로 또는 이해관계인의 신청에 따라 부동산에 대한 침해행위를 방지하기 위하여 필요한 조치를 할 수 있다.

경매개시결정으로 압류가 되더라도 채무자는 그 부동산을 관리·이용할 수 있고(83조 2항), 매각절차를 개시하는 결정을 한 뒤에 법원은 직권 또는 이해관계인의 신청에 따라 부동산에 대한 침해행위를 방지하기 위하여 필요한 조치를 할 수 있다(83조 3항, 규칙 44조). 채무자·소유자 또는 부동산의 점유자가 물리적 훼손 등의 침해행위로 부동산의 가격을 현저히 감소시키거나 감소시킬 우려가 있는 행위 이를 방지하기 위한 것이다. 경매개시결정 후부터 매각허가결정시까지 신청할 수 있다.

7. 경매절차의 이해관계인

제90조(경매절차의 이해관계인) 경매절차의 이해관계인은 다음 각호의 사람으로 한다.
1. 압류채권자와 집행력 있는 정본에 의하여 배당을 요구한 채권자
2. 채무자 및 소유자
3. 등기부에 기입된 부동산 위의 권리자
4. 부동산 위의 권리자로서 그 권리를 증명한 사람

가. 이해관계인의 의의
경매부동산에 이해관계를 가진 자는 경매절차의 진행에 관하여 자기의 이해에 중대한 영향을 받으므로 법은 이들을 이해관계인으로 규정하고, 경매절차 전반에 관여할 권리를 부여하고 있다(90조). 실무에서는 경매신청채권자가 경매신청서에 이해관계인표를 작성하여 제출한다.

나. 이해관계인의 권리
이러한 권리행사는 공익적 절차규정 위배 및 자기의 권리에 관한 절차위배에 관하여서만 행사할 수 있으므로 다른 이해관계인의 권리에 관한 이유를 들어 이의신청이나 권리행사를 할 수 없다(122조).[37) 이해관계인의 권리는 다음과 같다.
① 집행에 관한 이의신청권(16조)

---
37) 법원실무제요 민사집행Ⅱ 2020, 116면

② 부동산에 대한 침해방지신청권(83조 3항)

③ 경매개시결정에 대한 이의신청권(86조 1항)

④ 배당요구 신청 또는 이중경매 신청이 있으면 법원으로부터 그 통지를 받을 수 있는 권리(89조)

⑤ 여러 개의 부동산을 일괄매각하도록 신청할 수 있는 권리(98조)

⑥ 매각기일과 매각결정기일을 통지 받을 수 있는 권리(104조 2항)

⑦ 최저매각가격 외의 매각조건의 변경에 관하여 합의할 수 있는 권리(110조)

⑧ 집행법원의 직권에 의한 매각조건의 변경결정에 대하여 즉시항고를 할 수 있는 권리(111조 2항)

⑨ 매각기일에 출석하여 매각기일조서에 서명날인할 수 있는 권리(116조 2항)

⑩ 매각결정기일에 매각허가에 관한 의견을 진술할 수 있는 권리(120조)

⑪ 매각허가여부의 결정에 대하여 즉시항고를 할 수 있는 권리(129조)

⑫ 배당기일의 통지를 받을 권리(146조)

⑬ 배당기일에 출석하여 배당표에 관한 의견을 진술할 수 있는 권리(151조)

⑭ 배당기일에 출석하여 배당에 관한 합의를 할 수 있는 권리(150조 2항)

다. 이해관계인의 범위

가압류권자, 가처분권자, 재매각절차에서의 전의 매수인은 이해관계인이 아니다. 다음 각호에 해당하는 자는 민사집행법상 이해관계인이다.

(가) 압류채권자와 집행력 있는 정본에 의한 배당요구채권자(1호)

(나) 채무자 및 소유자(2호)

(다) 등기부에 기입된 부동산 위의 권리자(3호)

(라) 부동산 위의 권리자로서 그 권리를 증명한 자(4호)

8. 부동산 멸실 등을 원인으로 한 경매절차 취소

제96조(부동산의 멸실 등으로 말미암은 경매취소)
① 부동산이 없어지거나 매각 등으로 말미암아 권리를 이전할 수 없는 사정이 명백하게 된 때에는 법원은 강제경매의 절차를 취소하여야 한다.
② 제1항의 취소결정에 대하여는 즉시항고를 할 수 있다.

경매개시결정 후에 부동산이 없어지거나 매각 등으로 말미암아 권리를 이전할 수 없는 사정이 명백하게 된 때에는 법원은 강제경매의 절차를 취소하여야 한다(96조 1항). 위 취소결정은 확정되어야 효력이 있다.

IV. 매각의 준비

1. 배당요구의 종기결정 및 공고

제84조(배당요구의 종기결정 및 공고)
① 경매개시결정에 따른 압류의 효력이 생긴 때(그 경매개시결정전에 다른 경매개시결정이 있은 경우를 제외한다)에는 집행법원은 절차에 필요한 기간을 감안하여 배당요구를 할 수 있는 종기를 첫 매각기일 이전으로 정한다.
② 배당요구의 종기가 정하여진 때에는 법원은 경매개시결정을 한 취지 및 배당요구의 종기를 공고하고, 제91조 제4항 단서의 전세권자 및 법원에 알려진 제88조 제1항의 채권자에게 이를 고지하여야 한다.
③ 제1항의 배당요구의 종기결정 및 제2항의 공고는 경매개시결정에 따른 압류의 효력이 생긴 때부터 1주 이내에 하여야 한다.

집행법원 경매개시결정에 따른 압류의 효력이 생긴 때로부터 1주 이내에 배당요구 종기를 결정, 공고하고(84조 2항, 3항), 제91조 제4항 단서의 전세권자 및 법원에 알려진 제88조 제1항의 채권자에게 이를 고지하여야 한다(84조 1항, 2항).

집행법원은 절차에 필요한 기간을 감안하여 배당요구를 할 수 있는 종기를 첫 매각기일 이전으로 정하되(84조 1항), 특별한 사정이 없는 한 배당요구종기결정일로부터 2월 이상 3월 이하의 범위 안에서 정한다(재민 2004-3).

배당요구의 종기는 인터넷 법원경매공고란(www.courtauction.go.kr) 또는 법원게시판에 게시하는 방법으로 공고한다(재민 2004-3).

법원은 특별히 필요하다고 인정하는 경우에는 배당요구의 종기를 연기할 수 있다(84조 6항).

[배당요구의 종기결정]

○ ○ 지 방 법 원

배당요구종기결정

사　　　건　　20 타경　　부동산강제(임의)경매
채　권　자
채　무　자
소　유　자
이 사건의 별지 기재 부동산에 대한 배당요구의 종기를　　．　．　．로 정한다.

20　．　．　．

사법보좌관　　○○○　　㊞

---

2. 채권신고의 최고

제84조(배당요구의 종기결정 및 공고)
④ 법원사무관등은 제148조 제3호 및 제4호의 채권자 및 조세, 그 밖의 공과금을 주관하는 공공기관에 대하여 채권의 유무, 그 원인 및 액수(원금·이자·비용, 그 밖의 부대채권(부대채권)을 포함한다)를 배당요구의 종기까지 법원에 신고하도록 최고하여야 한다.

　법원사무관등은 경매개시결정을 한 때에는 민사집행법 제148조 제3호, 제4호에 규정된 채권자 및 조세, 그 밖의 공과금을 주관하는 공공기관에 대하여 채권의 유무, 그 원인 및 액수(원금·이자·비용, 그 밖의 부대채권을 포함한다)를 배당요구의 종기까지 법원에 신고하도록 최고하여야 한다(84조 4항). 이 규정은 임의경매의 경우에도 준용된다(268조).
　첫 경매개시결정등기 전에 등기된 가압류채권자(148조 3호)와 저당권·전세권, 그 밖의 우선변제청구권으로서 첫 경매개시결정등기 전에 등기되었고 매각으로 소멸하는 것을 가진 채권자(148조 4호)가 최고에 대한 신고를 하지 아니한 때에는 그 채권자의 채권액은 등기사항증명서 등 집행기록에 있는 서류와 증빙에 따라 계산한다(84조 5항 전문).
　조세채권자는 부동산에 관한 경매개시결정등기 이전에 체납처분에 의한 압류등기 또는 국세징수법 제24조 제2항 및 지방세징수법 제33조 제2항에 의한 보전압류의 등기를 하지 않은 한 경매개시결정 등기 이후에 체납처분에 의한 압류등기가 마쳐졌다 하더라도 배당요구의 종기까지 배당요구로서 교부청구를 하여야만 배당을 받을 수 있다.[38]

소유권이전에 관한 가등기가 되어 있는 부동산에 대하여 경매개시결정이 있는 경우에는 법원은 가등기권리자에 대하여 그 가등기가 담보가등기인 때에는 그 내용 및 채권(이자 그 밖의 부수채권을 포함한다)의 존부, 원인 및 액수를, 담보가등기가 아닌 경우에는 그 내용을 법원에 신고할 것을 상당한 기간을 정하여 최고하여야 한다(가담 16조 1항). 담보가등기가 마쳐진 부동산에 대하여 경매 등이 행해진 때에는 담보가등기권리는 그 부동산의 매각에 의하여 소멸한다(가담법 15조). 압류등기 전에 마쳐진 담보가등기권리가 매각에 의하여 소멸된 때에는 배당요구종기까지 채권신고를 하지 않으면 배당받을 권리를 상실한다(가담법 16조 2항).

[채권신고 최고서]

○ ○ 지 방 법 원
최 고 서

가압류권자 ○○○ 귀하

사   건   20 타경   부동산강제(임의)경매
채   권   자
채   무   자
소   유   자

별지 기재 부동산에 대하여   .   .   . 경매개시결정을 하였는바, 귀하가 채무자 또는 소유자에 대하여 가진 채권의 유무, 그 원인 및 액수(원금·이자·비용 그 밖의 부대채권 포함) 내역을 배당요구종기인   .   .   . 까지 이 법원에 신고하시기 바랍니다.

20   .   .   .
법원사무관   ㉑

법 원 소 재 지	
전 화 [장 소]	

---

38) 대법원 2001. 5. 8. 선고 2000다21154 판결

[공과주관 공무소에 대한 최고서]

○ ○ 지 방 법 원
최 고 서

주무관서 OOO세무서 귀하

사   건   20 타경   부동산강제(임의)경매
채 권 자   ○ ○ ○
채 무 자   ○ ○ ○
소 유 자   ○ ○ ○(-   )
            ○ ○ 시 ○ ○ 구 ○ ○ 로 ○ ○

　별지 기재 부동산에 대하여 경매개시결정을 하였으므로 이 부동산에 관한 조세 그 밖의 공과의 미납금 유무와 만일 미납금이 있는 경우에는 세목, 금액과 법정기일(가산세, 가산금, 중가산금의 경우 반드시 본세의 법정기일과 구분하여 가산세, 가산금, 중가산금 자체의 법정기일을 정확히 기재)을 배당요구종기인   .   .   . 까지 신고하시기 바랍니다.

20 .   .   .

법원사무관   ㉑

법 원 소 재 지	
전 화 [장 소]	◇ 유 의 사 항 ◇

1. 배당요구종기까지 신고하지 않을 경우 배당에서 배제될 수 있습니다.
2. 교부청구서를 제출할 때에는 담당공무원의 이름과 연락 가능한 전화번호를 기재하기 바랍니다.

[가등기권리자에 대한 최고서]

○ ○ 지 방 법 원
최 고 서

가등기권리자 OOO 귀하

사   건   20 타경   부동산강제(임의)경매
채 권 자
채 무 자
소 유 자

  별지 기재 부동산에 대하여   .   .   . 경매개시결정을 하였으므로, 귀하 명의의
가등기에 관하여 다음 사항을 배당요구종기인   .   .   . 까지 이 법원에 신고하시기
바랍니다.

  1. 담보가등기 여부
  2. 담보가등기인 경우에는 그 내용 및 채권(이자 그 밖의 부대채권 포함)의 존부, 원인
     및 액수

20   .   .   .

법원사무관   ㉑

◇ 유 의 사 항 ◇

담보가등기권리자는 위 기간 내에 채권신고를 한 경우에 한하여 배당에 참가할 수 있습니다.

3. 공유자에 대한 통지

> **제139조(공유물지분에 대한 경매)**
> ① 공유물지분을 경매하는 경우에는 채권자의 채권을 위하여 채무자의 지분에 대한 경매개시결정이 있음을 등기부에 기입하고 다른 공유자에게 그 경매개시결정이 있다는 것을 통지하여야 한다. 다만, 상당한 이유가 있는 때에는 통지하지 아니할 수 있다.

공유부동산의 지분에 관하여 경매개시결정을 하였을 때에는 다른 공유자에게 그 경매개시결정이 있다는 것을 통지하여야 한다(139조 1항 본문). 공유자 상호간에는 공유물의 이용·관리에 관하여 이해관계를 가지기 때문에 다른 공유자에게 우선매수의 기회를 보장하는 규정이다.

그러나 상당한 이유가 있는 때에는 통지하지 아니할 수 있다(139조 1항 단서). 따라서 누가 공유자가 되더라도 이해관계가 없다고 판단되는 공유관계인 경우, 예를 들어 아파트, 상가 또는 다세대주택 등의 전유부분의 대지권에 해당하는 '대지권의 목적인 토지의 공유지분'에 관한 공유관계에서는 공유자통지를 할 필요가 없다[39]. 실무에서는 이들에게는 매각기일의 통지도 하지 않고 있다.

이러한 공유자에 대한 통지(개시결정 알림 통지)가 누락되어도 경매개시결정의 효력에는 영향이 없다. 그러나 공유자에 대한 매각기일 및 매각결정기일 통지를 누락한 경우에는 매각허가결정에 대한 항고사유가 된다.[40]

공유물분할판결에 기한 공유물분할 경매에서는 공유자에 대한 통지가 필요 없다.[41]

---

39) 실무제요 민사집행Ⅱ 2020, 141면
40) 대법원 2002. 12. 24. 선고 2001마1047 결정(전)
41) 대법원 2006. 3. 13. 선고 2005마1078 결정

[공유자에 대한 통지서]

○ ○ 지 방 법 원
통 지 서

공유자 ○○○ 귀하

사　　건　　20　타경　　부동산강제(임의)경매
채　권　자
채　무　자
(소 유 자)

　귀하가 위 채무자(소유자)와 공유하고 있는 별지 기재 부동산에 대한 위 채무자(소유자)의 지분에 대하여 채권자로부터 경매신청이 있는바, 귀하는 민사집행법 제140조(제268조)에 의하여 위 사건의 매각기일까지 위 채무자(소유자)의 지분을 우선 매수할 것을 신고할 수 있음을 알려 드립니다.

20 ． ． ．

법원사무관　　　　　㊞

---

4. 현황조사

> **제85조(현황조사)**
> ① 법원은 경매개시결정을 한 뒤에 바로 집행관에게 부동산의 현상, 점유관계, 차임 또는 보증금의 액수, 그 밖의 현황에 관하여 조사하도록 명하여야 한다.
> ② 집행관이 제1항의 규정에 따라 부동산을 조사할 때에는 그 부동산에 대하여 제82조에 규정된 조치를 할 수 있다.

가. 현황조사명령

　법원은 경매개시결정을 한 뒤에 바로 집행관에게 부동산의 현상, 점유관계, 차임 또는 보증금의 액수, 그 밖의 현황에 관하여 조사하도록 명하여야 한다(85조 1항). 현황조사명령의 발령이 위법한 경우 집행에 관한 이의로 다툴 수 있다(16조 1항).

나. 조사사항

현황조사를 할 때에 조사할 사항은 부동산의 현상, 점유관계, 차임 또는 보증금의 액수, 그 밖의 현황이다(85조 1항).

[현황조사명령]

○ ○ 지 방 법 원
현황조사명령

○○지방법원 집행관 귀하

사　　건　　20　타경　　　부동산강제(임의)경매

별지 기재 부동산에 대한 다음 사항을 조사하여 그 결과를 기재한 현황조사보고서를 　　.
.　　.까지 제출하되(열람·비치용 사본 1부 첨부), 야간·휴일 현황조사를 실시한 때에는 그 사유를 기재하여 주시기 바랍니다.

1. 부동산의 현황 및 점유관계
   가. 부동산의 위치, 현황, 사용용도 및 내부구조 등(현장 도면 및 사진을 첨부하고, 특히 등기기록상 지목은 농지이나 현황이 농지에 해당하는지 여부에 의문이 있는 경우에는 이를 즉시 집행법원에 보고)
   나. 현황조사 대상건물이 멸실되고 다른 건물이 신축되어 있는 경우에는 관계인의 진술과 신·구 건물의 동일성 상실 여부에 대한 집행관의 의견(구 건물에 관한 멸실등기가 경료되었으면 그 등기사항전부증명서를 첨부)
   다. 부동산의 점유자와 소유자가 다른 경우에는 점유자, 점유권원, 점유기간, 점유부분(일부를 점유하는 경우에는 점유부분을 도면에 특정하여 표시)
   라. 감정평가에 중대한 영향을 미칠 수 있는 부합물, 종물, 구성부분(제시 외 건물, 고가의 정원석, 건축 중인 건물 등)이 있는 경우에는 그 내용 및 제시 외 건물의 보존등기 여부(제시 외 건물의 본건물에의 부합여부와 종물성을 판단할 수 있는 제시 외 건물부분에 대한 사진 등 자료 첨부)

2. 임대차관계
   가. 임차목적물의 용도, 주민등록(상가건물인 경우에는 상가건물임대차 현황서)상의 동·호수와 등기기록 등 공부상에 표시된 동·호수가 상이한 경우에는 실제 동·호수, 주민등록(또는 상가건물임대차 현황서)상의 동·호수와 공부상의 동·호수(용도가 주거와 영업의 겸용인 경우에는 주거부분 및 영업용부분을 명확히 도면에 구분하여 표시)
   나. 임대차계약의 내용(임차인 성명, 임차보증금, 임차기간, 확정일자 유무 등)

다. 매각부동산에 여러 명의 임차인이 있는 경우에는 각 임차인의 해당 임차부분, 입주인원
  수, 임차목적물이 주택인 경우 임차인 본인 및 그 가족들의 전·출입 상황(건물의 내부
  구조와 각 부분별로 임차인을 표시한 도면을 첨부)

라. 매각부동산이 주택인 경우 그 소재지에 전입신고된 세대주 전원에 대한 주민등록 등·
  초본, 상가건물인 경우 임차인 전원(상가건물 임대차보호법 제2조제1항 단서에 따른 보
  증금액을 초과하는 임대차 포함)에 대한 상가건물임대차 현황서[상가건물소재지, 위치,
  면적, 임대인 및 임차인의 성명(법인명), 생년월일(법인등록번호), 법인 등의 대표자, 사
  업자등록신청일(정정신고일), 확정일자 부여일, 임대차기간, 보증금 및 차임] 및 건물도
  면의 등본 첨부

3. 기타 현황 채 권 자 : ○○○
       채 무 자 : ○○○
       소 유 자 : ○○○(××××××-×××××××)
       청구금액 : 금   원

4. 야간·휴일 현황조사를 실시한 사유
  배당요구종기일 : ○○○○. ○○. ○○.

                    20 . . .

            사법보좌관   ㊞

한편 매각목적물 소재지에 외국인 또는 외국국적 동포가 주택임차인으로 거주하고 있는 것으로 추정되는 경우에는 집행관이 외국인등록사실증명 또는 국내거소신고 사실증명을 발급받아 부동산현황조사보고서에 첨부하는 것이 바람직하나 현행 법령상 집행관이 이를 발급받을 수 있는 법적 근거가 없어,[42] 다만 문 앞에 경매진행사실과 집행법원에 권리신고 및 배당요구를 할 것을 알리는 문구를 부착하고 있다.

다. 집행관의 조사권한

집행관은 현황조사를 위하여 부동산에 출입할 수 있고, 채무자 또는 그 건물을 점유하는 제3자에게 질문하거나 문서를 제시하도록 요구할 수 있다(85조 2항, 82조 1항). 건물에 출입하기 위하여 필요한 때에는 잠긴 문을 여는 등 적절한 처분을 할 수도 있다(85조 2항, 82조 2항). 경찰 또는 국군의 원조 요청 : 집행관은 현황조사를 하는데 저항을 받으

---

42) 법원실무제요 민사집행 II 2020, 147면

면 경찰 또는 국군의 원조를 요청할 수 있다(5조 2항).

라. 현황조사보고서의 비치

법원은 현황조사보고서의 사본을 매각물건명세서 및 평가서의 사본과 함께 비치하여 누구든지 볼 수 있도록 하여야 한다(105조 2항). 매각기일마다 그 1주 전까지 비치하여야 한다(규칙 55조 본문).

마. 임차인에 대한 통지

집행법원은 집행관의 현황조사보고서 등의 기재에 의하여 주택임차인 또는 상가건물 임차인으로 판명된 자, 임차인인지 여부가 명백하지 아니한 자, 임차인으로 권리신고를 하고 배당요구를 하지 아니한 자에 대하여 임차인 통지서를 송부하여 주택임대차보호법 제3조 제1항부터 제3항까지 정하는 대항요건과 임대차계약서(주임법 3조 2항, 3항의 경우에 는 해당 법인과 임대인 사이의 임대차계약서를 말함)상의 확정일자를 구비한 임차인 또는 같 은 법 제8조 제1항이 정하는 소액임차인이거나, 상가건물임대차보호법 제3조 제1항이 정 하는 대항요건을 갖추고 임대차계약서상의 확정일자를 받은 임차인 또는 같은 법 제14조 제1항이 정하는 소액임차인이라도 배당요구종기까지 배당요구를 하여야만 우선변제를 받 을 수 있음을 고지하여야 한다(재민 98-6).

[주택임차인에 대한 통지서]

[경매 0 계]

○ ○ 지 방 법 원
통 지 서(주택임차인용)

사 건	20 타경 부동산강제(임의)경매
채 권 자	○ ○ ○
채 무 자	○ ○ ○
소 유 자	○ ○ ○

부동산의 표시 별지와 같음

1. 별지 기재 부동산에 관하여 위와 같이 매각절차가 진행 중임을 알려드립니다.
2. 귀하가 소액임차인 또는 확정일자를 갖춘 임차인인 때에는 다음 사항을 유의하시기 바랍니다.

가. 귀하의 임차보증금이 서울특별시에서는 , 1억 1천만 원 이하, 수도권정비계획법에 따른 과밀억제권역(서울특별시는 제외), 세종특별자치시, 용인시, 화성시에서는 1억 원 이하, 광역시(수도권정비계획법에 따른 과밀억제권역에 포함된 지역과 군지역을 제외), 안산시, 김포시, 광주시 및 파주시에서는 6,000만 원 이하, 그 밖의 지역에서는 5,000만 원 이하(주택임대차보호법 시행령 2018. 9. 18. 일부개정)이고, 주택임대차보호법 제8조 제1항 소정의 소액임차인으로서의 요건을 갖추고 있는 경우에는 배당요구종기인 20○○. ○. ○.까지 이 법원에 배당요구를 하여야만 매각대금으로부터 보증금 중 일정액을 우선변제 받을 수 있습니다.

나. 귀하가 주택임대차보호법 제3조 제1항, 제2항 또는 제3항 소정의 대항요건과 임대차계약서(제3조 제2항, 제3항의 경우에는 법인과 임대인 사이의 임대차계약서를 말한다. 이하 같다.)상의 확정일자를 갖춘 임차인인 경우에는 이 법원에 배당요구종기인 20○○. ○. ○.까지 배당요구를 하여야만 매각대금으로부터 후순위권리자 기타 채권자에 우선하여 보증금을 변제받을 수 있습니다.

(다만, 이 통지서 송달 전에 적식의 배당요구신청서를 해당법원에 제출하였을 경우에는 다시 제출할 필요는 없습니다.)

다. 배당요구는 임대차계약서(확정일자를 갖춘 임차인의 경우에는 임대차계약서가 공정증서로 작성되거나 임대차계약서에 확정일자가 찍혀 있어야 한다)사본, 1개월 이내에 발급된 주민등록표등 · 초본(주소변동사항 포함)[임차인(제3조 제2항의 경우에는 지방자치단체의 장 또는 해당 법인이 선정한 입주자, 제3조 제3항의 경우에는 해당 법인이 선정한 직원) 본인의 전입일자 및 임차인의 동거가족이 표시된 것이어야 한다] 및 연체된 차임 등이 있을 때에는 이를 공제한 잔여보증금에 대한 계산서를 첨부하여 위 경매사건의 배당요구종기까지 이 법원에 제출하여야 하고, 만일 배당요구를 하지 아니하거나 배당요구를 하더라도 임차권등기를 경료함이 없이 배당요구종기 이전에 임차주택에서 다른 곳으로 이사 가거나 주민등록을 전출하여 대항요건을 상실한 경우에는 우선변제를 받을 수 없습니다. 또한, 배당요구의 종기가 연기된 경우에는 연기된 배당요구의 종기까지 대항요건을 계속 구비하여야 합니다.

3. 귀하가 소액임차인 또는 확정일자를 갖춘 임차인에 해당되지 않는 때에는 일반채권자와 마찬가지로 첫 경매개시결정등기 후의 가압류 채권자 또는 집행력 있는 정본을 가진 채권자로서 가압류등기 된 등기사항증명서 또는 집행력 있는 정본이나 그 사본을 첨부하여 배당요구종기까지 배당요구를 하거나 첫 경매개시결정등기 전에 가압류집행을 한 경우에 한하여 배당을 받을 수 있습니다.

4. 가. 구 임대주택법(법률 제13499호로 전면 개정되기 전의 것)이 적용되는 임대주택을 「민사집

행법」에 따라 경매하는 경우 해당 임대주택의 임차인은 매각 기일까지 민사집행법 제113조에 따른 보증을 제공하고 최고매수신고가격과 같은 가격으로 채무자인 임대사업자의 임대주택을 우선매수하겠다는 신고를 할 수 있습니다(구 임대주택법 제22조 제1항).

나. 제가항에 따라 우선매수신고를 할 수 있는 임차인은 임대주택법 제21조제1항의 건설임대주택의 경우에는 같은 조에 따라 우선 분양전환을 받을 수 있는 임차인에 한하며, 그 외의 임대주택의 경우에는 임대차계약의 당사자에 한합니다(구 임대주택법 제22조 제2항).

20○○. ○. ○.

법원사무관   ○   ○   ○

주택임대차보호법 3의 2, 8

주의 : 사건진행 ARS는 지역번호 없이 1588-9100입니다. 바로 청취하기 위해서는 안내음성에 관계없이 '1'+'9'+[열람번호]+'*'을 누르세요.

법원 소재지	서울 ○○구 ○○로 ○○○ ○○ 지방법원
전 화[장소]	(02)○○○-○○○○(○○○)[본관 ○층 ○○과내]

[상가건물임차인에 대한 통지서]

○ ○ 지 방 법 원
통 지 서(상가건물임차인용)

사　건　　　20 타경　　　부동산강제(임의)경매
채 권 자　　　○○○
채 무 자　　　○○○
소 유 자　　　○○○
부동산의 표시 별지와 같음

1. 별지 기재 부동산에 관하여 위와 같이 매각절차가 진행 중임을 알려드립니다.

2. 귀하가 소액임차인 또는 확정일자를 갖춘 임차인인 때에는 다음 사항을 유의하시기 바랍니다.

　가. 귀하의 임차보증금(차임이 있는 경우에는 월 단위 차임액에 1분의 100을 곱하여 산출한 금액과 보
　　증금을 합한 금액)이 서울특별시에서는 6,500만 원, 수도권정비계획법에 의한 수도권 중 과밀억제
　　권역(서울특별시를 제외한다. 수도권정비계획법 시행령 제9조 별표 1 참조)에서는 5,500만 원, 광
　　역시(수도권정비계획법에 따른 과밀억제권에 포함된 지역과 군지역은 제외한다), 안산시, 용인시,
　　김포시 광주시에서는 3,800만 원, 그 밖의 지역에서는 3,000만 원 이하(상가건물임대차보호법 시행
　　령 제25036호 2013. 12. 30. 일부개정)이고, 상가건물임대차보호법 제14조 제1항 소정의 소액임차
　　인으로서의 요건을 갖추고 있는 경우에는 배당요구종기인 20○○. ○. ○.까지 이 법원에 배당요구
　　를 하여야만 매각대금으로부터 보증금 중 일정액을 다른 담보물권자보다 우선하여 변제받을 수 있
　　습니다.
　　(다만, 이 통지서 송달 전에 적식의 배당요구신청서를 해당법원에 제출하였을 경우에는 다시 제출
　　할 필요는 없습니다.)

　나. 귀하가 상가건물임대차보호법 제3조 제1항 소정의 대항요건과 임대차계약서상의 확정일자를 갖춘
　　임차인인 경우에는 이 법원에 배당요구종기인 20○○. ○. ○.까지 배당요구를 하여야만 매각대금
　　으로부터 후순위권리자 그 밖의 채권자보다 우선하여 보증금을 변제받을 수 있습니다.

　다. 배당요구는 임대차계약서(확정일자를 갖춘 임차인의 경우에는 임대차계약서에 세무서장으로부터
　　받은 확정일자가 찍혀 있어야 한다)사본, 상가건물임대차보호법 시행령 제3조의2 제2항 소정의 상
　　가건물 임대차 현황서 및 연체된 차임 등이 있을 때에는 이를 공제한 잔여보증금에 대한 계산서를
　　첨부하여 위 경매사건의 배당요구종기까지 이 법원에 제출하여야 하고, 만일 배당요구를 하지 아
　　니하거나 배당요구를 하더라도 임차권등기를 경료함이 없이 배당요구종기 이전에 임차건물에서
　　다른 곳으로 옮기거나 사업자등록이 말소되어 대항요건을 상실한 경우에는 우선변제를 받을 수 없
　　습니다. 다만, 배당요구의 종기가 연기된 경우에는 연기된 배당요구의 종기까지 대항요건을 계속
　　구비하여야 합니다.

3. 귀하가 소액임차인 또는 확정일자를 갖춘 임차인에 해당되지 않는 때에는 일반채권자와 마찬
　가지로 첫 경매개시결정등기 후의 가압류채권자 또는 집행력 있는 정본을 가진 채권자로서 가

압류등기 된 등기사항증명서 또는 집행력 있는 정본을 첨부하여 배당요구종기까지 배당요구를 하거나 첫 경매개개결정등기 전에 가압류집행을 한 경우에 한하여 배당을 받을 수 있습니다.

20○○. ○. ○.

법원사무관　○　○　○

상가건물임대차보호법 5②, 14

주의 : 사건진행 ARS는 지역번호 없이 1588−9100입니다. 바로 청취하기 위해서는 안내음성에 관계없이 '1'＋'9'＋[열람번호]＋'*'을 누르세요.

법원 소재지 전 화[장소]	서울 ○○구 ○○로 ○○○ ○○ 지방법원 (02)○○○−○○○○(○○○)[본관 ○층 ○○과내]

바. 현황조사나 감정평가서 결과 매각목적물이 농지인 경우

부동산현황조사나 감정평가 결과 경매목적물이 농지인 경우, 집행법원은 농지 소재지 관청에 농지법 제2조의 농지에 해당하는지, 농지취득자격증명을 발급받아야 하는지 여부를 사실조회를 하여야 한다.

5. 부동산의 평가와 최저매각가격의 결정

> **제97조(부동산의 평가와 최저매각가격의 결정)**
> ① 법원은 감정인에게 부동산을 평가하게 하고 그 평가액을 참작하여 최저매각가격을 정하여야 한다.
> ② 감정인은 제1항의 평가를 위하여 필요하면 제82조 제1항에 규정된 조치를 할 수 있다.

집행법원은 감정인에게 매각부동산을 평가하게 하고 그 평가액을 참작하여 최저매각가격을 정하여야 한다(97조 1항). 최저매각가격 이하로 매각을 허가하지 않으며, 이는 법정의 매각조건으로 이해관계인 전원의 합의에 의하여도 바꿀 수 없다(110조 1항). 감정인은 2주 이내로 평가서를 제출하여야 한다(재민 91−5). 평가명령서는 아래와 같다.

감정인의 평가가 관련 법규에서 정한 평가방식에 위배되거나 마땅히 평가해야 할 부분을 누락하거나 평가에서 제외할 부분을 포함하여 평가한 경우 등 부실감정으로 판단되는 때에는 법원은 재평가를 명할 수 있다. 이해관계인은 재평가를 신청하기도 한다. 부실감정으로 인하여 손해를 입게 된 감정평가의뢰인이나 선의의 제3자는 감정평가 및 감정평가사에 관한 법률상의 손해배상책임과 민법상의 불법행위로 인한 손해배상책임을 함께

물을 수 있다.43)

감정평가서는 매각 기일에 앞서 물건명세서와 함께 일반인이 열람하도록 비치하거나(규칙 55조 본문), 전자통신매체로 법원경매사이트에 공시한다. 평가서가 도착하면 감정평가액을 최저매각가격으로 정한다.

최저매각가격의 결정에 대하여는 집행에 관한 이의를 신청할 수 있고(16조 1항), 매각기일 이후에는 매각허가에 대한 이의나 매각허가결정에 대한 즉시항고로 다툴 수 있다.

[평가명령서]

○ ○ 지 방 법 원
평 가 명 령

감정인   귀하

사   건   20   타경   부동산강제(임의)경매
소 유 자   ○○○

위 소유자 소유의 별지 기재 부동산에 대한 평가를 하여   .   .   .까지 그 평가서를 제출하되(열람·비치용 사본 1부 첨부), 평가서에는 다음 각호의 사항을 기재하고 부동산의 모습과 그 주변의 상황을 알 수 있는 도면·사진 및 토지대장·건축물대장 등본 등을 붙여야 합니다.

1. 사건의 표시
2. 부동산의 표시(아파트, 다세대주택 등 집합건물의 경우 평형 표시)
3. 부동산의 평가액 및 평가연월일
   가. 집합건물인 경우에는 건물 및 토지의 배분가액 표시
   나. 제시 외 건물이 있는 경우에는 반드시 그 가액을 평가하고, 제시 외 건물이 경매대상에서 제외되어 그 대지가 소유권의 행사를 제한받는 경우에는 그 가액도 평가
   다. 등기기록상 지목과 현황이 다른 토지의 경우는 등기기록상 지목 및 현황에 따른 각 평가액을 병기
4. 평가의 목적이 토지인 경우에는 지적(공부상 및 실제면적), 법령에 따른 규제의 유무 및 그 내용과 공시지가(표준지가 아닌 경우에는 비교대상 표준지의 공시지가와 함께 표준지의 위치와 주변의 상황을 평가대상 토지와 비교할 수 있도록 도면·사진 등을 붙여야 합니다), 그 밖에 평가에 참고가 된 사항(도시이용계획확인서 등 첨부)
5. 평가의 목적이 건물인 경우에는 그 종류, 구조, 평면적(공부상 및 실제 면적), 추정되는 잔존 내구연수 등 평가에 참고가 된 사항
6. 평가액의 구체적 산출 과정(평가근거를 고려한 요소들에 대한 평가내역을 개별적으로 표시하여야 하고 통합형 실시를 통해 결론만 기재하여서는 아니됩니다)
7. 대지권등기가 되어 있지 아니한 집합건물인 경우에는 분양계약내용, 분양대금 납부 여부, 등기되지 아니한 사유
8. 기타 집행법원이 기재를 명한 사항

20   .   .   .

사법보좌관 ○ ○ ○   ㉑

---

43) 대법원 1999. 5. 25. 선고 98다56416 판결

6. 남을 가망이 없는 경우의 경매취소

제102조(남을 가망이 없을 경우의 경매취소)
① 법원은 최저매각가격으로 압류채권자의 채권에 우선하는 부동산의 모든 부담과 절차비용을 변제하면 남을 것이 없겠다고 인정한 때에는 압류채권자에게 이를 통지하여야 한다.
② 압류채권자가 제1항의 통지를 받은 날부터 1주 이내에 제1항의 부담과 비용을 변제하고 남을 만한 가격을 정하여 그 가격에 맞는 매수신고가 없을 때에는 자기가 그 가격으로 매수하겠다고 신청하면서 충분한 보증을 제공하지 아니하면, 법원은 경매절차를 취소하여야 한다.
③ 제2항의 취소 결정에 대하여는 즉시항고를 할 수 있다.

가. 의 의

집행법원은 최저매각가격으로 압류채권자의 채권에 우선하는 부동산상의 모든 부담과 절차비용(우선채권)을 변제하면 남는 것이 없다고 인정한 때에는 이를 압류채권자에게 통지하여야 하고, 압류채권자가 위의 부담과 절차비용을 변제하고 남을 만한 가격을 정하여 그 가격에 맞는 매수신고가 없을 때에는 자기가 그 가격으로 매수하겠다고 신청하면서 위 통지를 받은 날부터 1주 이내에 충분한 보증을 제공하지 아니하면, 법원은 경매절차를 취소하여야 한다(102조). 무익한 집행을 방지하고 의사에 반하여 투자회수를 강요당하는 우선채권자를 보호하기 위한 것이다.[44]

나. 압류채권자의 채권에 우선하는 부담의 범위

부동산 매각대금에서 압류채권자, 즉 경매신청채권자에 우선하여 변제하여야 하는 채권이다.

① 물권으로서 선순위 저당권, 전세권(배당요구가 없는 최선순위 전세권은 매수인이 인수하므로 제외), 가등기담보권(담보가등기로 신고한 경우만 포함한다)
② 국세, 지방세, 국민건강보험료, 고용보험료, 국민연금보험료 등 공과금
③ 임금, 퇴직금, 재해보상금 등 근로관계채권
④ 주택(상가)임대차보호법상의 소액임차보증금, 확정일자임차인의 보증금
⑤ 저당부동산의 제3취득자가 가지는 필요비, 유익비상환청구권(민법 367조)
⑥ 절차비용(경매신청비용, 매각절차진행비용)

---

44) 대법원 1987. 10. 30. 선고 87마861 결정

다. 남을 가망이 없다는 취지의 통지(무잉여 통지)

압류채권자가 남을 가망이 없다는 통지를 받고 1주 이내에 적법한 매수신청 및 보증 제공을 하지 않을 경우 집행법원은 경매절차를 취소한다.

라. 매수신청 및 보증제공

압류채권자가 남을 가망이 있음을 증명하거나 매수신청 및 보증제공이 있으면 절차를 속행한다. 매수신청액은 모든 우선채권액을 넘는 금액이어야 하고, 보증액은 매수신청액에서 최저매각가격을 뺀 액수이다.

> **사 례**
>
> 1. 최선순위 전세권 2억 원(등기일자 2018. 4. 1. 배당요구 하지 않음)
> 2. 근저당권 피담보채권 8천만 원(등기일자 2019. 5. 2.)
> 3. 가압류 3천만 원(등기일자 2019. 7.10.)
>
> 위와 같이 등기된 권리가 있는 부동산에 대하여 A가 2020. 5. 7. 강제경매를 신청하였고, 임금채권자 B가 300만 원의 배당요구를 하였다. 이때까지 소요된 절차비용은 200만 원이고, 최저매각가격이 6천만 원일 때 A가 매수신청할 금액은 8천 5백만 원(8,000만 원 + 300만 원 + 200만 원) 이상이어야 하고, 보증금은 2,500만 원 이상 제공하여야 절차를 속행할 수 있다.

마. 본조를 위반한 경우

남을 가망이 없음에도 불구하고 이를 간과하고 절차를 속행한 경우 매각불허가결정을 하여야 하나, 매각허가결정을 한 경우 압류채권자와 우선채권자는 즉시항고 할 수 있다. 채무자와 소유자는 즉시항고 할 수 없다.[45] 매각허가결정이 확정된 경우는 하자는 치유된다.

---

45) 대법원 1987. 10. 30. 선고 87마861 결정

[남을 가망이 없다는 통지서]

○ ○ 지 방 법 원
통 지 서

귀하

사　　　건　　20　타경　　　부동산강제(임의)경매
채　권　자
채　무　자
소　유　자

　이 사건 경매절차에서 별지 기재 부동산에 대한 최저매각가격 ○○○원으로는 압류채권자의 채권에 우선하는 부동산의 부담금 ○○○원(근저당권, 임대차보증금 등)과 절차비용을 변제하면 남을 것이 없다고 인정되므로 민사집행법 제102조 제1항(제268조)에 의하여 통지합니다.

　따라서 이 사건 경매절차를 계속하여 진행하기 위해서 채권자는 이 통지를 받은 날로부터 1주일 이내에 채권자의 채권에 우선하는 모든 부담금 및 절차비용을 변제하고 남을 만한 가격을 정하여 그 가격에 맞는 매수 신고가 없을 때에는 채권자 자신이 그 가격으로 매수하겠다고 신청하고 충분한 보증을 제공하여야 하며, 위 사항을 이행하지 않을 때에는 경매절차가 취소됨을 알려드립니다.

20 .   .   .

사법보좌관　○　○　○　　㊞

[매수신청서]

매 수 신 청

사건번호 20xx타경 xxxx 부동산강제경매
채권자   ㅇㅇㅇ
채무자   ㅇㅇㅇ

　　　위 경매사건에 관하여 채권자는 채권자에 우선하는 채권과 절차비용을 변제하고도 남을
가격을 ＿＿＿＿＿원으로 정하여 매수신청을 합니다. 만일 위 가격 이상의 매수신고가 없을 때에
는 채권자가 위 가격으로 이 사건 부동산을 매수하겠습니다.

　　　　　　　　　　　　　20xx.   .   .

　　　　　　　　　　　　　　　채권자   ㅇㅇㅇ   (인)

　　　　　　　　　　　　　　　　　　　　　　　ㅇㅇ지방법원 귀중

7. 매각물건명세서 작성, 비치

제105조(매각물건명세서 등)
① 법원은 다음 각호의 사항을 적은 매각물건명세서를 작성하여야 한다.
1. 부동산의 표시
2. 부동산의 점유자와 점유의 권원, 점유할 수 있는 기간, 차임 또는 보증금에 관한 관계인의 진술
3. 등기된 부동산에 대한 권리 또는 가처분으로서 매각으로 효력을 잃지 아니하는 것
4. 매각에 따라 설정된 것으로 보게 되는 지상권의 개요
② 법원은 매각물건명세서 · 현황조사보고서 및 평가서의 사본을 법원에 비치하여 누구든지 볼 수 있도록 하여야 한다.

가. 의 의

법원은 부동산의 표시, 부동산의 점유자와 점유의 권원, 점유할 수 있는 기간, 차임 또는 보증금에 관한 관계인의 진술, 등기된 부동산에 대한 권리 또는 가처분으로서 매각으로 효력을 잃지 아니하는 것, 매각에 따라 설정된 것으로 보게 되는 지상권의 개요 등에 대한 사항을 적은 매각물건명세서를 작성하여야 하고, 매각물건명세서 · 현황조사보고서 및 평가서의 사본을 법원에 비치하여 누구든지 볼 수 있도록 하여야 한다(105조).

매각부동산에 그 현황과 권리관계를 공시함으로써 매수희망자가 매각대상 부동산에 필요한 정보를 쉽게 얻을 수 있도록 하여 예측하지 못한 손해를 입는 것을 방지하고자 함에 있다.[46]

매각물건명세서의 작성에 중대한 하자가 있는 때에는 매각허가에 대한 이의(121조 5호)나 매각불허가 및 매각허가결정에 대한 즉시항고(130조 1항)의 사유가 된다.[47]

나. 기재사항

매각물건명세서에는 민사집행법 제105조에 규정된 각 사항을 기재한다.

(1) 부동산의 표시(1호)

등기사항증명서상의 부동산표시를 그대로 기재한다. 다만, 그 표시와 부동산 현황이 다른 경우에는 현황도 병기하고, 제시외 건물이 있는 경우 그 취지도 기재한다. 감정평가액과 최저매각가격을 함께 표시한다.[48]

---

46) 대법원 2004. 11. 9. 선고 2004마94 결정
47) 실무제요 민사집행Ⅱ 2020, 184면
48) 부동산에 대한 경매절차 처리지침(재민2004-3)

(2) 점유관계와 관계인 진술(2호)

(3) 매각으로 효력을 잃지 아니하는 부동산 위의 권리 또는 가처분(3호)

① 지상권·지역권·전세권 및 등기된 임차권은 저당권·압류채권·가압류채권에 대항할 수 없는 경우에는 매각으로 소멸한다. 그러나 그 외의 지상권·지역권·전세권 및 등기된 임차권은 매수인이 인수하므로 그 취지를 기재한다(91조 3, 4항). 유치권은 매수인에게 인수되는 권리이나 그 성립여부가 불분명한 경우 그 취지를 비고란에 기재한다.

② 주택임대차보호법상 임차인으로서의 지위와 전세권자로서의 지위를 함께 가지고 있는 자가 그 중 임차인으로서의 지위에 기하여 배당요구를 하였다면 배당요구를 하지 않은 전세권에 관하여는 배당요구가 있는 것으로 볼 수 없으므로, 매각물건명세서에 전세권은 매각으로 소멸하지 않고 매수인에게 인수된다는 취지를 기재해야 한다.[49]

(4) 지상권의 개요(4호)

지상권은 당사자의 약정에 의하여 설정되는 지상권과 법률규정(366조, 입목법 6조 1항)에 의하여 성립되는 법정지상권이 있다. 판례는 토지·건물이 동일인의 소유였다가 강제경매로 각 소유자가 달라졌을 경우에 관습법상 법정지상권을 인정하고 있다. 개요를 기재하면 되므로 실무에서는 법정지상권이 성립할 여지가 없거나 불분명한 경우에 "법정지상권 성립여지 있음", "법정지상권 성립여부 불분명" 등으로 그 취지를 기재한다.

(5) 최선순위 설정일자

최선순위 설정일자는 매각으로 인한 소멸·인수여부를 판단하는 기준이 된다. 이 설정일자를 기준으로 임차인의 매수인에 대한 대항력 여부가 결정된다. 최선순위 설정일자로 기재되는 대상은 매각으로 소멸하는 권리로써 (근)저당권, (가)압류, 체납처분에 의한 압류, 담보가등기, 배당요구한 전세권 등이며, 등기부에 기재된 권리에 한한다. 설정된 권리가 없는 경우에는 경매개시결정 기입등기일자를 기재한다.

다. 매각물건명세서의 정정

정정이 매각기일 1주일 이전에 행해졌다면 그대로 매각절차를 진행할 수 있으나, 위 정정·변경이 매각물건명세서 사본이 비치된 이후에 이루어졌고, 정정·변경된 내용이 매수신청에 영향을 미칠 수 있는 사항이면 매각기일을 변경하여야 한다.

라. 열람을 위한 비치

매각물건명세서가 작성되면 사본을 현황조사보고서, 감정평가서의 사본과 함께 매각

---

49) 대법원 2010. 6. 24. 선고 2009다40790 판결

기일 1주 전까지 집행과 사무실 등에 비치하여 매수희망자가 손쉽게 열람할 수 있게 하여야 한다. 다만, 현황조사보고서에 첨부한 주민등록 등·초본은 비치하지 아니한다(재민 2004-3, 8조 4항). 3-4회의 매각기일 및 매각결정기일을 일괄하여 지정한 경우에도 매각물건명세서는 매각기일마다 1주일 전까지 작성, 비치하여야 한다(재민 98-11). 법원은 상당하다고 인정하는 때에는 전자통신매체로 공시함으로써 그 사본의 비치에 갈음할 수 있다(규칙 55조 단서).

비치기간 중에는 누구라도 자유로이 열람할 수 있다. 그러나 비치문서의 복사권은 인정되지 않는다.

마. 매각물건명세서 하자에 대한 불복방법

매각물건명세서의 작성에 중대한 하자가 있는 때에는 매각허가에 대한 이의사유가 되며 나아가 직권에 의한 매각불허가 사유가 된다(121조 5호, 123조 2항).

[매각물건명세서]

○ ○ 지 방 법 원　　매각물건명세서

사건	20 타경　부동산강제(임의)경매 (　타경　　중복)	매각 물건번호	·	작성 일자	· ·	담임법관 (사법보좌관)	㉑
부동산 및 감정평가액 최 저매각가격의 표시	별지 기재와 같음	**최선순위 설정**				**배당요구종기**	

부동산의 점유자와 점유의 권원, 점유할 수 있는 기간, 차임 또는 보증금에 관한 관계인의 진술 및 임차인이 있는 경우 배당요구 여부와 그 일자, 전입신고일자 또는 사업자등록신청일자와 확정일자의 유무와 그 일자

점유자의 성 명	점유 부분	정보출처 구 분	점유의 권 원	임대차 기간 (점유 기간)	보 증 금	차 임	전입신고 일자·사업자 등록신청일자	확정 일자	배당요구 여부(배당 요구일자)

※ 위 최선순위 설정일자보다 대항요건을 먼저 갖춘 주택·상가건물 임차인의 임차보증금은 매수인에게 인수되는 경우가 발생할 수 있고, 대항력과 우선변제권이 있는 주택·상가건물 임차인이 배당요구를 하였으나 보증금 전액에 관하여 배당을 받지 아니한 경우에는 배당 받지 못한 잔액이 매수인에게 인수되게 됨을 주의하시기 바랍니다.

등기된 부동산에 관한 권리 또는 가처분으로서 매각으로 그 효력이 소멸되지 아니하는 것

매각에 따라 설정된 것으로 보는 지상권의 개요

비고란

※　1. 매각목적물에서 제외되는 미등기건물 등이 있을 경우에는 그 취지를 명확히 기재한다.
　　2. 매각으로 소멸되는 가등기담보권, 가압류, 전세권의 등기일자가 최선순위저당권등기일자보다 빠른 경우에는 그 등기일자를 기재한다.

8. 특수물건

가. 법정지상권이 있는 경우

(1) 의 의

　지상권은 타인의 토지에 건물 기타 공작물이나 수목을 소유하기 위하여 그 토지를 사용하는 권리를 말한다(민법 279조). 지상권은 당사자 사이에 설정계약의 의하여 성립하는 것이 원칙이나 법률규정에 의하여 성립되는 법정지상권이 있고, 나아가 판례의 의하여 인정되어온 관습법상 법정지상권도 있다. 토지와 지상 건물을 독립한 부동산으로 취급하는 우리 법제하에서는 토지와 지상 건물이 동일인에게 속하였다가 일정한 사유로 소유자가 달라지게 될 때에 이용관계의 충돌은 불가피하고, 이를 해결하기 위한 것이 법정지상권 제도이다.

　현행법이 규정하고 있는 법정지상권으로는 ① 대지와 건물이 동일한 소유자에 속한 경우에 건물에 전세권을 설정한 후, 대지 소유자가 변경된 때(민법 305조), ② 저당물의 경매로 인하여 토지와 그 지상건물의 소유자가 달라지게 된 때(민법 366조), ③ 토지와 그 위의 건물이 동일한 소유자에게 속하는 경우 그 토지나 건물에 대하여 담보권실행으로 소유자가 달라지게 된 때(가담법 10조), ④ 입목의 경매나 그 밖의 사유로 토지와 그 입목이 각각 소유자가 달라지게 된 경우(입목법 6조) 등 네가지가 있고, 그 밖에 판례가 인정하는 관습법상 법정지상권이 있다.

　이 중에서 경매에 의하여 발생하는 민법 제366조의 법정지상권(임의경매)과 관습법상 법정지상권(강제경매)을 살펴보기로 한다.

(2) 민법 제366조의 법정지상권 성립요건

> **민법 제366조(법정지상권)**
> 　저당물의 경매로 인하여 토지와 그 지상건물이 다른 소유자에 속한 경우에는 토지소유자는 건물소유자에 대하여 지상권을 설정한 것으로 본다. 그러나 지료는 당사자의 청구에 의하여 법원이 이를 정한다.

　① 저당권설정 당시 건물이 존재할 것
　② 저당권설정 당시 토지와 건물의 소유자가 같을 것
　③ 토지와 건물 중 어느 한쪽이나 양쪽 모두에 저당권이 설정되어 있을 것
　④ 저당권자에 의한 경매의 실행으로 소유자가 달라질 것

　저당권설정 당시부터 토지 위에 건물이 존재해야 하고, 그 토지와 건물이 동일인의 소유에 속해 있어야 한다. 그 후 저당권의 실행(임의경매)으로 토지와 건물이 소유자가 달라지게 된 때에 법정지상권이 발생한다. 위 예에서 토지에 설정된 저당권의 실행으로 토

지 소유자가 갑에서 을로 변경된 때 갑은 을에 대하여 건물을 위한 법정지상권을 등기 없이도 취득한다.

토지에 관하여 저당권이 설정될 당시 토지 소유자에 의하여 그 지상에 건물을 건축 중이었던 경우 그것이 사회관념상 독립된 건물로 볼 수 있는 정도에 이르지 않았다 하더라도 건물의 규모·종류가 외형상 예상할 수 있는 정도까지 건축이 진전되어 있었고, 그 후 경매절차에서 매수인이 매각대금을 다 낸 때까지 최소한의 기둥과 지붕 그리고 주벽이 이루어지는 등 독립된 부동산으로서 건물의 요건을 갖추면 법정지상권이 성립하며, 그 건물이 미등기라 하더라도 법정지상권의 성립에는 아무런 지장이 없다.50) 독립된 부동산으로서 건물의 요건을 갖추었는지의 판단시점에 대하여 판례는 매수인이 매각대금을 완납한 때로 보고 있다.

동일인의 소유에 속하는 토지 및 그 지상 건물에 관하여 공동저당권이 설정된 후 그 지상 건물이 철거되고 새로 건물이 신축된 경우에는 그 신축건물의 소유자가 토지의 소유자와 동일하고 토지의 저당권자에게 신축건물에 관하여 토지의 저당권과 동일한 순위의 공동저당권을 설정해 주는 등 특별한 사정이 없는 한 저당물의 경매로 인하여 토지와 그 신축건물이 다른 소유자에 속하게 되더라도 그 신축건물을 위한 법정지상권은 성립하지 않는다.51)

사 례

○ A는 자기의 토지에 2006. 10. 2. 근저당권을 설정 후 2008년 경 그 지상에 주택을 신축하였다. 그 후 B는 위 근저당권자의 경매절차에서 위 토지를 매수하였다. B는 소유권에 기한 방해배제청구권의 행사로 A에게 지상 주택을 철거하고 토지를 인도하라는 소송을 제기하였다. A는 이 사건 토지와 주택은 자기가 소유하다가 경매를 통하여 소유권이 달라지게 된 것이므로 법정지상권이 발생하였다고 항변한다. A의 주장은 타당한가?

○ 민법 제366조의 법정지상권은 저당권설정 당시부터 저당권의 목적되는 토지 위에 건물이 존재할 경우에 한하여 인정되며 건물 없는 토지에 대하여 저당권이 설정된 후 저당권설정자가 그 위에 건물을 건축하였다가 임의경매절차에서 경매로 인하여 대지와 그 지상 건물이 소유자를 달리하였을 경우에는 위 법조 소정의 법정지상권이 인정되지 아니할 뿐만 아니라 관습상의 법정지상권도 인정되지 아니한다(대법원 1993. 6. 25. 선고 92다20330 판결).

---

50) 대법원 2004. 6. 11. 선고 2004다13533 판결
51) 대법원 2003. 12. 18. 선고 98다43601 전원합의체 판결

나. 관습법상 법정지상권

(1) 의 의

　　관습법상 법정지상권이란 토지와 그 지상 건물이 동일인에게 속하였다가 매매, 증여, 강제경매, 공매 등의 원인으로 소유자가 달라지게 된 경우에 그 건물을 철거한다는 특약이 없으면 건물소유자가 토지에 대하여 취득하는 지상권을 말한다. 관습법상 법정지상권은 등기없이 취득하나 등기하지 아니하면 처분할 수 없다(민법 187조 단서).

(2) 성립요건

　　① 토지와 건물이 동일인의 소유에 속하여야 한다. 원시적으로 동일인의 소유에 속하였을 필요는 없다. 강제경매의 목적이 된 토지 또는 그 지상 건물의 소유권이 강제경매로 인하여 그 절차상의 매수인에게 이전된 경우에 건물의 소유를 위한 관습상 법정지상권이 성립하는가 하는 문제에 있어서는 그 매수인이 소유권을 취득하는 매각대금의 완납시가 아니라 그 압류의 효력이 발생하는 때를 기준으로 하여 토지와 그 지상 건물이 동일인에 속하였는지가 판단되어야 한다. 강제경매개시결정 이전에 가압류가 있는 경우에는, 그 가압류가 강제경매개시결정으로 인하여 본압류로 이행되어 가압류집행이 본집행에 포섭됨으로써 당초부터 본집행이 있었던 것과 같은 효력이 있다. 따라서 경매의 목적이 된 부동산에 대하여 가압류가 있고 그것이 본압류로 이행되어 경매절차가 진행된 경우에는, 애초 가압류가 효력을 발생하는 때를 기준으로 토지와 그 지상 건물이 동일인에 속하였는지를 판단하여야 한다.[52]

　　나아가 강제경매의 목적이 된 토지 또는 그 지상 건물에 관하여 강제경매를 위한 압류나 그 압류에 선행한 가압류가 있기 이전에 저당권이 설정되어 있다가 그 후 강제경매로 인해 그 저당권이 소멸하는 경우에는, 그 저당권 설정 당시를 기준으로 토지와 그 지상 건물이 동일인에게 속하였는지에 따라 관습상 법정지상권의 성립 여부를 판단하여야 한다.[53]

　　② 매매, 대물변제, 강제경매, 공유물분할, 증여, 공매 등의 원인으로 소유자가 달라져야 한다.

　　③ 당사자 사이에 건물을 철거한다는 특약이 없어야 한다. 따라서 건물을 철거한다는 매각조건이 붙은 경매에서 건물을 낙찰받은 매수인은 건물을 위한 관습법상 법정지상권을 취득하지 못한다.

---

52) 대법원 2012. 10. 18. 선고 2010다52140 전원합의체 판결
53) 대법원 2013. 4. 11. 선고 2009다62059 판결

사 례

○ A는 자기의 토지에 건물을 지어 소유하고 있었다. 그 후 토지만의 강제경매절차에서 B가 토지를 매수하고 소유권이전등기절차를 마쳤다. 그 후 B는 A를 상대로 건물철거와 토지 인도소송을 제기하였다. A는 건물에 관하여 관습법상 법정지상권이 성립하였음으로 B의 청구에 응할 수 없다고 항변한다. B의 항변은 받아들여질 수 있는가?

○ 동일인의 소유에 속하고 있던 토지와 그 지상 건물이 강제경매 또는 국세징수법에 의한 공매 등으로 인하여 소유자가 다르게 된 경우에는 그 건물을 철거한다는 특약이 없는 한 건물소유자는 토지소유자에 대하여 그 건물의 소유를 위한 관습상 법정지상권을 취득한 다(대법원 2012. 10. 18. 선고 2010다52140 전원합의체 판결).

(3) 법정지상권이 붙은 건물을 양수한 자의 법정지상권 취득 여부

관습상 법정지상권이 붙은 건물의 소유자가 건물을 제3자에게 처분한 경우에는 법정지상권에 관한 등기를 경료하지 아니한 자로서는 건물의 소유권을 취득한 사실만 가지고는 법정지상권을 취득하였다고 할 수 없어 대지소유자에게 지상권을 주장할 수 없고 그 법정지상권은 여전히 당초의 법정지상권자에게 유보되어 있다고 보아야 한다. 법정지상권자가 건물을 제3자에게 양도하는 경우에는 특별한 사정이 없는 한 건물과 함께 법정지상권도 양도하기로 하는 채권적 계약이 있었다고 할 것이며, 양수인은 양도인을 순차 대위하여 토지소유자 및 건물의 전소유자에 대하여 법정지상권의 설정등기 및 이전등기절차이행을 구할 수 있고, 토지소유자는 건물소유자에 대하여 법정지상권의 부담을 용인하고 그 설정등기절차를 이행할 의무가 있다 할 것이므로, 법정지상권이 붙은 건물의 양수인은 법정지상권에 대한 등기를 하지 않았다 하더라도 토지소유자에 대한 관계에서 적법하게 토지를 점유사용하고 있는 자라 할 것이고, 따라서 건물을 양도한 자라고 하더라도 지상권갱신청구권이 있고 건물의 양수인은 법정지상권자인 양도인의 갱신청구권을 대위행사할 수 있다고 보아야 할 것이다.[54]

(4) 존속기간

관습법상 법정지상권에 관하여는 특별한 사정이 없는 한 민법의 지상권에 관한 규정이 준용되므로, 당사자 사이에 관습법상의 법정지상권의 존속기간에 대하여 따로 정하지 않은 때에는 민법 제281조 제1항에 의하여 민법 제280조 제1항 각 호에 규정한 기간이 된다.[55] 민법 제280조 제1항은 지상권의 최단 존속기간을 석조 등 견고한 건물은 30년, 그 외의 건물은 15년으로 규정하고 있다.

---

54) 대법원 1995. 4. 11. 선고 94다39925 판결
55) 대법원 2008. 6. 26. 선고 2006다54651 판결

| 사 례 |

○ 사건개요

```
                    ─────── 2008. 5. ───────────────▶
                      (건물만의 강제경매에서 C가 매수)
          ───── 98.5. ───── 2010. 5. ───── 2015. 5. ───▶
  A(96년경        (B에게 토지매각)  (D에게 토지매각)  (D가 C에게 건물철거
  지상에 건물신축)                              토지인도소송)
```

1. A는 96년경 자기 토지에 벽돌조 슬라브지붕의 건물을 신축한 후, 98. 5. 그 토지를 B에게 매도하고, B는 2010. 5. D에게 토지를 매도하였다. 한편 건물은 A가 소유하다가 2008. 5. 강제경매에 의하여 C가 매수하였다. D는 2015. 5. C를 상대로 건물 철거 및 토지인도의 소송을 제기하였다.
2. C는 관습법상 법정지상권을 주장한다.
3. 이에 D는 설령 법정지상권이 인정된다 하더라도, 이 사건 건물의 지상권 존속기간은 15년이고, 이미 15년이 경과하여 지상권을 소멸하였다고 주장한다.
4. 이에 C는 이 건물은 견고한 건물이므로 존속기간은 30년이고, 30년이 아직 경과하지 않았다고 주장한다.
5. 감정결과 위 건축물은 견고한 건물로 내용연수 40년, 잔존연수 20년이다.

_ _

○ 관습법상 법정지상권은 성립하는가? 만일 법정지상권이 성립한다면 그 성립시기는?
○ 감정결과를 원용한다면, 법정지상권의 존속기간은?
○ D의 청구는 받아들여질 수 있는가?

○ **법원의 판단**

　A가 이 사건 토지와 건물을 소유하다가 98. 5 이 사건 토지를 매도하였고 그와 동시에 건물을 위한 관습법상 법정지상권은 성립하고, 관습법상 법정지상권이 성립한 건물을 경매로 취득한 C는 등기 없이 법정지상권을 취득한다. 감정결과 이 건물은 견고한 건물이므로 법정지상권의 존속기간은 30년이고, 2028. 5.까지 존속한다. 그러므로 원고의 청구는 받아들여질 수 없다.

(5) 법정지상권의 지료와 지료연체로 인한 법정지상권 소멸청구

민법 제366에 의한 법정지상권이나 관습법상 법정지상권자는 특별한 사정이 없는 한 토지소유자에게 토지 사용의 대가를 지급할 의무가 있다.[56] 지료의 액수는 당사자의 협의나 당사자의 청구(지료청구의 소 또는 지료결정청구의 소)에 의하여 법원이 정한다.

지상권자가 2년 이상의 지료를 지급하지 아니한 때에는 지상권설정자는 지상권의 소멸을 청구할 수 있다(민법 287조). 법정지상권이 성립되고 지료액수가 판결에 의하여 정해진 경우 지상권자가 판결확정 후 지료의 청구를 받고도 책임 있는 사유로 상당한 기간 동안 지료의 지급을 지체한 때에는 그 지체된 지료가 판결확정의 전후에 걸쳐 2년분 이상일 경우에도 토지소유자는 민법 제287조에 의하여 지상권의 소멸을 청구할 수 있다.[57]

(6) 담보지상권

① 담보권이 소멸하면 지상권도 소멸하는지 여부

근저당권 등 담보권 설정의 당사자들이 담보로 제공된 토지에 추후 용익권이 설정되거나 건물 또는 공작물이 축조·설치되는 등으로 토지의 담보가치가 줄어드는 것을 막기 위하여 담보권과 아울러 설정하는 이른바 담보지상권의 경우[58], 담보권이 소멸하면 지상권도 함께 소멸한다[59].

② 담보지상권자의 방해배제청구권(건물철거 및 대지 인도)

제3자가 저당권 목적 토지위에 건물을 신축하는 경우 특별한 사정이 없는 한 그 지상권은 저당권이 실행될 때까지 제3자가 용익권을 취득하거나 목적 토지의 담보가치를 하락시키는 침해행위를 하는 것을 배제함으로써 저당 부동산의 담보가치를 확보하는 데에 그 목적이 있다고 할 것이므로, 제3자가 저당권의 목적인 토지 위에 건물을 신축하는 경우에는, 그 제3자가 지상권자에게 대항할 수 있는 권원을 가지고 있다는 등의 특별한 사정이 없는 한, 지상권자는 그 방해배제청구로서 신축중인 건물의 철거와 대지의 인도 등을 구할 수 있다고 할 것이다.[60]

한편, 물권은 법률 또는 관습법에 의하는 외에는 임의로 창설하지 못하는 것이므로(민법 185조), 지상권설정등기가 경료되면 그 지상권의 내용과 범위는 등기된 바에 따라서 대세적인 효력이 발생하고, 제3자가 지상권설정자에 대하여 해당 토지를 사용·수익할 수 있는 채권적 권리를 가지고 있다고 하더라도 이러한 사정만으로 지상권자에 대항할 수는 없다고 할 것이다.[61]

---

56) 대법원 1996. 2. 13. 선고 95누11023 판결
57) 대법원 1993. 3. 12. 선고 92다44749 판결, 대법원 2005. 10. 13. 선고 2005다37208 판결 참조
58) 대법원 2017. 10. 31. 선고 2015다65042 판결
59) 대법원 2014. 7. 24. 선고 2012다97871,97888 판결
60) 대법원 2004. 3. 29. 선고 2003마1753 결정 참조

다. 분묘기지권

(1) 의의 및 법적성질

타인의 토지에 분묘를 설치한 자가 그 분묘의 수호를 위하여 분묘의 기지를 사용할 수 있는 권리로서 판례에 의하여 인정되어 오는 관습법상 지상권 유사한 물권이다.

(2) 판례에 의해 인정되는 세가지 유형

① 타인의 토지에 그 토지소유자의 승낙을 얻어 분묘를 설치한 경우[62]

② 자기 토지에 분묘 설치 후 아무런 특약 없이 토지를 양도한 경우[63]

③ 타인의 토지에 승낙 없이 분묘를 설치한 자가 20년간 평온, 공연히 분묘기지를 점유한 경우[64]

(3) 효 력

① 위 세가지 유형에 속한 경우 분묘소유자는 분묘기지권을 취득하고, 봉문 등 외부에서 분묘의 존재를 인식할 수 있는 형태를 갖추고 있으면 등기 없이도 성립한다[65]. 2000. 1. 12. 법률 제6158호로 전부개정 된 장사법에 따르면, 시행일인 2001. 1. 13.이후에 토지 소유자의 승낙 없이 설치한 분묘의 연고자는 토지 소유자 등에게 토지 사용권이나 그 밖에 분묘의 보존을 위한 권리를 주장할 수 없다. 따라서 장사법 시행일 후에 토지 소유자의 승낙 없이 설치한 분묘에 대해서는 분묘기지권의 시효취득 할 수 없다.[66]

② 분묘기지권은 분묘의 기지 자체뿐만 아니라 분묘의 설치 목적인 분묘의 수호와 제사에 필요한 범위 내에서 분묘 기지 주위의 공지를 포함한 지역까지 미치고,[67] 장사법 18조 3항이 규정하는 분묘 1기당 점유면적 30㎡로 제한되지 않는다.

③ 분묘기지권의 존속기간에 관하여는 당사자 사이에 약정이 있는 등 특별한 사정이 있으면 그에 따를 것이나, 그러한 사정이 없는 경우에는 권리자가 분묘의 수호와 봉사를 계속하며 그 분묘가 존속하고 있는 동안 존속한다.[68]

④ 지료 지급에 관하여 판례는, 장사법 시행일 이전에 타인의 토지에 분묘를 설치한 다음 20년간 평온·공연하게 그 분묘의 기지를 점유함으로써 분묘기지권을 시효로 취득하였더라도, 취득시효형 분묘기지권은 당사자의 합의에 의하지 않고 성립하는 지상권 유사의 권리이고, 그로 인하여 토지 소유권이 사실상 영구적으로 제한될 수 있다. 분묘기지

---

61) 대법원 2008. 2. 15. 선고 2005다47205 판결
62) 대법원 2000. 9. 26. 선고 99다14006 판결
63) 대법원 1967. 10. 12. 선고 67다1920 판결
64) 대법원 2017. 1. 19. 선고 2013다17292 판결(전)
65) 대법원 1996. 6. 14. 선고 96다14036 판결
66) 대법원 2017. 1. 19. 선고 2013다17292 판결(전)
67) 대법원 2011. 11. 10. 선고 2011다63017 판결
68) 대법원 2007. 6. 28. 선고 2005다44114 판결 등

권자는 토지소유자가 분묘기지에 관한 지료를 청구하면 그 청구한 날부터의 지료를 지급할 의무가 있다고 하여 종전 판례를 변경하였다.[69]

| 사 례 |

○ **사실관계 및 당사자들 주장**
1. 원고들은 이 사건 임야 중 68/120 지분에 관한 임의경매절차에서 위 지분을 매수하고, 소유권이전등기를 마쳤다. 이 사건 임야 중 400㎡ 지상에는 피고의 조상들의 분묘가 설치되어 있다.
2. 원고들은 피고가 원고들 소유인 이 사건 임야에 이 사건 분묘를 설치 관리하고 있으므로 원고들에게 원고들의 소유권취득일 다음날부터 원고들의 소유권상실일 또는 피고의 점유 종료일까지 지료를 지급할 의무가 있다고 주장하고, 피고는 위 각 분묘에 관하여 분묘기지권을 시효취득 하였기에 지료를 지급할 의무가 없다고 항변한다.

○ **법원의 판단**
1심 : 원고청구 기각(시효취득한 경우 지료지급의무 없다)
2심 : 원고청구 인용(지료지급의무 부인하는 것은 토지소유자에게 부당하다 등)
대법원 : 상고기각(토지소유자가 지료 지급 청구한 때(소장 부본 송달일 다음날)로부터 지료 지급의무 있다[2021. 4. 29. 선고 2017다228007 판결(전)]

라. 유치권이 있는 경우

민법 제320조(유치권의 내용)
타인의 물건 또는 유가증권을 점유한 자는 그 물건이나 유가증권에 관하여 생긴 채권이 변제기에 있는 경우에는 변제를 받을 때까지 그 물건 또는 유가증권을 유치할 권리가 있다.
민법 제322조(경매)
유치권자는 채권의 변제를 받기 위하여 유치물을 경매할 수 있다.
민사집행법 제91조(인수주의와 소멸주의)
⑤ 매수인은 유치권자에게 그 유치권으로 담보하는 채권을 변제할 책임이 있다.

(1) 의 의

유치권이란, 타인의 물건 또는 유가증권을 점유한 자는 그 물건이나 유가증권에 관하여 생긴 채권이 변제기에 있는 경우에는 변제를 받을 때까지 그 물건 또는 유가증권을 유치할 권리를 말한다(민법 320조 1항). 이는 법정담보물권으로서 경매신청권이 있으나 우

---

69) 대법원 2021. 4. 29. 선고 2017다228007 판결(전)

선변제권은 없다. 우선 선변제적 효력을 인정하지 않는 대신, 타인의 물건을 점유하는 자가 그 물건에 관하여 생긴 채권을 가지고 있는 경우, 그 채권의 변제를 받을 때까지 그 물건의 반환을 거절할 수 있도록 함으로써 사실상 다른 채권자보다 우선변제를 받을 수 있도록 하는 것이 공평의 원칙에 부합하다는 것을 근거로 인정되고 있다.

민사집행법 제91조 제5항의 '변제할 책임이 있다'는 의미는 부동산상의 부담을 승계한다는 취지로서 인적채무까지 인수한다는 취지는 아니므로, 유치권자는 경락인에 대하여 그 피담보채권의 변제가 있을 때까지 유치목적물인 부동산의 인도를 거절할 수 있을 뿐이고 그 피담보채권의 변제를 청구할 수는 없다.[70]

한편, 유치권제도는 경매질서를 교란시키는 수단으로 악용되는 경우도 적지 않다. 민사집행법은 유치권의 목적물이 경매절차에서 매각된 경우「매수인은 유치권자에게 그 유치권으로 담보하는 채권을 변제할 책임이 있다」고 규정하고 있고, 또 유치권은 등기부에 의하여 공시되지 않아 매수인 등 제3자가 그 존부를 용이하게 알 수 없기 때문이다.

(2) 성립요건

(가) 타인 소유의 물건

유치권의 목적물은 타인 소유의 물건 또는 유가증권이다. 유치권의 목적물이 부동산인 경우라도 등기를 요하지 않는다.

(나) 채권의 목적물과 견련관계

채권이 유치권의 목적물에 '관하여 생긴 것'이어야 한다. 즉, 채권이 목적물 자체에서 발생한 경우이어야 한다. 어느 물건의 가치를 보존·증대시키거나 또는 그 물건으로부터 손해를 입은 경우가 이에 속한다. 예를 들면 물건에 대해 지출된 필요비·유익비의 상환청구권, 목적물의 하자로부터 받은 손해배상청구권, 운송물의 운임, 물건의 수선대금 등이 이에 속한다. 그러나 손해발생에 물건이 원인을 제공한 것이 아니라 사람의 배신행위가 그 원인을 제공한 것인 채무불이행의 경우에 그 손해배상청구권을 담보하기 위하여 목적물을 유치할 수는 없다.

(다) 목적물에 대한 점유

채권이 목적물의 점유 중에 생긴 것이어야 하는지가 문제가 되는 데, 통설·판례는 공평의 원리에 비추어 채권과 목적물 사이에 견련관계가 있으면 충분하고 그 채권이 목적물의 점유 중에 발생할 것으로 요구하지는 않는다고 한다. 따라서 물건의 점유 이전에 그 물건과 관련 하여 채권이 발생하였고 그 후 어떤 사정으로 그 물건의 점유를 취득한 경우에도 유치권은 성립한다.

---

70) 대법원 1996. 8. 23. 선고 95다8720 판결, 대법원 2014. 12. 30. 선고 2014마1407 결정

그리고 부동산 경매절차에서의 매수인은 민사집행법 제91조 제5항에 따라 유치권자에게 그 유치권으로 담보하는 채권을 변제할 책임이 있는 것이 원칙이나, 채무자 소유의 건물 등 부동산에 경매개시결정의 기입등기가 경료되어 압류의 효력이 발생한 후에 채무자가 위 부동산에 관한 공사대금 채권자에게 그 점유를 이전함으로써 그로 하여금 유치권을 취득하게 한 경우, 그와 같은 점유의 이전은 목적물의 교환가치를 감소시킬 우려가 있는 처분행위에 해당하여 민사집행법 제92조 제1항, 제83조 제4항에 따른 압류의 처분금지효에 저촉되므로 점유자로서는 위 유치권을 내세워 그 부동산에 관한 경매절차의 매수인에게 대항할 수 없다. 그러나 이러한 법리는 경매로 인한 압류의 효력이 발생하기 전에 유치권을 취득한 경우에는 적용되지 아니하고, 유치권 취득시기가 근저당권설정 후라거나 유치권 취득 전에 설정된 근저당권에 기하여 경매절차가 개시되었다고 하여 달리 볼 것은 아니다[71].

(라) 채권의 변제기 도래

채권이 변제기에 도달하기 전에는 유치권은 성립하지 않는다. 그렇지 않으면 변제기 전에 채무의 이행을 강제하는 결과가 되기 때문이다. 따라서 다른 담보물권에서는 변제기 도래가 담보물권의 실행 요건이지만 유치권에서는 성립요건이 된다.

점유는 일시적인 것이 아니라 계속되어야 한다. 유치권자가 목적물의 점유를 잃으면 유치권은 당연히 소멸한다. 유치권자의 점유는 직접점유뿐만 아니라 간접점유도 포함한다. 그러나 불법행위로 인한 점유에는 유치권이 성립되지 않는다.

(마) 유치권배제 특약의 부존재

당사자 간에 유치권의 발생을 배제하는 특약이 있는 경우에는 그 특약은 유효하므로 유치권이 성립하기 위해서는 이러한 특약이 없어야 한다. 판례는 "건물의 임차인이 임대차 관계 종료시에 건물을 원상으로 복구하여 임대인에게 명도하기로 약정한 것은 건물에 지출한 각종 유익비 또는 필요비 상환의 청구권을 미리 포기하기로 한 취지의 특약이라고 볼 수 있어 임차인은 유치권을 주장할 수 없다"[72], "제한물권은 이해관계인의 이익을 부당하게 침해하지 않는 한 자유로이 포기할 수 있는 것이 원칙이다. 유치권은 채권자의 이익을 보호하기 위한 법정담보물권으로서, 당사자는 미리 유치권의 발생을 막는 특약을 할 수 있고 이러한 특약은 유효하다. 유치권 배제 특약이 있는 경우 다른 법정요건이 모두 충족되더라도 유치권은 발생하지 않는데, 특약에 따른 효력은 특약의 상대방뿐 아니라 그 밖의 사람도 주장할 수 있다", "유치권은 법정담보물권이기는 하나 채권자의 이익보호를 위한 채권담보의 수단에 불과하므로 이를 포기하는 특약은 유효하고, 유치권을 사전에

71) 대법원 2009. 1. 15. 선고 2008다70763 판결
72) 대법원 1975. 4. 22. 선고 73다2010 판결

포기한 경우 다른 법정요건이 모두 충족되더라도 유치권이 발생하지 않는 것과 마찬가지로 유치권을 사후에 포기한 경우 곧바로 유치권은 소멸한다. 그리고 유치권 포기로 인한 유치권의 소멸은 유치권 포기의 의사표시의 상대방뿐 아니라 그 이외의 사람도 주장할 수 있다"73)고 판시하고 있다.

(바) 불법행위로 인하여 발생하지 않았어야 한다.

물건의 점유자는 소유의 의사로 선의, 평온 및 공연하게 점유한 것으로 추정되고 점유자가 점유물에 대하여 행사하는 권리는 적법하게 보유하는 것으로 추정된다(민법 197조 1항, 200조). 따라서 점유물에 대한 필요비와 유익비 상환청구권을 기초로 하는 유치권 주장을 배척하려면 적어도 점유가 불법행위로 인하여 개시되었거나 점유자가 필요비와 유익비를 지출할 당시 점유권원이 없음을 알았거나 중대한 과실로 알지 못하였다고 인정할 만한 사유에 대한 상대방 당사자의 주장·증명이 있어야 한다.74)

(3) 유치권의 효력

유치권자는 그의 채권의 변제를 받을 때까지 목적물을 유치할 수 있는데, 여기서 유치한다는 것은 목적물의 점유를 계속하고 인도를 거절하는 것을 뜻한다. 유치권은 물권이기 때문에 모든 사람, 즉 채무자뿐만 아니라 목적물의 양수인 또는 경락인에 대해서도 유치권을 주장할 수 있다.

(4) 경매절차에서 유치권신고

① 매수신고 후 매각결정기일 전에 신고된 경우

매수신고 후 매각결정기일 전에 유치권신고가 있는 경우 판례는, 부동산 임의경매절차에서 매수신고인이 당해 부동산에 관하여 유치권이 존재하지 않는 것으로 알고 매수신청을 하여 이미 최고가매수신고인으로 정하여졌음에도 그 이후 매각결정기일까지 사이에 유치권의 신고가 있을 뿐만 아니라 그 유치권이 성립될 여지가 없음이 명백하지 아니한 경우, 집행법원으로서는 장차 매수신고인이 인수할 매각부동산에 관한 권리의 부담이 현저히 증가하여 민사집행법 제121조 제6호가 규정하는 이의 사유가 발생된 것으로 보아 이해관계인의 이의 또는 직권으로 매각을 허가하지 아니하는 결정을 하는 것이 상당하다고 판시하였다.75)

② 매각허가결정 후 매각허가결정확정 전에 신고된 경우

이 경우에도 매각허가에 대한 이의신청사유인 법 제121조의 제6호 사유에 해당하므로 매각허가결정에 대한 즉시항고가 가능하다.

---

73) 대법원 2016. 5. 12. 선고 2014다52087 판결
74) 대법원 2011. 12. 13. 선고 2009다5162 판결
75) 대법원 2007. 5. 15. 선고 2007마128 결정

③ 매각허가결정확정 후 대금납부 전에 신고된 경우

이 경우에도 제121조 제6호(부동산에 관한 중대한 권리관계가 변동된 사실이 경매절차의 진행 중에 밝혀진 때)에서 규정한 사실이 매각허가결정의 확정 뒤에 밝혀진 경우이므로 매수인은 대금을 낼 때까지 매각허가결정의 취소신청을 할 수 있다(127조 1항).

(5) 유치권에 대한 대응

① 유치권신고를 한 경우

ⅰ)유치권 성립요건을 갖춘 적법한 유치권 신고가 있는 경우 유치권자는 이해관계인이 된다. 집행법원은 유치권신고가 접수된 경우 매각물건명세서에 그 취지를 기재하고 매각절차를 진행한다.

ⅱ) 유치권부존재확인의 소제기

유치권신고로 인하여 경매목적 부동산이 그만큼 낮은 가격에 낙찰될 우려가 있고, 저가낙찰로 인해 경매를 신청한 근저당권자의 배당액이 줄어들거나 경매목적물 가액과 비교하여 거액의 유치권 신고로 매각 자체가 불가능하게 될 위험은 경매절차에서 근저당권자의 법률상 지위를 불안정하게 하는 것이므로 위 불안을 제거하는 근저당권자의 이익을 단순한 사실상·경제상의 이익이라고 볼 수는 없다. 따라서 근저당권자는 유치권 신고를 한 사람을 상대로 유치권 전부의 부존재뿐만 아니라 경매절차에서 유치권을 내세워 대항할 수 있는 범위를 초과하는 유치권의 부존재 확인을 구할 법률상 이익이 있다.[76]경매신청채권자가 유치권부존재확인의 소를 제기하면서 경매절차의 추정을 요구하는 경우가 있으나 절차를 중단하지 않고 그대로 속행하는 것이 실무이다.

ⅲ) 부동산인도명령 또는 인도소송

매수인은 유치권를 상대로 인도명령을 신청하거나 인도소송을 제기할 수 있다.

ⅳ) 경매방해죄

허위유치권신고로 경매, 입찰을 방해한 자에 대하여는 경매방해죄가 성립한다. 형법 제315조(경매, 입찰의 방해)는 위계 또는 위력 기타 방법으로 경매 또는 입찰의 공정을 해한 자는 2년 이하의 징역 또는 700만 원 이하의 벌금에 처한다고 규정하고 있고, 실제 경매방해죄로 처벌되는 경우가 종종 있다.

② 유치권신고를 하지 않은 경우

경매절차 진행 중에 유치권신고를 하지 아니하여 그 존재를 몰랐다고 하더라도 그 권리의 존재 자체가 부정되거나 권리가 소멸되는 것은 아니며, 유치권은 매수인에게 인수된다. 이 경우 매수인의 구제수단은 위 (3) 경매절차에서 유치권신고 부분 참조

---

76) 대법원 2016. 3. 10. 선고 2013다99409 판결

(6) 유치권과 인도명령

이에 관하여는 부동산인도명령 부분 참조

(7) 유익비상황청구권과 부속물매수청구권 관련 사례

| 사 례 |

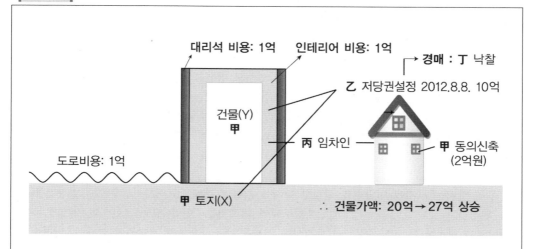

○ 사건개요

1. 을은 갑 소유의 토지(X)와 2층 건물(Y)을 담보로 2012년 8월8일 10억 원의 저당권을 설정하였고 병은 식당을 운영하기 위해 본 건물에 대하여 갑과 임대차계약을 체결하였다. 이후 식당이 번성하자 병은 갑의 동의를 받아 X 토지 위에 2억원의 공사비용을 들여 Z 건물을 신축하였다.

2. 그리고 임차인 병은 식당으로 들어오는 비포장 도로에 1억 원, 식당건물 외벽에 대리석비용으로 1억 원, 식당건물 안에 인테리어 비용으로 1억 원의 공사를 하여 건물의 가액을 20억 원에서 27억 원으로 상승시켰다.

3. 그런데 갑이 다른 사업을 하다 실패를 하는 바람에 본 식당과 건물이 을의 저당권실행에 의하여 정이 낙찰을 받게 되었다.

○ 위 사안에서 을이 Z건물에 대해서도 일괄경매를 신청할 수 있는가?

1. 일괄경매신청권에 대한 학설과 판례의 경향

가) 학설의 경향

① 상호 배척관계설

상호배척관계설의 견해는 "토지저당권자가 건물이 존재하고 있는 상태에서 토지저당권을 설정한 경우에는 토지저당권자는 지상권의 부담을 안고 있는 상태에서 토지저당권을 설정한 것이기 때문에 건물까지 일괄경매를 할 권리는 없는 것이고, 건물소유자 측에서 보면 저당권에 대항할 수 있는 이용권이 없는 경우와 달리 법정지상권이 성립하기 때문에 건물을 철거할

이유가 없고 토지저당권자가 건물에 대하여 일괄경매를 할 수 있다는 것은 건물소유권을 부당하게 침해하여 비합리적이므로 건물소유자에게 법정지상권이 인정된 경우에는 일괄경매권을 행사할 수 없다."는 견해이다.[77]

② 상호 중첩관계설

상호중첩관계설의 견해는 민법 제365조와 동법 제366조는 함께 성립할 가능성이 있다는 견해로서 "현행법을 문리 해석하여도 민법 제365조와 동법 제366조가 상호배척관계에 있다고 볼만한 명시적인 문구가 없으며 비록 법정지상권이 성립하는 경우라도 저당권자가 토지와 건물을 일괄경매를 하는 경우에는, 토지 저당권자는 저당목적물인 토지의 교환가치를 충분히 확보할 수가 있고, 토지나 건물의 소유자로서도 법정지상권의 발생으로 인한 복잡한 권리관계의 형성을 막아 법률적 분쟁을 예방할 수 있다는 장점이 있기 때문에 이때도 일괄경매청구권을 부정할 필요가 없다고 한다.[78] 그리고 일괄경매청구권은 법정지상권이 부정되는 경우에는 대지 저당권자에게 담보권 실행을 용이하게 하여 교환가치를 확보하기 위한 측면에서도 인정되는 것이라고 볼 수 있다.

나) 판례의 태도

우리 판례는 토지에 저당권을 설정할 당시에 건물이 건축되고 있는 경우에는 법정지상권을 인정하고 있다.[79] 그러나 일괄경매청구권에 대해서는 "민법 제365조는 저당권설정자가 저당권을 설정한 후 저당목적물인 토지상에 건물을 축조함으로써 저당권의 실행이 곤란하여지거나 저당목적물의 담보가치의 하락을 방지하고자 함에 그 규정취지가 있다고 할 것이므로, 저당권설정 당시에 건물의 존재가 예측되고 또한 당시 사회경제적 관점에서 그 가치의 유지를 도모할 정도로 건물의 축조가 진행되어 있는 경우에는 위 규정은 적용되지 아니한다.[80]", "등기부에 등재되지 않은 제시외 건물이 존재하는 경우에는 소유자가 건축하여 소유하는 것으로 판명되어 경매신청인이 대위에 의한 보존등기를 하여 일괄경매신청을 하거나 그것이 경매 대상 부동산의 종물이거나 부합물임이 명백한 경우가 아닌 한 입찰물건에 포함시켜서는 안 된다"[81]. "민법 제365조가 토지를 목적으로 한 저당권을 설정한 후 그 저당권설정자가 그 토지에 건물을 축조한 때에는 저당권자가 토지와 건물을 일괄하여 경매를 청구할 수 있도록 규정한 취지는, 저당권은 담보물의 교환가치의 취득을 목적으로 할 뿐 담보물의 이용을 제한하지 아니하여 저당권설정자로서는 저당권설정 후에도 그 지상에 건물을 신축할 수 있는데, 후에 그 저당권의 실행으로 토지가 제3자에게 경락될 경우에 건물을 철거하여야 한다면 사회경제적으로 현저한 불이익이 생기게 되어 이를 방지할 필요가 있으므로 이러한 이해관계를 조절하고, 저당권자에게도 저당토지상의 건물의 존재로 인하여 생기게 되는 경매의 어려움을 해소하여 저당권의 실행을 쉽게 할 수 있도록 한 데에 있다"[82]고 판시하여 양자의 관계를 상호배척관계설의 입장에 있는 것으로 해석할 여지가 있다.

2. 소 결

본 사안에서 건물 Z은 을이 저당권을 설정할 당시에 존재하지 않았기 때문에 법정지상권은 인정되지 않는다. 그리고 일괄경매신청청권이 인정되기 위해서는 앞에서 살펴본 판례에서도 저당권설정자가 저당권을 설정한 후 저당목적물인 토지상에 건물을 축조한 경우에 인정된다. 그런데 본 사안의 경우는 저당권설정자가 신축한 건물이 아니기 때문에 일괄경매청구권도 인정될 수가 없다.

○ 병이 Z건물에 대하여 갑에게 부속물 매수청구권을 행사할 수 있는가 그리고 병이 투입한 콘크리트 도로, 외벽, 인테리어 비용 등에 대한 유익비상환청구권이 인정될 수 있는가?

1. 병의 부속 건물(Z)에 대한 부속물매수청구권

가) 부속물의 해당 요건

부속물이란 건물에 부속된 물건으로 임차인의 소유에 속하고 건물의 구성부분으로는 되지 않는 것으로서 건물의 사용에 객관적인 편익을 가져오게 하는 물건이다. 따라서 부속된 물건이 오로지 건물임차인의 특수한 목적에 사용하기 위하여 부속된 것일 때에는 부속물매수청구권의 대상이 되는 물건이라 할 수 없다[83]. 그리고 부속물에 해당하는지의 여부는 해당 건물 자체의 구조와 임대차계약 당시 당사자 사이에 합의된 사용목적, 그 밖에 건물의 위치, 주위환경 등 제반 사정을 참작하여 판단된다.[84]

① 부속물청구권을 인정한 사례

부속물청구권을 인정한 판례를 살펴보면 다음과 같다. "임차인이 비디오테이프 대여점을 운영하면서 임대인 측의 묵시적 동의하에 유리 출입문, 새시 등 영업에 필요한 시설을 부속시킨 경우",[85] "건물임차인의 부속물매수청구권의 대상이 되는 부속물이라 함은 임대인의 동의를 얻어 건물에 부속된 임차인 소유의 물건으로서 건물의 구성부분을 이루지는 아니하나 독립성을 가지고 건물의 일반적 용도에 의한 사용의 편익에 제공됨으로써 건물의 객관적 가치를 증가시키는 건물을 의미하므로, 그 용도가 요식시설로 된 건물의 임차인이 사용의 편익을 위하여 설치한 접객용 및 일반의 방시설, 주방시설 등은 위 건물의 객관적 가치를 증가시키는 독립성 있는 물건으로서 부속물매수청구권의 대상이 된다"[86]고 판시하고 있다.

② 부속물청구권을 부정한 사례

부속물청구권을 부정한 판례를 살펴보면 다음과 같다. "임차인이 카페영업을 위해 시설공사를 하고, 카페의 규모를 확장하면서 내부 시설공사를 하거나 창고지붕의 보수공사를 한 경우",[87] "임대차계약이 임차인의 채무불이행으로 인하여 해지된 경우에는 임차인은 민법 제646조에 의한 부속물매수청구권이 없다"[88], "민법 제646조가 규정하는 건물임차인의 매수청구권의 대상이 되는 부속물이라 함은 건물에 부속된 물건으로 임차인의 소유에 속하고, 건물의 구성부분이 되지 아니한 것으로서 건물의 사용에 객관적인 편익을 가져오게 하는 물건이라 할 것이므로, 부속된 물건이 오로지 임차인의 특수목적에 사용하기 위하여 부속된 것일 때는 이를 부속물매수청구권의 대상이 되는 물건이라 할 수 없을 것이나, 이 경우 당해 건물의 객관적인 사용목적은 건물 자체의 구조와 임대차계약 당시 당사자 사이에 합의된 사용목적, 기타 건물의 위치, 주변의 환경 등 제반 사정을 참작하여 정하여 지는 것이라 할 것이다"[89]. "건물 임차인이 자신의 비용을 들여 증축한 부분을 임대인 소유로 귀속시키기로 하는 약정은 임차인이 원상회복의무를 면하는 대신 투입비용의 변상이나 권리주장을 포기하는 내용이 포함된 것으로서 특별한 사정이 없는 한 유효하므로, 그 약정이 부속물매수청구권을 포기하는 약정으로서 강행규정에 반하여 무효라고 할 수 없고 또한 그 증축 부분의 원상회복이 불가능하다고 해서 유익비의 상환을 청구할 수도 없다"[90]고 판시하고 있다.

나) 부속물매수청구권 행사 방법

① 행사시기

부속물매수청구권의 행사시기에는 제한이 없습니다. 따라서 임대차가 종료하여 임차상가 건물을 반환한 이후에도 매수청구권을 포기하지 않은 이상 부속물의 매수를 청구할 수 있다.

② 상대방

임차인은 부속물의 부속에 동의한 임대인은 물론, 임차권이 대항력이 있는 경우에는 그 임대인으로부터 임대인의 지위를 승계한 사람에게도 청구할 수 있다.

③ 부속물매수청구권의 제한

임차인이 차임을 지급하지 않는 등 채무를 이행하지 않는 경우에는 임차인에게 부속물매수청구권이 인정되지 않는다[91]

다)부속물매수청구권의 효과

임차인이 서면이나 구두로 부속물의 매수를 청구하면 임대인의 승낙을 기다릴 것 없이 곧바로 매매계약이 성립한다. 이 경우 부속물의 매매대금은 그 매수청구권 행사 당시의 시가를 기준으로 산정된다.[92] 부속물매수청구권에 관한 규정을 위반하는 약정으로서 임차인에게 불리한 것은 무효이다(민법 제652조).

2. 유익비상환청구권

가) 의 의

유익비란 임대한 건물 등의 가치를 증가시켜 소유자에게 이익이 되도록 투입된 비용을 의미한다. 유익비는 그 비용을 임대인인 소유자가 임차인에게 돌려주어야 한다. 그 이유는 결국 임대한 건물은 소유자의 것이라 증가한 이익만큼 소유자가 이익을 보게 되는데 그 비용은 임차인이 지급하였으니 돌려주어야 공평하다는 것이다.

유익비가 경매에서 문제되는 것은 유치권의 근거로 자주 사용되기 때문이다. 이하에서 이에 대한 내용을 살펴본다.

나) 요 건

① 임차인의 지출로 부동산의 가치가 증가할 것

② 임대인의 동의를 요하지 않음

③ 증액된 가치가 현존할 것

④ 당사자 사이에 반대특약이 부존재할 것

다) 판례의 경향

판례는 "임차인이 임차건물에 덧붙여 방 한칸과 부엌 일부를 증축하여 기존건물과 일체로서 점유. 사용해 온 경우, 증축된 부분은 물리적 구조나 용도, 기능 및 거래의 관점에서 사회적, 경제적으로 고찰할 때 그 자체는 구조상 건물로서의 독립성이 없고 별개의 독립물로서의 효용을 갖지 못하여 기존 건물에 부합되었다고 할 것이니 동 건물의 철거보상금은 건물 소유자에게 귀속되는 것이므로 소유자가 이를 임의로 소비하였다 하더라도 횡령죄는 성립하지 아니 한다"[93], "점유자가 점유물을 보존하거나 개량하기 위하여 지출한 필요비나 유익비에 관하여 민법 제203조 제1항, 제2항은 '점유자가 점유물을 반환할 때'에 상환을 청구할 수 있도록 규정하고 있으므로, 그 상환청구권은 점유자가 회복자에게서 점유물 반환을 청구받은 때에 비로소 이를 행사할 수 있는 상태가 되고 이행기가 도래한다"94), "임야 상태의 토지를 임차하여 대지로 조성한 후 건물을 건축하여 음식점을 경영할 목적으로 임대차계약을 체결한 경우, 비록 임대차계약서에서는 필요비 및 유익비의 상환청구권은 그 비용의 용도를 묻지 않고 이를 전부 포기하는 것으로 기재되었다고 하더라도 계약 당사자의 의사는 임대차 목적 토지를 대지로 조성한 후 이를 임차 목적에 따라 사용할 수 있는 상태에서 새로이 투입한 비용만에 한정하여 임차인이 그 상환청구권을 포기한 것이고 대지조성비는 그 상환청구권 포기의 대상으로 삼지 아니한 취지로 약정한 것이라고 해석하는 것이 합리적이다"95), "유익비 상환의 범위는 점유자가 사실상 점유물을 개량하기 위하여 지출한 비용과 그 가액의 증가를 현존하는 가액 중 회복자가 선택하는 바에 따라 정하여진다 하겠으므로 유익비 상환의무자인 회복자의 선택권을 위하여 그 유익비는 실제로 지출한 비용과 현존하는 증가액을 모두 산정하여야 할 것이다"96)라고 판시하고 있다.

3. 소 결

위와 같이 Z건물이 부합물로 인정받기 위해서는 기존 부동산과 분리하기 불가능하거나 분리는 할 수 있다고 하여도 경제적인 타당성이 없고 독립성이 없는 경우에 부합이 인정된다. 그러나 본 사안에서 Z건물은 A와 B의 부동산과 분리하기가 타당성이 없을 뿐만 아니라 기존건물의 확장용으로 신축한 건물로서 독립적인 기능도 가지고 있기 때문에 부합물로 인정하기는 어렵다.

그리고 병에게 민법 제646에 의하여 부속물매수청구권이 인정되기 위해서는 첫째, 임대인의 동의를 받아 신축하였거나 매수한 건물 일 것, 둘째, 독립성이 있을 것, 셋째, 채무불이행을 하지 않았을 것, 임대차계약이 종료할 것을 요한다. 다시 말해서 민법 제646조가 규정하는 매수청구의 대상이 되는 부속물이란 건물에 부속된 물건으로서 임차인의 소유에 속하고, 건물의 구성부분으로는 되지 아니한 것으로서 건물의 사용에 객관적인 편익을 가져오게 하는 물건이어야 한다. 그리고 당해 건물의 객관적인 사용목적은 그 건물 자체의 구조와 임대차계약 당시 당사자 사이에 합의된 사용목적, 기타 건물의 위치, 주위환경 등 제반 사정을 참작하여야 할 것이다. 만약 부속된 물건이 오로지 임차인의 특수목적에 사용하기 위하여 부속된 것일 때에는 이에 해당하지 않게 된다.

그런데 본 사안에서 Z건물은 병이 임대인의 동의를 받아 신축한 건물로서 독립성이 인정되고 임차인의 특수목적에 전적으로 사용하는 건물이 아니고 기존 건물의 객관적인 편익을 가져오는 부동산이기 때문에 갑에게 부속물매수청구권을 행사할 수 있고 부동산경매에서 매수인에게도 대항할 수 있을 것이다..

긍극적으로 본 사안에서 Z건물은 부합물로서는 인정되기는 어렵다. 그러나 부속물매수청구권은 인정될 수 있기 때문에 병은 갑을 상대로 또는 부동산경매에서 매수인에게 부속물매수청구권을 행사할 수 있을 것이다.

그리고 임차인이 인테리어 비용으로 건물 내부의 벽지, 장판 등을 새로 깔고 페인트칠을 하고 칸막이 등을 새로 설치한 경우 이러한 시설개수나 시설물 설치는 자신의 음식점 경영을 위해 필요한 것이지 건물의 객관적 가치를 증가시킨 것이 아니기 때문에 유익비에는 해당되지 않는다,

그러나 콘크리트 도로 비용, 건물의 외벽의 비용에 따른 건물 가치의 상승 또는 증축된 부분이 방과 부엌인데 이것들이 기존 건물에 붙어서 완전히 하나의 부합이 되고 당 부동산의 가치를 증가시킨 경우에는 이러한 가치의 증가 부분을 소유자가 돌려줄 반환해줄 의무가 있다. 그러므로 이러한 경우에는 임차인은 유익비상환청구권을 행사할 수 있을 것이다.

따라서 임차인 병은 갑에게 필요비상환청구권을 인정되기 어렵지만 유익비상환청구권은 행사할 수 있을 것이다. 그리고 병은 인테리어 비용을 제외한 도로 1억, 대리석 1억의 비용 지출에 대하여 목적물의 가액을 증가시킨 유익비의 차원에서 갑에게 청구할 수 있다. 위와 같은 유익비는 계약만료 후 청구하고 임대인 갑이 목적물을 반환받은 날로부터 6개월 이내에 청구하여야 한다. 그리고 임대인은 목적물의 가액이 증가한 7억 원이나 인테리어 비용을 제외한 2억 원 중 선택하여 임차인에게 지불하여야 한다.

○ 부동산경매에서 매수인 정은 경락대금 완납시 민법 제187조에 따라 부동산에 대한 소유권을 등기 없이 취득하는데 임차인 병은 그 건물을 위해 지출한 유익비에 대하여 유치권을 행사할 수 있는가?

1. 유치권 성립요건

유치권은 타인의 물건 또는 유가증권을 점유한 자는 그 물건이나 유가증권에 관하여 생긴 채권이 변제기에 있는 경우에는 변제를 받을 때까지 그 물건 또는 유가증권을 유치할 권리를 말하므로, 타인 소유의 물건 또는 유가증권을 적법하게 점유하고 있어야 하며, 채권이 그 점유하고 있는 물건 또는 유가증권에 관하여 생긴 것을 채권과 물건 사이에 견련관계가 있어야 한다. 그리고 그 채권은 변제기에 있어야 하며 유치권의 성립을 배제하는 특약이 존재하지 않아야 한다.

2. 소 결

유치권을 행사하려면 목적물에 관하여 생긴 채권이어야 하는데 판례는 임차인의 임대인에 대한 유익비에 대하여 유치권을 인정하고 있다. 그리고 유치권은 물권적인 효력으로 대항력이 인정되기 때문에 병은 정에게 피담보채권의 변제를 받을 때까지 목적물을 유치할 수 있다.

따라서 본 사안에서 병은 도로를 만들기 위하여 들어간 비용 1억 원, 외벽공사비용으로 대리석 1억 원 합하여 2억 원에 대하여 유익비상환청구권에 기하여 유치권을 정에게 행사할 수 있다. 만약 병이 신축한 Z건물에 대하여 갑에게 부속물매수청구권을 행사하지 않은 경우에는 부동산경매에서 매수인(경락인) 정에게 Z건물에 대한 공사대금을 가지고 유치권을 행사할 수 있을 것이다.

77) 이균용, "민법 제365조의 일괄경매를 둘러싼 실무상의 제문제", 민사집행법 실무연구, 법원도서관, 2006. 2재판자료 제109집, p14.
78) 이현수, "공동 저당권의 목적인 건물을 재건축한 경우 법정지상권의 성부", 민사재판연구, 박영사, 2005, 제27집, pp158−159.
79) 대법원 1992. 6. 12. 선고 92다7221 판결
80) 대법원 1987. 4. 28. 선고 86다카2856 판결
81) 대법원 1999. 8. 9. 선고 99마504 결정
82) 대법원 2001. 6. 13. 선고 2001마1632 결정

마. 대지사용권과 경매

집합건물의 소유 및 관리에 관한 법률의 적용을 받는 구분건물은 건물부분과 대지부분으로 나누고 건물부분은 전유부분과 공용부분으로, 대지는 법정대지와 규약대지로 구분된다.

[구분건물의 구성과 관련규정]

구 분		집합건물(집합건물의 소유 및 관리에 관한 법률)		
건 물	전유부분	구조상·이용상 독립성＋구분행위 ＝＞구분소유권의 목적(1조)		1. 전유부분 면적비율(12조 1항) 2. 전유부분과 분리처분불가 3. 각 공유자가 그 용도에 따라 사용(11조) 4. 공용부분에 관하여 발생한 채권 : 특별승계인에게 행사가능(18조)
	공용부분	법정공용부분(3조 1항) (복도, 계단, 엘리베이터 등)		
		규약공용부분(3조 2항, 4항, 등기要) (부속건물 : 노인정, 관리사무소)		
대지 (2조 5호)	법정대지 (2조 5호)	1동 건물이 있는 대지		1. 구분소유자 전원의 공유 2. 분할청구금지(8조) 3. 전유부분 면적비율로 공유 4. 전유부분과 분리처분금지(20조 2항), 단 예외 있음
	규약대지 (4조 1항)	통로, 주차장, 정원, 부속건물의대지 등		
	간주규약대지(4조 3항)	1. 법정대지가 건물 일부 멸실로 건물이 있는 토지가 아닌 토지로 된 경우 2. 법정대지 일부 분할로 건물이 있는 토지가 아닌 토지로 된 경우		

---

83) 대법원 1991. 10. 8. 선고 91다8029 판결
84) 대법원 1993. 10. 8. 선고 93다25738, 93다25745 판결
85) 대법원 1995. 6. 30. 선고 95다12927 판결
86) 부산고등법원 1989. 5. 19. 선고 88나4751 판결
87) 대법원 1991. 10. 8. 선고 91다8029 판결
88) 대법원 1990. 1. 23. 선고 88다카7245, 88다카7252 판결
89) 대법원 1993. 2. 26. 선고 92다41627 판결
90) 대법원 1993. 2. 26. 선고 92다41627 판결
91) 대법원 1990. 1. 23. 선고 88다카7245, 88다카7252 판결
92) 대법원 1995. 6. 30. 선고 95다12927 판결
93) 대법원 1980.10.14. 선고 80다1851,1852 판결
94) 대법원 2011. 12. 13. 선고 2009다5162 판결
95) 대법원 1998. 10. 20. 선고 98다31462 판결
96) 대법원 1987. 4. 14. 선고 86다카2342 판결

(1) 대지사용권의 개념과 취득시기

① 개 념

대지사용권이란 구분소유자가 전유부분을 소유하기 위하여 대지에 대하여 가지는 권리를 말한다(집합건물법 2조 6호). 대지사용권은 소유권 외에도 지상권, 전세권, 임차권도 가능하다. 대지사용권이 등기된 경우를 대지권이라 한다.

② 대지사용권 취득시기

대지사용권은 구분소유자가 전유부분을 소유하기 위하여 건물의 대지에 대하여 가지는 권리로서, 그 성립을 위해서는 집합건물의 존재와 구분소유자가 전유부분 소유를 위하여 당해 대지를 사용할 수 있는 권리를 보유하는 것 이외에 다른 특별한 요건이 필요하지 않다.[97] 일반적으로 대지사용권 취득시기는 집합건물의 성립시기와 일치한다고 볼 수 있다.

(2) 전유부분과 대지사용권의 분리처분금지

> **제20조(전유부분과 대지사용권의 일체성)**
> ① 구분소유자의 대지사용권은 그가 가지는 전유부분의 처분에 따른다.
> ② 구분소유자는 그가 가지는 전유부분과 분리하여 대지사용권을 처분할 수 없다. 다만, 규약으로써 달리 정한 경우에는 그러하지 아니하다.
> ③ 제2항 본문의 분리처분금지는 그 취지를 등기하지 아니하면 선의로 물권을 취득한 제3자에게 대항하지 못한다.

① 취 지

구분소유자의 대지사용권은 그가 가지는 전유부분의 처분에 따르고(동법 20조 1항), 구분소유자는 그가 가지는 전유부분과 분리하여 대지사용권을 처분할 수 없다. 다만, 규약으로써 달리 정한 경우에는 그러하지 아니하다(동법 20조 2항). 위 규정의 취지는 집합건물의 전유부분과 대지사용권이 분리되는 것을 최대한 억제하여 대지사용권 없는 구분소유권의 발생을 방지함으로써 집합건물에 관한 법률관계의 안정과 합리적 규율을 도모하려는 데 있다.[98]

② 분리처분금지위반의 효과

따라서 경매절차에서 전유부분을 낙찰받은 사람은 대지사용권까지 취득하는 것이고, 규약이나 공정증서로 다르게 정하였다는 특별한 사정이 없는 한 대지사용권을 전유부분과 분리하여 처분할 수는 없으며, 이를 위반한 대지사용권의 처분은 법원의 강제경매절차에 의한 것이라 하더라도 무효이다.[99]

---

97) 대법원 2009. 6. 23. 선고 2009다26145 판결
98) 대법원 2009. 6. 23. 선고 2009다26145 판결

③ 대지지분을 경매로 취득한 제3자의 선의 여부

| 사 례 |

○ 사건개요

1. 집합건물이 신축되고 분양이 이루어졌으나 아직 대지권 등기가 경료되지 않은 상태에서 이 사건 전유부분 101호에 상응하는 대지지분(전유부분과 대지지분의 소유자는 동일인이다)에 관하여 강제경매개시결정이 내려졌고 갑은 위 경매절차에서 이 사건 토지지분을 낙찰받아 소유권이전등기를 마쳤다.
2. 한편 이 사건 전유부분 101호에 관하여 강제경매절차가 진행되어 을이 낙찰을 받아 소유권이전등기를 마쳤다.
3. 그 후 을(원고)은 갑(피고)을 상대로 토지지분에 관한 갑 명의의 소유권이전등기의 말소절차를 이행하라는 소를 제기하였다.
4. 피고(갑)은 집합건물법 제20조 3항에서 정한 선의의 제3자로서 이 사건 토지 지분을 적법하게 취득하였으므로 원고는 피고에게 대항할 수 없다고 주장하였다.

○ 판례요지

1. 분리처분금지는 그 취지를 등기하지 아니하면 선의로 물권을 취득한 제3자에 대하여 대항하지 못한다고 정한 같은 법 제20조 제3항의 '선의'의 제3자는, 원칙적으로 집합건물의 대지로 되어 있는 사정을 모른 채 대지사용권의 목적이 되는 토지를 취득한 제3자를 의미한다.
2. 피고가 경매절차 진행 당시 등기부등본, 경매물건명세서, 현황조사보고서, 평가서 등을 통하여 이 사건 토지가 이 사건 아파트가 속한 집합건물의 대지로 사용되고 있음을 알았다면, 피고는 원고가 대항할 수 없는 '선의'의 제3자에 해당하지 않는다.
[대법원 2009. 6. 23. 선고 2009다26145 판결(소유권이전등기말소)]

(3) 대지권 미등기이고 전유부분에 대하여만 경매신청한 경우

① 집행법원이 취하여야 할 조치

구분건물에 대한 경매에 있어서 비록 경매신청서에 대지사용권에 대한 아무런 표시가 없는 경우에도 집행법원으로서는 대지사용권이 있는지, 그 전유부분 및 공용부분과 분리처분이 가능한 규약이나 공정증서가 있는지 등에 관하여 집행관에게 현황조사명령을 하는 때에 이를 조사하도록 지시하는 한편, 그 스스로도 관련자를 심문하는 등의 가능한 방법으로 필요한 자료를 수집하여야 하고, 그 결과 전유부분과 불가분적인 일체로서 경매의 대상이 되어야 할 대지사용권의 존재가 밝혀진 때에는 이를 경매 목적물의 일부로서 경매 평가에 포함시켜 최저입찰가격을 정하여야 할 뿐만 아니라, 입찰기일의 공고와 입찰

---

99) 대법원 2009. 6. 23. 선고 2009다26145 판결

물건명세서의 작성에 있어서도 그 존재를 표시하여야 한다.100)

② 전유부분만 매각된 경우

집행법원이 위 아파트에 대한 입찰명령을 함에 있어 대지지분에 관한 감정평가액을 반영하지 않은 상태에서 전유부분에 관하여만 경매절차를 진행하였다고 하더라도, 전유부분에 대한 대지사용권을 분리처분할 수 있도록 정한 규약이 존재한다는 등의 특별한 사정에 관하여 아무런 주장·입증이 없는 이 사건에 있어서, 피고로서는 경매목적물인 전유부분을 낙찰받음에 따라 종물 내지 종된 권리인 대지지분도 함께 취득하였다고 할 것이며, 피고가 대지지분에 관하여 대지권등기를 경료받은 것을 두고 법률상 원인 없이 이득을 얻은 것이라고 할 수 없다.101)

(4) 전 구분소유자가 체납한 관리비의 승계 여부

매각대상인 집합건물의 전유부분에 대하여 관리사무소 등에서 연체된 관리비가 있다며 배당을 요구하는 서면을 제출하는 경우 종종 있다. 이 경우 매수인이 체납관리비를 승계하여 부담하는지 여부가 문제된다.

① 체납관리비 중 공용부분 관리비는 승계

집합건물의 공용부분은 전체 공유자의 이익에 공여하는 것이어서 공동으로 유지·관리해야 하고 그에 대한 적정한 유지·관리를 도모하기 위하여는 소요되는 경비에 대한 공유자 간의 채권은 이를 특히 보장할 필요가 있어 공유자의 특별승계인에게 그 승계의 사의 유무에 관계없이 청구할 수 있도록 집합건물법 제18조에서 특별규정을 두고 있는 바, 위 관리규약 중 공용부분 관리비(일반관리비, 장부기장료, 위탁수수료, 화재보험료, 청소비, 수선유지비 등)에 관한 부분은 위 규정에 터잡은 것으로서 유효하다고 할 것이므로, 아파트의 특별승계인은 전 입주자의 체납관리비 중 공용부분에 관하여는 이를 승계하여야 한다고 봄이 타당하다.102)

② 공용부분 관리비에 대한 연체료 승계 여부

관리비 납부를 연체할 경우 부과되는 연체료는 위약벌의 일종이고, 전 구분소유자의 특별승계인이 체납된 공용부분 관리비를 승계한다고 하여 전 구분소유자가 관리비 납부를 연체함으로 인해 이미 발생하게 된 법률효과까지 그대로 승계하는 것은 아니라 할 것이어서, 공용부분 관리비에 대한 연체료는 특별승계인에게 승계되는 공용부분 관리비에 포함되지 않는다.103)

③ 전 구분소유자가 체납한 관리비의 징수를 위한 단전·단수 등의 조치가 불법행

---

100) 대법원 2006. 3. 27. 선고 2004마978 결정
101) 대법원 2001. 9. 4. 선고 2001다22604 판결
102) 대법원 2001. 9. 20. 선고 2001다8677 전원합의체 판결
103) 대법원 2006. 6. 29. 선고 2004다3598,3604 판결

위를 구성하는지

　집합건물의 관리단이 전 구분소유자의 특별승계인에게 특별승계인이 승계한 공용부분 관리비 등 전 구분소유자가 체납한 관리비의 징수를 위해 단전·단수 등의 조치를 취한 사안에서, 관리단의 위 사용방해행위가 불법행위를 구성하고, 집합건물의 관리단 등 관리주체의 위법한 단전·단수 및 엘리베이터 운행정지 조치 등 불법적인 사용방해행위로 인하여 건물의 구분소유자가 그 건물을 사용·수익하지 못하였다면, 그 구분소유자로서는 관리단에 대해 그 기간 동안 발생한 관리비채무를 부담하지 않는다고 보아야 한다.[104]

(5) 대지를 매수한 후 전유부분 소유자를 상대로 건물철거 및 부당이득반환청구하는 경우

　근저당권이 설정된 토지에 집합건물이 신축된 후 근저당권실행에 의한 임의경매절차에서 대지를 매수한 매수인이 전유부분 소유자를 상대로 건물철거 및 부당이득반환청구를 하는 경우가 종종 있다.

　대지사용권의 성립 이전에 대지에 관하여 별도등기로 설정되어 있던 근저당권의 실행으로 일부 전유부분의 대지사용권에 해당하는 토지 공유지분에 대하여 경매가 진행되고 그 토지 공유지분이 매각됨으로써 전유부분으로부터 분리처분된 경우에는 그 전유부분을 위한 대지사용권이 소멸하게 된다(대법원 2008. 3. 13. 선고 2005다15048 판결 등 참조). 따라서 그 경매절차에서 대지사용권인 토지 공유지분을 매수하여 그 소유권을 취득한 자는 이로써 대지사용권을 상실한 전유부분의 소유자에 대하여 동인이 다른 방법으로 대지사용권을 취득하였다는 등의 특별한 사정이 없는 이상 그 전유부분의 철거 등을 구할 수 있다.[105]

사례 1 : 전유부분에 관한 경매가 먼저 실행된 경우

○ 사건개요

1. N개발은 자신의 토지 위에 K은행을 근저당권자로 하는 근저당권을 설정하였고, 그 후 위 토지 위에 공동주택 1동을 신축하고, 이 사건 아파트의 각 구분건물에 관하여 N개발 명의의 소유권보존등기를 마쳤으나 대지권등기는 마쳐지지 않았다.
2. A는 N개발로부터 이 사건 아파트 중 101호를 매수하여 소유권이전등기 및 S은행을 근저당권자로 하는 근저당권설정등기를 마쳤다.
3. 위 101호에 관하여 S은행의 신청에 따라 진행된 임의경매절차에서 B가 매수하였는데, 위 임의경매절차에서 대지지분을 제외한 채 이 사건 전유부분(101호)에 관하여만 감정평가가

---

104) 대법원 2006. 6. 29. 선고 2004다3598,3604 판결
105) 대법원 2015. 9. 10. 선고 2013다46047 판결

실시되었고, 최저매각가격에도 대지지분의 평가액은 반영되지 아니하였으며, 매각허가결
정의 부동산표시에도 전유부분만 표시되었다.

4. C(피고)는 B로부터 이 사건 전유부분(101호)를 매수하여 소유권이전등기를 마쳤다.

5. 한편, 이 사건 대지에 관하여 N개발의 채권자의 신청으로 강제경매절차가 개시되고, K은
행의 신청에 따라 임의경매절차가 개시되어 그 중 선행하는 강제경매절차에 따라 경매가
진행되었다.

6. 이 사건 대지에 관한 강제경매절차에서 갑은 이 사건 대지 중 110/1200지분(그 중 이 사
건 전유부분에 해당하는 지분은 10/1200지분이다. 이 지분을 이 사건 '대지지분'이라 한다)
을 매수하였고, 을(원고)는 갑로부터 이 대지지분을 매수하여 소유권이전등기를 마쳤다.

7. 원고(을)은 전유부분 소유자인 피고(C)에게 부당이득반환청구의 소를 제기

O 판례요지(원고청구기각)

1. 대지사용권의 분리처분이 가능하도록 규약이나 공정증서로써 정하였다는 등의 특별한 사
정을 찾아볼 수 없는 이 사건에서, A는 이 사건 대지지분에 관하여 이전등기를 마치지는
아니하였으나 이 사건 대지의 소유자로서 대지사용권을 가지고 있던 N개발로부터 이 사
건 전유부분을 매수하여 그에 관한 소유권이전등기를 마침으로써 이 사건 대지지분에 대
한 소유권도 취득하였고, B는 이 사건 전유부분에 관하여 설정된 근저당권에 기한 경매절
차에서 전유부분을 매수함으로써, 피고(C)는 B로부터 이 사건 전유부분을 매수하여 그에
관한 소유권이전등기를 마침으로써 각 이 사건 대지지분에 대한 소유권을 순차로 취득하
였다고 할 것이다.

2. 한편 이 사건 대지에 관하여 진행된 강제경매는 이 사건 대지지분의 소유권이 A에게 이전
된 후 집행채무자를 N개발로 하여 개시된 것으로서 타인 소유의 물건에 대한 강제집행에
해당하므로, 그 강제경매절차에서의 매수인인 갑은 이 사건 대지지분에 대한 소유권을 취
득할 수 없다. 나아가 이 사건 대지에 관하여는 후행경매로서 근저당권자 K은행에 의한
임의경매개시결정도 있었으나, 그에 앞서 진행되었던 이 사건 전유부분에 관한 경매절차
에서 이 사건 대지에 대한 국민은행의 근저당권을 존속시켜 매수인이 인수하게 한다는 특
별매각조건이 없었던 이상, B가 매각대금을 완납함으로써 국민은행의 위 근저당권은 이
사건 대지지분의 범위에서는 소멸하였다고 할 것이고, 소멸한 근저당권에 기한 경매절차
에서는 매수인이 소유권을 취득할 수 없으므로, 갑은 임의경매절차에서의 매수인으로서도
이 사건 대지지분에 대한 소유권을 취득할 수 없다(대법원 2013. 11. 28. 선고 2012다
103325 지료청구 및 부당이득금반환 판결).

사례 2 : 대지에 관한 경매가 먼저 실행된 경우

○ 사건개요

1. 토지 근저당설정

　A는 자신의 토지 위에 근저당권자를 K은행으로 하는 근저당권설정등기를 마쳤다.

2. 토지 지상의 건물 신축

　그 후 A는 위 지상에 4층 규모의 공동주택을 신축공사를 진행하여 공사를 완공하고, 자신 명의로 소유권보존등기를 마쳤다.

3. 건물 101호에 관한 소유권이전 및 근저당설정

　B는 A로부터 이 사건 건물 101호를 분양받아 소유권이전등기 및 대지지분에 관하여도 소유권이전등기를 마치고 건물 101호에 근저당권을 설정하였다.

4. 토지 근저당 실행에 따른 원고의 토지 소유권취득

　K은행은 이 사건 토지 근저당에 기하여 임의경매신청을 하였고, 위 경매절차에서 원고가 매수하여 대금을 납부하고 이 사건 토지의 소유권을 취득하였다.

5. 건물 101호 근저당권 실행에 따른 피고의 건물 101호 소유권 취득

　101호에 설정된 근저당권 실행으로 임의경매가 진행되었고, 이 경매절차에서 피고가 101호의 소유권을 취득하였다.

○ 당사자 주장

1. 원고는 이 사건 토지의 소유자로서 대지사용권이 없는 101호의 소유자 피고에게 건물철거 및 철거완료시까지 토지 임료 상당의 부당이득반환을 구한다.

2. 피고는, 건물이 완공되어 구분소유가 성립한 이후 대지에 관하여만 이루어진 임의경매는 집합건물법 제20조 분리처분금지에 위반되어 무효이므로, 원고는 토지의 적법한 소유자가 아니다.

○ 판결요지(원고청구인용)

1. 분리처분이 금지되는 대지사용권이란 구분소유자가 전유부분을 소유하기 위하여 건물의 대지에 대하여 가지는 권리로서, 구분소유의 성립을 전제로 한다. 따라서 구분소유가 성립하기 전에는 집합건물의 대지에 관하여 분리처분금지 규정이 적용되지 않는다.

2. 대지사용권의 성립 이전에 대지에 관하여 별도등기로 설정되어 있던 근저당권의 실행으로 구분건물의 전유부분의 대지사용권에 해당하는 토지공유지분에 대하여 경매가 진행되고 그 토지공유지분이 매각됨으로써 전유부분으로부터 분리처분된 경우에는 그 전유부분을 위한 대지사용권은 소멸하게 된다(대법원 2015. 9. 10. 선고 2013다46047 판결). 대지사용권인 토지공유지분을 매수하여 그 소유권을 취득한 자는 대지사용권을 상실한 전유부분 소유자에 대하여 그 전유부분의 철거를 구할 수 있고(대법원 1996. 11. 29. 선고 95다40465 판결), 대지사용권이 없는 전유부분의 소유자는 그 전유부분의 대지권으로 등기되어야 할 지분에 상응하는 면적에 대한 임료 상당액을 그 대지 지분의 소유자에게 부당이득으로 반환하여야 한다(대법원 2011. 1. 27. 선고 2010다72779,72786 판결).

바. 경매목적물이 농지인 경우

(1) 농지의 개념

> **농지법 제2조(정의)**
>
> 1. "농지"란 다음 각 목의 어느 하나에 해당하는 토지를 말한다.
>   가. 전·답, 과수원, 그 밖에 법적 지목(지목)을 불문하고 실제로 농작물 경작지 또는 대통령령으로 정하는 다년생식물 재배지로 이용되는 토지. 다만, 「초지법」에 따라 조성된 초지 등 대통령령으로 정하는 토지는 제외한다.
>   나. 가목의 토지의 개량시설과 가목의 토지에 설치하는 농축산물 생산시설로서 대통령령으로 정하는 시설의 부지

농지법상 농지란 법적지목 여하에 불구하고 실제의 토지 현상이 농작물의 경작 또는 다년생식물 재배지로 이용되는 토지를 말하고(농지법 2조 1호), 토지의 사실상의 현상에 따라 판단한다(현황주의). 농지에 일부 지상 시설물이 있어도 그 변경상태가 일시적이거나 원상회복이 용이하면 농지법상 농지로 본다. 그러나 그 토지가 농지로서의 현상을 상실하고 그 상실한 상태가 일시적이라고 볼 수 없다면 그 토지는 더 이상 '농지'에 해당하지 않게 된다.[106)]

(2) 농지 취득시 농지취득자격증명 원칙적 필요

> **농지법 제8조(농지취득자격증명의 발급)**
>
> ① 농지를 취득하려는 자는 농지 소재지를 관할하는 시장(구를 두지 아니한 시의 시장을 말하며, 도농 복합 형태의 시는 농지 소재지가 동지역인 경우만을 말한다), 구청장(도농 복합 형태의 시의 구에서는 농지 소재지가 동지역인 경우만을 말한다), 읍장 또는 면장(이하 "시·구·읍·면의 장"이라 한다)에게서 농지취득자격증명을 발급받아야 한다.
>
> ④ 제1항 본문과 제2항에 따라 농지취득자격증명을 발급받아 농지를 취득하는 자가 그 소유권에 관한 등기를 신청할 때에는 농지취득자격증명을 첨부하여야 한다.

농지법 제8조 제1항에 따라 농지를 취득하고자 하는 자는 원칙적으로 농지취득자격증명을 발급받아야 한다(농지법 8조 1항). 경매로 농지를 취득하는 경우에도 농지취득자격증명이 필요하며, 매각허가결정시까지 제출하여야 한다.

농지취득자격증명제도는 헌법과 농지법 상의 경자유전의 원칙과 농지를 보전하려는 취지로써 취득대상이 농지임을 전제로 농지를 취득하려는 자가 농지를 취득할 자격이 있는지를 심사하는 제도이다. 문제는 경매목적물인 토지가 농지법상 농지에 해당하는지 여부이다.

---

106) 대법원 2009. 4. 16. 선고 2007도6703 판결(전)

■ 농지법 시행규칙 [별지 제5호서식]

제   호

농지취득자격증명

농지 취득자 (신청인)	성 명 (명 칭)		주민등록번호 (법인등록번호)	
	주 소			
	전화번호			

취득 농지의 표 시	소 재 지	지번	지목	면적(㎡)

취득목적	농업경영

　귀하의 농지취득자격증명신청에 대하여 「농지법」 제8조, 같은 법 시행령 제7조제2항 및 같은 법 시행규칙 제7조제4항에 따라 위와 같이 농지취득자격증명을 발급합니다.

년　　　월　　　일

시 장 · 구 청 장 · 읍 장 · 면 장　　직인

유 의 사 항

1. 귀하께서 해당 농지의 취득과 관련하여 허위 그 밖에 부정한 방법에 따라 이 증명서를 발급받은 사실이 판명되면 「농지법」 제59조에 따라 3년 이하의 징역이나 1천만원 이하의 벌금에 처해질 수 있습니다.

2. 귀하께서 취득한 해당 농지를 취득목적대로 이용하지 아니할 경우에는 「농지법」 제11조제1항 및 제62조에 따라 해당 농지의 처분명령 및 이행강제금이 부과될 수 있습니다.

210mm×297mm[백상지 120g/㎡]

(3) 농지 여부 및 농지취득자격증명 필요 여부 조사

① 경매목적인 토지의 지목이 전으로 되어 있지만 사실상 대지화 되어 농경지로 사용되지 아니하고 있어 객관적인 현상으로 보아 농지법의 적용대상인 농지가 아니라면, 토지의 최고가매수신고인이 농지법 소정의 농지취득자격증명을 제출하지 아니하였다는 이유만으로 매각불허를 할 수 없다.[107]농지이지만 도시계획구역 안의 주거지역으로 결정된 농지는 농지취득자격증명을 발급받지 아니하고 취득할 수 있다.[108]

② 농지여부를 판단하는 기준에 관하여 농지법은 실제 토지 현황주의를 채택하고 있고, 판례도 어떤 토지가 농지법 소정의 '농지'인지의 여부는 공부상의 지목 여하에 불구하고 당해 토지의 사실상의 현상에 따라 가려져야 할 것이고, 공부상 지목이 전인 토지의 경우 그 농지로서의 현상이 변경되었다고 하더라도 그 변경 상태가 일시적인 것에 불과하고 농지로서의 원상회복이 용이하게 이루어질 수 있다면 그 토지는 여전히 농지법에서 말하는 농지에 해당한다고 판시[109]하여 현황주의 외에 원상회복의 용이성도 기준으로 제시하고 있다.

③ 집행관은 등기부상의 지목이 전, 답, 과수원에 해당하는 매각목적물에 대한 현황조사시에는 그 현황 및 이용 상황을 객관적으로 조사하여 이를 정확히 기재한 현황조사보고서에 현장 사진 및 도면을 첨부하여 집행법원에 제출하여야 한다. 다만 등기부상의 지목은 전, 답, 과수원에 해당하지만 그 현황지목이 농지법 제2조 소정의 농지에 해당하는지 여부에 대하여 의문이 있는 경우에는 이를 즉시 집행법원에 보고하여야 한다(재민 97-1).

④ 집행법원은 집행관으로부터 위와 같은 현황조사보고를 받은 경우에, 사실조회서에 의하여 농지 소재지 관할 시장, 군수, 자치구 구청장에 대하여 매각목적물인 토지의 현황이 농지법 제2조 소정의 농지인지 여부, 토지현황이 농지가 아닌 경우에는 농지전용허가가 이루어졌는지 여부, 농지전용허가가 이루어진 경우에는 그 허가 연월일, 허가조항, 전용목적 및 허가신청자의 주소와 성명, 농지전용허가를 얻지 않고 토지현황이 변경된 경우에는 향후 원상회복명령이 발하여질 가능성이 있는지 여부 등에 관하여 사실조회를 함과 동시에 감정인에 대하여는 사실조회를 하였다는 취지와 감정평가서의 작성을 유보할 것을 통지하여야 한다(재민 97-1).

(4) 농지인 경우 특별매각조건으로 매각

집행법원은 시장, 군수, 자치구 구청장으로부터 매각목적물에 대한 사실조회회보서

107) 대법원 1987. 1. 15. 선고 86마1095 결정
108) 농지취득자격증명발급심사요령(농림축산식품부예규 제39호)
109) 대법원 1999. 2. 23. 선고 98마2604 결정

가 도착한 경우에는 그 사본을 매각물건명세서의 사본에 첨부하여 함께 비치한다(재민 97 – 1).

　　매각목적물이 농지법상 농지인 경우, 최고가매수신고인이 매각결정기일까지 농지취득자격증명을 제출하지 아니하는 경우 매수신청보증금을 반환하지 않고 이를 배당금에 산입한다는 특별매각조건을 정하여 매각을 실시한다. 발급기관의 농지취득자격증명신청 반려처분 등으로 인해 필요한 경우 행정소송 등을 제기하여 농지취득자격증명 취득을 요한다는 조건을 추가하기도 한다.

(5) 농지취득자격증명 미제출의 효과 및 추후보완 여부

　① 농지취득자격증명 발급 신청 반려처분

　　최고가매수신고인이 농지취득자격증명발급을 신청하였으나 반려처분을 받는 경우가 있다. 주로 다음과 같은 사유다.

※ 반려처분사유

○ 귀하께서 신청하신 농지는 농지법을 위반하여 불법으로 형질이 변경되었으나 불법건축물이 있는 농지로써 「신청대상 농지는 취득 시 농지취득자격증명을 발급받아야 하는 농지이나, 불법으로 형질이 변경되었거나 불법건축물이 있는 부분에 대한 복구가 필요하며 현 상태에서는 농지취득자격증명을 발급할 수 없음」을 알려드립니다.

○ 이 사건 토지는 취득하려는 경우 농지취득자격증명을 발급 받아야 하는 농지법상 농지이나 묘(1구)가 존재하여 복구가 필요하며 현 상태에서는 농지취득자격증명을 발급할 수 없음

○ 신청대상 농지는 취득 시 농지취득자격증명을 발급받아야 하는 농지이나 귀하께서 제출하신 농지원상복구계획서 내용을 기준으로 검토한 바 취득대상 농지의 현 상태에서 농지로의 원상복구 및 주말체험영농의 구체적인 실현가능성이 낮아 반려처리합니다.

○ 신청대상 토지는 농지법상 농지에 해당하나 현재 임야화되어 사전에 농지취득자격증명을 발급받기 위해서는 사전에 농지로 원상복구하거나 불가피한 경우 원상복구계획서를 제출하여야 한다

---

　② 반려처분에 대한 행정소송(반려처분취소소송)과 법원의 판단

　　최고가매수신고인이 매각결정기일까지 1주 내에 농지취득자격증명을 발급받아 제출하기에는 사실상 시간이 촉박하다. 더욱이 농지취득자격증명 발급을 신청하였으나 반려처분을 받은 경우 행정소송을 하여 그 결과가 나오기까지 매각결정기일을 연기 또는 변경은 불가피한 것으로 보인다. 그러나 최고가매수신고인이 농지취득자격증명을 제출하기 위하여 매각결정기일 연기 신청을 하였으나 법원이 받아들이지 않고 매각불허가결정을 하였다고 하여 재량권을 일탈 남용한 위법이 있다고 볼 수는 없다. 실무에서는 매각결정기일을 추정하기도 한다. 매각결정기일이 연기 또는 변경되지 아니하면 결국은 매각불허

가결정에 대하여 즉시항고를 하면서 항고심 결정이 날 때까지 행정소송의 결과가 나와 농지취득자격증명을 제출하는 수밖에 없을 것이다.

사례 1

1. A는 이 사건 토지의 최고가매수신고인이 된 후 해당 관청에 농지취득자격증명발급을 신청했다. 그러나 해당관청은 이 사건 토지 위에 있는 불법건축물에 대한 복구가 필요하여 현 상태에서는 발급 불가 통지를 하였다.
2. 집행법원이 농지취득자격증명을 제출하지 않는 A에 대하여 매각불허가결정을 하자, 이에 A는 즉시항고를 제기하였고, 한편 농지취득자격증명발급 거부처분의 취소를 구하는 행정소송도 제기하였다.
3. A는 행정소송에서 승소한 후, 농지취득자격증명을 발급받아 항고법원에 제출, 항고법원은 1심 집행법원의 매각불허가결정을 취소하였다.

사례 2

○ **사건개요**

1. A는 해당관청에 농지취득자격증명 발급을 신청하였으나, 신청대상 농지는 취득 시 농지취득자격증명을 발급받아야 하는 농지이나 불법으로 형질이 변경되었거나 불벌건축물이 있는 부분에 대한 복구가 필요하며 현 상태에서는 농지취득자격증명을 발급할 수 없다며 거부처분을 하였다.
2. 이에 A는 ① 이 사건 토지는 농지가 아니다 ② 원고(A)는 소유자가 아니므로 토지를 원상복구할 권한이 없다며 농지취득자격증명발급 거부처분 취소를 구하는 행정소송을 제기하였다.

○ **법원의 판단(원고청구 인용의 경우) : 거부처분 취소 판결이유**

① 농취증명발급심사요령은 행정기관 내부 사무처리준칙에 불과하여 대외적으로 국민이나 법원을 구속하는 법규로서 효력이 없고
② 불법 형질변경이 원상복구 되지 않았다는 이유로 농지취득자격증명발급을 거부한다면, 농지를 취득 후 농업을 경영하려는 사람은 소유권을 취득하기 전에는 원상복구를 할 수 있는 법적 권한이 없어 소유자 스스로 원상복구를 하지 않는 한 소유권을 취득할 수 없고
③ 더구나 경매절차를 통하여 소유권이 이전되는 경우에는, 소유자의 원상복구를 기대하기 어려우므로, 원상복구를 이유로 농지취득자격증명발급을 거부한다면 매각자체가 허가되지 아니하여 농지의 담보권자가 담보농지를 환가할 수 없게 되는 등 경매절차의 실효성이 없어질 뿐만 아니라 농지의 불법전용상태가 지속될 수밖에 없어 농지의 효율적 이용이라는 농지법의 입법목적에도 부합하지 않고
④ 농지가 불법 형질변경된 경우 관할청은 행위자에게 원상회복을 명하고 이를 이행하지 않을 경우 대집행으로 원상회복하는 등 불법행위를 단속할 의무가 있음에도 이를 하지 않은

채, 오히려 불법 형질변경이 있다는 이유로 농지취득자격증명 발급신청을 거부하는 것은 행정청이 스스로 하여야 할 의무이행을 최고가매수신고인에게 전가시키는 것인 점 등을 종합하여 볼 때 거부처분은 적법하다고 보기 어렵다.

O **법원의 판단(원고청구 기각의 경우) : 기각 판결이유**
① 원상복구계획서 및 원고가 예치한 이행보증금액이 실제 원상복구에 소요되는 비용보다 현저하게 적은 금액인 점
② 농지로 이용할 의사가 없고 오히려 보상을 받을 목적으로 취득하려는 것이 아닌가 하는 강한 의심이 드는 점
③ 원상복구계획서를 제출하였으나 실현가능성이 낮은 점
④ 현재 농지로 이용되고 있지 아니하나 비교적 용이하게 원상복구될 수 있다고 보이는 점 등을 이유로 원고 청구 기각.

③ 미제출의 효과 : 매각불허가사유

농지를 매수하려는 자는 농지취득자격증명을 발급받아 매각결정기일까지 집행법원에 제출하여야 하며, 제출하지 못한 경우 매각불허가사유가 된다. 농지를 취득하려는 자가 농지에 관하여 소유권이전등기를 마쳤다고 하더라도 농지취득자격증명을 발급받지 못한 이상 그 소유권을 취득하지 못하고, 농지에 관한 경매절차에서 농지취득자격증명의 발급은 매각허가요건에 해당하며,[110] 농지의 소유권에 관한 등기를 신청할 때에 이를 첨부하여야 하므로(농지법 제8조 제1항, 제4항) 등기요건이 된다.

④ 추후보완한 경우

ⅰ) 매각불허가결정에 대한 항고심 계속 중 제출된 경우

농지취득자격증명 미제출로 매각불허가결정이 난 경우 추후 보완은 언제까지 가능한지에 관하여 판례는 경매법원이 농지취득자격증명의 미제출을 이유로 매각불허가 결정을 한 이후 그 결정에 대한 항고사건 계속 중에 농지취득자격증명이 제출된 경우에는 항고법원으로서는 이와 같은 사유까지 고려하여 매각불허가결정의 당부를 판단하여야 한다[111]고 판시하였다. 따라서 농지취득자격증명 추후보완은 항고심에서 심문을 연 때에는 그 심문종결시까지, 심문을 열지 아니한 때에는 결정의 고지시까지 가능하다.[112]

ⅱ) 재항고심 계속 중 제출된 경우

이 사건 토지에 관한 농지취득자격증명을 제출하지 아니하였다는 이유로 경매법원이 매각불허가결정을 한 이후, 재항고인이 그 결정에 대하여 항고를 하고 그 항고가 기각되

---

110) 대법원 2018. 7. 11. 선고 2014두36518 판결
111) 대법원 2004. 2. 25. 선고 2002마4061 결정
112) 대법원 2012. 1. 12. 선고 2011마2059 결정

자 재항고를 하여, 재항고사건이 계속 중에 비로소 농지취득자격증명을 제출하였다고 하더라도, 재항고심은 법률심으로서 사후심이므로 그와 같은 사유는 재항고심의 고려사유가 될 수 없다.[113]

(6) 농지취득자격증명 없이 소유권이전등기까지 마친 경우의 효력

농지에 관한 경매절차에서 농지취득자격증명 없이 소유권이전등기까지 경료된 경우, 그 후에 농지취득자격증명을 추완할 수 있는지 여부에 관하여 판례는 농지취득자격증명 없이 매각허가결정 및 대금납부가 이루어지고 그에 따른 소유권이전등기까지 경료되었다 하더라도 농지취득자격증명이 그 후에라도 추완되면 소유권취득의 효력에는 영향이 없다[114]고 판시하였다.

사. 매각목적물이 공유지분인 경우

매각목적물의 공유지분을 매수한 경우, 공유자 사이에 공유물의 사용·수익, 공유물의 처분·변경, 관리·보존에 법률관계 발생한다. 민법은 공유물에 관한 공유자 사이의 내부적인 법률관계를 규정하고 있다.

(1) 공유물의 사용·수익

각 공유자는 공유물 전부를 지분의 비율로 사용, 수익할 수 있다(민법 263조 후단). 따라서 다른 공유자와 협의 없이 공유물 전부 또는 특정 부분을 독점적으로 사용하지 못한다.

(2) 공유물의 처분·변경

공유자는 다른 공유자의 동의 없이 공유물을 처분하거나 변경하지 못한다(민법 264조). 공유자 중 1인이 다른 공유자의 동의 없이 그 공유 토지의 특정부분을 매도하여 타인 명의로 소유권이전등기가 마쳐졌다면, 그 매도 부분 토지에 관한 소유권이전등기는 처분공유자의 공유지분 범위 내에서는 실체관계에 부합하는 유효한 등기라고 보아야 한다.[115]

(3) 공유물의 관리·보존

① 관 리

공유물의 관리에 관한 사항은 지분의 과반수로 결정한다(민법 265조). 관리는 공유물의 처분 변경에 이르지 않을 정도의 이용, 개량행위를 말한다. 공유자 사이에 공유물을 사용·수익할 구체적인 방법을 정하는 것은 공유물의 관리에 관한 사항으로서 공유자의

---

113) 대법원 2007. 6. 29. 선고 2007마258 결정
114) 대법원 2008. 2. 1. 선고 2006다27451 판결
115) 대법원 1994. 12. 2. 선고 93다1596 판결

지분의 과반수로써 결정하여야 할 것이고(민법 265조), 과반수의 지분(1/2초과)을 가진 공유자는 다른 공유자와 사이에 미리 공유물의 관리방법에 관한 협의가 없었다 하더라도 공유물의 관리에 관한 사항을 단독으로 결정할 수 있으므로, 과반수의 지분을 가진 공유자가 그 공유물의 특정 부분을 배타적으로 사용·수익하기로 정하는 것은 공유물의 관리방법으로서 적법하다[116], 다만 공유물에 대한 사용·수익의 내용이 공유물의 기존의 모습에 본질적 변화를 일으켜 '관리' 아닌 '처분'이나 '변경'의 정도에 이르는 것이어서는 안될 것이고, 예컨대 다수지분권자라 하여 나대지에 새로이 건물을 건축한다든지 하는 것은 '관리'의 범위를 넘는 것이다.[117]

공유자가 공유물을 타인에게 임대하는 행위 및 그 임대차계약을 해지하는 행위는 공유물의 관리행위에 해당하므로 민법 제265조 본문에 의하여 공유자의 지분의 과반수로써 결정하여야 한다. 상가건물 임대차보호법이 적용되는 상가건물의 공유자인 임대인이 같은 법 제10조 제4항에 의하여 임차인에게 갱신 거절의 통지를 하는 행위는 실질적으로 임대차계약의 해지와 같이 공유물의 임대차를 종료시키는 것이므로 공유물의 관리행위에 해당하여 공유자의 지분의 과반수로써 결정하여야 한다.[118]

② 보 존

공유물의 보존행위는 공유자 각자가 할 수 있다(민법 265조 단서). 공유물의 보존행위는 공유물의 멸실·훼손을 방지하고 그 현상을 유지하기 위하여 하는 사실적, 법률적 행위이다. 민법 제265조 단서가 이러한 공유물의 보존행위를 각 공유자가 단독으로 할 수 있도록 한 취지는 그 보존행위가 긴급을 요하는 경우가 많고 다른 공유자에게도 이익이 되는 것이 보통이기 때문이다.[119]

│ 사 례 : 소수지분권자[120]의 공유물인도청구 가능 여부 │

○ 사건개요

1. A와 B는 전 7,732㎡ 중 각 1/2 지분을 공유하고 있다. B는 2011년경부터 현재까지 이 사건 토지 일부(6,342㎡)에 소나무를 심어 그 부분 토지를 독점적으로 점유하고 있다.

2. A는 다른 공유자와 협의 없이 공유물을 독점적으로 점유 사용하고 있는 소수지분 공유자 B에 대하여 공유물의 보존행위로서 공유물의 인도와 부당이득반환의 소를 제기하였다(청구취지 : 토지 일부에 식재된 소나무 기타 일체의 시설물을 수거하고, 그 부분 토지를 인도

---

116) 이 경우에도 과반수지분권자는 소수지분권자에 대해 그 지분에 상응하는 임료상당액을 부당이 득으로 반환해야 한다.

117) 대법원 2001. 11. 27. 선고 2000다33638, 33645 판결

118) 대법원 2010. 9. 9. 선고 2010다37905 판결

119) 대법원 2019. 9. 26. 선고 2015다208252 판결

120) 소수지분은 1/2지분 이하를 말하고, 과반수지분은 1/2 초과지분을 말한다.

하고, 점유일 이후부터 인도 완료일까지 임료 상당의 부당이득금을 지급하라)

○ **법원의 판단**

1심 : 원고청구 전부인용

2심 : B의 항소 기각

3심 : 일부파기환송(원심판결 중 <u>토지 인도청구와</u> 20○○. ○. ○.부터 <u>토지 인도 완료일까지</u> 월 ○○원의 비율로 계산한 금원 지급 청구 부분을 파기하고, 이 부분 다시 심리 판단하도록 원심법원에 환송, 나머지 상고기각).

공유물의 소수지분권자가 다른 공유자와 협의 없이 공유물의 전부 또는 일부를 독점적으로 점유·사용하고 있는 경우 다른 소수지분권자는 공유물의 보존행위로서 **그 인도를 청구할 수는 없고**, 다만 <u>자신의 지분권에 기초하여</u> 공유물에 대한 방해 상태를 제거하거나 공동점유를 <u>방해하는 행위의 금지</u> 등을 청구할 수 있다고 하여, 인도를 청구할 수 있다고 한 기존 판례를 변경(대법원 2020. 5. 21. 선고 2018다287522 전원합의체 판결). 결국 식재된 소나무 등 지상물 수거청구와 수거완료일까지 부당이득반환 청구 인용됨

(4) 공유물의 분할

① 분할의 자유

공유자는 공유물의 분할을 청구할 수 있다. 그러나 5년 내의 기간으로 분할하지 아니할 것을 약정할 수 있다(민법 268조).

② 분할의 방법

ⅰ) 협의분할

공유물 분할의 원칙적 모습은 공유자 간 협의분할이다. 공유물분할은 협의분할을 원칙으로 하고 협의가 성립되지 아니한 때에는 재판상 분할을 청구할 수 있으므로 공유자 사이에 이미 분할에 관한 협의가 성립된 경우에는 일부 공유자가 분할에 따른 이전등기에 협조하지 않거나 분할에 관하여 다툼이 있더라도 그 분할된 부분에 대한 소유권이전등기를 청구하든가 소유권확인을 구함은 별문제이나 또다시 소로써 그 분할을 청구하거나 이미 제기한 공유물분할의 소를 유지함은 허용되지 않는다.121)

ⅱ) 재판상 분할

분할의 방법에 관하여 협의가 성립되지 아니한 때에는 공유자는 법원에 그 분할을 청구할 수 있다(민법 269조 1항). 협의 분할이든 재판상 분할이든 반드시 공유자 전원이 분할 절차에 참여하여야 한다는 것은 공유의 성질상 당연한 결과라 할 것이다.122) 고유필

---

121) 대법원 1995. 1. 12. 선고 94다30348, 94다30355(반소) 판결
122) 대법원 1968. 5. 21. 선고 68다414,415 판결

요적 공동소송이다.

공유물분할청구의 소는 형성의 소로서 법원은 공유물분할을 청구하는 원고가 구하는 방법에 구애받지 않고 재량에 따라 합리적 방법으로 분할을 명할 수 있다.[123] 현물로 분할할 수 없거나 분할로 인하여 현저히 그 가액이 감손될 염려가 있는 때에는 법원은 물건의 경매를 명할 수 있다(민법 269조 2항). 현물분할이 원칙이지만, 예외적으로 대금분할이 가능하다.

사례 1 : 공유지분 낙찰받은 후 공유물분할청구

○ 사건개요

A는 분묘가 소재하는 임야의 지분을 경매로 취득한 후, 공유물을 분할하기 위하여 나머지 공유자들과 협의를 하였으나 공유물 분할협의가 이루어지지 않자 공유자들을 상대로 공유물분할청구의 소를 제기하였다.

○ 법원의 판단

1. 원고(A)와 피고들 사이에 공유물분할 협의가 이루어지지 않았고, 분할금지약정이 존재하지 않으므로, 원고는 민법 269조 1항에 따라 토지의 분할을 청구할 수 있다(공유물분할청구권성립).
2. 분할의 방법으로 현물분할이 원칙이고, 예외적으로 공유물을 경매하여 대금분할 할 수 있으나, 그와 같은 사정이 없는 한, 법원은 각 공유자의 지분 비율에 따라 공유물을 현물 그대로 수개의 물건으로 분할하고 분할된 물건에 대하여 각 공유자의 단독 소유권을 인정하는 판결을 하여야 하며, 그 분할의 방법은 당사자가 구하는 방법에 구애받지 아니하고 법원의 재량에 따라 공유관계나 그 객체인 물건의 제반 상황에 따라 공유자의 지분 비율에 따른 합리적인 분할을 하면 된다(대법원 1997. 9. 9. 선고 97다18219 판결).
3. 분묘가 있는 부분은 분묘수호관리자들인 피고들 소유로 하고, 원고 지분은 단속 소유로, 통로는 공유로 한다.

사례 2 : 공유물분할청구권 대위 행사 가능 여부

○ 사건개요

1. 근저당권이 설정되어 있는 아파트를 법정상속한 자녀들 중 A의 채권자 갑이 A의 지분에 관하여 강제경매신청을 하였으나, 상속 전에 아파트에 설정된 근저당권 등 선순위 채권이 있어 A지분 매각으로는 무잉여가 되어 경매절차가 취소되었다.
2. 갑은 A를 대위하여 나머지 공유자들을 상대로 공유물분할청구의 소를 제기하였고, 그 결과 1심은 각하판결, 2심은 승소판결을 내렸다.

---

123) 대법원 2020. 8. 20. 선고 2018다241410 판결

○ 판례요지

　채권자가 자신의 금전채권을 보전하기 위하여 채무자를 대위하여 부동산에 관한 공유물분할청구권을 행사하는 것은, 책임재산의 보전과 직접적인 관련이 없어 채권의 현실적 이행을 유효·적절하게 확보하기 위하여 필요하다고 보기 어렵고 채무자의 자유로운 재산관리행위에 대한 부당한 간섭이 되므로 보전의 필요성을 인정할 수 없다. 또한 특정 분할 방법을 전제하고 있지 않은 공유물분할청구권의 성격 등에 비추어 볼 때 그 대위행사를 허용하면 여러 법적 문제들이 발생한다. 따라서 극히 예외적인 경우가 아니라면 금전채권자는 부동산에 관한 공유물분할청구권을 대위행사할 수 없다고 보아야 한다(대법원 2020. 5. 21. 선고 2018 다879 공유물분할 전원합의체 판결)

아. 지역권이 있는 경우

(1) 의　의

　　일정한 목적을 위하여 타인의 토지를 자기토지의 편익에 이용하는 권리다(민법 291 조). 가 있다. 여기서 타인의 토지는 승역지가 되고 자기 토지는 요역지가 된다. 요역지의 편익에는 통행, 용수, 일조, 조망 등이 있다. 지역권은 당사자 사이의 설정계약과 등기를 함으로써 성립하는 경우와 법률규정에 의한 취득이 있다. 유사한 것으로 주위토지통행권(민법 219조)이 있다. 인접한 토지소유자 사이에서 통로 개설에 의하여 통행 이용에 관한 이해관계를 조정하는 역할을 한다는 점에서는 서로 유사하다.

　　그러나 주위토지통행권은 통행을 위한 지역권과는 달리 그 통행로가 항상 특정한 장소로 고정되어 있는 것은 아니고, 더 편리하고 피행통지의 소유자에게 손해가 더 적은 대체통행로가 있는 경우에는 기존 통행로는 소멸한다.

(2) 맹지를 경매로 낙찰받았을 경우 통행로 개설을 위한 지역권 설정

　　① 사　례

법원리 20 토지(맹지) → A가 낙찰			A는 맹지를 낙찰받고, 도로에 통행할 수 있는 진입로 개설을 위해 B와 B토지를 이용한다는 내용의 지상권설정계약을 체결하고 지상권설정 등기를 마쳤다(A토지:요역지, B토지일부(승역지)
↓			
법원리 21 B 토지	진입로 (승역지)		

도　　　　　로

② 지역권설정 등기기재례

승역지 21 등기부

[을구]		(소유권 이외의 권리에 관한 사항)		
순위번호	등기목적	접 수	등기원인	권리자 및 기타사항
1	지역권 설정	2008년 7월 4일 제1004호	2008년 7월 1일 설정계약	목적 통행 범위 중앙 50㎡ **요역지 경기도 파주시 00면 법원리 20** 도면편철장 제2책 제1면

요역지 20 등기부(직권기재, 접수번호 기재하지 않음)

[을구]		(소유권 이외의 권리에 관한 사항)		
순위번호	등기목적	접 수	등기원인	권리자 및 기타사항
1	지역권 설정	2008년 7월 4일 제1004호	2008년 7월 1일 설정계약	목적 통행 범위 중앙 50㎡ **요역지 경기도 파주시 00면 법원리 20** 도면편철장 제2책 제1면

(3) 경매진행 중 지역권설정등기가 말소된 경우 요역지 매수인의 조치

사 례

○ 사실관계

1. 위 사례에서 A 소유인 요역지에 관하여 강제경매개시결정등기가 마쳐졌다. 이 요역지에 관하여 물건명세서에는 "을구 순위번호 1번 요역지 지역권은 이 건 부동산 소유권에 부종하므로 매수인이 취득하며, 말소촉탁의 대상이 아님"이라고 기재되었다.
2. 갑은 위 요역지에 대한 경매절차에서 매각허가결정을 받았다. 같은 날 A와 B는 지역권설정등기에 대하여 '포기'를 원인으로 말소등기를 마쳤고, 이에 따라 요역지의 지역권등기가 말소되었다.
3. 갑은 매각대금을 모두 납부하고 요역지의 소유권을 취득하였다.
4. 한편, 승역지 소유자인 B는 승역지 통행로(진입로)에 울타리 등을 설치하여 매수인 갑의 통행을 방해하고 있다.
5. 이에 매수인 갑은 B를 상대로 말소된 지역권설정등기의 회복청구와 통행방해금지의 소를 제기하였다.

○ 법원의 판단

1. 요역지에 대한 강제경매개시결정에 따른 압류의 효력은, 요역지 소유권의 종된 권리인 지역권에도 미치므로, 압류 후에 요역지 소유자인 B가 지역권을 포기한 것은 압류의 처분금

지효에 반하는 것으로 갑에게 대항할 수 없다. 갑은 요역지 소유권과 함께 지역권도 취득하였다고 할 것이므로 지역권에 기한 방해배제청구권의 행사로서 B에게 말소된 지역권설정등기의 회복등기를 청구할 수 있다.

2. 위와 같이 갑이 이 사건 지역권을 취득한 이상 B는 지역권 범위에 속하는 부분에 대하여 갑의 통행을 방해하지 않을 의무가 있다.

O 갑은 승소 확정판결에 기한 지역권설정등기 말소회복등기신청
(승역지 등기부는 아래와 같이 회복등기 되고, 이에 따라 요역지에도 회복등기가 됨)

[을구]	(소유권 이외의 권리에 관한 사항)			
순위번호	등기목적	접수	등기원인	권리자 및 기타사항
1	~~지역권설정~~	~~2008년7월4일 제1004호~~	~~2008년7월1일 설정계약~~	~~목적 통행~~ ~~범위 중앙 50㎡~~ **~~요역지 경기도 파주시 00면 법원리 20~~** ~~도면편철장 제2책 제1면~~
2	1번 지역권설정 등기말소	2017년5월1일 제11111호	2017년5월1일 포기	
3	**4번 지역권설정 등기회복**	2019년2월3일 제2222호	2019년1월5일 **확정판결**	
1	지역권설정	2008년7월4일 제1004호	2008년7월1일 설정계약	목적 통행 범위 중앙 50㎡ **요역지 경기도 파주시 00면 법원리 20** 도면편철장 제2책 제1면

9. 경매기록의 열람과 복사

① 경매기록을 열람·복사할 수 있는 자는 경매절차상의 이해관계인(90조, 268조)과 부동산 등에 대한 경매절차 처리지침(재민 2004-3) 53조에서 규정하는 이해관계인이다.

② 경매기록 복사 범위

경매기록에 대한 복사를 신청하는 자는 경매기록 전체에 대한 복사신청을 하여서는 아니 되고 경매기록 중 복사할 부분을 특정하여 신청하여야 한다(재민 2004-3, 53조 3항).

부동산 등에 대한 경매절차 처리지침 제53조(경매기록의 열람 · 복사)

① 경매절차상의 이해관계인(민사집행법 제90조, 제268조) 외의 사람으로서 경매기록에 대한 열람 · 복사를 신청할 수 있는 이해관계인의 범위는 다음과 같다.

1. 파산관재인이 집행당사자가 된 경우의 파산자인 채무자와 소유자
2. 최고가매수신고인과 차순위매수신고인, 매수인, 자기가 적법한 최고가 매수신고인 또는 차순위매수신고인임을 주장하는 사람으로서 매수신고시 제공한 보증을 찾아가지 아니한 매수신고인
3. 민법 · 상법, 그 밖의 법률에 의하여 우선변제청구권이 있는 배당요구채권자
4. 대항요건을 구비하지 못한 임차인으로서 현황조사보고서에 표시되어 있는 사람
5. 건물을 매각하는 경우의 그 대지 소유자, 대지를 매각하는 경우의 그 지상 건물 소유자
6. 가압류채권자, 가처분채권자(점유이전금지가처분 채권자를 포함한다)
7. 「부도공공건설임대주택 임차인 보호를 위한 특별법」의 규정에 의하여 부도임대주택의 임차인대표회의 또는 임차인 등으로부터 부도임대주택의 매입을 요청받은 주택매입사업시행자

② 경매기록에 대한 열람 · 복사를 신청하는 사람은 제1항 각호에 규정된 이해관계인에 해당된다는 사실을 소명하여야 한다. 다만, 이해관계인에 해당한다는 사실이 기록상 분명한 때에는 그러하지 아니하다.

V. 매각의 실시

1. 매각기일 및 매각결정기일의 지정 · 공고 · 통지

가. 매각방법의 결정

제103조(강제경매의 매각방법)

① 부동산의 매각은 집행법원이 정한 매각방법에 따른다.

② 부동산의 매각은 매각기일에 하는 호가경매(호가경매), 매각기일에 입찰 및 개찰하게 하는 기일입찰 또는 입찰기간 이내에 입찰하게 하여 매각기일에 개찰하는 기간입찰의 세가지 방법으로 한다.

부동산의 매각은 매각기일에 하는 호가경매, 매각기일에 입찰 및 개찰하게 하는 기일입찰, 입찰기간 내에 입찰하게 하여 매각기일에 개찰하는 기간입찰의 세 가지 방법으로 한다(103조 2항). 실무에서는 대부분 기일입찰 방식을 택하고 있으며, 매각명령을 발하

면서 매각방법을 지정하고 있다.

나. 매각조건의 결정

(1) 의 의

매각조건은 매수인에게 경매목적 부동산의 소유권을 취득하기 위한 필요한 조건이다. 강제경매는 소유자의 의사와 관계없이 강제적으로 이루어지고 이해관계인도 많아 매각조건을 법으로 정하여 놓았다. 이를 법정매각조건이라 한다. 반면 이해관계인의 합의로 바꿀 수 있는 매각조건과 법원의 직권을 변경할 수 있는 매각조건이 있는데 이를 특별매각조건이라 한다.

(2) 법정매각조건

① 최저매각가격 이하로 매각불허(110조 1항)

② 잉여주의(91조 1항) : 남을 가망이 없는 경우 매각하지 못한다

③ 부동산의 물적 부담 인수와 소멸

경매신청채권자보다 우선하는 채권에 관한 부동산의 담을 매수인에게 인수하도록 하는 경우 인수주의라 하고(91조 1항), 부동산의 물적 부담을 매각으로 소멸시키는 것을 소멸주의라 한다.

ⅰ) 모든 저당권은 매각으로 소멸한다(91조 2항).

ⅱ) 지상권·지역권·전세권·등기된 임차권 등 용익물권은 저당권·압류채권·가압류채권에 대항할 수 없는 경우에는 매각으로 소멸하고(91조 3항), 대항력이 있는 경우에는 매수인이 인수한다(91조 4항). 다만 전세권은 대항력이 있는 경우에도 전세권자가 배당요구를 하면 소멸한다(91조 4항 단서).

ⅲ) 가등기담보권은 매각으로 소멸한다(가담법 15조).

ⅳ) 주택(상가)임차권은 매각으로 소멸한다. 다만 보증금이 전액 변제 받지 못한 대항력 있는 임차권은 매수인이 인수한다(주임법 3조의 5, 상임법 8조).

ⅴ) 압류 전에 성립한 유치권은 매수인이 인수한다(91조 5항).

ⅵ) 최선순위 가처분등기는 매수인이 인수한다.

④ 매수신청인의 의무

매수신청인은 최저매각가격의 10분의 1에 해당하는 현금, 자기앞수표, 지급보증위탁계약체결문서 중의 하나로 즉시 집행관에게 제공하여야 한다(113조, 규칙 63조, 64조).

⑤ 대금지급과 소유권취득 및 인도명령신청 시기

매수인은 대금지급기한까지 매각대금을 지급하여야 하고(142조 2항), 대금을 완납한 때에 소유권을 취득하며(135조), 대금을 낸 뒤 6개월 이내에 인도명령을 신청할 수 있다

(136조 1항).

⑥ 소유권이전등기 및 말소촉탁비용의 부담

매수인 앞으로 소유권을 이전하는 등기 및 매수인이 인수하지 아니한 부동산의 부담에 관한 기입을 말소하는 등기 비용은 매수인이 부담한다(144조).

(3) 특별매각조건

① 합의에 의한 매각조건

최저매각가격 외에 법정매각조건은 법원이 이해관계인의 합의에 따라 바꿀 수 있고 (110조 1항), 이해관계인의 합의는 배당요구의 종기까지 할 수 있다(110조 2항). 합의할 이해관계인은 민사집행법 90조 각 호에서 정한 자 중 당해 매각조건의 변경에 의하여 자기의 권리에 영향을 받는 자이다.[124]

② 법원의 직권에 의한 매각조건

법원은 거래의 실상을 반영하거나 경매절차를 효율적으로 진행하기 위하여 필요한 경우에 배당요구종기까지 매각조건을 변경하거나 새로운 매각조건을 설정할 수 있다(111조 1항). 이 결정에 대하여는 즉시항고를 할 수 있다(111조 2항). 예로, 최저매각가격 변경, 농지취득자격증명원을 제출하지 못한 자의 보증금 몰수조건 등이다.

(4) 일괄매각결정

> **민사집행법 제98조(일괄매각결정)**
> ① 법원은 여러 개의 부동산의 위치 · 형태 · 이용관계 등을 고려하여 이를 일괄매수하게 하는 것이 알맞다고 인정하는 경우에는 직권으로 또는 이해관계인의 신청에 따라 일괄매각하도록 결정할 수 있다.
> ② 법원은 부동산을 매각할 경우에 그 위치 · 형태 · 이용관계 등을 고려하여 다른 종류의 재산(금전채권을 제외한다)을 그 부동산과 함께 일괄매수하게 하는 것이 알맞다고 인정하는 때에는 직권으로 또는 이해관계인의 신청에 따라 일괄매각 하도록 결정할 수 있다.
> ③ 제1항 및 제2항의 결정은 그 목적물에 대한 매각기일 이전까지 할 수 있다.

위 규정에 따라 일괄매각 조건이 충족된다면 법원은 재량으로 일괄매각 여부를 결정한다. 부동산과 다른 종류의 재산을 함께 일괄매각하는 것도 가능하다.

① 개별매각의 원칙

판례는 여러 개의 부동산을 동시에 매각하는 집행법원이 일괄매각결정을 한 바 없었다면 그 부동산들은 개별매각되는 것이라[125]하여 개별매각의 원칙임을 밝히고 있다. 그러나 예외적으로 일괄매각을 허용하거나 일괄매각 해야 하는 경우도 있다. 개별매각을 할

---

124) 법원실무제요 민사집행법Ⅱ, 260면
125) 대법원 1994. 8. 8. 선고 94마1150 결정

것인지 일괄매각을 할 것인지는 집행법원의 재량에 속한다(98조 1항).[126]

② 일괄매각의 요건

여러 개의 부동산의 위치·형태·이용관계 등을 고려하여 이를 일괄매수하게 하는 것이 알맞다고 인정하는 경우, 즉 이용관계의 상호 견련성이 있어야 한다. 일괄매각결정은 매각기일 이전까지 해야 한다. 그리고 과잉매각에 해당하지 않아야 한다.

③ 일괄매각해야 하는 경우

ⅰ) 민법 제365조에 따라 토지에 저당권을 설정한 후 그 지상에 건물을 지은 경우 저당권자가 지상 건물에 대하여도 경매청구를 한 때에는 토지와 건물을 일괄매각한다.[127] 토지만을 경매목적물로 하게 되면 건물로 인하여 토지의 이용도가 떨어져 저당권 설정 당시의 교환가치보다 토지 가격이 감소하게 되어 저당권자가 불이익을 입게 되는 현상을 방지하기 위한 것이다. 그러나 이 경우 경매신청한 토지의 저당권자는 건물의 매각대금으로부터 배당받을 수 없다.

ⅱ) 공장저당이 설정되어 있는 토지 또는 건물과 그에 설치된 기계, 기구 그 밖의 공장의 공용물의 경매[128]

ⅲ) 집합건물의 전유부분과 대지사용권은 규약으로 달리 정한 경우를 제외하고 일괄매각한다(집합건물법 20조)

④ 일괄매각 해서는 아니되는 경우

ⅰ) 과잉매각금지

여러 개의 재산을 일괄매각하는 경우에 그 가운데 일부의 매각대금으로 모든 채권자의 채권액과 강제집행비용을 변제하기에 충분하면 다른 재산의 매각을 허가하지 아니한다(101조 3항 본문). 이 경우 채무자는 매각할 부동산을 지정할 수 있다(101조 4항).

ⅱ) 예 외

다만, 토지와 그 위의 건물을 일괄매각하는 경우나 재산을 분리하여 매각하면 그 경제적 효용이 현저하게 떨어지는 경우 또는 채무자의 동의가 있는 경우에는 그러하지 아니하다(101조 3항 단서).

⑤ 일괄매각절차

ⅰ) 부동산 외의 재산의 압류는 그 재산의 종류에 따라 해당되는 규정에서 정하는 방법으로 행하고, 그 중에서 집행관의 압류에 따르는 재산의 압류는 집행법원이 집행관에

---

126) 대법원 1964. 6. 24. 선고 66마444 결정
127) 제365조(저당지상의 건물에 대한 경매청구권) : 토지를 목적으로 저당권을 설정한 후 그 설정자가 그 토지에 건물을 축조한 때에는 저당권자는 토지와 함께 그 건물에 대하여도 경매를 청구할 수 있다. 그러나 그 건물의 경매대가에 대하여는 우선변제를 받을 권리가 없다.
128) 대법원 2003. 2. 19. 선고 2001마785 결정

게 이를 압류하도록 명하는 방법으로 행한다(101조 1항).

ⅱ) 일괄매각의 경우 각 부동산의 감정평가액을 합산한 금액을 최저매각가격으로 한다. 다만 매각절차에서 각 재산의 대금액을 특정할 필요가 있거나 각 재산이 부담할 집행비용액을 특정할 필요가 있는 경우에는 각 재산에 대한 최저매각가격의 비율을 정하여야 하며, 각 재산의 대금액은 총대금액을 각 재산의 최저매각가격비율에 따라 나눈 금액으로 한다(101조 2항).

ⅲ) 일괄매각 부동산 중 일부 부동산에 매각불허가 사유가 있는 경우에는 전체에 대하여 불허가한다.

ⅳ) 일괄매각결정은 반드시 공고하여야 한다(규칙 56조 1호).

⑥ 일괄매각결정이 위법한 경우

부동산의 유기적 관계에서 갖는 가치로 볼 때 일괄매각하는 것이 합리적인 것임에도 개별매각하는 경우 또는 과잉매각금지의 원칙상 개별매각을 해야 하는데 일괄매각을 하는 경우 등은 집행법원의 재량권의 범위를 넘어 위법한 것이 되므로 이는 매각허가결정에 대한 이의사유가 된다.[129]

[일괄매각결정문]

○ ○ 지 방 법 원

결 정

사　　　건　　20　타경　　　　부동산강제(임의)경매
채 권 자
채 무 자
소 유 자

주　문

별지 기재 부동산을 일괄하여 매각한다.

이　유

이 사건에 관하여는 별지 기재 부동산을 일괄하여 매각하는 것이 상당하다고 인정하여 주문과 같이 결정한다.

20 . . .

사법보좌관　　○ ○ ○　　　　㊞

---

129) 대법원 2004. 11. 9. 선고 2004마94 결정

2. 매각기일과 매각결정기일의 지정

제104조(매각기일과 매각결정기일 등의 지정)
① 법원은 최저매각가격으로 제102조제1항의 부담과 비용을 변제하고도 남을 것이 있다고 인정하거나 압류채권자가 제102조제2항의 신청을 하고 충분한 보증을 제공한 때에는 직권으로 매각기일과 매각결정기일을 정하여 대법원규칙이 정하는 방법으로 공고한다.

가. 기일의 지정

법원은 경매취소 사유가 없는 경우에는 직권으로 매각기일과 매각결정기일을 정하여 매각기일의 2주 전까지 공고하여야 한다(104조 1항). 매각결정기일은 매각기일로부터 1주 이내로 정하여야 한다(109조 1항). 실무에서는 4회 기일을 일괄하여 정한다. 매각기일과 매각결정기일을 정하면 매각명령을 발한다.

[매각명령]

○ ○ 지 방 법 원
매 각 명 령

○○지방법원 소속 집행관 귀하

사   건   20   타경   부동산강제(임의)경매

별지 기재 부동산에 대하여 아래 매각기일에 이 법원 안에서 기일입찰의 방법으로 매각할 것을 명한다. 다만, 제2회 이후의 매각기일은 선행매각기일에서 허가할 매수가격의 신고가 없이 매각기일이 최종적으로 마감된 때에 한하여 실시한다.

기일 순번	매각일시	매각결정일시
제1회	20 . . . :	20 . . . :
제2회	20 . . . :	20 . . . :
제3회	20 . . . :	20 . . . :
제4회	20 . . . :	20 . . . :

20   .   .   .

사법보좌관   ○○○   ㉑

나. 매각기일의 취소, 변경

매각기일이 지정된 경우에도 경매절차상 위법한 사유가 발견된 경우, 법원은 직권으로 매각기일·매각결정기일을 취소·변경할 수 있다. 이해관계인에게는 기일지정이나 변경신청권이 없으나 실무에서는 경매신청채권자가 연기신청하는 경우 1회 2개월 이내로 하여 2회까지 허용하고, 소유자 또는 채무자가 연기신청하는 경우 신청채권자의 동의가 없는 한 허용하지 않고 있다. 매각기일이 진행되는 것을 막기 위해서 채무자는 보통 집행정지서류를 제출하는 방식으로 한다. 민사집행법 49조에서 정한 집행정지서류가 제출되면, 집행절차는 정지되고, 매각기일은 변경한다.

3. 매각기일과 매각결정기일의 공고

① 매각기일과 매각결정기일을 지정한 때에는 법원은 이를 공고하여야 한다(104조 1항). 공고는 매각기일 2주 전까지 하여야 한다(규칙 56조).

② 매각기일의 공고는 법원게시판 게시, 관보·공보 또는 신문 게재, 전자통신매체(대법원 홈페이지 법원경매정보 경매공고란)를 이용한 공고 중 어느 하나의 방법으로 한다(규칙 11조 1항).

③ 공고에 위법이 있음에도 간과하고 집행을 속행하면 매각허가에 대한 이의 및 매각불허가 사유(121조 7호, 123조 2항)가 되며 또한 매각허가결정에 대한 항고사유(129조, 130조)가 된다. 다만, 불복 없이 매각허가결정이 확정되면 하자는 치유된다.[130]

④ 공고문에는 다음의 사항을 적어야 한다(106조).

ⅰ) 부동산의 표시

ⅱ) 강제집행으로 매각한다는 취지와 그 매각방법

ⅲ) 부동산의 점유자, 점유의 권원, 점유하여 사용할 수 있는 기간, 차임 또는 보증금약정 및 그 액수

ⅳ) 매각기일의 일시·장소, 매각기일을 진행할 집행관의 성명 및 기간입찰의 방법으로 매각할 경우에는 입찰기간·장소

ⅴ) 최저매각가격

ⅵ) 매각결정기일의 일시·장소

ⅶ) 매각물건명세서·현황조사보고서 및 평가서의 사본을 매각기일 전에 법원에 비치하여 누구든지 볼 수 있도록 제공한다는 취지

ⅷ) 등기부에 기입할 필요가 없는 부동산에 대한 권리를 가진 사람은 채권을 신고하여야 한다는 취지

---

130) 실무제요 민사집행Ⅱ 2020, 250면

ⅸ) 이해관계인은 매각기일에 출석할 수 있다는 취지

4. 매각기일과 매각결정기일의 통지

제104조 ② 법원은 매각기일과 매각결정기일을 이해관계인에게 통지하여야 한다.

① 법원은 매각기일과 매각결정기일을 이해관계인에게 통지하여야 한다(104조 2항). 절차의 참여 기회를 보장하기 위함이다. 이 통지는 집행기록에 표시된 이해관계인의 주소에 등기우편으로 발송할 수 있고 발송한 때 송달된 것으로 간주된다.[131] 공유물지분에 대한 경매에서 민사집행법 제140조에 정한 우선매수권을 행사하여 매각허가결정을 받은 공유자가 대금지급기한까지 대금을 지급하지 아니하여 재매각절차가 진행된 경우에, 이러한 공유자는 이미 민사집행법 제139조 제1항, 제140조에 의한 보호를 받았다고 할 것일 뿐만 아니라, 그 재매각절차에서는 민사집행법 제138조 제4항에 정한 '전의 매수인'에 해당하여 매수신청을 할 수도 없으며, 나아가 임차인이나 근저당권자 등과 같이 경매목적물 자체에 대한 양도 또는 인도를 저지할 권리를 보유하고 있다든가 경매의 결과 그 권리를 상실하게 되거나 그 피담보채권액이 최저매각가격의 결정에 있어 참작될 수 있는 지위에 있지 아니하고, 오히려 경매의 목적인 다른 공유자의 공유지분이 경매되더라도 자기의 권리 자체는 경매 전과 전혀 다를 바 없는 지위에 있을 뿐이므로, 그 재매각절차에서 '전의 매수인'에 해당하는 공유자에 대한 매각기일과 매각결정기일의 통지가 누락되었다고 하더라도 이를 위법하다거나 민사집행법 제121조 제1호에 정한 매각허가 이의사유인 '집행을 계속 진행할 수 없는 때'에 해당한다고 볼 수 없다.[132]

② 매각기일을 종결한 뒤에 매각결정기일이 변경된 때에는 법원사무관등은 최고가매수신고인·차순위매수신고인 및 이해관계인에게 변경된 기일을 통지하여야 한다(규칙 73조 2항).

③ 이해관계인에 대한 통지의 누락은 매각허가에 대한 이의사유가 되고, 매각허가결정에 대한 즉시항고 사유가 된다.

※ **기일통지 누락과 추완항고**(대결 2001마1047 전원합의체 결정)
경매법원이 매각기일 통지를 아니하여 이해관계인이 매각허가결정에 대한 항고기간을 준수하지 못한 경우, 특별한 사정이 없는 한 추완항고는 허용되어야 할 것이다.
※ **공유자에 대한 기일통지 누락과 손해배상**(대판 2005다62747 판결)

---

131) 대법원 1994. 7. 30. 선고 94마1107 결정
132) 대법원 2014. 9. 2. 선고 2014마969 결정

공유자에 대한 매각기일 통지 누락을 원인으로 한 추완항고가 받아들여지면 매각허가결정 자체가 확정되지 않은 것으로 되고 설사 매수인이 매각대금을 완납하고 소유권이전등기를 마쳤다고 하더라도 처음부터 소유권을 취득하지 못한 것이 되므로, 이 경우 매수인이 입은 손해에 대하여 국가배상 인정

※ 근저당권자에 대한 기일통지 누락과 손해배상(대판 2006다23664 판결)

추완항고로 매각허가결정이 취소되어 매수인에게 손해가 발생한 경우 국가배상책임 인정

[매각기일공고 및 공고게시보고서]

○ ○ 지 방 법 원
매각기일공고 및 공고게시보고서

사　건　　20　타경　　　부동산강제(임의)경매
채 권 자
채 무 자
소 유 자

　다음 기재와 같이 이 사건(별지 기재) 부동산을 기일입찰의 방법으로 매각합니다. 등기기록에 기입할 필요가 없는 부동산에 대한 권리를 가진 사람은 그 채권을 신고하여야 하며, 이해관계인은 매각기일에 출석할 수 있습니다. 매각물건명세서, 현황조사보고서, 평가서의 사본이 매각기일 1주일 전부터 법원에 비치되어 일반인의 열람에 제공됩니다.

20　.　　.　　.
○ ○ 지 방 법 원

1. 매각 및 매가결정기일
　가. 제1회
　　매각기일　　　　　.　　.　　:
　　매각결정기일　　　.　　.　　:
　나. 제2회
　　매각기일　　　　　.　　.　　:
　　매각결정기일　　　.　　.　　:
　다. 제3회
　　매각기일　　　　　.　　.　　:
　　매각결정기일　　　.　　.　　:
　라. 제4회
　　매각기일　　　　　.　　.　　:
　　매각결정기일　　　.　　.　　:

공 고 의 게 시	
공고게시 기 간	.　.　.　~　.　.　..
장　　소	법 원 게 시 판
게 시 자	법원사무관○ ○ ○ (직인생략)

2. 매각 및 매각결정 장소 ○○지방법원 (매각)　호 법정 (매각결정)　호 법정
3. 매각담당 집행관의 성명
4. 부동산의 점유자, 점유의 권원, 점유하여 사용할 수 있는 기간, 차임 또는 보증금의 약정 유무와 그 액수 및 최저매각가격　기타 : 민사집행과 사무실에 비치되어 있는 매각물건 명세서와 같음
5. 매수신청보증방법: 현금, 자기앞수표, 지급보증위탁체결문서

주의: 제2회 이후의 매각기일은 선행매각기일에서 허가할 매수가격의 신고 없이 매각기일이 최종적으로 마감된 때에 실시된다는 사실을 유의하시기 바랍니다.

[매각기일통지서]

○ ○ 지 방 법 원
매각기일 및 매각결정기일 통지서

귀하

사   건   20 타경   부동산강제(임의)경매
채 권 자
채 무 자
소 유 자

매각기일 및 매각결정기일과 장소를 다음과 같이 정하였으므로 통지합니다.
1. 매각기일 및 매각결정기일
　가. 제1회 매각기일　　. . . :　매각결정기일　　. . . :
　나. 제2회 매각기일　　. . . :　매각결정기일　　. . . :
　다. 제3회 매각기일　　. . . :　매각결정기일　　. . . :
　라. 제4회 매각기일　　. . . :　매각결정기일　　. . . :
2. 최저매각가격
　매각물건   제1회   제2회   제3회   제4회
　　　1
　　　2
3. 매각 및 매각결정 장소 : ○○지방법원 제   호 법정

20   .   .   .
법원사무관   (직인생략)

◇ 유 의 사 항 ◇

1. 제2회 이후의 매각기일은 선행매각기일에서 허가할 매수가격의 신고가 없이 매각기일이 최종적으로 마감된 때에 실시된다는 사실을 유의하시기 바랍니다.
2. 마지막 매각기일에서도 허가할 매수가격의 신고가 없이 매각기일이 최종적으로 마감된 때에는 다시 매각기일 및 매각결정기일을 지정하여 통지서를 송달합니다.
3. 일괄 지정된 매각기일 중 한 기일을 변경하는 경우에는 새로 매각기일 및 매각결정기일을 지정하여 통지서를 송달합니다.
4. 사건진행ARS는 지역번호 없이 1588-9100입니다. 바로 청취하기 위해서는 안내 음성에 관계없이 '1' + '9' + [열람번호 000999 2001 013 113] + '*'를 누르면 됩니다.

법 원 소재지		담 당	
		전 화	

5. 매각의 실시

가. 매각의 개시

① 매각기일 진행은 집행관이 주재하고(2조), 매각기일은 법원 안에서 진행되어야 한다. 다만 집행관은 법원의 허가를 얻어 다른 장소에서 매각기일을 진행할 수 있다(107조)

② 집행관은 매각실시 전에 매각기일에 매각물건명세서, 현황보고서 및 평가서의 사본을 볼 수 있게 하고, 매각실시 방법의 개요, 특별매각조건 등을 이를 고지한다(112조).

나. 매수의 신청(기일입찰)

① 매수신청의 최고

이러한 고지가 끝나면 집행관은 매수신청의 최고를 하고, 입찰마감시각과 개찰시각을 고지한다. 다만 입찰표의 제출을 최고한 후 1시간이 지나지 아니하면 입찰을 마감하지 못한다(규칙 65조).

② 매수신청인의 자격

매수신청인은 권리능력과 행위능력이 있어야 한다. 행위무능력자는 법정대리인에 의해서만 매수신청을 할 수 있다.[133] 법인인 입찰자는 대표자의 자격[134]을 증명하는 문서(상업등기사항증명서 또는 법인등기사항증명서)를 집행관에게 제출하여야 한다.

채무자, 매각절차에 관여한 집행관, 매각부동산을 평가한 감정인은 매수신청을 할 수 없다(규칙 59조). 그 외 재경매에서 전 매수인도 매수신청할 수 없다. 채무자가 아닌 소유자나, 제3취득자, 물상보증인 등은 매수신청인이 될 수 있다.

③ 대리인에 의한 매수신청

매수신청은 대리인에 의하여도 가능하며, 대리권을 증명하는 문서를 집행관에게 제출하여야 한다(규칙 62조). 법인 또는 법인 아닌 단체는 그 대표자가 그 자격을 증명하는 서면을 제출하여 할 수 있다.

④ 공동으로 입찰하는 때

공동으로 입찰하는 때에는 입찰표에 각자의 지분을 분명하게 표시하여야 한다. 지분 표시를 하지 않은 경우에는 실무상 각자 균등한 비율로 매수하는 것으로 본다.

⑤ 매수신청의 방법(입찰표 제출)

---

133) 대법원 1967. 7. 12. 선고 67마507 결정
134) 대법원 2014. 9. 16. 선고 2014마682 결정 : 입찰절차에서 요구되는 신속성, 명확성 등을 감안할 때 법인등기사항증명서로 자격을 증명하는 원칙은 획일적으로 적용되어야 하므로, 경매절차에서 법인 대표자의 자격은 법인등기사항증명서에 의하여 증명하여야지 법인 인감의 동일성을 증명하는 서류일 뿐 대표자의 자격을 증명하는 서류로 볼 수 없는 법인인감증명서로 증명할 수는 없다.

기일입찰에서 입찰은 매각기일에 입찰표를 집행관에게 제출하는 방법으로 한다(규칙 62조 1항). 즉 입찰보증금 봉투와 입찰표를 넣은 입찰봉투를 집행관에게 제출하여 본인확인을 받은 후 입찰함에 투입한다. 입찰장소에는 입찰자가 다른 사람이 알지 못하게 입찰표를 적을 수 있도록 설비를 갖추어야 한다. 입찰표에는 사건번호, 부동산의 표시, 입찰자의 이름과 주소, 대리인을 통하여 입찰하는 때에는 대리인의 이름과 주소, 입찰가격, 입찰보증금을 적어야 한다. 입찰가격은 일정한 금액으로 표시하여야 하며, 다른 입찰가격에 대한 비례로 표시하지 못한다. 한 사건에 여러 개의 부동산이 각각 입찰에 부쳐진 경우에는 물건번호를 기재한다.

일단 제출한 입찰표는 취소, 변경, 교환할 수 없다(규칙 62조 6항). 입찰표 기재사항은 다음 기일입찰표와 같다.

공 동 입 찰 신 고 서

○ ○ 법원   집행관   귀하

사건번호   20 타경   호
물건번호
공동입찰자   별지 목록과 같음

위 사건에 관하여 공동입찰을 신고합니다.

20 년   월   일

신청인   외   인(별지목록 기재와 같음)

※ 1. 공동입찰을 하는 때에는 입찰표에 각자의 지분을 분명하게 표시하여야 합니다.
　　2. 별지 공동입찰자 목록과 사이에 공동입찰자 전원이 간인하십시오.

(앞면)

기 일 입 찰 표

지방법원 집행관 귀하   입찰기일 : 　 년 　 월 　 일

사 건 번 호		타 경 호		물건 번호	※물건번호가 여러개 있는 경우에는 꼭 기재
입 찰 자	본인	성 명	㉺	전화 번호	
		주민(사업자) 등록번호		법인등록 번 호	
		주 소			
	대리인	성 명	㉺	본인과의 관 계	
		주민등록 번 호		전화번호	―
		주 소			

입 찰 가 격	천 억	백 억	십 억	억	천 만	백 만	십 만	만	천	백	십	일	원	보 증 금 액	백 억	십 억	억	천 만	백 만	십 만	만	천	백	십	일	원

보증의 제공방법	☐ 현금·자기앞수표 ☐ 보증서	보증을 반환 받았습니다. 입찰자 ㉺

주의사항.
1. 입찰표는 물건마다 별도의 용지를 사용하십시오, 다만, 일괄입찰시에는 1매의 용지를 사용하십시오.
2. 한 사건에서 입찰물건이 여러개 있고 그 물건들이 개별적으로 입찰에 부쳐진 경우에는 사건번호외에 물건번호를 기재하십시오.
3. 입찰자가 법인인 경우에는 본인의 성명란에 법인의 명칭과 대표자의 지위 및 성명을, 주민등록란에는 입찰자가 개인인 경우에는 주민등록번호를, 법인인 경우에는 사업자등록번호를 기재하고, 대표자의 자격을 증명하는 서면(법인의 등기부 등·초본)을 제출하여야 합니다.
4. 주소는 주민등록상의 주소를, 법인은 등기부상의 본점소재지를 기재하시고, 신분확인상 필요하오니 주민등록증을 꼭 지참하십시오.
5. **입찰가격은 수정할 수 없으므로, 수정을 요하는 때에는 새 용지를 사용하십시오.**
6. 대리인이 입찰하는 때에는 입찰자란에 본인과 대리인의 인적사항 및 본인과의 관계 등을 모두 기재하는 외에 본인의 위임장(입찰표 뒷면을 사용)과 인감증명을 제출하십시오.
7. 위임장, 인감증명 및 자격증명서는 이 입찰표에 첨부하십시오.
8. 일단 제출된 입찰표는 취소, 변경이나 교환이 불가능합니다.
9. 공동으로 입찰하는 경우에는 공동입찰신고서를 입찰표와 함께 제출하되, 입찰표의 본인란에는 "별첨 공동입찰자목록 기재와 같음"이라고 기재한 다음, 입찰표와 공동입찰신고서 사이에는 공동입찰자 전원이 간인 하십시오.
10. 입찰자 본인 또는 대리인 누구나 보증을 반환 받을 수 있습니다.
11. 보증의 제공방법(현금·자기앞수표 또는 보증서)중 하나를 선택하여 ☑표를 기재하십시오.

공 동 입 찰 자 목 록

번호	성 명	주 소		지분
		주민등록번호	전화번호	
	(인)	-		
	(인)	-		
	(인)	-		
	(인)	-		
	(인)	-		
	(인)	-		
	(인)	-		
	(인)	-		
	(인)	-		
	(인)	-		

다. 매수신청보증의 제공

① 매수신청인은 대법원규칙이 정하는 바에 따라 집행법원이 정하는 금액과 방법에 맞는 보증을 집행관에게 제공하여야 한다(113조). 기일입찰에서 매수신청 보증금액은 최저매각가격의 10분의 1로 한다. 다만 법원은 상당하다고 인정하는 때에는 보증금액을 달리 정할 수 있다(규칙 63조).

② 보증의 제공방법으로는 현금, 자기앞수표, 또는 지급보증위탁계약체결문서 중 어느 하나를 입찰표와 함께 집행관에게 제공해야 한다.

※ 관련판례(대법원 2008. 7. 11. 선고 2007마911 결정)

① A와 B는 임의경매절차의 매각기일에 각 매수신청을 하였는데, A는 1,606,000,000원을, B는 1,475,100,000원을 각 매수가격으로 표시하였다. A가 더 높은 가격으로 응찰을 하였으나, 집행관은 A가 최저매각가격인 1,411,437,000원의 10분의 1에 상당하는 141,143,700원을 매수신청 보증으로 제공하여야 함에도 위 금액에서 20원이 부족한 141,143,680원만을 보증으로 제공하였다는 이유로 A의 매수신고를 무효로 하고, B를 최고가매수신고인으로 결정하였다. 이에 A는 위 최고가매수신고인 결정에 대한 이의신청을 하였고, 집행법원은 이 사건 경매절차에 중대한 잘못이 있어 B에게 매각을 허가하지 아니함이 상당하다는 이유로 민사집행법 123조 2항에 의하여 B에게 매각불허가결정을 하였다.

② 이에 B가 즉시항고를 제기하였고, 원심은, A가 141,143,700원이나 되는 다액의 보증금에서 불과 20원이 모자라는 금액을 보증으로 제공하였음에도 A의 매수신고를 무효로 하고 B를 최고가매수신고인으로 결정한 것은 이 사건 경매절차에 중대한 잘못이 있는 경우에 해당한다는 이유로 항고를 기각하였다. 이에 B가 재항고를 하였고,

③ 대법원은, 입찰자가 입찰표와 함께 집행관에게 제출한 보증이 최저매각가격의 10분의 1 또는 집행법원이 정한 기준에 미달하는 경우에는 민사집행법 113조, 민사집행규칙 63조의 각 규정에 따라 그 입찰자에게 매수를 허가할 수 없으므로, 집행관으로서는 그 입찰표를 무효로 하고 차순위자를 최고가매수신고인으로 결정하여야 한다고 판시하여 파기환송하였다.

④ 파기환송심에서 대법원 결정의 취지에 따라 B의 항고를 인용하였다.

※ 관련판례(대법원 2008. 12. 29. 선고 2008그205 결정)

○ **사건개요**

1. 이 사건 부동산에 관하여 2008. 2. 11. 실시한 매각기일에서 甲은 200,570,000원의 매수가격을, 을은 150,000,000원의 매수가격을 각 신고하였다. 그런데 위 매각기일을 진행한 집행관은 갑이 신고한 매수가격 '200,570,000원'을 '20,570,000원'으로 오인하여 乙을 최고가매수신고인으로, 150,000,000원을 최고가매수신고가격으로 정하여 그 성명과 가격을 부른 다음 매각기일을 종결하였다.

2. 집행법원은 2008. 3. 17. 을에 대하여 매각불허가결정을 하였을 뿐, 갑에 관하여는 매각허가 여부의 결정을 하지 않았다.
3. 이에 갑은 집행에 관한 이의신청을 하였으나 집행법원은 각하결정을 하였다. 갑은 대법원에 특별항고를 제기하였다.

○ 대법원 결정요지

집행법원인 원심으로서는 집행보조기관인 집행관의 매각기일진행에 잘못이 있더라도 이에 구속되지 않고 그 잘못을 시정하여 최고가매수신고인임이 명백한 특별항고인(갑)에 대하여 매각허가 여부의 결정을 하여야 하는 것인바, 그럼에도 불구하고 아무런 결정을 하지 않고 있는 원심에 대하여 특별항고인은 집행에 관한 이의로 불복할 수 있는 것이다. 그런데 원심은 특별항고인의 이의신청이 집행법원의 결정에 관한 것이 아니라고 속단하여 이를 부적법하다고 보아 각하하고 말았으니, 이러한 원심의 조치에는 특별항고인의 재판청구권, 평등권 등을 침해하여 재판에 영향을 미친 헌법위반이 있다.

라. 입찰의 종결

① 입찰의 마감 및 개찰

집행관은 고지된 입찰마감시각이 지나면 입찰의 마감을 알리는 종을 울린 후 입찰마감을 선언하고 입찰표를 개찰한다. 개찰은 입찰가감시각으로부터 10분 안에 시작하여야 한다(재민 2004-3, 33조). 개찰의 공정성을 담보하기 위하여 입찰자를 참여시키되, 입찰을 한 사람이 아무도 참여하지 아니하는 때에는 적당하다고 인정하는 사람을 참여시켜야 한다(규칙 65조 2항).

※ 입찰표에 인감증명서 또는 법인등기사항증명서 첨부되지 않은 경우 보완 시한

1. 부동산등에 대한 경매절차 처리지침(재민 2004-3) 예규 제정 당시(2002. 6. 26. 제정, 2002. 7. 1. 시행)에는 최고가매수신고인 결정 전까지 보완가능 하였음
2. 2013. 6. 4. 위 예규 개정으로 입찰표에 인감증명서나 법인등기사항증명서가 붙어 있지 않은 경우에는 개찰에서 제외
3. 대법원 2014. 9. 16. 선고 2014마682 결정
   기일입찰표에 대표자 표시를 누락하였고, 법인인감증명서만 제출하였을 뿐 법인등기사항증명서를 제출하지 않아 대표자의 자격을 확인할 수 없다는 이유로 신청인을 개찰에서 제외한 것은 정당하고, 집행관이 최고가매수신고인 결정을 하기 전에 신청인에게 법인등기사항증명서를 제출할 기회를 부여하였어야 한다고 주장하나, 집행관에게 입찰마감 후에 그러한 기회를 부여해야 할 의무가 있다고 볼 수 없다고 판시.
4. 따라서 예규의 개정취지 및 판례에 따라 첨부서류의 제출시한은 입찰표 제출시간과 같이 입찰마감시로 보아야 한다.

② 최고가매수신고인 등의 결정

개찰결과 최고의 가격으로 입찰하고 소정의 매수신청보증금을 제공한 사람을 최고가매수신고인으로 결정하고 그 성명과 가격을 부른다. 이때 최고가매수신고인 외의 매수신고인은 매각기일을 마칠 때까지 집행관에게 최고가매수신고인이 대금지급기한까지 그 의무를 이행하지 아니하면 자기의 매수신고에 대하여 매각을 허가하여 달라는 취지의 신고(차순위매수신고[135])를 할 수 있다. 단 차순위매수신고는 그 신고액이 최고가매수신고액에서 그 보증액을 뺀 금액을 넘는 때에만 할 수 있다(114조). 적법한 차순위매수신고가 있으면 차순위매수신고인을 정하여 그 성명과 가격을 부른다(115조 1항).

③ 매각기일 종결의 고지 및 매수신청 보증의 반환

집행관은 최고가매수신고인 등을 정한 다음 매각기일을 종결한다고 고지하여야 한다. 입찰자가 없는 사건은 입찰불능으로 처리하고 종결을 고지한다. 매각기일의 종결을 고지한 후에 최고가매수신고인과 차순위매수신고인을 제외한 나머지 매수신고인에게 매수신청보증을 반환하여야 한다(115조 3항). 재매각절차에서는 전의 매수인은 매수신청의 보증을 돌려줄 것을 요구하지 못하고(138조 4항), 재매각절차가 취소되거나 경매신청이 취하되면 매수신청의 보증을 반환받을 수 있다.

차순위매수신고인은 매수인이 대금을 모두 지급한 때 매수의 책임을 벗게 되고 즉시 매수신청의 보증을 돌려줄 것을 요구할 수 있다(142조 6항).

[별지 2]

<u>첨부서류 등에 흠이 있는 경우의 처리기준(재민 2004-3)</u>

번호	흠결사항	처리기준	비고
1	입금증명서 또는 보증서, 법인등기사항증명서, 가족관계증명서, 공동입찰자목록이 같은 입찰봉투에 함께 봉함되지 않고 별도로 제출된 경우	① 직접제출 : 접수하지 않는다.	입찰봉투에 넣어 제출하도록 한다.
		② 우편제출 : 접수는 하되, 개찰에는 포함시키지 않는다.	클립 등으로 입찰봉투에 편철하고, 입찰봉투와 접수부에 그 취지를 부기한다.
2	입금증명서 또는 보증서, 법인등기사항증명서, 가족관계증명서, 공동입찰자목록이 누락된 경우	개찰에 포함시키지 않는다.	

---

135) 차순위매수신고제도는 최고가매수신고인이 대금지급기한까지 대금을 납부하지 아니하여 재매각절차를 밟게 되는 경우 절차의 지연에 따른 손해를 방지하기 위한 것이다.

3	주민등록표등·초본이 누락되거나 발행일이 입찰기간 만료일 전 6월을 초과하는 경우	개찰에 포함시킨다.	
4	대표자나 관리인의 자격 또는 대리인의 권한을 증명하는 서면으로서 관공서에서 작성하는 증명서, 대리위임장 및 인감증명서가 누락되거나 발행일이 입찰기간 만료일 전 6월을 초과하는 경우	개찰에 포함시키지 않는다. 다만, 변호사·법무사가 임의대리인으로 입찰하는 경우 인감증명서가 붙어 있지 않더라도 개찰에 포함시킨다.	

※ 설립 중인 회사인 경우에는 발기인, 대표자, 준비행위 등의 소명자료를, 법인 아닌 사단이나 재단의 경우에는 정관 기타의 규약, 대표자 또는 관리인임을 증명하는 서면 등의 소명자료를 제출하여야 한다.

[별지 3]

기일입찰표의 유·무효 처리기준(재민 2004-3)

번호	흠결사항	처리기준
1	입찰기일을 적지 아니하거나 잘못 적은 경우	입찰봉투의 기재에 의하여 그 매각기일의 것임을 특정할 수 있으면 개찰에 포함시킨다.
2	사건번호를 적지 아니한 경우	입찰봉투, 매수신청보증봉투, 위임장 등 첨부서류의 기재에 의하여 사건번호를 특정할 수 있으면 개찰에 포함시킨다.
3	매각물건이 여러 개인데, 물건번호를 적지 아니한 경우	개찰에서 제외한다. 다만, 물건의 지번·건물의 호수 등을 적거나 입찰봉투에 기재가 있어 매수신청 목적물을 특정할 수 있으면 개찰에 포함시킨다.
4	입찰자 본인 또는 대리인의 이름을 적지 아니한 경우	개찰에서 제외한다. 다만, 고무인·인장 등이 선명하여 용이하게 판독할 수 있거나, 대리인의 이름만 기재되어 있으나 위임장·인감증명서에 본인의 기재가 있는 경우에는 개찰에 포함시킨다.
5	입찰자 본인과 대리인의 주소·이름이 함께 적혀 있지만(이름 아래 날인이 있는 경우 포함) 위임장이 붙어 있지 아니한 경우	개찰에서 제외한다.
6	입찰자 본인의 주소·이름이 적혀 있고 위임장이 붙어 있지만, 대리인의 주소·이름이 적혀 있지 않은 경우	개찰에서 제외한다.

7	위임장이 붙어 있고 대리인의 주소·이름이 적혀 있으나 입찰자 본인의 주소·이름이 적혀 있지 아니한 경우	개찰에서 제외한다.
8	한 사건에서 동일인이 입찰자 본인인 동시에 다른 사람의 대리인이거나, 동일인이 2인 이상의 대리인을 겸하는 경우	쌍방의 입찰을 개찰에서 제외한다.
9	입찰자 본인 또는 대리인의 주소나 이름이 위임장 기재와 다른 경우	이름이 다른 경우에는 개찰에서 제외한다. 다만, 이름이 같고 주소만 다른 경우에는 개찰에 포함시킨다.
10	입찰자가 법인인 경우 대표자의 이름을 적지 아니한 경우(날인만 있는 경우도 포함)	개찰에서 제외한다. 다만, 법인등기사항증명서로 그 자리에서 자격을 확인할 수 있거나, 고무인·인장 등이 선명하며 용이하게 판독할 수 있는 경우에는 개찰에 포함시킨다.
11	입찰자 본인 또는 대리인의 이름 다음에 날인이 없는 경우	개찰에 포함시킨다.
12	입찰가격의 기재를 정정한 경우	정정인 날인 여부를 불문하고, 개찰에서 제외한다.
13	입찰가격의 기재가 불명확한 경우(예, 5와 8, 7과 9, 0과 6 등)	개찰에서 제외한다.
14	보증금액의 기재가 없거나 그 기재된 보증금액이 매수신청보증과 다른 경우	매수신청보증봉투 또는 보증서에 의해 정하여진 매수신청보증 이상의 보증제공이 확인되는 경우에는 개찰에 포함시킨다.
15	보증금액을 정정하고 정정인이 없는 경우	
16	하나의 물건에 대하여 같은 사람이 여러 장의 입찰표 또는 입찰봉투를 제출한 경우	입찰표 모두를 개찰에서 제외한다.
17	보증의 제공방법에 관한 기재가 없거나 기간입찰표를 작성·제출한 경우	개찰에 포함시킨다.
18	위임장은 붙어 있으나 위임장이 사문서로서 인감증명서가 붙어 있지 아니한 경우, 위임장과 인감증명서의 인영이 다른 경우	개찰에서 제외한다. 다만, 변호사·법무사가 임의대리인으로 입찰하는 경우 인감증명서가 붙어 있지 않더라도 개찰에 포함시킨다.

마. 공유자의 우선매수

제140조(공유자의 우선매수권)
① 공유자는 매각기일까지 제113조에 따른 보증을 제공하고 최고매수신고가격과 같은 가격으로 채무자의 지분을 우선매수하겠다는 신고를 할 수 있다.
② 제1항의 경우에 법원은 최고가매수신고가 있더라도 그 공유자에게 매각을 허가하여야 한다.
③ 여러 사람의 공유자가 우선매수하겠다는 신고를 하고 제2항의 절차를 마친 때에는 특별한 협의가 없으면 공유지분의 비율에 따라 채무자의 지분을 매수하게 한다.
④ 제1항의 규정에 따라 공유자가 우선매수신고를 한 경우에는 최고가매수신고인을 제114조의 차순위매수신고인으로 본다.

(1) 취 지

공유물지분을 경매하는 경우에 공유자는 매각기일까지 민사집행법 제113조에 따른 보증을 제공하고 최고가매수신고가격과 같은 가격으로 채무자의 지분을 우선매수하겠다는 신고를 할 수 있다(140조 1항). 이 경우에 최고가매수신고인이 있더라도 그 공유자에게 매각을 허가하여야 한다(140조 2항). 여러 사람의 공유자가 우선매수하겠다는 신고를 하고 그 절차를 마친 때에는 특별한 협의가 없으면 공유지분의 비율에 따라 채무자의 지분을 매수하게 한다(같은 조 3항).

공유물의 이용관리에 관하여 경매에서 공유자는 민사집행법 제140조에 규정된 공유자의 우선매수권 제도는 우리나라에 특유한 것으로서, 공유자는 공유물 전체를 이용관리하는 데 있어서 다른 공유자와 협의하여야 하고(민법 265조), 그 밖에 다른 공유자와 인적인 유대관계를 유지할 필요가 있기 때문에, 공유지분의 매각으로 인하여 새로운 사람이 공유자로 되는 것보다는 기존의 공유자에게 우선권을 부여하여 그 공유지분을 매수할 수 있는 기회를 주는 것이 타당하다는 데 그 입법취지가 있다.[136]

(2) 우선매수청구권 행사 절차

① 공유자의 우선매수의 신고는 집행관이 매각기일을 종결한다는 고지를 하기 전까지 할 수 있다(규칙 76조 1항). 구체적으로는 입찰마감시각이 지났더라도 집행관이 매각종결을 선언하기까지만 하면 된다. 매각기일 전이라도 집행관 또는 집행법원에 우선매수청구권을 행사하겠다는 신고를 함으로써 우선매수청구권을 행사할 수도 있다.

② 공유자가 우선매수신고를 하였으나, 다른 매수신고인이 없는 때에는 최저매각가격을 최고가매수신고가격으로 본다(규칙 76조 2항).

---

136) 법원실무제요, 민사집행 Ⅱ, 사법연수원, 313면

(3) 우선매수청구권의 행사와 그 제한

· ① 공유자가 우선매수신고를 해놓고 보증을 제공하지 않고 있다가 다른 매수신고인이 없으면 보증을 제공하지 않고 유찰이 되도록 하는 방식으로 수회 유찰을 유도한 후 저가매수하는 우선매수권 남용사례에 대하여 판례는 '매각의 적정한 실시를 방해한 사람'으로 매각불허가사유로 삼고 있다. 실무에서는 공유자의 우선매수권 행사의 남용을 막기 위하여 1회에 한하여 허용하고 있다.

② 공유물분할판결에 기하여 공유물 전부를 경매에 붙여 그 매득금을 분배하기 위한 환가의 경우에는 다른 공유자의 우선매수권을 규정한 제140조 규정은 적용이 없다.[137)

(4) 차순위매수신고인의 지위 포기(규칙 76조 3항)

민사집행법 제140조 제4항에 따라 공유자우선매수신고가 되어 있는 부동산에 대하여 최고가매수인고인이 있는 경우에, 그 최고가매수신고인은 공유자 우선매수권에 의하여 차순위매수신고인이 된다. 그러나 그 매수신고인은 집행관이 매각기일을 종결한다는 고지를 하기 전까지 차순위매수신고인의 지위를 포기할 수 있다(규칙 76조 3항). 최고가매수신고인이 차순위매수신고인의 지위를 포기한 때에는 집행관은 매각기일조서에 그 취지를 적어야 한다(규칙 67조 1항 6호, 71조, 72조 4항).

바. 매각기일조서의 작성 및 보증금의 인도

집행관은 매각을 종결한 후에는 각 매각기일마다 매각기일조서를 작성하여야 하고(116조), 매각기일조서와 돌려주지 않은 매수신청 보증금은 매각기일로부터 3일 이내에 집행법원 법원사무관등에게 인도하여야 한다(117조).

사. 새 매각

(1) 의 의

새 매각은 매각을 실시하였으나 매수인이 결정되지 않아서 다시 기일을 정하여 매각기일을 진행하는 것을 말한다. 매수인이 매각대금을 납부하지 않아 실시하는 재매각과 구별된다.

(2) 새 매각을 실시해야 하는 경우

① 매각기일에 허가할 매수가격의 신고가 없는 경우 : 입찰불능(119조)

매각기일에 매수신고가 없어 매각기일이 최종적으로 마감된 때에는 잉여주의에 어긋나지 아니하는 한도에서 법원은 최저매각가격을 상당히 낮추고 새 매각기일을 정하여야

---

137) 대법원 1991. 12. 16. 선고 91마239 결정

한다. 법원별 약간의 차이가 있으나 대체로 20% 또는 30%씩 저감하고 있다. 새 매각기일에서의 매각절차는 일반의 경우와 같다.

② 매각을 허가하지 아니할 경우

매각허가에 대한 이의신청이 정당하다고 인정하여 매각불허가 하거나 민사집행법 제121조에 규정한 사유가 있어 직권으로 매각을 허가하지 아니하는 때, 매각허가결정이 항소심에서 취소 확정된 때에는 새 매각기일을 정하여야 한다(125조 1항). 이 때에는 최저매각가격을 저감할 수 없다.

③ 부동산의 훼손이나 권리변동으로 매각불허가 된 경우

천재지변, 그 밖에 자기가 책임을 질 수 없는 사유로 부동산이 현저하게 훼손된 사실 또는 부동산에 관한 중대한 권리관계가 변동된 사실이 경매절차 진행 중 밝혀진 경우 최고가매수신고인은 매각허가에 대한 이의신청을 할 수 있고(121조 6호), 위와 같은 사실이 매각허가결정의 확정 뒤에 밝혀진 경우에 매수인은 대금을 낼 때까지 매각허가결정의 취소신청을 할 수 있다(127조 1항). 위와 같은 신청이 있는 경우 집행법원이 매각불허가 하거나 매각허가결정을 취소한 때 재감정을 하게 하고 다시 최저매각가격을 정하여 새 매각기일을 진행하여야 한다.

VI. 매각결정절차

1. 매각결정기일

제120조(매각결정기일에서의 진술)
① 법원은 매각결정기일에 출석한 이해관계인에게 매각허가에 관한 의견을 진술하게 하여야 한다.
② 매각허가에 관한 이의는 매각허가가 있을 때까지 신청하여야 한다. 이미 신청한 이의 에 대한 진술도 또한 같다.
제126조(매각허가여부의 결정선고)
① 매각을 허가하거나 허가하지 아니하는 결정은 선고하여야 한다.
③ 제1항의 결정은 확정되어야 효력을 가진다.

가. 매각결정기일의 개시

① 집행법원은 미리 정해진 매각결정기일에 매각허부에 대한 이해관계인의 진술을

듣고 법정의 이의사유가 있는지 조사한 후 매각의 허가 또는 불허가의 결정을 한다. 매각결정기일은 변경 가능하다. 매각결정기일이 변경된 때에 법원사무관등은 최고가매수신고인, 차순위매수신고인 및 이해관계인에게 통지하여야 한다(규칙 73조).

② 매각결정기일 직전에 집행정지서류가 제출된 경우에도 매각결정기일을 열어 매각불허가결정을 한다.

나. 이해관계인의 진술

법원은 매각결정기일에 출석한 이해관계인에게 매각허가에 관한 의견을 진술하게 하여야 한다(120조 1항). 여기서 이해관계인이라 함은 민사집행법 제90조의 이해관계인보다 넓은 개념으로서 같은 조가 규정하는 이해관계인뿐만 아니라 최고가매수신고인 또는 자기에게 매각을 허가할 것을 구하는 그 외의 매수신고인(보증금을 찾아가지 않은 자에 한함)도 포함한다.[138]

이해관계인이 매각허가에 관한 의견을 진술할 수 있는 시기는 매각허가가 있을 때까지, 즉 매각허가여부의 결정의 선고가 있을 때까지이다(120조 2항). 매각허가에 대한 이의는 민사집행법 제121조에서 정한 사유 중 하나에 해당하는 이유이어야 한다.

제121조(매각허가에 대한 이의신청사유)

매각허가에 관한 이의는 다음 각호 가운데 어느 하나에 해당하는 이유가 있어야 신청할 수 있다.
1. 강제집행을 허가할 수 없거나 집행을 계속 진행할 수 없을 때
2. 최고가매수신고인이 부동산을 매수할 능력이나 자격이 없는 때
3. 부동산을 매수할 자격이 없는 사람이 최고가매수신고인을 내세워 매수신고를 한 때
4. 최고가매수신고인, 그 대리인 또는 최고가매수신고인을 내세워 매수신고를 한 사람이 제108조 각호 가운데 어느 하나에 해당되는 때
5. 최저매각가격의 결정, 일괄매각의 결정 또는 매각물건명세서의 작성에 중대한 흠이 있는 때
6. 천재지변, 그 밖에 자기가 책임을 질 수 없는 사유로 부동산이 현저하게 훼손된 사실 또는 부동산에 관한 중대한 권리관계가 변동된 사실이 경매절차의 진행중에 밝혀진 때
7. 경매절차에 그 밖의 중대한 잘못이 있는 때

---

138) 법원실무제요, 민사집행Ⅱ 331면

매각허가에 대한 이의는 이의진술자인 이해관계인 자신의 권리에 관한 이유에 의하여야 하고 다른 이해관계인의 권리에 관한 이유로 신청하지 못한다(122조). 그러나 강제경매개시결정이 채무자에게 송달되지 않았다는 사유는 채무자 아닌 다른 이해관계인도 이의할 수 있다.

④ 법원사무관등은 매각결정기일조서를 작성하여야 한다(126조 2항).

2. 매각허부에 관한 재판

매각허가여부 결정은 매각결정기일에 선고하여야 한다(126조 1항). 매각을 허가하거나 허가하지 아니하는 결정은 선고한 때에 고지의 효력이 생긴다(규칙 74조). 매각허가결정 또는 불허가결정은 확정되어야 효력이 있다(126조 3항).

가. 매각불허가결정

제123조(매각의 불허)
① 법원은 이의신청이 정당하다고 인정한 때에는 매각을 허가하지 아니한다.
② 제121조에 규정한 사유가 있는 때에는 직권으로 매각을 허가하지 아니한다. 다만, 같은 조 제2호 또는 제3호의 경우에는 능력 또는 자격의 흠이 제거되지 아니한 때에 한한다.
제124조(과잉매각되는 경우의 매각불허가)
① 여러 개의 부동산을 매각하는 경우에 한 개의 부동산의 매각대금으로 모든 채권자의 채권액과 강제집행비용을 변제하기에 충분하면 다른 부동산의 매각을 허가하지 아니한다. 다만, 제101조제3항 단서에 따른 일괄매각의 경우에는 그러하지 아니하다.

(1) 매각불허가결정을 하여야 할 경우
① 이해관계인의 이의가 정당하다고 인정하는 때

법원은 이해관계인의 이의신청이 정당하다고 인정한 경우에는 매각을 허가하지 아니한다(123조 1항).

② 법 제121조 이의신청사유가 있을 때

집행법원이 직권 조사한 결과 민사집행법 제121조에 규정한 이의사유가 있다고 인정되는 때에는 직권으로 매각을 허가하지 아니한다(123조 2항 본문). 다만, 같은 법 제121조 제2호 또는 제3호의 경우에는 능력 또는 자격의 흠이 제거되지 아니한 때에 한한다(123조 2항 단서).

③ 과잉매각이 되는 경우

여러 개의 부동산을 매각하는 경우에 한 개의 부동산의 매각대금으로 모든 채권자의 채권액과 강제집행비용을 변제하기에 충분하면 다른 부동산의 매각을 허가하여서는 아니 된다(124조 1항 본문). 과잉매각을 금지하는 취지이다. 다만 토지와 그 위의 건물을 일괄매각하는 경우나 재산을 분리하여 매각하면 그 경제적 효용이 현저하게 떨어지는 경우 또는 채무자의 동의가 있는 경우에는 그러하지 아니하다(123조 2항 단서).

과잉매각의 경우에 채무자는 그 부동산 가운데 매각할 것을 지정할 수 있다(124조 2항). 일괄매각 등에서 채무자가 매각 재산을 지정할 때에는 매각허가결정이 나기 전까지 서면으로 신청해야 한다(규칙 52조)

과잉매각의 금지 규정을 위반하여 매각허가결정을 한 경우 이해관계인은 그 결정에 따라 손해를 볼 경우 그 결정에 대하여 즉시항고할 수 있다(129조 1항).

④ 집행정지결정정본이 제출된 때

매각허가결정 선고 전에 집행법원에 민사집행법 제49조 제2호 소정의 집행정지결정정본이나 채무자 회생 및 파산에 관한 법률상의 중지명령, 회생절차 개시결정 등이 제출된 경우에는 집행을 계속할 수 없으므로 매각불허가결정을 하여야 한다.

매각허가결정이 있은 후에 위와 같은 서류가 제출된 경우에는 대금지급기한을 지정해서는 아니 되고[139], 매각대금을 지급받아서도 아니 된다. 매수인은 매각대금을 낼 때까지 매각허가결정의 취소신청을 할 수 있다(규칙 50조 2항). 이 신청에 관한 결정에 대하여는 즉시항고를 할 수 있다.

사 례 : 집행정지가 되었음에도 대금지급과 소유권이전등기가 경료된 경우

○ **사건개요**
① 2018. 1. 5. 강제경매개시결정
② 2018. 5. 5. 매각허가결정(매수인 甲)
③ 2018. 5. 14. 강제집행정지결정정본 제출(채무자 乙)
④ 2018. 5. 16. 대금지급기한지정
⑤ 2018. 5. 30. 대금납부 및 소유권이전등기(매수인 갑) 경료
⑥ 2018. 7. 5. 채무자 乙, 매수인 甲을 상대로 소유권이전등기말소청구 소제기
⑦ 1, 2, 3심 모두 원고청구기각판결

○ **판례의 요지**
경락인은 경락대금을 지급한 때에 경매부동산에 관한 소유권을 취득하는 것이므로, 강제경매절차에서 경락허가결정이 된 후에라도 경락인이 경락대금을 지급하기 전까지는 경매법

139) 대법원 1995. 2. 16. 선고 94마1871 결정

원에 민사집행법 제49조 2항 소정의 서면인 경매절차의 일시정지를 명하는 결정정본을 제출할 수 있고, 이 경우 경매법원은 필요적으로 그 경매절차의 진행을 정지하여야 하고 이를 무시하고 그대로 진행하여 경락인으로부터 경락대금을 지급받는 것은 위법하다 할 것이다. 그러나 강제집행의 정지사유가 있음에도 불구하고 경매법원이 이를 정지하지 아니하고 대금지급기일을 정하고, 대금납부를 받는 등 경매절차를 진행하는 경우에, 이행관계인은 집행에 관한 이의, 나아가 즉시항고에 의하여 그 시정을 구할 수 있는바, 이러한 불복의 절차 없이 경매절차가 그대로 완결된 경우에는, 그 집행행위에 의하여 발생된 법률효과는 부인할 수 없다 할 것이다.

따라서 이 사건의 경우처럼 경매법원이 판시의 경매절차를 정지하지 않고, 또한 이해관계인으로부터의 집행에 관한 이의절차도 없이 그대로 경매절차를 진행하여 피고가 경매법원이 정한 대금지급기일에 경락대금을 납부하여 경매절차가 완결되어 버린 이 사건에 있어, 경락인인 피고는 이 사건 토지에 관한 소유권을 적법히 취득하였다고 볼 수밖에 없고, 원고는 경매법원의 위법한 경매절차의 진행을 이유로 이 사건 토지에 관한 피고명의의 소유권이전등기가 원인무효라고 내세워 그 말소등기절차의 이행을 구할 수는 없다(대법원 1992. 9. 14. 선고 92다28020 판결).

(2) 부동산의 현저한 훼손 또는 권리관계의 중대한 변동이 있는 경우

민사집행법 제121조 제6호의 사유가 발생한 경우 법 제127조 제1항은 매각허가결정의 취소를 신청할 수 있다고 규정하고 있다. 매각부동산에 현저한 훼손 또는 권리관계의 중대한 변동이 있는 경우 그 변동이 밝혀진 시기에 따라 법원의 조치와 이해관계인의 불복방법이 약간 다르다.

구　분	부동산의 현저한 훼손 또는 권리관계의 중대한 변동이 있는 경우 (121조 6호)			
	~ 매수신고 전	매수신고 후 ~ 매각허가결정 확정 전	매각허가결정확정 후 ~ 대금납부 전	대금납부 후 ~
법원의 조치 및 불복방법	1. 다시 감정 실시 후 매각 실시 2. 재감정 없이 절차 진행한 경우 매각불허가사유 3. 매각허가가 된 경우 즉시항고	1. 최고가매수신고인 또는 매수인은 매각허가에 대한 이의신청 2. 간과하고 매각허가결정한 경우 즉시항고	1. 매각허가결정 취소신청	1. 취소신청 × 2. 대금감액 등 담보책임

(3) 경매목적물의 하자와 담보책임

제578조(경매와 매도인의 담보책임)
① 경매의 경우에는 경락인은 전8조의 규정에 의하여 채무자에게 계약의 해제 또는 대금감액의 청구를 할 수 있다.
② 전항의 경우에 채무자가 자력이 없는 때에는 경락인은 대금의 배당을 받은 채권자에 대하여 그 대금전부나 일부의 반환을 청구할 수 있다.
③ 전2항의 경우에 채무자가 물건 또는 권리의 흠결을 알고 고지하지 아니하거나 채권자가 이를 알고 경매를 청구한 때에는 경락인은 그 흠결을 안 채무자나 채권자에 대하여 손해배상을 청구할 수 있다.

---

① 의 의

매수인이 취득하는 물건이나 권리에 하자가 있는 경우 매도인이 매수인에 대하여 부담하는 책임을 매도인의 담보책임이라 한다. 민법 제578조는 매매의 일종인 경매에 있어서 그 목적물의 하자로 인하여 경락인이 경락의 목적인 재산권을 완전히 취득할 수 없을 때에 매매의 경우에 준하여 매도인의 위치에 있는 경매의 채무자나 채권자에게 담보책임을 부담시켜 경락인을 보호하기 위한 규정이다. 물건의 하자에 대한 담보책임을 하자담보책임이라 하고, 권리의 하자에 대한 담보책임을 추탈담보책임이라고 한다. 경매에서는 추탈담보책임만 인정된다.

② 요 건

ⅰ) 권리의 하자인 경우에 인정된다.

경매절차에서 유치권이 주장되지 아니한 경우에는, 담보목적물이 매각되어 그 소유권이 이전됨으로써 근저당권이 소멸하였더라도 채권자는 유치권의 존재를 알지 못한 매수인은 근저당권자에게 민법 제575조, 제578조 제1항, 제2항에 의한 담보책임을 추급할 수 있다.[140)

ⅱ) 경매절차가 유효한 경우이어야 한다.

담보책임은 매매의 경우와 마찬가지로 경매절차는 유효하게 이루어졌으나 경매의 목적이 된 권리의 전부 또는 일부가 타인에게 속하는 등의 하자로 경락인이 완전한 소유권을 취득할 수 없거나 이를 잃게 되는 경우에 인정되는 것이고, 경매절차 자체가 무효인 경우에는 경매의 채무자나 채권자의 담보책임은 인정될 여지가 없다.[141) 경락인이 강제경매절차를 통하여 부동산을 경락받아 대금을 완납하고 그 앞으로 소유권이전등기까지

---

140) 대법원 2020. 1. 16. 선고 2019다247385 판결
141) 대법원 1991. 10. 11. 선고 91다21640 판결

마쳤으나, 그 후 강제경매절차의 기초가 된 채무자 명의의 소유권이전등기가 원인무효의 등기이어서 경매 부동산에 대한 소유권을 취득하지 못하게 된 경우, 이와 같은 강제경매는 무효라고 할 것이므로 경락인은 경매 채권자에게 경매대금 중 그가 배당받은 금액에 대하여 일반 부당이득의 법리에 따라 반환을 청구할 수 있고, 민법 제578조 제1항, 제2항에 따른 경매의 채무자나 채권자의 담보책임은 인정될 여지가 없다.[142]

iii) 공경매의 경우에 한한다.

민법 제578조와 민법 제580조 제2항이 말하는 '경매'는 민사집행법상의 강제집행이나 담보권 실행을 위한 경매 또는 국세징수법상의 공매 등과 같이 국가나 그를 대행하는 기관 등이 법률에 기하여 목적물 권리자의 의사와 무관하게 행하는 매도행위만을 의미한다.[143]

③ 내 용

ⅰ) 계약해제

경매절차 진행 중에 경매목적물인 자수기의 중요부품이 대부분 분리·반출됨으로써 자수기가 작동할 수 없게 된 경우 경매목적물의 일부가 멸실되었다고 보아 경락인은 계약해제할 수 있다.[144] 경매의 목적이 된 권리가 타인에게 속하여 매수인에게 그 권리를 취득하여 매수인에게 이전할 수 없게 된 경우 매수인으로서는 민법 제578조, 제570조에 따라 경매에 의한 매매계약을 해제하고 매도인인 채무자를 상대로 담보책임을 묻거나 채무자의 자력이 없는 경우 대금의 배당을 받은 채권자를 상대로 그 대금의 전부 또는 일부의 반환을 청구할 수 있을 뿐이다.[145]

경락대금 납부 후 경락부동산에 관해 가등기에 기한 소유권이전의 본등기가 경료되어 경락인이 소유권을 상실한 경우, 이러한 담보책임은 낙찰인이 경매절차 밖에서 별소에 의하여 채무자 또는 채권자를 상대로 추급하는 것이 원칙이라고 할 것이나, 아직 배당이 실시되기 전이라면, 집행법원에 대하여 경매에 의한 매매계약을 해제하고 납부한 낙찰대금의 반환을 청구하는 방법으로 담보책임을 추급할 수 있다.[146]

ⅱ) 대금감액청구

임의경매절차가 진행되어 그 매각허가결정이 확정되었는데 그 매각대금 지급기일이 지정되기 전에 그 매각목적물에 대한 소유자 내지 채무자 또는 그 매수인의 책임으로 돌릴 수 없는 사유로 말미암아 그 매각목적물의 일부가 멸실되었고, 그 매수인이 나머지 부

---

142) 대법원 2004. 6. 24. 선고 2003다59259 판결
143) 대법원 2016. 8. 24. 선고 2014다80839 판결
144) 대법원 2001. 6. 12. 선고 99다34673 판결
145) 대법원 2017. 4. 19. 선고 2016그172 결정
146) 대법원 1997. 11. 11. 선고 96그64 결정

분이라도 매수할 의사가 있어서 경매법원에 대하여 그 매각대금의 감액신청을 하여 왔을 때에는 경매법원으로서는 민법상의 쌍무계약에 있어서의 위험부담 내지 하자담보책임의 이론을 적용하여 그 감액결정을 허용하는 것이 상당하다.[147]

iii) 손해배상책임

채무자가 물건 또는 권리의 흠결을 알고 고지하지 아니하거나 채권자가 이를 알고 경매를 청구한 때에는 경락인은 그 흠결을 안 채무자나 채권자에 대하여 손해배상을 청구할 수 있다(민법 578조 3항). 선순위 근저당권의 존재로 후순위 임차권이 소멸하는 것으로 알고 부동산을 낙찰받았으나, 그 후 채무자가 후순위 임차권의 대항력을 존속시킬 목적으로 선순위 근저당권의 피담보채무를 모두 변제하고 그 근저당권을 소멸시키고도 이 점에 대하여 낙찰자에게 아무런 고지도 하지 않아 낙찰자가 대항력 있는 임차권이 존속하게 된다는 사정을 알지 못한 채 대금지급기일에 낙찰대금을 지급하였다면, 채무자는 민법 제578조 제3항의 규정에 의하여 낙찰자가 입게 된 손해를 배상할 책임이 있다.[148]

경매의 목적물에 대항력 있는 임대차가 존재하는 경우에 경락인이 이를 알지 못한 때에는 경락인은 이로 인하여 계약의 목적을 달성할 수 없는 경우에 한하여 계약을 해제하고 채무자 또는 채무자에게 자력이 없는 때에는 배당을 받은 채권자에게 그 대금의 전부나 일부의 반환을 구하거나, 그 계약해제와 함께 또는 그와 별도로 경매목적물에 위와 같은 흠결이 있음을 알고 고지하지 아니한 채무자나 이를 알고 경매를 신청한 채권자에게 손해배상을 청구할 수 있을 뿐이다.[149]

---

147) 대법원 1979. 7. 24. 선고 78마248 결정
148) 대법원 2003. 4. 25. 선고 2002다70075 판결
149) 대법원 1996. 7. 12. 선고 96다7106 판결

| 사 례 : 담보책임으로서 손해배상책임 |

O 사건개요

①	2014. 1. 5.	근저당권(3천)
②	2016. 2. 1.(전입일자)	임차인 乙(7천)
③	2018. 4. 1.	가압류
④	2020. 1. 5.	경매개시결정기입등기
⑤	2020. 9. 5.	매각허가결정(매수인 丙)
⑥	2020. 9. 20.	1순위 근저당권말소(채무자 甲)
⑦	2020. 10. 5.	대금납부 및 소유권이전등기
⑧	2021. 1. 5.	임차인 乙 → 매수인 丙을 상대로 임차보증금 반환청구소송(7천) : 전부승소확정
⑨	2021. 3. 5.	매수인 丙 → 채무자 甲을 상대로 손해배상 청구(7천)의 소제기 : 전부승소확정

O 판례의 요지

위 사례에서 매수인 丙은 선순위 근저당권의 존재로 후순위 임차권이 소멸하는 것으로 알고 부동산을 낙찰받았으나, 채무자가 대금납부 직전에 선순위 근저당권의 피담보채무를 모두 변제하고 그 근저당권을 소멸시키고도 이 점에 대하여 매수인 丙에게 아무런 고지도 하지 않아 매수인이 대항력 있는 임차권이 존속하게 된다는 사정을 알지 못한 채 대금지급기일에 매각대금을 지급하였다면, 채무자는 민법 제578조 제3항의 규정에 의하여 매수인이 입게 된 손해를 배상할 책임이 있다(대법원 2003. 4. 25. 선고 2002다70075 판결).

(4) 매각불허가결정의 선고

매각불허가결정은 매각결정기일에 선고하여야 하며(126조 1항), 선고사실은 매각결정조서에 기재하여야 한다(126조 2항)

(5) 매각불허가결정 확정 후의 절차

① 매각불허가 사유에 따라 절차가 다르다. 종국적인 사유로 불허가하는 경우 예컨대, 부동산의 멸실로 불허가 할 경우 그 부동산에 대한 경매절차를 취소하고, 경매개시결정 기입등기를 말소한다.

② 종국적인 사유가 아닌 것으로 불허가결정을 한 경우에는, 새 매각기일을 정하여 매각절차를 속행한다(125조 1항).

③ 최고가매수신고인 및 자기에게 매각허가 해달라고 주장하며 보증금을 찾아가지 아니한 매수신고인은 매수신청보증금을 반환받을 수 있다.

나. 매각허가결정

① 법원은 이해관계인의 이의가 이유 없고 직권으로 매각불허가 할 사유가 없는 때에는 최고가매수신고인에게 매각을 허가하는 결정을 한다. 매각허가결정은 선고하는 외에 대법원 규칙이 정하는 바에 따라 공고해야 한다(128조 2항, 규칙 11조).

② 매각허가결정에는 매각한 부동산, 매수인과 매각가격을 적고, 특별한 매각조건으로 매각한 때에는 그 조건을 적어야 한다(128조 1항).

③ 매각허가결정 전에 최고가매수신고인의 지위를 양도한 경우, 양수인에 대하여 매각을 허가할 것인가 대하여는 그것이 집행법상 지위인 점, 매수신청인의 자격이 제한되는 점, 차순위매수신고인의 이익 등을 고려할 때 부정함이 타당하다.[150]

④ 부동산경매절차에서 부동산을 매수하려는 사람이 매수대금을 자신이부담하면서 다른 사람의 명의로 매각허가결정을 받기로 그 다른 사람과 약정함에 따라 매각허가가 이루어진 경우, 그 경매절차에서 매수인의 지위에 서게 되는 사람은 어디까지나 그 명의인이므로, 경매목적부동산의 소유권은 매수대금을 실질적으로 부담한 사람이 누구인가와 상관없이 그 명의인이 취득한다. 이 경우 매수대금을 부담한 자와 이름을 빌려준 명의인 사이에는 명의신탁관계가 성립한다.[151]

⑤ 최고가매수신고인이 착오로 본래 기재하려고 한 입찰가격보다 높은 가격을 기재하였다는 사유는 매각불허가 사유가 아니다.[152]

---

150) 민사집행실무, 법원공무원교육원 2019, 299면
151) 대법원 2008. 11. 27. 선고 2008다62687 판결
152) 대법원 2010. 2. 16. 선고 2009마2252 결정

※ 착오기재의 사례 – 아래 기일입찰표 참조

　　매각절차에서 경매신청채권자 A는 아래와 같이 매수가격을 352,000,000원으로 기재하려다 착오로 3,520,000,000원으로 기재하여 최고가매수신고인이 되었다. 이에 매각허가에 대한 이의신청을 하였으나, 집행법원은 매각불허가 사유에 해당되지 아니한다는 이유로 매각허가결정을 하였다. 이에 A는 매각허가결정에 대한 즉시항고를 하였다. 항고심은 같은 이유로 A의 항고를 기각하였다. 그러자 A는 대금납부를 포기하고 매수신청보증금 몰수를 피하기 위하여 경매신청을 취하하였다. 그러나 소요된 집행비용은 상환받지 못하였다.

(앞면)

기 일 입 찰 표

xx지방법원 집행관 귀하　　　　　　　　　입찰기일 : 2020년 5월　　x일

사 건 번 호		2020　　타 경 xxxxx호		물건 번호	※물건번호가 여러개 있는 경우 에는 꼭 기재

입 찰 자	본인	성　　명	xxx　　　　　　⑩	전화 번호	xxx-xxxx-xxxx
		주민(사업자) 등록번호	xxxxxx-xxxxxxx	법인등록 번　　호	
		주　　소	xxx xxxx xxx xxxx		
	대리 인	성　　명	⑩	본인과의 관　　계	
		주민등록 번　　호		전화번호	－
		주　　소			

입 찰 가 격	천 억	백 억	십 억	천 억	백 만	십 만	만	천	백	십	일		보증 금액	백 억	십 억	천 억	백 만	십 만	만	천	백	십	일	
			3	5	2	0	0	0	0	0	0	0 원				3	5	2	0	0	0	0	0	0 원

보증의 제공방법	☑ 현금·자기앞수표 ☐ 보증서	보증을 반환 받았습니다. 　　　　　입찰자 xxx ⑩

3. 매각허부에 대한 즉시항고

제129조(이해관계인 등의 즉시항고)
① 이해관계인은 매각허가여부의 결정에 따라 손해를 볼 경우에만 그 결정에 대하여 즉시항고를 할 수 있다.
② 매각허가에 정당한 이유가 없거나 결정에 적은 것 외의 조건으로 허가하여야 한다고 주장하는 매수인 또는 매각허가를 주장하는 매수신고인도 즉시항고를 할 수 있다.
제130조(매각허가여부에 대한 항고)
③ 매각허가결정에 대하여 항고를 하고자 하는 사람은 보증으로 매각대금의 10분의 1에 해당하는 금전 또는 법원이 인정한 유가증권을 공탁하여야 한다.

가. 항고절차

(1) 항고권자

즉시항고할 수 있는 자는 매각허가에 정당한 이유가 없거나 결정에 적은 것 외의 조건으로 허가하여야 한다고 주장하는 매수인 또는 매각허가를 주장하는 매수신고인 그리고 이해관계인이다(129조 1, 2항). 이해관계인은 매각허가여부의 결정에 따라 손해를 볼 경우에만 그 결정에 대하여 즉시항고 할 수 있다(129조 1항). 여기서 손해란 이해관계인에게 구체적 또는 추상적으로 재산상 손해가 발생한 경우 외에도 매각기일 통지를 받지 못함으로 인하여 절차상 권리를 침해당한 손해가 있는 경우에도 포함한다.[153] 무잉여로 매각불허가결정을 하여야 함에도 매각허가결정을 한 경우 이에 대한 즉시항고권자는 압류채권자와 우선채권자에 한하고 채무자와 소유자는 항고할 수 없다.[154]

(2) 항고기간

즉시항고는 매각허부결정 선고일로부터 1주일 이내에 제기하여야 한다(15조 2항). 경매법원이 이해관계인 등에게 경매기일 등의 통지를 하지 아니하여 그가 경락허가결정에 대한 항고기간을 준수하지 못하였다면 특단의 사정이 없는 한 그 이해관계인은 자기책임에 돌릴 수 없는 사유로 항고기간을 준수하지 못한 경우 추완항고가 허용된다.[155]

(3) 항고장 및 항고이유서 제출

항고장은 매각허부결정을 선고한 집행법원에 제출한다. 즉시항고의 이유는 원심재판의 취소 또는 변경을 구하는 사유를 구체적으로 적어야 한다(규칙 13조 1항). 항고장에 항고이유를 기재하지 아니한 때에는 항고인은 항고장을 제출한 날부터 10일 이내에 대법원

---

153) 대법원 2002. 12. 24. 선고 2001마1047 결정(전)
154) 대법원 2005. 11. 29. 선고 2004마485 결정
155) 대법원 2002. 12. 24. 선고 2001마1047 결정(전)

규칙이 정하는 바에 따라 작성한 항고이유서를 원심법원에 제출하여야 한다(15조 3항). 이를 위반한 때에는 원심법원은 결정으로 즉시항고를 각하하여야 한다. 신속한 집행절차를 위하여 항고이유서 제출강제주의를 채택한 것이다.

나. 항고보증공탁

(1) 항고보증

매각허가결정[156]에 대하여 항고를 하고자 하는 사람은 보증으로 매각대금의 10분의 1에 해당하는 금전 또는 법원이 인정하는 유가증권을 공탁하고(130조 3항), 항고장에 공탁서를 첨부하여 제출하여야 한다. 남항고로 인한 절차의 지연을 막기 위한 것이다. 항고보증은 지급보증위탁계약체결문서의 제출에 의한 보증은 허용되지 않는다(재민2005-3 5조 4항).

사법보좌관 규칙 제4조 제4항과 제4조 제6항 제6호의 개정(2014. 9. 1.개정, 2015. 3. 23.시행)으로 사법보좌관의 매각허가결정에 불복하려는 자는 사법보좌관에게 이의신청서나 항고장을 제출한 날로부터 1주 이내에 보증제공서류를 첨부하여야 하고, 첨부되지 아니한 경우 보증제공서류를 제공하도록 보정명령을 할 의무가 없다. 따라서 사법보좌관은 이의신청이 있는 경우 이의신청서에 보증제공서류가 붙어 있지 아니한 경우라도 바로 판사에게 사건을 송부한다. 송부 받은 판사는 항고장을 받은 날로부터 1주일 이내에 보증의 제공이 없는 때 별도의 보정명령을 할 필요 없이 결정으로 각하해야 한다(130조 4항). 이 각하결정에 대하여는 즉시항고 할 수 있다. 위 각하결정에 관한 즉시항고에 대하여는 집행정지의 효력이 없어서 그 즉시항고로 인하여 매각허가결정의 확정이 차단되지 아니하므로 강제경매절차는 정지되지 아니한다.[157]

---

156) 매각불허가결정에 대한 항고 시에는 보증의 제공이 필요 없다.
157) 대법원 1995. 1. 20. 선고 94마1961 결정

⊕ 사법보좌관규칙 제4조 4항 및 6항 6호의 신·구 조문비교

조 문	구 사법보좌관 규칙	현행 사법보좌관 규칙 (2014. 9. 1.개정, 2015. 3. 23.시행)
제4조 제4항	제1항의 규정에 따라 이의신청을 하는 때에는 인지, 보증제공서류 등을 붙일 필요가 없다.	제1항의 규정에 따라 이의신청을 하는 때에는 인지를 붙일 필요가 없다.
제4조 제6항 제6호	제5호의 경우 이의신청에 인지, 보증제공서류 등이 붙어 있지 아니하거나 이의신청이 해당법률에 규정된 항고 또는 즉시항고의 요건을 갖추지 아니한 때에는 상당한 기간을 정하여 이의신청인에게 보정을 명하고 이의신청인이 보정하지 아니한 때에는 해당법률에 규정된 절차에 따라 이의신청을 각하할 것	제5호의 경우 이의신청에 인지가 붙어 있지 아니한 때에는 상당한 기간을 정하여 이의신청인에게 보정을 명하고 이의신청인이 보정하지 아니한 때에는 이의신청을 각하할 것

(2) 항고보증금 반환 여부

채무자 및 소유자가 한 항고가 기각된 때에는 항고인은 보증으로 제공한 금전이나 유가증권의 반환을 요구하지 못하고(130조 6항), 전액이 배당재단에 포함된다. 채무자 및 소유자 이외의 사람이 한 항고가 기각된 때에는 항고인은 보증으로 제공한 금전이나, 유가증권을 현금화한 금액 가운데 항고를 한 날부터 항고기각결정이 확정된 날까지의 매각대금에 대한 대법원규칙이 정하는 비율에 의한 금액에 대하여는 돌려줄 것을 요구할 수 없다(130조 7항). 항고인이 항고를 취하한 경우에도 같다(130조 8항). 항고가 인용된 경우에는 당연히 보증공탁한 공탁물을 찾을 수 있다.

다. 항고의 효력

즉시항고는 이심의 효력과 확정차단의 효력이 있을 뿐, 집행정지의 효력은 없다(15조 6항 본문). 매각허부결정은 확정되어야 효력이 있으므로(126조 3항), 확정되기까지는 대급지급기한 지정이나 배당기일을 지정하는 등의 절차를 진행할 수 없다.

라. 항고에 대한 원심법원의 조치

항고장에 흠이 있어 보정을 명하였으나 항고인이 불응한 경우 원심법원(집행법원)은 명령으로 항고장을 각하한다(15조 10항, 민소법 399조). 이 각하명령에 대하여는 즉시항고할 수 있다(민소법 399조 3항).

항고보증이 없는 경우에 항고장을 받은 날부터 1주 이내에 항고장각하결정을 하여야 하고, 이에 대하여 즉시항고할 수 있다(130조 3, 4항). 보증이 없는 경우 법원이 보정명령을 하여야 하는 것은 아니다.[158] 1주일의 기간은 훈시규정이다.

항고이유서를 기한 내에 제출하지 아니하였거나, 항고이유가 대법원 규칙에 위반한 때 또는 항고가 부적법하고 이를 보정할 수 없음이 분명한 때에는 항고장각하결정을 하고, 이에 대하여 즉시항고할 수 있다(15조 5항, 8항).

원심법원은 항고가 이유 있다고 인정하는 때에는 원결정을 경정한다(15조 10항, 민소법 446조).

마. 항고심 절차

항고법원은 항고장 또는 항고이유서에 적힌 이유에 대해서만 조사한다. 다만 집행법원이 재판에 영향을 미칠 수 있는 법령위반 또는 사실오인이 있는지에 대하여 직권으로 조사할 있다(15조 7항). 항고가 이유 없는 경우에는 항고기각 결정을 하고, 이유 있는 경우에는 원심결정을 취소한다. 이때 매각허부결정은 항고법원이 아닌 집행법원(원심법원)에서 한다(132조).

바. 확정된 매각허가결정의 효력

매각허가결정이 확정되면 법원은 대금지급기한을 정하고 매수인은 대금지급의무가 발생한다. 대금지급기한 지정은 매수인 또는 차순위매수신고인에게 통지한다.

사. 확정된 매각허가결정의 취소

제127조(매각허가결정의 취소신청)
① 제121조제6호에서 규정한 사실이 매각허가결정의 확정 뒤에 밝혀진 경우에는 매수인은 대금을 낼 때까지 매각허가결정의 취소신청을 할 수 있다.
② 제1항의 신청에 관한 결정에 대하여는 즉시항고를 할 수 있다.
규칙 제50조(집행정지서류 등의 제출시기)
② 매각허가결정이 있은 뒤에 법 제49조제2호의 서류가 제출된 경우에는 매수인은 매각대금을 낼 때까지 매각허가결정의 취소신청을 할 수 있다. 이 신청에 관한 결정에 대하여는 즉시항고를 할 수 있다.

천재지변, 그 밖의 자기가 책임질 수 없는 사유로 부동산이 현저하게 훼손된 사실

---

158) 대법원 2006. 11. 23. 선고 2006마513 결정

또는 부동산에 관한 중대한 권리관계가 변동된 사실이 매각허가결정의 확정 뒤에 밝혀진 때에는 매수인은 대금을 낼 때까지 매각허가결정의 취소를 신청할 수 있다(127조). 매각허가결정을 취소한 경우에는 부동산의 훼손 정도에 따라 감정평가를 다시 하고 새 매각기일을 진행한다.

　매각허가결정이 확정된 뒤에 집행정지결정정본이 제출된 경우에는 매수인은 대금을 낼 때까지 매각허가결정의 취소를 신청할 수 있고, 이 취소결정에 대하여는 즉시항고할 수 있다(규칙 50조 2항).

자. 즉시항고 사례

사 례

O **항고인의 주장**
매각허가결정에 대하여 항고인(소유자)은, 감정인이 이 사건 부동산이 도로에 접해 있어 맹지가 아님에도 불구하고 맹지로 판단하면서 시가보다 현저히 저렴한 가격으로 평가하였고, 법원은 이를 기준으로 최저매각가격을 결정하였으므로, 최저매각가격결정에 중대한 흠이 있어 이 사건 매각허가결정은 취소하여야 한다고 주장한다.

O **법원의 판단(항고 인용)**
단순히 감정인의 평가액이 저렴하다는 사유는 이의사유가 될 수 없고, 평가방법에 위법사유가 있어 이를 기초로 산정한 평가액이 감정평가의 일반적 기준에 현저히 반한다거나 사회통념상 현저하게 부당하다고 인정되는 경우 최저매각가격의 결정에 중대한 하자가 있는 것으로 보아야 한다(대법원 2004. 11. 9. 선고 2004마94 결정).

사 례

O **사실관계 및 항고인의 주장**
항고인 소유의 부동산에 대한 매각허가결정에 대하여 항고인(소유자)은 즉시항고를 제기하였고, 즉시항고를 제기한 날 근저당권의 피담보채무를 모두 변제한 뒤 근저당권설정등기를 말소하고 법원에 위 근저당권설정등기가 말소된 등기부등본을 제출하면서 1심 결정의 취소를 구한다.

O **법원의 판단**
민사집행법 제265조는 담보권의 실행을 위한 경매절차에서 경매절차의 개시결정에 대한 이의신청사유로 담보권이 없다는 것 또는 소멸되었다는 것을 주장할 수 있다고 규정하고 있다. 따라서 부동산의 임의경매에 있어서는 강제경매의 경우와는 달리 경매의 기본이 되는 저당권이 존재하는지 여부는 경매개시결정에 대한 이의사유가 되고, 그 부동산의 소유자가 경매개시결정에 대하여 저당권의 부존재를 주장하여 즉시항고를 한 경우에는 항고법원은 그 권리의 부존재 여부를 심리하여 항고이유의 유무를 판단하여야 한다 (대법원 1991. 1. 21. 선고 90마946 결정 등 참조). 또한 부동산의 임의경매절차에 있어서 매각허가결정이 확정된 이후라도 매각대금 완납 시까지는 채무자는 저당채무를 변제할 수 있고 위와 같은 실체상의 이유는 경매개시결정에 대한 이의사유로 삼을 수 있다(대법원 1987. 8. 18. 선고 87다카671 판결).

[매각불허가결정]

○ ○ 지 방 법 원
매각불허가결정

사   건   20   타경   부동산강제(임의)경매
최고가매수신고인   ○○○(-   )
                  서울 ○○구 ○○로 ○○○

주   문
별지 기재 부동산에 대한 매각을 허가하지 아니한다 .

이   유

                  20 .   .   .

                  사법보좌관 ○○○   ㊞

[매각허가결정]

○ ○ 지 방 법 원
매각허가결정

사   건   20 타경   부동산강제(임의)경매

최고가매수신고인   ○ ○ ○(-   )

　　　　　　　　　서울 ○ ○ 구 ○ ○ 로 ○ ○ ○

매각가격   ○ ○ ○ 원

별지 기재 부동산에 대하여 최고가로 매수신고한 위 사람에게 매각을 허가한다.

　　　　　　　　　　　20   .   .   .

　　　　　　　　　사법보좌관   ○ ○ ○   ㉑

[매각결정기일조서]

○ ○ 지 방 법 원

매각결정기일조서

사   건   20 타경   부동산강제(임의)경매

판사(사법보좌관)   기   일   . . . :

법원사무관   장 소   제   호 법정

공개여부   공 개

사건과 관계인의 이름을 부름

채 권 자   불출석

채 무 자   불출석

소 유 자   불출석

최고가매수신고인   불출석

차순위매수신고인   불출석

사법보좌관

매각허가(불허가)결정을 선고

해당물건번호 : 1

법원사무관   ○ ○ ○   ㉠

사법보좌관   ○ ○ ○   ㉠

[매각허가결정취소결정]

○ ○ 지 방 법 원
결 정

사 건 　20 타경 　　부동산강제(임의)경매
채 권 자 ○○○
채 무 자 ○○○
소 유 자 ○○○

주 문

1. 이 법원이 별지 목록 기재 부동산에 대하여 20 . . .에 한 매각허가결정은 이를 취소한다.
2. 위 부동산에 대한 이 사건 매각을 허가하지 아니한다.

이 유

　별지 목록 기재 부동산에 대한 이 법원의 20 . . .자 매각허가결정에 대하여 채무자 ○○○부터 같은 해 . . 이의신청이 있는바, 이 법원은 위 이의신청이 이유 있다고 인정되므로 민사소송법 제446조, 민사집행법 제15조 제10항, 사법보좌관규칙 제4조 제6항 제3호에 의하여 주문과 같이 결정한다.

20 . . .

사법보좌관 ○○○ ㊞

[원결정취소결정]

○ ○ 지 방 법 원
결   정

사 건   20 타경   부동산강제(임의)경매
채 권 자   ○ ○ ○
채 무 자   ○ ○ ○
소 유 자   ○ ○ ○

주   문

1. 이 법원이 별지 목록 기재 부동산에 대하여 20 .   .   .에 한 매각허가결정은 이를 취소한다.
2. 위 부동산에 대한 이 사건 매각을 허가하지 아니한다.

이   유

　별지 목록 기재 부동산에 대한 이 법원의 20 .   .   .자 매각허가결정에 대하여 채무자 ○○○부터 같은 해 .   .   항고가 있는바, 이 법원은 위 항고가 이유 있다고 인정되므로 민사소송법 제446조, 민사집행법 제15조 제10항에 의하여 주문과 같이 결정한다.

20 .   .   .

판 사   ○ ○ ○   ㊞

Ⅶ. 매각대금의 지급

1. 매각허가결정의 확정과 대금지급의무

가. 매수인의 대금지급의무

> **제142조(대금의 지급)**
> ① 매각허가결정이 확정되면 법원은 대금의 지급기한을 정하고, 이를 매수인과 차순위 매수신고인에게 통지하여야 한다.
> ② 매수인은 제1항의 대금지급기한까지 매각대금을 지급하여야 한다.

① 매각허가결정이 확정되면 법원은 대금의 지급기한을 정하고, 이를 매수인과 차순위매수신고인에게 통지하여야 한다(142조 1항). 매수인은 위 대금지급기한까지 매각대금을 지급하여야 한다(142조 2항). 현행 민사집행법은 대금지급기한제도를 채택하여 매수인은 자금의 형편에 따라 대금지급기한까지 언제라도 대금을 납부할 수 있고, 분할납부도 가능하다.

② 매수인의 대금지급의무는 매각허가결정이 확정됨으로서 발생하므로, 경락대금 완납 후 경락허가결정에 대한 추완항고가 받아들여진 경우 경락허가결정은 확정되지 아니하고, 적법한 경락대금의 납부가 있는 것으로 볼 수 없다.[159]

나. 대금지급기한의 지정 · 통지

① 대금지급기한은 매각허가결정이 확정된 날부터 1월 안의 날로 정하여야 한다. 다만, 경매사건기록이 상소법원에 있는 때에는 그 기록을 송부받은 날부터 1월 안의 날로 정하여야 한다(규칙 78조). 대금지급기한을 지정한 때에는 매수인과 차순위매수신고인에게 통지하여야 한다(141조 1항).

② 매수인이 채무인수 또는 차액지급(배당금과의 상계)의 방식으로 대금을 납부하는 경우에는 대금지급기한을 지정하지 않고 바로 배당기일을 지정한다.

③ 매각허가결정확정 후 만일 채무자로부터 민사집행법 제49조의 서류에 해당하는 집행정지결정정본이 제출된 때에는 대금지급기한을 지정하지 않는다. 이미 대금지급기한을 지정한 경우라도 대금을 지급받아서는 아니된다.

---

159) 대법원 2007. 12. 27. 선고 2005다62747 판결

[대금지급기한을 지정하는 경우]

○ ○ 지 방 법 원

대금지급기한지정

사   건   20 타경   부동산강제(임의)경매
채   권   자
채   무   자
소   유   자

이 사건의 대금지급기한을   .   .   .   :   로 정한다.

20   .   .   .

사법보좌관   ○ ○ ○   ㊞

[대금지급기한통지서]

○ ○ 지 방 법 원

대금지급기한통지서

귀하

사   건   20 타경   부동산강제(임의)경매
채   권   자
채   무   자
소   유   자
매   수   인
차순위매수신고인

 아래와 같이 대금지급기한이 정하여졌으니 지급기한까지 이 법원에 출석하여 매각대금을 납부하시기 바랍니다.
         대금지급기한   .   .   .   :   민사집행과

20   .   .   .

법원사무관(주사)   (직인생략)

---

2. 대금지급방법

가. 일반적인 방법

① 매수인은 매각허가결정문에 적힌 금액에서 매수신청보증금액을 뺀 나머지 금액을 지급하면 된다. 매수신청 보증금은 매각대금에 넣는다(142조 3항). 매각대금은 현금으로 지급하여야 하고, 자기앞수표도 가능하다.

② 매수신청의 보증으로 금전 외의 것이 제공된 경우로서 매수인이 매각대금중 보증액을 뺀 나머지 금액만을 낸 때에는, 법원은 보증을 현금화하여 그 비용을 뺀 금액을 보증액에 해당하는 매각대금 및 이에 대한 지연이자에 충당하고, 모자라는 금액이 있으면 다시 대금지급기한을 정하여 매수인으로 하여금 내게 한다(142조 4항).

③ 매각대금을 납부할 때는 대금지급기한통지서에 적힌 장소에 가서 담당 법원사무관등을 통하여 법원보관금납부명령서를 발급받아 보관금납부서를 작성하여 취급점 은행에 납부한다.

④ 차순위매수신고인은 매수인이 대금을 모두 지급한 때 매수의 책임을 벗게 되고 즉시 매수신청의 보증을 돌려 줄 것을 요구할 수 있다(142조 6항).

나. 특별한 지급방법

제143조(특별한 지급방법)
① 매수인은 매각조건에 따라 부동산의 부담을 인수하는 외에 배당표(배당표)의 실시에 관하여 매각대금의 한도에서 관계채권자의 승낙이 있으면 대금의 지급에 갈음하여 채무를 인수할 수 있다.
② 채권자가 매수인인 경우에는 매각결정기일이 끝날 때까지 법원에 신고하고 배당받아야 할 금액을 제외한 대금을 배당기일에 낼 수 있다.
③ 제1항 및 제2항의 경우에 매수인이 인수한 채무나 배당받아야 할 금액에 대하여 이의가 제기된 때에는 매수인은 배당기일이 끝날 때까지 이에 해당하는 대금을 내야 한다.

(1) 채무인수

① 매수인은 매각조건에 따라 부동산의 부담을 인수하는 외에 배당표의 실시에 관하여 매각대금의 한도에서 관계채권자의 승낙이 있으면 대금의 지급에 갈음하여 채무를 인수할 수 있다(143조 1항). 이러한 채무인수를 승낙한 관계채권자는 인수된 채무액 범위에서 채권의 만족을 얻은 것으로 보아야 하므로, 그 범위에서 채무자의 채무도 소멸하게 된다. 따라서 위 규정에서 정하고 있는 채무인수는 면책적 채무인수로 보아야 한다.[160]

② 채무인수의 방법으로 매각대금을 지급하고자 하는 매수인은 채무인수신청서를 제출하여야 하고, 법원이 채무인수신청을 받아들이는 경우 매각허가결정 후면 바로 대금지급기한을 지정할 필요 없이 배당기일을 지정한다.

③ 인수되는 채무의 액수는 배당기일에 채권자가 매각대금에서 배당받을 채권액을 한도로 하므로 배당기일에서야 비로소 인수액이 확정[161]되므로, 실무에서는 법원사무관등이 배당표 원안이 작성되면 매수인에게 배당기일에 지급하여야 할 금액을 미리 알려준다.

④ 배당기일에 매수인이 인수할 채무에 대하여 적법한 이의가 있으면 매수인은 배당기일이 끝날 때까지 이에 해당하는 대금을 내야한다(143조 3항). 만일 대금을 지급하지 않으면 재매각을 실시해야 한다.

(2)차액지급(배당액과의 상계)

① 채권자가 매수인인 경우에는 매각결정기일이 끝날 때까지 법원에 신고하고 배당받아야 할 금액을 제외한 대금을 배당기일에 낼 수 있다(143조 2항). 따라서 매수인이 채권자로서 실제로 배당받을 금액이 있어야 하고, 배당받을 매수인의 채권에 대하여 가압류나 압류가 있거나 공탁사유가 있는 경우에는 차액지급이 허용되지 않는다.

② 채무인수에 의한 대금지급 방법과 마찬가지로 차액지급신고서가 제출되어 이를 받아들이는 경우 매각허가결정이 확정되면 바로 배당기일을 지정한다.

③ 차액지급의 경우 매수인이 배당받아야 할 금액에 대하여 이의가 있는 경우에는 매수인은 배당기일이 끝날 때까지 이에 해당하는 대금을 내야 하고(143조 3항), 이를 내지 않으면 재매각을 명한다.

다. 대금지급조서

매수인이 매각대금을 모두 지급한 때 차순위매수신고인은 매수의 책임을 벗게 되고 즉시 매수신청의 보증을 돌려줄 것을 요구할 수 있다(142조 6항). 매수인이 매각대금을 모두 지급하였을 때는 대금지급조서를 작성한다.

3. 매각대금미납과 법원의 조치

가. 차순위매수신고에 대한 매각허부결정

제137조(차순위매수신고인에 대한 매각허가여부결정)
① 차순위매수신고인이 있는 경우에 매수인이 대금지급기한까지 그 의무를 이행하지

---

160) 대법원 2018. 5. 30. 선고 2017다241901 판결
161) 대법원 2018. 5. 30. 선고 2017다241901 판결

아니한 때에는 차순위매수신고인에게 매각을 허가할 것인지를 결정하여야 한다. 다만, 제142조제4항의 경우에는 그러하지 아니하다.
② 차순위매수신고인에 대한 매각허가결정이 있는 때에는 매수인은 매수신청의 보증을 돌려 줄 것을 요구하지 못한다.

차순위매수신고인이 있는 경우에 매수인이 대금지급기한까지 그 의무를 이행하지 아니한 때에는 차순위매수신고인에게 매각을 허가할 것인지를 결정하여야 한다(137조 1항). 다만, 매수신청의 보증으로 금전 외의 것이 제공된 경우로서 매수인이 매각대금 중 보증액을 뺀 나머지 금액만을 낸 때에는, 법원은 보증을 현금화하여 그 비용을 뺀 금액을 보증액에 해당하는 매각대금 및 이에 대한 지연이자에 충당하고, 모자라는 금액이 있으면 다시 대금지급기한을 정하여 매수인으로 하여금 내게 해야 하고, 차순위매수신고인에 대한 매각허부를 결정할 수는 없다(137조 1항 단서).

집행법원은 차순위매수신고인에 대한 매각허부결정을 위하여 매각결정기일을 새로 지정하고 통지하여야 하고, 그 기일은 최초의 대금지급기한 후 3일 안에 지정하고, 대금지급기한 후부터 2주 안의 날로 정하여야 한다.

차순위매수신고인에 대한 매각허가결정이 있는 때에는 매수인은 매수보증의 반환을 요구하지 못한다(137조 2항).

나. 재매각

제138조(재매각)
① 매수인이 대금지급기한 또는 제142조제4항의 다시 정한 기한까지 그 의무를 완전히 이행하지 아니하였고, 차순위매수신고인이 없는 때에는 법원은 직권으로 부동산의 재매각을 명하여야 한다.
② 재매각절차에도 종전에 정한 최저매각가격, 그 밖의 매각조건을 적용한다.
③ 매수인이 재매각기일의 3일 이전까지 대금, 그 지급기한이 지난 뒤부터 지급일까지의 대금에 대한 대법원규칙이 정하는 이율에 따른 지연이자와 절차비용을 지급한 때에는 재매각절차를 취소하여야 한다. 이 경우 차순위매수신고인이 매각허가결정을 받았던 때에는 위 금액을 먼저 지급한 매수인이 매매목적물의 권리를 취득한다.
④ 재매각절차에서는 전의 매수인은 매수신청을 할 수 없으며 매수신청의 보증을 돌려 줄 것을 요구하지 못한다.

(1) 의 의

매수인이 대금지급기한 또는 제142조 제4항의 다시 정한 기한까지 그 의무를 완전히 이행하지 아니하였고, 차순위매수신고인도 없는 때에 법원은 직권으로 새로 매각절차를 진행하여야 하는데 이를 재매각이라 한다(138조 1항).

구 분	매각기일	최저매각가격	결 과
1차	2018. 1. 5.	300,000,000원	유 찰
2차	2018. 2. 9.	240,000,000원	유 찰
3차	2018. 3. 16.	**192,000,000원**	매 각
	매 각	250,000,000원	
	매가결정기일	2018. 3. 23.	매각허가결정
	대금지급기한	2018. 5. 4.	미 납
4차(재매각)	2018. 6. 15.	**192,000,000원**	

재매각기일에서는 3차 매각기일의 매각조건에 따라 실시한다. 따라서 직전 매각기일인 3차 매각기일의 최저매각가격을 그대로 적용된다.

(2) 재매각절차

재매각을 실시하는 경우에 최저매각가격과 그 밖의 매각조건은 종전 그대로 적용한다(138조 2항). 다만, 실무상 재매각 기일에 매수신청보증은 최저매각가격의 10분 2로 하고 있다. 재매각기일의 지정, 공고는 사유가 발행한 날로부터 1주 안에 하여야 한다(재민 91-5). 재매각절차에서는 전의 매수인은 매수신청할 수 없으며, 매수신청보증을 돌려줄 것을 요구하지 못한다(138조 4항).

(3) 재매각절차의 취소

매수인이 재매각기일의 3일 이전까지 대금, 그 지급기한이 지난 뒤부터 지급일까지의 대금에 대한 대법원규칙이 정하는 이율162)에 따른 지연이자와 절차비용을 지급한 때에는 재매각절차를 취소하여야 한다. 이 경우 차순위매수신고인이 매각허가결정을 받았던 때에는 위 금액을 먼저 지급한 매수인이 매매목적물의 권리를 취득한다(138조 3항).

이 규정의 취지는 재매각절차가 전 매수인의 대금지급의무 불이행에 기인하는 것이어서 전 매수인이 법정의 대금 등을 완전히 지급하려고 하는 이상 구태여 번잡하고 시일을 요하는 재매각절차를 반복하는 것보다는 최초의 매각절차를 되살려서 그 대금 등을

---

162) 민사집행규칙 제75조는 이율을 100분의 12로 규정하고 있다.

수령하는 것이 경매의 목적에 합당하다는 데에 있다.[163)

　　여기서 "재매각기일의 3일 이전까지"라 함은 재매각기일의 전일로부터 소급하여 3일이 되는 날의 전일까지를 의미하는 것이 아니라, 재매각기일의 전일로부터 소급하여 3일이 되는 날(따라서 3일째 날이 포함된다)까지를 의미한다고 할 것이다.[164) 예컨대 재매각기일이 5월 1일이면 전일인 4월 30일부터 역산하여 3일째가 되는 4월 28일까지 대금을 납부하여야 재매각절차를 취소하게 된다. "재매각기일"은 재매각명령 후 첫 매각기일만을 의미하는 것이 아니라 유찰·변경 등의 사유로 다시 정한 매각기일도 포함한다.[165)

　　대금지급방법에 있어서 판례는, 재경매절차의 취소를 규정하고 있는 취지는, 재경매절차라는 것이 전 경락인의 대금지급의무의 불이행에 기인하는 것이어서 그 전 경락인이 법정의 대금 등을 완전히 지급하려고 하는 이상 구태여 번잡하고 시일을 요하는 재경매절차를 반복하는 것보다는 최초의 경매절차를 되살려서 그 대금 등을 수령하는 것이 신속한 절차진행을 위하여 합당하기 때문인바, 이와 같은 입법 취지에 비추어 볼 때, 전 경락인이 위 법조문에 근거한 재경매절차의 취소를 구하기 위하여 법정의 대금 등을 지급함에 있어서, 채무인수의 방식에 의한 특별지급방법은 허용할 수 없다고 할 것이다. 왜냐하면, 위 방법에 의할 경우, 인수되는 채무의 액수는 배당기일에 채권자가 배당받을 채권액을 한도로 하므로 배당기일에서야 비로소 인수액이 확정되는 것이고, 인수액이 지급할 법정의 대금 등에 미달할 경우의 부족분이나 배당기일에 이의가 제기된 인수채권에 대한 추가 납부 또는 담보제공의 문제가 있어 그 이행 여부에 따라 경매절차가 불안정해 질 수가 있다는 이유로 특별지급방법을 허용하지 않고 있다.[166)

---

163) 대법원 2009. 5. 6. 선고 2008마1270 결정
164) 대법원 1992. 6. 9. 선고 91마500 결정
165) 민사집행실무 법원공무원교육원 2019, 322면
166) 대법원 1999. 11. 17. 선고 99마2551 결정

[재매각명령서]

○ ○ 지 방 법 원
재매각명령

사　　　건　　20　타경　　　부동산강제(임의)경매
채　권　자
채　무　자
소　유　자

　매수인 ○○○은 이 법원이 정한 20 . . . 의 대금지급기한까지 그 의무를 이행하지 아니하였으므로 별지 기재 부동산에 대한 재매각을 명한다.

20 . . .

사법보좌관 ○ ○ ○　　　㊞

[매수신청보증에 관한 변경결정]

○ ○ 지 방 법 원
결　　정

사　　　건　　20　타경　　　부동산강제(임의)경매
채　권　자
채　무　자
소　유　자

주　　문

매수신청의 보증액을 최저매각가격의 20%로 한다.

이　　유

　이 사건에 관한 매수신청의 보증을 달리 정함이 상당하다고 인정되므로 민사집행규칙 제63조 제2항에 의하여 주문과 같이 결정한다.

20 . . .

사법보좌관　　　○ ○ ○　　㊞

[재매각절차 취소결정]

```
○ ○ 지 방 법 원
결        정

사      건    20   타경       부동산강제(임의)경매
채  권  자
채  무  자
소  유  자

주        문

 별지 기재 부동산에 대하여 이 법원이 20 . . . .자로 한 재매각명령은 이
를 취소한다.

이        유

 위 사건에 관하여 매수인 ○○○가 민사집행법 제138조 제3항에 따른 대
금과 지연이자 및 절차비용을 납입하였으므로 주문과 같이 결정한다.

20  .    .     .

사법보좌관   ○ ○ ○        ㉑
```

4. 대금납부의 효력

제135조(소유권의 취득시기)
 매수인은 매각대금을 다 낸 때에 매각의 목적인 권리를 취득한다.

가. 매수인의 소유권 취득

매수인이 매각대금을 모두 지급한 때에는 매각의 목적인 권리를 취득한다(135조). ①
집합건물에서 구분소유자의 대지사용권은 규약으로써 달리 정하는 등의 특별한 사정이
없는 한 전유부분과 종속적 일체불가분성이 인정되어 전유부분에 대한 경매개시결정과
압류의 효력은 종물 또는 종된 권리인 대지사용권에도 미치는 것이므로(집합건물법 제20조
제1항, 제2항), 건축자의 대지소유권에 관하여 부동산등기법에 따른 구분건물의 대지권등
기가 마쳐지지 않았다 하더라도 전유부분에 관한 경매절차가 진행되어 그 경매절차에서
전유부분을 매수한 매수인은 전유부분과 함께 대지사용권을 취득한다.[167]

② 부동산의 소유자는 그 부동산에 부합한 물건의 소유권을 취득하지만, 타인의 권원에 의하여 부속된 것은 그러하지 아니하므로(민법 제256조), 토지의 사용대차권에 기하여 그 토지 상에 식재된 수목은 이를 식재한 이에게 소유권이 있고 토지에 부합되지 않는다 할 것이어서, 수목이 식재된 후에 그 토지를 경매에 의하여 매수하였다고 하더라도 매수인이 그 지상 수목에 대한 소유권까지 취득하는 것은 아니라고 할 것이다.168)

③ 채무자가 매수인의 대금완납 이전에 채무를 변제하여 담보권을 소멸시키고 이를 근거로 하는 경매개시결정에 대한 이의신청을 하였으나, 경매절차를 정지시키지 아니하여 매수인이 매각대금을 납부하기에 이르렀다면 이로써 매수인은 경매목적물의 소유권을 유효히 취득하는 것이다.169)

나. 매수인이 소유권을 취득하지 못하는 경우

① 강제경매개시결정을 채무자에게 송달하지도 않고 그 기입등기만 경료한 채 후행 경매절차를 진행하여 경락대금을 납부받은 이상, 이는 그 압류의 효력발생 여부에 관계없이 경매개시결정의 효력이 발생하지 아니한 상태에서 경매절차를 속행한 경우이어서 위법하다 아니할 수 없고, 따라서 경락대금 완납에 의한 경락인으로서의 소유권 취득이라는 경락의 효력은 부정될 수밖에 없다.170)

② 피담보채권의 소멸로 저당권이 소멸하였는데도 이를 간과하고 경매개시결정이 되고 그 경매절차가 진행되어 매각허가결정이 확정되었다면 이는 소멸한 저당권을 바탕으로 하여 이루어진 무효의 절차와 결정으로서 비록 매수인이 매각대금을 완납하였다고 하더라도 그 부동산의 소유권을 취득할 수 없다.171)

③ 부동산 처분에 감독청의 허가를 요함에도 감독청의 허가없이 경매절차에서 매각된 경우 매수인은 소유권을 취득할 수 없다.

④ 이해관계인에 대한 매각기일 및 매각결정기일 통지를 누락한 채 경매절차가 진행되어 매수인이 대금을 납부하고 소유권이전등기를 마쳤더라도, 이해관계인에 의한 추후 보완항고를 제기하여 항고가 받아들여졌다면, 매각불허가결정이 확정된 사안

⑤ 경매목적 부동산이 구조상 독립성을 갖추지 못하였고, 집합건물법 제1조의2, 경계표지및건물번호표지규정 제1조, 제2조에 규정된 완화된 요건마저도 다 갖추지 못하였음을 알 수 있는바, 앞서 본 법리에 위와 같은 사정을 비추어 보면, 원심이 이 사건 부동

---

167) 대법원 2012. 3. 29. 선고 2011다79210 판결
168) 대법원 2016. 8. 30. 선고 2016다24529, 24536, 24543 판결
169) 대법원 1992. 11. 11. 선고 92마719 결정
170) 대법원 1994. 1. 28. 선고 93다9477 판결
171) 대법원 2012. 1. 12. 선고 2011다68012 판결

산이 비록 집합건축물관리대장에 독립한 별개의 구분건물로 등록되어 있고 부동산등기부상에도 구분소유권의 목적으로 등기되어 있다 하더라도 구분소유권의 객체가 될 수 없다.[172]

Ⅷ. 소유권이전등기촉탁

제144조(매각대금 지급 뒤의 조치)

① 매각대금이 지급되면 법원사무관등은 매각허가결정의 등본을 붙여 다음 각호의 등기를 촉탁하여야 한다.

1. 매수인 앞으로 소유권을 이전하는 등기
2. 매수인이 인수하지 아니한 부동산의 부담에 관한 기입을 말소하는 등기
3. 제94조 및 제139조제1항의 규정에 따른 경매개시결정등기를 말소하는 등기

② 매각대금을 지급할 때까지 매수인과 부동산을 담보로 제공받으려고 하는 사람이 대법원규칙으로 정하는 바에 따라 공동으로 신청한 경우, 제1항의 촉탁은 등기신청의 대리를 업으로 할 수 있는 사람으로서 신청인이 지정하는 사람에게 촉탁서를 교부하여 등기소에 제출하도록 하는 방법으로 하여야 한다. 이 경우 신청인이 지정하는 사람은 지체 없이 그 촉탁서를 등기소에 제출하여야 한다.

③ 제1항의 등기에 드는 비용은 매수인이 부담한다.

---

1. 소유권이전등기신청과 촉탁

매수인이 대금을 지급하면 법원사무관등은 매각허가결정의 등본을 첨부하여 매수인 앞으로 소유권을 이전하는 등기, 매수인이 인수하지 않은 부동산의 부담에 관한 기입을 말소하는 등기, 경매개시결정등기를 말소하는 등기를 등기관에게 촉탁하여야 한다(144조 1항).

실무상 매수인이 대금을 완납하고 소유권이전등기신청서를 제출하면, 서류제출일로부터 3일 안에 법원사무관등이 등기촉탁절차를 밟게 된다. 이전등기 촉탁서에는 매각허가결정등분, 매수인의 주민등록표등본 또는 초본, 취득세ㆍ등록면허세 영수필통지서 및 영수필확인서, 등기신청수수료 등을 첨부하고 국민주택채권발행번호를 기재한다.

---

172) 대법원 2010. 1. 14. 선고 2009마1449 결정

2. 촉탁할 등기

가. 소유권이전등기

① 매수인이 대금을 모두 지급하면 매각부동산의 소유권을 취득하므로(135조), 매각허가결정을 원인으로 하여 매수인 앞으로 소유권을 이전하는 등기를 촉탁173)하여야 한다(144조 1항 1호).

② 검인의 생략

부동산등기특별조치법 제3조(계약서등의 검인에 대한 특례)에 따라 계약을 원인으로 소유권이전등기를 신청할 때에는 계약서에 검인신청인을 표시하여 부동산의 소재지를 관할하는 시장(구가 설치되어 있는 시에 있어서는 구청장)·군수(이하 "시장등"이라 한다) 또는 그 권한의 위임을 받은 자의 검인을 받아 관할등기소에 이를 제출하여야 하지만, 부동산등기특별조치법 및 동법에 따른 대법원규칙의 시행에 관한 등기사무처리지침 1. 가. (2) 매각(강제경매, 임의경매) 또는 공매를 원인으로 한 소유권이전등기 및 계약의 일방 당사자가 국가 또는 지방자치단체인 경우의 소유권이전등기에는 법 제3조의 규정을 적용하지 아니한다.

③ 제3취득자가 매수인이 된 경우의 소유권이전등기 촉탁174)

ⅰ) 경매개시결정등기 전에 소유권이전등기를 받은 제3취득자가 매수인이 된 경우에는, 경매개시결정등기의 말소촉탁 및 매수인이 인수하지 않는 부담기입의 말소촉탁 외에 소유권이전등기촉탁은 하지 않는다.

ⅱ) 공유부동산에 대한 경매개시결정등기가 경료되고, 경매절차에서 일부 공유자가 매수인이 된 경우에는, 경매개시결정등기의 말소촉탁 및 매수인이 인수하지 않는 부담기입의 말소촉탁을 하되 소유권이전등기촉탁은 위 매수인의 지분을 제외한 나머지 지분에 대한 공유지분이전등기 촉탁을 한다.

ⅲ) 경매개시결정등기(국세체납처분에 의한 압류등기, 매각에 의하여 소멸되는 가압류등기도 같다) 후에 소유권이전등기를 받은 제3취득자가 매수인이 된 경우에는, 경매개시결정등기와 제3취득자 명의의 소유권등기의 말소촉탁과 동시에 매각을 원인으로 한 소유권이전등기 촉탁을 하여야 한다.

④ 구분건물의 전유부분에 설정된 근저당권의 실행으로 매각된 경우 건물대지에 대한 소유권이전등기 등에 대하여는 구분건물의 전유부분에 설정된 근저당권의 실행으로 매각된 경우 건물대지에 대한 소유권이전등기 등에 대한 사무처리지침(등기예규 제1367호)

---

173) 집행법원의 소유권이전등기촉탁에 관한 업무처리지침(재민 2015-3) 참조
174) 제3취득자가 매수인이 된 경우의 소유권이전등기 촉탁에 관한 업무처리지침 개정 2011. 10. 11. [등기예규 제1378호, 시행 2011. 10. 13.]

에 따라 한다.

나. 부담의 말소등기

　매각대금이 지급된 경우에는 법원사무관등은 직권으로 매수인이 인수하지 아니한 부동산의 부담에 관한 기입을 말소하는 등기를 촉탁하여야 한다(144조 1항 2호). 말소촉탁 대상인지 여부, 말소 기준 권리는 등기부상의 권리를 기준으로 한다. 따라서 미등기의 주택임차권, 순위보전가등기 또는 처분금지가처분등기, 근저당권의 순서로 권리관계가 있을 때 말소기준 권리는 미등기 주택임차권이 아니라 근저당권이므로, 순위보전가등기나 처분금지가처분등기는 매수인이 인수해야 하는 것으로 말소촉탁해서는 안 된다. 말소할 등기가 누락되었을 때는 추가 말소촉탁 가능하다.

　① 저당권, 담보가등기, 가압류, 체납압류

　저당권, 담보가등기는 매각으로 소멸하므로 말소촉탁의 대상이 된다(91조 1항, 가담법 15조). 다만, 최선위 가등기가 순위보전을 위한 가등기인지 담보가등기인지 밝혀지지 않은 경우에는 말소해서는 안 된다. 가압류등기나 체납압류등기는 는 매수인이 인수한다는 조건으로 매각되지 아니한 경우 압류의 효력 발생 전후를 불문하고 모두 말소의 대상이 된다.

　② 지상권, 전세권, 지역권 및 등기된 임차권

　지상권 · 지역권 · 전세권 및 등기된 임차권은 저당권 · 압류채권 · 가압류채권에 대항할 수 없는 경우에는 매각으로 소멸된다(91조 3항). 따라서 말소의 대상이 된다. 적법한 배당요구가 있는 최선순위 전세권은 매각으로 소멸하므로(91조 4항 단서), 말소촉탁의 대상이 된다.

　임차권은 임차주택에 대하여 「민사집행법」에 따른 경매가 행하여진 경우에는 그 임차주택의 경락에 따라 소멸하나(주임법 3조의5), 보증금이 모두 변제되지 아니한, 대항력이 있는 임차권은 소멸하지 않기 때문에 말소해서는 아니 된다. 부동산의 경매절차에 있어서 주택임대차보호법 제3조 에 정한 대항요건을 갖춘 임차권보다 선순위의 근저당권이 있는 경우에는, 낙찰로 인하여 선순위 근저당권이 소멸하면 그보다 후순위의 임차권도 선순위 근저당권이 확보한 담보가치의 보장을 위하여 그 대항력을 상실하는 것이지만, 낙찰로 인하여 근저당권이 소멸하고 낙찰인이 소유권을 취득하게 되는 시점인 낙찰대금지급기일 이전에 선순위 근저당권이 다른 사유로 소멸한 경우에는, 대항력이 있는 임차권의 존재로 인하여 담보가치의 손상을 받을 선순위 근저당권이 없게 되므로 임차권의 대항력이 소멸하지 아니한다.175)

③ 가처분등기

말소기준권리(저당권, 가압류, 압류, 담보가등기) 이후에 경료된 가처분 등기는 말소되지만, 말소기준 권리 이전에 경료된 가처분등기는 말소되지 않는다. 또 토지소유자가 그 지상 건물소유자에 대한 건물철거·토지인도청구권을 보전하기 위하여 건물에 대한 처분금지가처분을 한 때에는 처분금지가처분등기가 건물에 관한 강제경매 개시결정등기 또는 담보권설정등기 이후에 이루어졌어도 매각으로 인하여 말소되지 않는다. 따라서 집행법원은 가처분이 있을 경우 직권으로 가처분집행법원으로부터 가처분결정서등본을 송부받아 피보전권리를 명백히 하여 이를 매각물건명세서 등에 적어야 하고, 위의 경우에 해당하는 때에는 법원사무관등은 말소촉탁을 하지 않도록 유의하여야 한다.176)

다. 경매개시결정등기의 말소

매각이 완결되면 경매개시결정등기는 필요 없게 되므로 법원사무관등은 직권으로 그 등기를 말소촉탁한다(144조 1항 3호).

3. 촉탁절차

가. 촉탁서 작성 및 송부방법

① 매수인이 매각대금을 모두 낸 후 법원사무관등이 매수인 앞으로 소유권이전등기를 촉탁하는 경우 그 등기촉탁서상의 등기원인은 강제경매(임의경매)로 인한 매각으로, 등기원인일자는 매각대금을 모두 낸 날로 적어야 한다[부동산등에 대한 경매절차 처리지침(재민 2004-3)].

② 경매절차에서 등기촉탁서를 등기소로 송부하는 때에는 민사소송법에 규정된 송달의 방법으로 하여야 한다. 다만, 청사 내의 등기과로 송부할 때에는 법원직원에게 하도록 할 수 있으나, 이 경우에도 이해관계인이나 법무사 등에게 촉탁서를 교부하여 송달하도록 하여서는 아니 된다(재민 2004-3).

③ 다만 매각대금을 지급할 때까지 매수인과 부동산을 담보로 제공받으려고 하는 사람이 대법원규칙으로 정하는 바에 따라 공동으로 신청한 경우, 소유권이전등기 및 말소등기 촉탁은 등기신청의 대리를 업으로 할 수 있는 사람으로서 신청인이 지정하는 사람에게 촉탁서를 교부하여 등기소에 제출하도록 하는 방법으로 하여야 한다. 이 경우 신청인이 지정하는 사람은 지체 없이 그 촉탁서를 등기소에 제출하여야 한다(144조 2항). 법원사

---

175) 대법원 2003. 4. 25. 선고 2002다70075 판결
176) 법원실무제요, 민사집행Ⅱ 2020, 452~453면

무관등은 피지정자에게 등기촉탁서 및 피지정자임을 증명할 수 있는 확인서를 교부하고 피지정자로부터 영수증을 제출받는다. 등기과(소)에서 위 촉탁서를 접수할 때에는 피지정자임을 증명할 수 있는 확인서를 제출받는다.

나. 촉탁서 기재사항

촉탁서에는 부동산등기법이 규정하는 사항을 기재한다. 양식은 아래와 같다.

[등기촉탁서]

○　○ 지 방 법 원

등기촉탁서

등기관 귀하

사　　　건	20　타경　　부동산강제경매
부동산의 표시	별지와 같음
등기권리자	○○○(　　　-　　　)
	서울 ○○구 ○○로 ○○○
등기의무자	○○○
	서울 ○○구 ○○로 ○○○

등기원인과 그 연월일　　20　．　　．　　．자 강제(임의)경매로 인한 매각
등기목적　　　　1. 소유권이전등기　　2. 말소할 등기 : 별지와 같음
과세표준　　　금　　　　　　　원
취 득 세　　　(이전등기)금　　　　　　원(지방교육세 포함)
등록면허세　　(말소등기)금　　　　　　원(지방교육세 포함)
국민주택채권　　금　　　　　　원
채권발행번호
등기신청수수료　금　　　　　　원
첨　　　부　　1. 매각허가결정등본 1통, 촉탁서 부본 2통
　　　　　　　2. 주민등록등(초)본
　　　　　　　3. 토지 및 건축물대장등본
　위 등기를 촉탁합니다. (등본작성 : 20　．　　．　　．)

20　．　　．　　．

법원사무관　　　　　　[직인]

접수	20○○년○월○일	접 수	기 입	교 합	각종통지
	제　　　　호				

다. 첨부서류

매수인은 소유권이전등기촉탁신청서 첨부서류로서 다음과 같은 서류를 첨부한다[경락으로 인한 소유권이전등기촉탁과 신청인의 주소를 증명하는 서면의 첨부(등기선례 1 – 110호)].

① 등기권리자의 주소를 증명하는 서면 : 주민등록등 · 초본, 법인등기사항증명서 등 · 초본, 비법인사단 또는 재단의 경우 단체의 대표자 또는 관리인의 주민등록등본

② 매수인이 외국인, 재외국민, 비법인사단 · 재단인 경우 : 부동산등기용등록번호

③ 토지대장, 건축물대장

④ 국민주택채권(발행번호 기재) : 국민주택채권 매입대상자와 매입기준은 주택도시기금법 제8조 제1항 제2호, 주택도시기금법 시행령 제8조 제2항, 별표 1.과 부표 15액표 참조

⑤ 취득세 및 등록면허세 영수필통지서 · 확인서

그 외 민사집행법 제144조 제2항의 경우에는 피지정자의 지정을 증명하는 문서와 등기신청의 대리를 업으로 할 수 있는 피지정자의 자격을 증명하는 문서의 각 사본(규칙 78조 2의 2항)을 첨부한다.

4. 촉탁비용과 등기필정보송부 · 교부

① 소유권이전등기와 부동산 위의 부담의 기입등기 및 경매개시결정등기의 말소에 관한 비용은 매수인이 부담한다(144조 3항). 지급할 비용으로서는 등기신청수수료, 촉탁서 송부비용, 등기필정보통지서 송부비용 등이다.등기신청수수료는 매 부동산마다 소유권이 전등기는 15,000원, 말소등기 및 변경등기는 3,000원이다(전자신청하는 경우는 각각 10,000원, 1,000원이다).

② 매수인이 우편에 의하여 등기필정보를 송부받기 위해서는 등기필정보 우편송부 신청서를 작성하여 등기촉탁신청서와 함께 법원에 제출하여야 한다. 매수인이 수인인 경우에는 매수인 중 1인을 등기필정보 수령인으로 지정하고, 나머지 매수인들의 위임장 및 인감증명서를 제출하여야 한다(재민 2004 – 3).

IX. 부동산인도명령

제136조(부동산의 인도명령 등)

① 법원은 매수인이 대금을 낸 뒤 6월 이내에 신청하면 채무자·소유자 또는 부동산 점유자에 대하여 부동산을 매수인에게 인도하도록 명할 수 있다. 다만, 점유자가 매수인에게 대항할 수 있는 권원에 의하여 점유하고 있는 것으로 인정되는 경우에는 그러하지 아니하다.

② 법원은 매수인 또는 채권자가 신청하면 매각허가가 결정된 뒤 인도할 때까지 관리인에게 부동산을 관리하게 할 것을 명할 수 있다.

③ 제2항의 경우 부동산의 관리를 위하여 필요하면 법원은 매수인 또는 채권자의 신청에 따라 담보를 제공하게 하거나 제공하게 하지 아니하고 제1항의 규정에 준하는 명령을 할 수 있다.

④ 법원이 채무자 및 소유자 외의 점유자에 대하여 제1항 또는 제3항의 규정에 따른 인도명령을 하려면 그 점유자를 심문하여야 한다. 다만, 그 점유자가 매수인에게 대항할 수 있는 권원에 의하여 점유하고 있지 아니함이 명백한 때 또는 이미 그 점유자를 심문한 때에는 그러하지 아니하다.

⑤ 제1항 내지 제3항의 신청에 관한 결정에 대하여는 즉시항고를 할 수 있다.

⑥ 채무자·소유자 또는 점유자가 제1항과 제3항의 인도명령에 따르지 아니할 때에는 매수인 또는 채권자는 집행관에게 그 집행을 위임할 수 있다.

---

1. 인도명령신청

법원은 매수인이 대금을 낸 뒤 6월 이내에 신청하면 채무자, 소유자 또는 부동산 점유자에 대하여 부동산을 매수인에게 인도하도록 명할 수 있다(136조 1항 본문). 매수인의 보호를 위하여 간이신속한 절차에 의하여 매수인이 신속, 용이하게 부동산을 인도받을 수 있도록 한 것이다.

인도명령은 대금지급 후 6개월 이내에 신청하여야 한다. 6개월이 경과한 이후에는 소유권에 기한 인도소송을 제기하여야 한다. 처음부터 인도소송을 제기할 수도 있다. 이 경우 인도소송을 제기하여 집행권원을 얻은 경우에는 대금지급 후 6개월 이내라도 인도명령을 신청할 수 없다.[177]

인도명령 사건은 "타인" 사건부호가 붙는다. 경매사건이 계속된 법원 또는 계속되었

---

177) 대법원 2013. 12. 27. 선고 2011마1204 결정

던(경매사건이 종결된 이후) 법원에 신청하여야 한다.

2. 당사자

가. 신청인

매각대금을 모두 지급한 매수인과 그 상속인 등 일반승계인은 소유권이전등기 전이라도 인도명령을 신청할 수 있다. 일반승계인이 승계사실을 증명하여 인도명령을 신청할 수 있다. 인도명령이 발하여진 후의 일반승계인은 승계집행문을 부여받아야 한다. 매수인으로부터 매각부동산을 양수한 양수인(특정승계인)은 매수인의 집행법상의 권리까지 승계하는 것은 아니기 때문에 그 양수인은 인도명령을 신청할 권리를 갖지 않는다(대법원 1966. 9. 10. 선고 66마713 결정).[178]

공유물의 소수지분권자가 다른 공유자와 협의 없이 공유물의 전부 또는 일부를 독점적으로 점유, 사용하고 있는 경우 다른 소수지분권자는 공유물의 보존행위로서 그 인도를 청구할 수는 없고, 다만 자신의 지분권에 기초하여 공유물에 대한 방해 상태를 제거하거나 공동점유를 방해하는 행위의 금지를 청구할 수 있다.[179]

나. 상대방

인도명령의 상대방은 채무자, 소유자 또는 부동산점유자이다(136조 1항).

(1) 채무자, 소유자

상속인 등 일반승계인도 상대방이 된다. 채무자 또는 소유자와 점유자가 근친자, 특수 이해관계인인 경우 등 밀접한 관계에 있어 그 점유자가 채무자 또는 소유자와 동일시될 정도여서 점유자가 인도를 거부하는 것이 신의칙상 허용될 수 없다고 인정되는 경우, 점유자가 채무자 또는 소유자와 공모하여 오로지 인도집행회피 또는 집행방해의 목적으로 점유를 개시하였기 때문에 부동산을 점유할 정당한 이익이 전혀 없다고 인정되는 경우에는 비록 점유자의 점유가 압류 이전에 이루어졌다고 하더라도, 부동산인도명령의 상대방이 된다.[180]

부동산이 인도명령의 상대방이 채무자인 경우 그 인도명령의 집행력은 당해 채무자는 물론 채무자와 한 세대를 구성하여 독립된 생계를 영위하지 아니하는 가족과 같이 채무자와 동일시 되는 자에게도 미친다.[181] 채무자 아닌 제3자가 점유하고 있는 경우에는

178) 법원실무제요, 민사집행Ⅱ 2020, 477면
179) 대법원 2020. 6. 12. 선고 2020마5186 결정
180) 창원지법 2000. 9. 20. 선고 2000라189 결정
181) 대법원 1998. 4. 24. 선고 96다30786 판결

인도집행을 할 수 없다.

(2) 부동산점유자

점유자도 인도명령의 상대방이 되지만, 점유자가 매수인에게 대항할 수 있는 권원에 의하여 점유하고 있는 것으로 인정되는 경우에는 인도명령이 상대방이 되지 않는다(136조 1항 단서). 점유자의 점유의 시작은 압류의 효력 발생 전후를 불문한다. 매각으로 소멸하는 권리보다 먼저 점유를 한 자에 대하여도 매수인에게 대항하지 못한다면 인도명령의 상대방이 된다.

대항력과 우선변제권을 겸유하고 있는 임차인이 배당요구를 하여 배당표에 전액 배당받는 것으로 기재되었으나 후순위채권자가 배당이의소송을 제기하는 바람에 배당금을 받지 못하고 있는 경우, 임차인은 배당표가 확정될 때까지 매수인에 대하여 임차주택의 인도를 거부할 수 있다.[182]

(3) 임차인과 인도명령

① 주택임대차보호법상의 대항력과 우선변제권의 두 권리를 겸유하고 있는 임차인이 우선변제권을 선택하여 임차주택에 대하여 진행되고 있는 경매절차에서 보증금에 대한 배당요구를 하여 보증금 전액을 배당받을 수 있는 경우에는, 특별한 사정이 없는 한 임차인이 그 배당금을 지급받을 수 있는 때, 즉 임차인에 대한 배당표가 확정될 때까지는 매수인에 대하여 임차주택의 인도를 거절할 수 있다.[183]

| 사 례 : 대항력 있는 임차인 |

매수인 A　　　　　배당기일 2019. 10. 5.　　　배당할 금액 3억 원

순위	청구채권	채권자	청구금액	배당액
1	2014. 1. 5.	임차인(전입, 확정일자) B	2천	2천
2	2016. 2. 1.	근저당권자 C	2억 원	2억 원
3	2018. 4. 1.	가압류권자 D	1억 원	8천

1. 위 배당기일에 3순위인 가압류권자 D는 임차인 B가 가장임차인이라는 이유로 임차인의 배당액 전액에 대하여 배당이의를 하여 현재 배당이의 소송이 진행 중이다.
2. 매수인 A는 임차인 B에 대하여 인도명령을 신청하였다. 이에 대하여 임차인 B는 주택임대차보호법상 대항력과 우선변제권이 있는 임차인으로, 배당기일에 가압류권자 D가 배당액 전부에 관하여 이의를 하는 바람에 보증금 전액을 지급받지 못하였으므로, 신청인의 인도요구에 대항할 수 있다고 주장한다. B의 주장은 타당한가?

---

182) 대법원 1997. 8. 29. 선고 97다11195 판결
183) 대법원 2004. 8. 30. 선고 2003다23885 판결 참조

○ 주택임대차보호법상의 대항력과 우선변제권을 겸유하고 있는 임차인이 우선변제권을 선택하여 임차주택에 대하여 진행되고 있는 경매절차에서 보증금에 관하여 배당요구를 한 경우 다른 특별한 사정이 없는 한, 임차인이 그 경매절차에서 그 보증금 상당의 배당금을 지급받을 수 있는 때, 즉 임차인에 대한 배당표가 확정될 때까지는 매수인에 대하여 임차주택의 인도를 거절할 수 있다(대법원 1997. 8. 29. 선고 97다11195 판결).

○ 위 사례에서 임차인은 매각으로 인하여 소멸하는 최선순위 근저당권보다 우선하여 주택임대차보호법상의 대항력과 우선변제권을 갖춘 임차인이라 할 것이고, 배당이의소송을 통하여 위 배당표가 확정될 때까지 매수인인 A의 인도요구에 대항할 수 있다.

사 례 : 대항력 없는 임차인

매수인 A   배당기일 2019. 10. 5.   배당할 금액 10억 원

순위	청구채권	채권자	청구금액	배당액
1	2014. 1. 5. 근저당	K 은행	6억 원	6억 원
2	2016. 2. 1.(전,확)	임차인 B	3억 원	3억 원
3	2018. 4. 1. 근저당	S 은행(경매신청)	2억 원	1억 원

1. 위 배당기일에 S은행은 2순위인 B가 가장임차인이라는 이유로 임차인의 배당액 중 1억 원에 대하여 배당이의를 하여 현재 배당이의 소송이 진행 중이다.
2. 매수인 A는 임차인 B에 대하여 인도명령을 신청하여 인용결정을 받았다. 이에 임차인 B 는 즉시항고를 하면서, 배당금을 지급받지 못하였다는 경매신청채권자인 S은행에 대하여 대항력과 우선변제권을 가지고 있다며 1심 결정의 취소를 구한다. 임차인 B의 주장은 받아들여 질 수 있는가?

○ 임차인은 말소기준 권리인 근저당권자 K은행보다 후순위이므로 매수인에 대하여 대항력이 없어 B의 항고는 인용될 수 없다.

② 인도명령과 임차인의 부당이득

주택임대차보호법상의 대항력과 우선변제권을 겸유하고 있는 임차인이 배당요구를 하였으나 보증금 전액을 배당받지 못하였다면 임차인은 임차보증금 중 배당받지 못한 금액을 반환받을 때까지 그 부분에 관하여는 임대차관계의 존속을 주장할 수 있으나 그 나머지 보증금 부분에 대하여는 이를 주장할 수 없으므로, 임차인이 그의 배당요구로 임대

차계약이 해지되어 종료된 다음에도 계쟁 임대 부분 전부를 사용·수익하고 있어 그로 인한 실질적 이익을 얻고 있다면 그 임대 부분의 적정한 임료 상당액 중 임대차관계가 존속되는 것으로 보는 배당받지 못한 금액에 해당하는 부분을 제외한 나머지 보증금에 해당하는 부분에 대하여는 부당이득을 얻고 있다고 할 것이어서 이를 반환하여야 한다.[184]

(4) 유치권과 인도명령

① 매수인에게 대항 가능 여부

경매절차에서 주로 경매목적물의 공사대금채권과 관련하여 유치권신고를 하는 경우가 많다. 유치권 신고가 있는 경우 법원은 물건명세서에 "유치권 성립여부 불분명"이라 기재하여 매각절차를 진행하고, 매수인은 유치권의 피담보채권을 변제할 책임이 있으므로, 매수인으로서는 매우 불안한 지위에 있게 된다. 매수인에게 대항할 수 있는 유치권은 낙찰가의 저감을 가져오고, 매수인의 인도명령에 대항할 수 있다. 그러나 경매개시결정등기(압류) 이후에 유치권을 취득한 자는 매수인에게 유치권을 주장할 수 없다.

사례 1 : 압류 이후 유치권 취득

채무자 소유 부동산
① 2020. 1. 5. 경매개시결정기입등기(압류)
② 2020. 2. 5. 유치권취득(점유+공사대금채권)
③ 2020. 7. 5. 매각·대금납부(매수인)

- -

채무자 소유의 부동산에 경매개시결정의 기입등기가 경료 되어 압류의 효력이 발생한 이후에 채권자가 채무자로부터 위 부동산의 점유를 이전받고 이에 관한 공사 등을 시행함으로써 채무자에 대한 공사대금채권 및 이를 피담보채권으로 한 유치권을 취득한 경우, 이러한 점유의 이전은 목적물의 교환가치를 감소시킬 우려가 있는 처분행위에 해당하여 민사집행법 제92조 제1항, 제83조 제4항에 따른 압류의 처분금지효에 저촉되므로, 경매절차의 매수인에게 대항할 수 없고, 또한 경매개시기입등기의 경료사실을 과실 없이 알지 못하였다는 사정을 내세워 그 유치권으로 매수인에게 대항할 수 없다(대법원 2006. 8. 25. 선고 2006다22050 토지인도 판결).

사례 2 : 압류 전 채권성립, 압류 이후 유치권 점유 이전

채무자 소유 건물
① 2020. 1. 5. 채권성립
② 2020. 2. 5. 경매개시결정기입등기(압류)
③ 2020. 3. 5. 점유이전(유치권 성립)
④ 2020. 8. 5. 매각·대금납부(매수인)

- -

---

184) 대법원 1998. 7. 10. 선고 98다15545 판결

채무자 소유 건물 신축공사 인한 공사대금채권을 가지고 있었으나, 경매부동산의 압류 당시에는 이를 점유하지 아니하여 유치권을 취득하지 못한 상태에 있다가 압류 이후에 경매부동산에 관한 기존의 채권을 담보할 목적으로 뒤늦게 채무자로부터 그 점유를 이전받음으로써 유치권을 취득하게 된 경우에는 경매절차의 매수인에게 대항할 수 없다(대법원 2005. 8. 19. 선고 2005다22688 건물명도등 판결).

사례 3 : 압류 전 채권이전, 압류 후 채권성립

채무자 소유 건물　① 2020. 1. 5. 점유이전
　　　　　　　　　② 2020. 2. 5. 경매개시결정기입등기(압류)
　　　　　　　　　③ 2020. 3. 5. 공사완공(공사대금채권 취득 → 유치권취득)
　　　　　　　　　④ 2020. 8. 5. 매각·대금납부(매수인)

－－－－－－－－－－－－－－－－－－－－－－－－－－－－－－－－－－

유치권은 목적물에 관하여 생긴 채권이 변제기에 있는 경우에 비로소 성립하고(민법 제320조), 압류의 효력이 발생한 후에 유치권을 취득한 경우에는 매수인에게 대항할 수 없는데, 채무자 소유의 건물에 관하여 증·개축 등 공사를 도급받은 수급인이 경매개시결정의 기입등기가 마쳐지기 전에 채무자에게서 건물의 점유를 이전받았다 하더라도 경매개시결정의 기입등기가 마쳐져 압류의 효력이 발생한 후에 공사를 완공하여 공사대금채권을 취득함으로써 그때 비로소 유치권이 성립한 경우에는, 수급인은 유치권을 내세워 경매절차의 매수인에게 대항할 수 없다(대법원 2011. 10. 13. 선고 2011다55214 유치권부존재확인 판결).

사례 4 : 가압류 이후 압류 전 유치권성립

채무자 소유 건물　① 2020. 1. 5. 가압류
　　　　　　　　　② 2020. 2. 5. 유치권 성립
　　　　　　　　　③ 2020. 3. 5. 경매개시결정등기(압류)
　　　　　　　　　④ 2020. 8. 5. 매각·대금납부(매수인)

－－－－－－－－－－－－－－－－－－－－－－－－－－－－－－－－－－

경매개시결정의 기입등기가 경료되어 압류의 효력이 발생한 후에 채무자가 당해 부동산의 점유를 이전함으로써 제3자가 취득한 유치권으로 압류채권자에게 대항할 수 있다고 한다면 경매절차에서의 매수인이 매수가격 결정의 기초로 삼은 현황조사보고서나 매각물건명세서 등에서 드러나지 않는 유치권의 부담을 그대로 인수하게 되어 경매절차의 공정성과 신뢰를 현저히 훼손하게 될 뿐만 아니라, 유치권신고 등을 통해 매수신청인이 위와 같은 유치권의 존재를 알게 되는 경우에는 매수가격의 즉각적인 하락이 초래되어 책임재산을 신속하고 적정하게 환가하여 채권자의 만족을 얻게 하려는 민사집행제도의 운영에 심각한 지장을 줄 수 있다. 따라서 압류 이후의 점유이전을 압류의 처분금지효에 저촉되는 처분행위로 보는데, 이와 달리 부동산에 가압류등기가 경료되어 있을 뿐 현실적인 매각절차가 이루어지지 않고 있는 상황하에서는 채무자의 점유이전으로 인하여 제3자가 유치권을 취득하게 된다고 하더라도 이를 처분행위로 볼 수는 없다(대법원 2011. 11. 24. 선고 2009다19246 건물명도 판결). 즉 유치권자는 매수인에게 대항할 수 있다.

사례 5 : 체납처분압류 이후 유치권 성립

채무자 소유 건물　① 2020. 1. 5. 체납처분압류
　　　　　　　　　② 2020. 2. 5. 유치권 성립
　　　　　　　　　③ 2020. 3. 5. 경매개시결정등기(압류)
　　　　　　　　　④ 2020. 8. 5. 매각 · 대금납부(매수인)

- -

부동산에 관한 민사집행절차에서는 경매개시결정과 함께 압류를 명하므로 압류가 행하여짐과 동시에 매각절차인 경매절차가 개시되는 반면, 국세징수법에 의한 체납처분절차에서는 그와 달리 체납처분에 의한 압류(이하 '체납처분압류'라고 한다)와 동시에 매각절차인 공매절차가 개시되는 것이 아닐 뿐만 아니라, 체납처분압류가 반드시 공매절차로 이어지는 것도 아니다. 또한 체납처분절차와 민사집행절차는 서로 별개의 절차로서 공매절차와 경매절차가 별도로 진행되는 것이므로, 부동산에 관하여 체납처분압류가 되어 있다고 하여 경매절차에서 이를 그 부동산에 관하여 경매개시결정에 따른 압류가 행하여진 경우와 마찬가지로 볼 수는 없다. 따라서 체납처분압류가 되어 있는 부동산이라고 하더라도 그러한 사정만으로 경매절차가 개시되어 경매개시결정등기가 되기 전에 그 부동산에 관하여 민사유치권을 취득한 유치권자가 경매절차의 매수인에게 그 유치권을 행사할 수 없다고 볼 것은 아니다(대법원 2014. 3. 20. 선고 2009다60336 유치권부존재확인 전원합의체 판결).

사례 6 : 근저당권 이후 유치권 성립

채무자 소유 건물　① 2020. 1. 5. 근저당권설정
　　　　　　　　　② 2020. 2. 5. 유치권 성립
　　　　　　　　　③ 2020. 3. 5. 경매개시결정등기(압류)
　　　　　　　　　④ 2020. 8. 5. 매각 · 대금납부(매수인)

- -

경매개시결정등기가 되기 전에 이미 그 부동산에 관하여 민사유치권을 취득한 사람은 그 취득에 앞서 저당권설정등기나 가압류등기 또는 체납처분압류등기가 먼저 되어 있다 하더라도 경매절차의 매수인에게 자기의 유치권으로 대항할 수 있다(대법원 2014. 4. 10. 선고 2010다84932 유치권부존재 판결)

| 사례 7 : 근저당권 이후 상사유치권 성립 |

채무자 소유 건물 　① 2020. 1. 5. 근저당권설정
　　　　　　　　② 2020. 2. 5. 상사유치권 성립
　　　　　　　　③ 2020. 3. 5. 경매개시결정등기(압류)
　　　　　　　　④ 2020. 8. 5. 매각·대금납부(매수인)

────────────────────────────────

상사유치권은 민사유치권과 달리 그 피담보채권이 '목적물에 관하여' 생긴 것일 필요는 없지만 유치권의 대상이 되는 물건은 '채무자 소유'일 것으로 제한되어 있다(상법 제58조, 민법 제320조 제1항 참조). 이와 같이 상사유치권의 대상이 되는 목적물을 '채무자 소유의 물건'에 한정하는 취지는, 상사유치권의 경우에는 목적물과 피담보채권 사이의 견련관계가 완화됨으로써 피담보채권이 목적물에 대한 공익비용적 성질을 가지지 않아도 되므로 피담보채권이 유치권자와 채무자 사이에 발생하는 모든 상사채권으로 무한정 확장될 수 있고, 그로 인하여 이미 제3자가 목적물에 관하여 확보한 권리를 침해할 우려가 있어 상사유치권의 성립범위 또는 상사유치권으로 대항할 수 있는 범위를 제한한 것으로 볼 수 있다. 즉 상사유치권이 채무자 소유의 물건에 대해서만 성립한다는 것은, 상사유치권은 그 성립 당시 채무자가 목적물에 대하여 보유하고 있는 담보가치만을 대상으로 하는 제한물권이라는 의미를 담고 있다 할 것이고, 따라서 유치권 성립 당시에 이미 그 목적물에 대하여 제3자가 권리자인 제한물권이 설정되어 있다면, 상사유치권은 그와 같이 제한된 채무자의 소유권에 기초하여 성립할 뿐이고, 기존의 제한물권이 확보하고 있는 담보가치를 사후적으로 침탈하지는 못한다고 보아야 한다. 그러므로 채무자 소유의 부동산에 관하여 이미 선행(선행)저당권이 설정되어 있는 상태에서 채권자의 상사유치권이 성립한 경우, 상사유치권자는 채무자 및 그 이후 그 채무자로부터 부동산을 양수하거나 제한물권을 설정 받는 자에 대해서는 대항할 수 있지만, 선행저당권자 또는 선행저당권에 기한 임의경매절차에서 부동산을 취득한 매수인에 대한 관계에서는 그 상사유치권으로 대항할 수 없다(대법원 2013. 3. 28. 선고 2012다94285 유치권부존재확인 판결).

　　② 유치물 사용과 부당이득반환

　　유치권자는 선량한 관리자의 주의로 유치물을 점유하여야 하고, 소유자의 승낙 없이 유치물을 보존에 필요한 범위를 넘어 사용하거나 대여 또는 담보제공을 할 수 없으며, 소유자는 유치권자가 위 의무를 위반한 때에는 유치권의 소멸을 청구할 수 있다고 할 것인바, 공사대금채권에 기하여 유치권을 행사하는 자가 스스로 유치물인 주택에 거주하며 사용하는 것은 특별한 사정이 없는 한 유치물인 주택의 보존에 도움이 되는 행위로서 유치물의 보존에 필요한 사용에 해당한다. 그러나 유치권자가 유치물의 보존에 필요한 사용을 한 경우에도 특별한 사정이 없는 한 차임에 상당한 이득을 소유자에게 반환할 의무가 있다.[185] 만일 유치권자의 점유가 적법한 권원에 의한 것이 아닌 경우에는 불법행위를 구성

하여 매수인이 목적물을 인도받지 못한 데 대하여 손해배상의 책임을 부담할 수 있다.

③ 유치권과 피담보채권의 소멸시효

사 례

채무자 소유 건물　① 2010. 1. 5. A 공사대금채권 취득
　　　　　　　　　② 2010. 3. 5. A 점유(유치권 취득)
　　　　　　　　　③ 2011. 3. 5. B 경매개시결정등기(압류)
　　　　　　　　　④ 2012. 8. 5. 매각·대금납부(매수인 C)

○ 매수인C는 2013. 8. 5. A를 상대로 유치권부존재확인 소송을 제기하면서 A의 공사대금채권은 2010. 1. 5.부터 3년이 경과한 2013. 1. 5. 소멸시효가 완성되었다고 주장한다. 이에 대하여 유치권자 A는 2012. 12. 5. 공사대금채권에 대하여 지급명령을 받고 2012. 12. 22. 확정되었는데 확정된 지급명령에 따른 공사대금채권의 소멸시효기간은 10년이므로 여전히 공사대금채권은 존속한다고 주장한다.
○ 유채권의 행사는 채권의 소멸시효 진행에 영향을 미치지 않는다(민법 326조). 즉 유치권를 행사하더라도 피담보채권의 소멸시효는 그대로 진행된다. 공사대금채권은 3년의 단기 소멸시효에 해당하나, 유치권의 피담보채권의 소멸시효 기간이 확정판결 등에 의하여 10년으로 연장된 경우 매수인은 그 채권의 소멸시효 기간이 연장된 효과를 부정하고 종전의 단기소멸시효 기간을 원용할 수 없다(대법원 2009. 9. 24. 선고 2009다39530 판결).

④ 유치물 점유와 손해배상책임

매각부동산에 대한 유치권자의 점유가 적법한 유치권으로 인정받지 못한 경우, 그 점유는 매수인에 대하여 불법행위를 구성하므로, 매각부동산을 실질적으로 사용·수익하여 이득을 얻었는지 여부와 관계없이 점유자는 매수인이 입은 손해액 상당을 배상할 책임 있다.

3. 재판 및 집행

① 재판은 서면심리만으로도 할 수 있고, 상대방을 심문하거나 변론을 열어 재판할 수도 있다. 그러나 법원이 채무자 및 소유자 외의 점유자에 대하여 인도명령을 하려면 그 점유자를 심문하여야 한다. 다만, 그 점유자가 매수인에게 대항할 수 있는 권원에 의하여 점유하고 있지 않음이 명백한 때 또는 이미 그 점유자를 심문한 때에는 그러하지 아니하다(136조 4항).

② 부동산인도명령 신청사건에서 매수인은 상대방의 점유사실만 소명하면 되고, 그

---

185) 대법원 2009. 9. 24. 선고 2009다40684 판결

점유가 매수인에게 대항할 수 있는 권원에 의한 것임은 이를 주장하는 상대방이 소명하여야 한다.[186]

③ 인도명령은 간이한 절차를 통해 신속한 집행이 이루어지게 함으로써 매수인을 보호하기 위한 목적으로 매각대금을 모두 지급한 매수인에게 부여된 집행법상의 권리로서 인도명령의 상대방은 권원 없이 점유하고 있다고 인정되는 점유자에 한정되고, 만약 상대방에 의하여 점유의 권원이 다투어지고 있는 경우라면 매수인은 본안소송을 통하여 상대방의 점유 권원의 유무를 확정하고 난 이후에 비로소 인도청구권에 기한 강제집행의 방법에 의하여 권리를 실현할 수 있을 것이다.

④ 인도명령 재판은 결정의 형식으로 하고, 인도명령은 민사집행법 제56조 제1호의 항고로만 불복할 수 있는 재판으로서 집행권원이 되는 것이고 집행을 받을 자에게 집행권원을 송달하는 것이 집행개시요건이므로(39조 1항), 신청인 및 상대방에게 인도명령정본을 송달하여야 한다.[187]

⑤ 채무자·소유자 또는 점유자가 인도명령에 따르지 아니할 때에는 매수인 또는 채권자는 집행관에게 그 집행을 위임할 수 있다(136조 6항). 인도명령을 받아 집행을 위해서는 송달증명원과 집행문을 부여 받아야 하고, 승계사실이 있는 경우에는 승계집행문을 부여받아 집행한다.

⑥ 인도명령 재판이 종전에는 법관의 업무였으나, 사법보좌관규칙 개정으로 2020. 7. 1.부터 부동산의 인도명령 및 관리명령과 특별현금화명령은 사법보좌관의 업무범위에 추가되었다(2조 1항).

4. 불복방법

① 인도명령신청에 대한 결정에 대하여는 즉시항고 할 수 있다(136조 5항). 집행법상 즉시항고에는 집행정지의 효력이 없으므로, 집행정지를 위하여는 집행정지신청을 하여 그 결정문을 집행법원에 제출하여야 한다.

② 위법, 부당한 인도명령 집행에 대하여는 집행에 관한 이의로 다툴 수 있다.

---

186) 대법원 2017. 2. 8. 선고 2015마2025 결정
187) 법원실무제요, 민사집행Ⅱ 사법연수원 2020, 493면

[인도명령결정문]

○ ○ 지 방 법 원
결   정

사   건   20 타기   부동산인도명령
신 청 인(매수인)   ○○○(―   )
                서울 ○○구 ○○로 000
피신청인(채무자)   ○○○(―   )
                서울 ○○구 ○○로 000

주 문

피신청인은 신청인에게 별지목록에 적은 부동산을 인도하라.

이 유

이 법원 20 타경   부동산강제경매 사건에 관하여 신청인의 인도명령신청이 이유
있다고 인정되므로 주문과 같이 결정한다.

20   .   .   .

사법보좌관   ○ ○ ○   [인]

X. 배당절차

1. 배당절차의 실시

제145조(매각대금의 배당)
① 매각대금이 지급되면 법원은 배당절차를 밟아야 한다.
② 매각대금으로 배당에 참가한 모든 채권자를 만족하게 할 수 없는 때에는 법원은 민법·상법, 그 밖의 법률에 의한 우선순위에 따라 배당하여야 한다.

매각대금이 지급되면 법원은 배당절차를 밟아야 한다(145조 1항). 매각대금으로 배당에 참가한 모든 채권자를 만족하게 할 수 없는 때에는 법원은 민법·상법, 그 밖의 법률에 의한 우선순위에 따라 배당하여야 한다(145조 2항).

2. 배당요구

가. 의 의

배당요구란 다른 채권자의 신청에 의하여 진행되는 집행절차에서 그 매각대금으로부터 자기 채권의 변제를 받고자 하는 집행법상의 행위이다. 이해관계인이 되는 권리신고와는 다르다.

법원은 배당요구의 종기를 정하여 이를 공고·고지함으로써 그 기한까지 배당요구를 하여야만 배당을 받을 수 있는 채권자들에게 배당요구의 기회를 제공하고 있다. 배당요구를 하지 않고 직접 경매신청을 할 수도 있다. 이미 진행 중인 경매사건에 후행으로 경매신청하는 경우 이중경매라 한다.

배당요구에 따라 매수인이 인수하여야 할 부담이 바뀌는 경우 배당요구를 한 채권자는 배당요구의 종기가 지난 뒤에 이를 철회하지 못한다(88조 2항).

나. 배당요구의 방식(규칙 48조)

배당요구는 채권(이자, 비용, 그 밖의 부대채권을 포함한다)의 원인과 액수를 적은 서면으로 하여야 하고, 배당요구서에는 집행력 있는 정본 또는 그 사본, 그 밖에 배당요구의 자격을 소명하는 서면을 붙여야 한다.

다. 배당요구를 할 수 있는 자

> **제88조(배당요구)**
> ① 집행력 있는 정본을 가진 채권자, 경매개시결정이 등기된 뒤에 가압류를 한 채권자, 민법·상법, 그 밖의 법률에 의하여 우선변제청구권이 있는 채권자는 배당요구를 할 수 있다.
> ② 배당요구에 따라 매수인이 인수하여야 할 부담이 바뀌는 경우 배당요구를 한 채권자는 배당요구의 종기가 지난 뒤에 이를 철회하지 못한다.

집행력 있는 정본을 가진 채권자, 경매개시결정이 등기된 뒤에 가압류를 한 채권자, 민법·상법, 그 밖의 법률에 의하여 우선변제청구권이 있는 채권자(임금채권자[188], 확정일자 있는 임차권자, 조세채권자 등)는 배당요구를 할 수 있다(88조 1항).

라. 배당받을 채권자의 범위

> **제148조(배당받을 채권자의 범위)**
> 제147조제1항에 규정한 금액을 배당받을 채권자는 다음 각호에 규정된 사람으로 한다.
> 1. 배당요구의 종기까지 경매신청을 한 압류채권자
> 2. 배당요구의 종기까지 배당요구를 한 채권자
> 3. 첫 경매개시결정등기전에 등기된 가압류채권자
> 4. 저당권·전세권, 그 밖의 우선변제청구권으로서 첫 경매개시결정등기전에 등기되었고 매각으로 소멸하는 것을 가진 채권자

배당받을 채권자의 범위를 민사집행법 제148조는 다음과 같이 규정하고 있다. 배당요구를 하지 않아도 배당받을 수 있는 채권자(①, ③, ④)와 배당요구를 하여야 배당받을 수 있는 채권자(②)를 포함한다. 민사집행법 제148조는 그 범위를 다음과 같이 규정하고 있다.

① 배당요구의 종기까지 경매신청을 한 압류채권자

② 배당요구의 종기까지 배당요구를 한 채권자

③ 첫 경매개시결정등기 전에 등기된 가압류채권자

④ 저당권·전세권, 그 밖의 우선변제청구권으로서 첫 경매개시결정등기 전에 등기되었고 매각으로 소멸하는 것을 가진 채권자

대지 또는 건축물을 분양받을 자에게 소유권을 이전한 경우 종전의 토지 또는 건축

---

188) 임금채권 중 최종 3년 분의 퇴직금과 최종 3개월 분의 임금은 최우선변제대상이 된다. 임금채권의 지연손해금은 우선변제의 대상이 아니고, 일반채권의 성질을 가지므로 일반채권자와 동순위로 취급한다.

물에 설정된 지상권·전세권·저당권·임차권·가등기담보권·가압류 등 등기된 권리 및 주택임대차보호법 제3조 제1항의 요건을 갖춘 임차권은 소유권을 이전받은 대지 또는 건축물에 설정된 것으로 보므로(도정법 87조 1항), 당연히 배당받을 채권자에 속한다.

마. 채권계산서 제출 최고

배당기일이 정하여진 때에는 법원사무관등은 각 채권자에 대하여 채권의 원금·배당기일까지의 이자, 그 밖의 부대채권 및 집행비용을 적은 계산서를 1주 안에 법원에 제출할 것을 최고하여야 한다(규칙 81조).

[배당요구서]

배당요구서

사건번호   타경   부동산(임의)강제경매

채무자 (이름)

      (주소)

배당요구채권자 (이름)   (주민등록번호   -   )

             (주소)

             (연락처)

배당요구채권

원금

지연손해금

신 청 이 유

위 사건에 관하여 채권자는 채무자에 대하여 ○○법원 20○○가단○○호 ○○청구사건에 관한 집행력 있는 판결정본에 기한 채권을 가지고 있는 바, 위 경매사건의 매각대금에 대하여 배당요구를 합니다.

[첨부서면]

1. 집행력있는 정본·사본 또는 그 밖에 배당요구 자격을 소명하는 서면
2. 송달증명

20 .   .   .

위 배당요구채권자   ○○○   (날인 또는 서명)

○○○○법원 경매   계 귀중

◇ 유의사항 ◇

1. 연락처란에는 언제든지 연락 가능한 전화번호나 휴대전화번호(팩스번호, 이메일 주소등도 포함)를 기재하기 바랍니다.
2. 이 신청은 배당요구의 종기까지 할 수 있습니다.

3. 배당기일지정 · 통지

제146조(배당기일)
매수인이 매각대금을 지급하면 법원은 배당에 관한 진술 및 배당을 실시할 기일을 정하고 이해관계인과 배당을 요구한 채권자에게 이를 통지하여야 한다. 다만, 채무자가 외국에 있거나 있는 곳이 분명하지 아니한 때에는 통지하지 아니한다.

가. 배당기일의 지정

매수인이 매각대금을 지급하면 법원은 배당에 관한 진술 및 배당을 실시할 기일을 정하여야 한다(146조). 통상 대금납부 후 4주 이내로 정한다. 대금납부를 채무인수 또는 차액지급방식으로 하는 경우는 바로 배당기일을 지정한다.

나. 배당기일 통지 및 채권계산서 제출 최고

① 법원 배당기일을 정한 경우에는 이해관계인과 배당을 요구한 채권자에게 이를 통지하여야 한다(146조). 다만, 채무자가 외국에 있거나 있는 곳이 분명하지 아니한 때에는 통지하지 아니한다(146조 단서). 실무상 통지는 송달의 방법으로 하고 있다. 통지의 누락은 집행에 관한 의의로 다툴 수 있다.

② 배당기일이 정하여진 때에는 법원사무관등은 각 채권자에 대하여 채권의 원금·배당기일까지의 이자, 그 밖의 부대채권 및 집행비용을 적은 계산서를 1주 안에 법원에 제출할 것을 최고하여야 한다(규칙 81조).

[배당기일통지서]

○ ○ 지 방 법 원
배당기일통지서

귀하

사　건　　20　타경　　부동산강제(임의)경매
채 권 자
채 무 자
소 유 자
아래와 같이 배당기일이 지정되었음을 통지합니다.
배당기일　　．　．　．　：　　（제　호 법정）

20　　．　．　．

법원사무관　　　　　　（직인생략）

◇ 유 의 사 항 ◇

1. 채권자는 채권의 원금·배당기일까지의 이자, 그 밖의 부대채권 및 집행비용을 적은 계산서를 이 통지서를 받은 날부터 1주 안에 법원에 제출하시기 바랍니다. 채권계산서 양식은 아래와 같습니다.

2. 계산서에는 채권원인증서의 사본을 첨부하고, 채권원인증서의 원본은 배당요구서에 첨부한 경우가 아니면 배당당일에 제출하셔야 합니다(임차인은 아래 3. 참조).

3. 임차인이 배당금을 수령하려면 ① 임대차계약서원본, ② 주택임차인은 주민등록등본, 상가건물임차인은 등록사항등의 현황서등본 ③ 매수인의 인감이 날인된 임차목적물명도확인서, ④ 매수인의 인감증명서를 각 1통씩 배당당일에 제출하셔야 합니다(단, 배당요구종기까지 배당요구한 임차인에 한하여 배당받을 수 있습니다).

4. 대리인이 출석할 때에는 위임장 2통, 위임자의 인감증명서 2통, 법인인 경우 법인 등(초)본 2통, 기타 자격증명서면을 제출하셔야 합니다.

5. 배당기일통지서를 받은 이해관계인일지라도 법정배당순위에 따라서는 배당금이 없는 경우도 있습니다.

6. 채권자가 배당액을 입금할 예금계좌 및 채권자의 주민등록번호(법인인 경우 사업자등록번호)를 신고하면 그 예금계좌에 입금하여 드릴 수 있습니다. 이 경우 입금에 소요되는 수수료는 채권자 부담입니다.

7. 사건진행ARS는 지역번호 없이 1588–9100입니다. 바로 청취하기 위해서는 안내음성에 관계

없이 '1'+'9'+[열람번호 000999 2001 013 3334]+'*'를 누르면 됩니다(광주 · 전남지역에서 타지역 사건 조회 : (02)530−1234).

법 원 소재지		담 당	
		전 화	

	채 권 원 금	이　　자 (20 ． ． ．부터 20 ． ． ．까지)	기　　타 (비용, 부대채권)	합　　계
채권계산서				

20 ． ． ．

채권자　　　　　　(날인 또는 서명) ☎ :

4. 배당표 작성

가. 배당할 금액(147조)

배당할 금액(배당재단)으로 다음과 같은 것들이 있다. 실제 배당할 금액은 배당할 금액에서 집행비용을 뺀 금액이 된다.

① 매수보증금을 포함한 매각대금

② 지연이자(대금지급기한 경과 후 대금지급하는 경우)

③ 항고보증금 또는 지연이자

채무자 또는 소유자가 한 항고가 기각 또는 항고를 취하한 경우 돌려받지 못하는 항고보증금과 채무자 또는 소유자 이외의 자가 한 항고기각 또는 항고를 취하한 경우 돌려받지 못하는 매각대금에 대한 지연이자

④ 전 매수인의 매수신청보증금(전 매수인이 대금을 지급하지 아니하여 돌려받지 못하는 매수신청보증금)

⑤ 차순위매수신고인에게 매각허가결정이 난 경우 매수인이 돌려받지 못하는 매수보증금

⑥ 위 각 금액에 대한 배당기일까지의 이자

나. 배당표에 기재할 사항

배당표에는 매각대금, 채권자의 채권의 원금, 이자, 비용, 배당의 순위와 배당의 비율을 적어야 한다(150조 1항). 실무는 배당받지 못하는 채권자들을 배당표에 기재하지 않고 있으나, 배당받은 채권자 중에는 배당금 수령을 포기하거나 채무자의 배당이의의 소가 승소판결로 확정되어 추가배당을 하여야 할 경우를 대비하여서라도 배당받지 못하는 채권자들도 배당표에 기재하는 것이 바람직하다.

다. 배당표원안 작성 · 비치

법원은 채권자와 채무자에게 보여 주기 위하여 배당기일의 3일전에 배당표원안(배당표원안)을 작성하여 법원에 비치하여야 한다(149조 1항).

라. 집행비용

강제집행에 필요한 비용은 채무자가 부담하고 그 집행에 의하여 우선적으로 변상을 받는다(53조 1항). 집행권원 없이도 각 채권에 우선하여 변제받는다.

[배당표 기재례]

○ ○ 지 방 법 원

배 당 표

사 건 20 타경 부동산강제경매

배 당 할 금 액		금	50,000,000	
명 세	매 각 대 금	금	44,700,000	
	지연이자 및 절차비용	금	0	
	전경매보증금	금	5,000,000	
	매각대금이자	금	300,000	
	항고보증금	금	0	
집 행 비 용		금	1,000,000	
실제 배당할 금액		금	49,000,000	
매 각 부 동 산		서울 종로구 ○○로2길 23, 101동 ○○호(○○동, ○○아파트)		
채 권 자		김○○	종로구	○○은행
채 권 금 액	원 금	12,000,000	2,000,000	34,500,000
	이 자	0	0	490,000
	비 용	0	0	10,000
	계	12,000,000	2,000,000	35,000,000
배 당 순 위		1	2	3
이 유		소액임차인	교부권자(당해세)	근저당권자
채 권 최 고 액		12,000,000	2,000,000	40,000,000
배 당 액		**12,000,000**	**2,000,000**	**10,000,000**
잔 여 액		37,000,000	35,000,000	35,000,000
배 당 비 율		100.00%	100.00%	100.00%
공 탁 번 호 (공 탁 일)		금제 호 (20 . . .)	금제 호 (20 . . .)	금제 호 (20 . . .)

5. 배당순위

모든 채권자들의 순위가 동등한 경우에는 청구금액 비율로 배당하고, 매각대금으로 배당에 참가한 모든 채권자를 만족하게 할 수 없는 때에는 법원은 민법·상법, 그 밖의 법률에 의한 우선순위에 따라 배당하여야 한다(145조 2항).

집행비용(53조 1항)과 저당물의 제3취득자가 매각 부동산의 보존, 개량을 위하여 지출한 필요비 또는 유익비는 모든 채권자에 우선하여 상환한다(민법 367조). 그 외 채권자들의 배당순위는 다음과 같다.

가. 매각부동산에 조세채권의 법정기일보다 먼저 설정된 저당권·전세권으로 담보되는 채권이 있는 경우

(1) 1순위

주택(상가)임차인의 보증금 중 일정액(소액임차보증금채권, 주임법 8조 1항, 상임법 14조, 국세기본법 35조 1항 4호, 지방세기본법 71조 1항 4호), 최종 3월분의 임금[189]·최종 3년간의 퇴직급여 등[190]·재해보상금(근로기준법 38조 2항, 근로자퇴직급여보장법 12조 2항, 국세기본법 35조 1항 5호, 지방세기본법 71조 1항 5호). 이들 상호간에는 동순위이다.

(가) 주택 및 상가건물임차보증금반환채권

① 적용범위

주택임대차보호법은 임차보증금의 액수에 관계없이 적용되지만, 상가건물임대차보호법은 임차보증금의 액수가 일정액을 초과하는 경우에는 적용대상이 아니다(상임법 2조 1항). 상가건물 임대차에 있어서 보증금 외에 차임이 있는 경우 그 차임액에 대통령령이 정하는 비율(1분의 100)을 곱하여 환산한 금액(환산보증금)을 포함한다(상임법 2조 2항).

② 대항요건

임차인이 주택(상가건물)의 인도와 주민등록을 마친 때(사업자등록의 신청)에는 그 다음날부터 제3자에 대하여 효력이 생긴다(주임법 3조 1항 전단, 상임법 3조 1항). 이 경우 전입신고를 한 때에 주민등록이 된 것으로 본다(주임법 3조 1항 후단).

---

189) 최종 3월분 임금이란, 근로계약관계 종료시로부터 소급하여 3개월 이내의 기간 동안 근로의 대가에 해당하는 미지급분 임금을 말한다(대법원 2002. 3. 29. 선고 2001다83838 판결). 2020. 12.경 퇴직하였다면, 12월부터 소급하여 3개월 이내인 10월부터 12월까지의 기간 동안의 근로의 대가로서 미지급분 임금을 말하고, 임금자체에 대하여만 우선변제권이 인정되고, 지연손해금에 대해서는 우선변제권이 인정되지 않는다(대법원 2000. 1. 28. 선고 99마5143결정).
190) 우선변제되는 퇴직금은 250일분의 평균임금을 초과할 수 없다.

> **사 례 : 임차주택이 경매로 매각될 경우**
>
> ① 2020. 5. 11. 주택의 인도와 주민등록
> ② 2020. 5. 11. 근저당권설정
>   → 근저당권이 선순위이므로 임차권소멸(∵ 임차인의 대항력은 5. 12. 0시에 발생)
>
> _
>
> ① 2020. 5. 10. 주택의 인도와 주민등록
> ② 2020. 5. 11. 근저당권설정
>   → 임차인의 대항력은 11일 0시에 발생, 근저당권보다 선순위이므로 임차권은 소멸
>   하지 않음(매수인이 인수)

③ 확정일자 갖춘 임차인의 우선변제권의 요건

대항요건과 임대차계약증서상의 확정일자를 갖춘 임차인은 경매 또는 공매를 할 때에 임차주택(대지를 포함한다)의 환가대금에서 후순위권리자나 그 밖의 채권자보다 우선하여 보증금을 변제받을 권리가 있다(주임법 3조의2의 2항, 상임법 5조 2항). 다만, 매수인에게 목적물을 인도하여야 보증금(배당금)을 받을 수 있다. 실무상 명도확인서를 제출한다. 대항요건은 첫 경매개시결정등기 후에 갖추어도 된다.

④ 소액임차인의 최우선변제권의 요건(주임법 14조, 상임법 8조)

임차인은 보증금 중 일정액을 다른 담보물권자보다 우선하여 변제받을 권리가 있고, 이 경우 임차인은 주택에 대한 경매신청의 등기 전에 대항요건을 갖추어야 한다. 우선변제를 받을 임차인 및 보증금 중 일정액의 범위와 기준은 제8조의2에 따른 주택임대차위원회의 심의를 거쳐 대통령령으로 정한다. 다만, 보증금 중 일정액의 범위와 기준은 주택가액(대지의 가액을 포함한다)의 2분의 1을 넘지 못한다. 여기서 말하는 담보물권에는 저당권, 가등기담보권, 전세권, 확정일자임차권이 포함된다.

소액임차인에 해당하는 지 여부는, 목적물에 선순위 담보물권이 설정된 때가 기준이 되고 그 당시의 주임법과 주임법 시행령의 규정을 따라 판단한다.[191] 즉, 소액임차인으로서 보증금 중 일정액을 보호받으려면, 첫째 보증금 액수가 소액보증금에 해당해야 하고, 둘째 첫 경매개시결정등기 전에 대항요건을 갖출 것, 셋째 배당요구 종기까지 대항력을 유지할 것, 넷째 배당요구종기까지 배당요구를 해야 한다.

최우선변제 받는 소액보증금채권은 압류금지채권이다(246조 1항 6호).

⑤ 우선변제권 발생시기와 저당권의 선후

임차인에게 우선변제권이 인정되기 위하여는 대항요건과 확정일자를 모두 갖추어야

---

191) 대법원 2002. 3. 29. 선고 2001다84824 판결

한다. 주택임대차보호법 제3조 제1항은 주택의 인도와 주민등록을 마친 다음 날부터 대항력이 발생한다고 규정하고 있다. 임차인이 확정일자를 먼저 갖추고 그 후에 주택의 인도와 주민등록을 마친 경우에는 우선변제권은 주택이 인도와 주민등록을 마친 다음날 0시에 발생한다.[192] 구체적인 사례를 들어 본다.

---

① 주택인도와 주민등록(2020. 5.11.) + 확정일자(2020. 5.12.), 저당권설정(2020. 5.12.)
   → 매수인에게 대항가능(저당권에 우선), 배당순위 : 임차인 = 저당권
② 주택인도와 주민등록(2020. 5.11.) + 확정일자(2020. 5.11.), 저당권설정(2020. 5.11.)
   → 매수인에게 대항불가(저당권이 우선), 배당순위 : 저당권 > 임차인
③ 주택인도와 주민등록(2020. 5.11.) + 확정일자(2020. 5.11.), 저당권설정(2020. 5.12.)
   → 매수인에게 대항가능(저당권에 우선), 배당순위 : 임차인 > 저당권
④ 주택인도와 주민등록(2020. 5.11.) + 확정일자(2020. 5.10.), 저당권설정(2020. 5.11.)
   → 매수인에게 대항불가(저당권이 우선), 배당순위 : 저당권 > 임차인
⑤ 주택인도와 주민등록(2020. 5.11.) + 확정일자(2020. 5.14.), 저당권설정(2020. 5.12)
   → 매수인에게 대항가능(저당권에 우선), 배당순위 : 저당권 > 임차인

---

⑥ 배당사례

C의 근저당권으로 개시된 경매절차에서 배당할 금액은 2억 원인 경우(주택 서울 소재)

채권자	지위	원인일자	채권액	순위	배당액
A	전세권(2층) (배당요구 O)	2015. 2. 7.	1억	1	1억
B	주택임차권[193](1층) (배당요구 ×)	2015. 3. 8. (전입,확정)	5천	0	
C	근저당권자	2016. 1. 6.	2억	2	1억

---

192) 대법원 2000. 4. 11. 선고 98다50791 판결
193) 건물의 일부를 목적으로 하는 전세권은 그 목적인 건물 부분에 한하여 그 효력이 미치므로, 건물 중 일부(2층 부분)를 목적으로 하는 전세권이 임차인이 대항력을 취득하기 이전에 설정되었다가 매각으로 인하여 소멸하였다고 하더라도, 임차인의 임차권이 전세권의 목적물로 되어 있지 아니한 주택 부분(1층의 일부)을 그 목적물로 하고 있었던 이상 매각으로 인하여 소멸한다고 볼 수는 없다(대법원 1997. 8. 22. 선고 96다53628 판결).

C의 근저당권으로 개시된 경매절차에서 배당할 금액은 2억 원인 경우(주택 서울 소재)

채권자	지 위	원인일자	채권액	순 위	배당액
A	임차권(1층) (확정일자 ×)	2015. 2. 7. (전입)	1억		
B	임차권(2층)	2015. 6. 8. (전입,확정)	5천	1	5천
C	근저당권자	2016. 1. 6.	2억	2	1억 5천

✪ 주택임대차보호법과 상가건물임대차보호법 비교

구 분	주택임대차보호법	상가건물임대차보호법
적용범위	◦ 주거용건물의 전부 또는 일부 ◦ 보증금 액수 상한 제한 규정 없음 (환산보증금 규정 없음)	◦ 사업자등록대상이 되는 상가 건물 ◦ 보증금(환산보증금) 일정액 이하에 적용194) (보증금 외 월차임이 있는 경우 환산보증금＝보증금＋월차임×100) 1. 서울시 : 9억원 2. 과밀억제권역 및 부산시 : 6억 9천 3. 광역시, 세종시, 파주, 화성, 안산, 용인, 김포 및 광주시 : 5억 4천 4. 그 밖의 지역 : 3억 7천
대항요건	주택의 인도＋주민등록	건물인도＋사업자등록
대항력취득시기	주택인도와 주민등록 마친 다음날 0시	건물인도와 사업자등록신청을 마친 다음날
우선변제권 요건	대항요건＋확정일자	대항요건＋확정일자(관할세무서장)
소액보증금 최우선변제 요건 (우선변제를 받을 임차인의 범위/우선변제를 받을 보증금의 범위)	◦ 보증금 중 일정액 이하195)(○) 1. 서울 : 1억5천 이하/5천 2. 과밀억제권역, 세종, 용인, 화성, 김포 : 1억3천/4천3백 3. 광역시, 안산, 광주, 파주, 이천, 평택 : 7천/2천3백 4. 기타 : 6천/2천 (주택가액의 1/2 범위까지만 우선변제) ◦ 경매개시결정등기 전 대항요건(○) (확정일자 불요)	◦ 보증금 중 일정액 이하(○) 1. 서울 : 6천5백/2천2백 2. 과밀억제권역 : 5천5백/1천9백 3. 광역시, 안산, 용인, 김포, 광주 3천8백/1천3백 4. 기타 : 3천/1천 (건물가액의 1/2 범위 내 우선변제) ◦ 경매개시결정등기 전 대항요건(○) (확정일자 불요) ◦ 배당요구종기까지 배당요구, 대항력 유지

	○ 배당요구종기까지 배당요구, 대항력 유지	
소액임차인 및 소액보증금 범위 판단 시기	주택에 대하여 담보물권을 취득한 때	건물에 대하여 담보물권을 취득한 때
경매에 의한 임차권소멸여부	원칙 : 소멸 예외 : 보증금을 전액 변제받지 못한 대항력 있는 임차인	좌동
존속기간	최단 2년	최단 1년
차임연체와 해지	2기 차임연체 시 계약해지	3기 차임연체 시 계약해지

(나) 최우선변제 임금채권

| 사 례 : 최우선변제권 있는 임금채권 배당 |

A는 B회사와 고용계약을 체결하고 아래 표 '근무기간'란 기재와 같은 기간 동안 근로를 제공하였으나 '체불임금'란 기재와 같은 임금 및 퇴직금을 지급받지 못하고 2020. 6. 30. 퇴사하였다. 이에 B회사를 상대로 체불임금지급청구의 소를 제기하여 전부 승소확정판결을 받았다.

성명	근무기간	체불임금					합 계
		2020.3.분	2020.4.분	2020.5.분	2020.6.분	최종3년 퇴직금	
A	2017.1.1.~ 2020.6.30.	3,000,000		3,000,000	3,000,000	10,000,000	19,000,000

판결주문
○ 피고는 원고(A)에게 19,000,000원 및 이에 대하여 2021. 3. 1.(소장부본 송달 다음날)부터 다 갚는 날까지 연 12%의 비율로 계산한 돈을 지급하라.

- -

A는 B회사의 부동산에 대하여 진행되는 경매절차에 판결주문 기재와 같은 원금(19,000,000원) 및 지연손해금(2021. 3. 1.부터 6. 30.까지 760,000원)을 채권액(총 19,076,000원)으로 하는 배당요구를 하였다. 매각대금으로부터 A가 지급받을 수 있는 최우선변제금은 얼마인가?

1. 최종 3월분 임금이란, 근로계약관계 종료시로부터 소급하여 3개월 이내의 기간 동안 근로의 대가에 해당하는 미지급분 임금을 말하므로(대법원 2002. 3. 29. 선고 2001다83838 판결), 6월부터 소급하여 4월까지 사이에 발생한 미지급 임금 6,000,000원이 된다. 따라서 최우선 배당받을 금액은 6,000,000원＋10,000,000원＝15,000,000원이다.

---

194) 2019. 4. 2. 개정 시행령
195) 2021. 5.11. 개정 시행령

> 2. 나머지 3월분 미지급임금 3,000,000원은 '최종 3월분 임금, 최종 3년분 퇴직금'을 제외한
> '임금 기타 근로관계채권'에 해당되어 그 순위에 따라 배당받는다.
> 3. 지연손해금 760,000원은 우선변제의 대상이 안 되고 일반채권으로서 배당받는다.

(2) 2순위 : 당해세(상속세, 증여세, 재산세, 자동차세, 지방교육세 등)

당해세는 경매목적부동산 자체에 부과되는 조세이다. 당해세는 저당권 등으로 담보
되는 채권에 항상 우선한다(국세기본법 35조 1항 3호, 지방세기본법 71조 1항 3호).

(3) 3순위 : 국세 · 지방세의 법정기일[196] 전에 설정된 저당권 · 전세권으로 담보되는
채권(국세기본법 35조 1항 3호, 지방세기본법 71조 1항 3호)

저당권의 설정등기일과 조세의 법정기일이 같은 경우는 조세가 우선한다.

(4) 4순위 : 최종 3월분 임금, 최종 3년분 퇴직금을 제외한 임금 기타 근로관계채권

(5) 5순위 : 국세·지방세 및 그 징수금

(6) 6순위 : 국세·지방세 다음으로 징수되는 공과금 중 건강보험료, 국민연금보험료, 고용
보험료, 산업재해보상보험료

각 보험료 납부기한 전에 설정된 저당권 · 전세권에 대하여는 우선하지 못한다.

(7) 7순위 : 일반채권, 재산형, 과태료, 국유재산법상의 사용료 · 대부료

---

196) 국세기본법 35조 2항 : "법정기일"이란 다음 각 호의 어느 하나에 해당하는 기일을 말한다.
　　1. 과세표준과 세액의 신고에 따라 납세의무가 확정되는 국세[중간예납하는 법인세와 예정신고
　　　납부하는 부가가치세 및 소득세(「소득세법」 제105조에 따라 신고하는 경우로 한정한다)를
　　　포함한다]의 경우 신고한 해당 세액: 그 신고일
　　2. 과세표준과 세액을 정부가 결정 · 경정 또는 수시부과 결정을 하는 경우 고지한 해당 세액(제
　　　47조의4에 따른 납부지연가산세 중 납부고지서에 따른 납부기한 후의 납부지연가산세와 제
　　　47조의5에 따른 원천징수 등 납부지연가산세 중 납부고지서에 따른 납부기한 후의 원천징수
　　　등 납부지연가산세를 포함한다)
　　　: 그 납부고지서의 발송일
　　3. 인지세와 원천징수의무자나 납세조합으로부터 징수하는 소득세 · 법인세 및 농어촌특별세
　　　: 그 납세의무의 확정일
　　4. 제2차 납세의무자(보증인을 포함한다)의 재산에서 징수하는 국세
　　　:「국세징수법」 제7조에 따른 납부고지서의 발송일
　　5. 제42조에 따른 양도담보재산에서 징수하는 국세 :「국세징수법」 제7조에 따른 납부고지서의
　　　발송일
　　6. 「국세징수법」 제31조제2항에 따라 납세자의 재산을 압류한 경우에 그 압류와 관련하여 확정
　　　된 국세
　　　: 그 압류등기일 또는 등록일
　　7. 「부가가치세법」 제3조의2에 따라 신탁재산에서 징수하는 부가가치세등
　　　: 같은 법 제52조의2 제1항에 따른 납부고지서의 발송일
　　8. 「종합부동산세법」 제7조의2 및 제12조의2에 따라 신탁재산에서 징수하는 종합부동산세등
　　　: 같은 법 제16조의2 제1항에 따른 납부고지서의 발송일

나. 경매목적부동산에 조세채권의 법정기일 후에 설정된 저당권 · 전세권에 의하여 담보되는 채권이 있는 경우

(1) 1순위 : 소액임차보증금채권, 최종 3월분 임금 · 최종 3년분 퇴직급여 등 · 재해보상금

(2) 2순위 : 당해세

(3) 3순위 : 조세

(4) 4순위 : 조세 다음의 공과금 중 납부기한이 저당권 · 전세권의 설정등기보다 빠른 국민건강보험료, 연금보험료, 고용보험료 및 산업재해보상보험료

(5) 5순위 : 저당권 · 전세권에 의하여 담보되는 채권

(6) 6순위 : 임금 기타 근로관계로 인한 채권

(7) 7순위 : 조세 다음의 공과금 중 납부기한이 저당권 · 전세권의 설정등기보다 늦은 국민건강보험료, 연금보험료, 고용보험료 및 산업재해보상보험료

(8) 8순위 : 일반 채권

다. 경매목적부동산에 저당권 등으로 담보되는 채권이 없는 경우

(1) 1순위 : 소액임차보증금채권, 최종 3월분 임금 · 최종 3년분 퇴직급여 등 · 재해보상금

(2) 2순위 : 임금 기타 근로관계로 인한 채권

(3) 3순위 : 조세 기타 이와 같은 순위의 징수금(당해세 포함)

(4) 4순위 : 조세 다음 순위의 공과금

(5) 5순위 : 일반 채권

6. 배당방법

배당방법은 민법 · 상법, 그 밖의 법률에 의한 우선순위에 따라 배당하는 순위배당과, 배당받을 채권자들 사이에 배당순위가 고정되지 아니하고 채권자들 사이에 우열이 상대에 따라 달라지는 경우에 하는 안분배당, 흡수배당, 순환배당이 있다.

가. 순위배당

A의 근저당권으로 2020. 3. 5. 개시된 경매절차에서 배당할 금액이 6,000만 원일 때

(단위 만원)

채권자	지 위	원인일자	채권액	순 위	배당액
A	근저당권	2016. 5. 2.	5,000	1	5,000
B	가압류	2016. 6. 7.	4,000	3	500
C	조세	2016. 7. 4. (법정기일)	500	2	500
A	경매신청	2020. 3. 5.			

위 사례는 조세의 법정기일보다 빠른 저당권이 있을 때 배당순위에 따른다(저당권 > 조세 > 일반채권)

나. 안분배당

E의 근저당권으로 2020. 9. 5. 개시된 경매절차에서 배당할 금액이 5,000만 원일 때

(단위 만원)

채권자	지 위	원인일자	채권액	순 위	배당액
A	소유자	2016. 5. 2.			
B	가압류	2016. 6. 7.	2,000	1	2,000
C	소유자 (제3취득자)	2016. 7. 4.			
D	가압류	2016. 3. 5.	1,000	2	500
E	근저당권	2016. 6. 5.	5,000	2	2,500
E	경매신청	2020. 4. 6.			

위 사례는 가압류(B)집행 후 소유권의 변동(A → C)이 있고, 현 소유자(C)의 채권자인 근저당권자 E가 경매를 신청한 경우이다. 부동산에 가압류가 경료되면 그 부동산에 대한 처분행위가 금지되는데(처분금지효), 처분행위를 했더라도 가압류권자에게 대항할 수 없다. 가압류의 처분금지효가 미치는 매각대금 부분은 가압류채권자가 우선적 권리를 행사할 수 있고, 제3취득자의 채권자들은 이를 수인하여야 하므로, 전 소유자에 대한 가압류권자는 그 매각절차에서 당해 가압류목적물의 매각대금에서 가압류결정 당시의 청구금액을 한도로 배당받을 수 있다.[197] 즉, B에게 1순위로 배당하고 난 후, 제3취득자인 C의

채권자들인 D, E에게 배당을 하되, E는 D에게 대항할 수 없으므로, 안분배당한다.

다. 흡수배당

B의 근저당권으로 2017. 2. 10. 개시된 경매절차에서 배당할 금액이 4,000만원 일 때

(단위 만원)

채권자	지 위	원인일자	채권액	순 위	1차 안분	2차 흡수	최종배당액
A	가압류	2015. 5. 2.	4,000	2	2,000		2,000
B	근저당권	2015. 6. 7.	2,000	2,3	1,000	＋500	1,500
C	가압류	2016. 7. 4.	1,000	2	500	−500	0
D	당해세	2016. 9. 5.	500	1			500

위 사례에서 우선 당해세 우선의 원칙에 의하여 D에게 500만 원 1순위 배당한다. 그 다음 B는 A의 처분금지효에 저촉되어 A에게 대항하지 못하므로, 우선 A, B, C를 동순위 안분배당하면, A : 3,500×4,000/7,000 ＝ 2,000만 원, B : 3,500×2,000/7,000 ＝ 1,000만 원, C : 3,500×1,000/7,000 ＝ 500만 원을 각 배당받는다. 그 다음 B는 C보다 우선하여 변제받으므로, B는 자기의 채권액 2,000만원에서 1차 안분 배당받은 1,000만 원을 뺀 나머지 1,000원이 될 때까지 후순위인 C의 안분배당금 500만 원을 흡수하면, 최종 배당액과 같다.

라. 순환배당

B의 근저당권으로 2018. 3. 3. 개시된 경매절차에서 배당할 금액이 3,000만 원일 때

(단위 만원)

채권자	지 위	원인일자	채권액	순 위	1차안분	2차흡수	최종 배당액
A	보험료	2016. 5. 2.	500	1	300	①＋200 −300	200
B	근저당	2016. 6. 7.	3,000	1	1,800	−200 ②＋900	2,500
C	조세	2016. 7. 4. (법정기일)	1,500	1	900	−900 ③＋300	300

위 사례에서 보험료는 조세보다 빠르지만 근저당보다 후순위이고, 근저당권은 조세

---

197) 대법원 2006. 11. 24.선고 2006다35223 판결

보다 빠르지만 보험료보다 후순위이고, 조세는 근저당보다 늦지만 보험료보다 우선한다. 배당은 일단 안분배당한다. 그 후 각 채권자는 자기보다 후순위 채권자가 안분 배당받은 금액을 한번씩 흡수한다. 보험료채권자는 1차 안분 후 300)다 배당받지 못한 200(500−300)을 후순위인 근저당권자로부터 200을 흡수한다. 근저당권자는 1차 안분 후 다 받지 못한 1,200(300−1800)한도에 이르기까지 후순위인 조세의 배당금 900을 흡수하고, 조세는 후순위인 보험료채권자로부터 600(1,500−900)한도 내에서 보험료채권자가 배당받은 300을 흡수한다.

7. 배당기일

가. 배당표의 확정

> **제149조(배당표의 확정)**
> ① 법원은 채권자와 채무자에게 보여 주기 위하여 배당기일의 3일전에 배당표원안(배당표원안)을 작성하여 법원에 비치하여야 한다.
> ② 법원은 출석한 이해관계인과 배당을 요구한 채권자를 심문하여 배당표를 확정하여야 한다.

법원은 배당기일에 출석한 이해관계인들에게 배당표를 배부하고, 출석한 이해관계인과 배당을 요구한 채권자에게 배당표에 대하여 이의가 있는지 여부를 물어 배당표를 확정하여야 한다(149조 2항).

관계인이 이의한 부분어 정당하다고 인정하는 경우나 다른 방법으로 합의한 경우 바로 배당표를 정정하고 배당을 실시한다(152조 2항). 또 출석한 이해관계인과 배당을 요구한 채권자가 합의하는 경우가 있다. 이 때에도 배당표를 정정하고 이에 따라 배당표를 다시 작성하여야 한다(150조 2항).

이의가 있는 부분은 확정되지 아니하고 배당을 중지하고 배당의의의 소 등의 결과에 따라 추후 배당을 실시하고, 이의가 없는 부분은 배당표를 확정하고 당일 배당을 실시한다(152조 3항).

나. 배당표에 대한 이의

(1) 이의의 진술(채무자의 이의, 채권자의 이의)

기일에 출석한 채무자는 채권자의 채권 또는 그 채권의 순위에 대하여 이의할 수 있다(150조 1항). 다만 채무자는 채무자는 법원에 배당표원안이 비치된 이후 배당기일이 끝날 때까지 채권자의 채권 또는 그 채권의 순위에 대하여 서면으로 이의할 수 있다(150조 2항).

채권자가 배당이의를 하는 경우에는 반드시 기일에 출석하여 진술하여야 한다. 기일에 출석하지 아니한 채권자는 배당표와 같이 배당을 실시하는 데에 동의한 것으로 본다(152조 1항). 다만 기일에 출석하지 아니한 채권자가 다른 채권자가 제기한 이의에 관계된 때에는 그 채권자는 이의를 정당하다고 인정하지 아니한 것으로 본다(동조 2항).

(2) 이의 사유

이해관계인은 배당표 작성, 배당실시 등 절차에 위법을 이유로 이의 할 수 있고, 실체적 위법을 이유로 이의할 수도 있다.

채무자는 채권자의 채권의 존부, 범위, 순위에 관하여 이의를 진술할 수 있고(다만, 가압류채권자에 대하여는 본안에서 다툴 수 있으므로, 배당의 할 수 없다), 기일에 출석한 채권자는 자기의 이해에 관계되는 범위 안에서는 다른 채권자를 상대로 그의 채권 또는 그 채권의 순위에 대하여 이의할 수 있다(151조 3항). 이때 관계된 채권자는 그 이의에 대하여 인부여부를 진술하여야 한다(152조 1항).

채권자는 다른 채권자에 대한 이의를 통하여 자기의 배당액이 증가되는 경우에 한하여 이의할 수 있다. 따라서 누구의 배당에 대하여 이의를 할 것인지 이의 상대방과 그 범위(금액)를 명확히 명시하여 이의를 하여야 한다. 이의의 내용은 배당기일조서에 기재된다.

(3) 이의 후 절차

제154조(배당이의의 소 등)
① 집행력 있는 집행권원의 정본을 가지지 아니한 채권자(가압류채권자를 제외한다)에 대하여 이의한 채무자와 다른 채권자에 대하여 이의한 채권자는 배당이의의 소를 제기하여야 한다.
② 집행력 있는 집행권원의 정본을 가진 채권자에 대하여 이의한 채무자는 청구이의의 소를 제기하여야 한다.
③ 이의한 채권자나 채무자가 배당기일부터 1주 이내에 집행법원에 대하여 제1항의 소를 제기한 사실을 증명하는 서류를 제출하지 아니한 때 또는 제2항의 소를 제기한 사실을 증명하는 서류와 그 소에 관한 집행정지재판의 정본을 제출하지 아니한 때에는 이의가 취하된 것으로 본다.

채무자가 집행력 있는 집행권원의 정본을 가지지 아니한 채권자[198](가압류채권자를 제외한다)에 대하여 이의한 경우에는 배당기일부터 1주 이내에 배당이의의 소를 제기하고, 소를 제기한 사실을 증명하는 서류(소제기 증명원과 배당의의 소장사본)를 집행법원에

---

198) 담보권자, 임금채권자, 임차인 등

제출하여야 한다(154조 1항).

　　채무자가 집행력 있는 집행권원의 정본을 가진 채권자에 대하여 이의한 경우에는 배당기일부터 1주 이내에 청구이의의 소를 제기하여야 하고(154조 2항), 소를 제기한 사실을 증명하는 서류(소제기 증명원과 청구이의 소 소장사본)와 그 소에 관한 집행정지재판의 정본을 제출하여야 한다. 제출하지 아니한 때에는 이의가 취하된 것으로 보고(154조 3항), 중지한 배당을 실시하게 된다.

　　채권자가 다른 채권자에 대하여 이의를 한 경우에는 당기일부터 1주 이내에 배당이의의 소를 제기하고, 소를 제기한 사실을 증명하는 서류(소제기 증명원과 배당의의 소장사본)를 집행법원에 제출하여야 한다(154조 1항).

　　채권자나 채무자가 이의를 하고, 소를 제기하지 아니하였거나 소를 제기하고도 1주 이내에 소제기 사실을 증명하는 서류를 집행법원에 제출하지 못한 경우 또는 이의를 취하한 경우에는 중지된 배당을 실시한다.

다. 배당이의 하지 않은 채권자의 부당이득반환청구권 인정 여부

　　① 배당받을 권리 있는 채권자가 자신이 배당받을 몫을 받지 못하고 그로 인해 권리 없는 다른 채권자가 그 몫을 배당받은 경우, 배당이의 여부 또는 배당표의 확정 여부와 관계없이 배당받을 수 있었던 채권자가 배당금을 수령한 다른 채권자를 상대로 부당이득반환 청구를 할 수 있는지 여부에 대하여 판례는 긍정하고 있고[199], 부당이득반환청구를 인정하는 법리의 주된 근거는 배당절차에 참가한 채권자가 배당이의 등을 하지 않아 배당절차가 종료되었더라도 그의 몫을 배당받은 다른 채권자에게 그 이득을 보유할 정당한 권원이 없는 이상 잘못된 배당의 결과를 바로잡을 수 있도록 하는 것이 실체법 질서에 부합한다는 점을 들고 있다. 이러한 부당이득반환청구는 배당이의 여부 또는 배당표의 확정 여부와 관계없이 할 수 있고, 배당이의의 소와 달리 제소기간의 제한은 없다.

　　② 다만 집행력 있는 정본을 가진 채권자 등은 배당요구의 종기까지 배당요구를 한 경우에 한하여 비로소 배당을 받을 수 있고, 적법한 배당요구를 하지 않은 경우에는 매각대금으로부터 배당을 받을 수는 없다. 이러한 채권자가 적법한 배당요구를 하지 않아 배당에서 제외되는 것으로 배당표가 작성되어 배당이 실시되었다면, 그가 적법한 배당요구를 한 경우에 배당받을 수 있었던 금액에 해당하는 돈이 다른 채권자에게 배당되었다고 해서 법률상 원인이 없는 것이라고 할 수 없다[200]고 하여 부당이득의 성립을 부정한다.

---

199) 대법원 2019. 7. 18. 선고 2014다206983 전원합의체 판결
200) 대법원 2019. 7. 18. 선고 2014다206983 전원합의체 판결

8. 배당의 실시

가. 배당을 실시하여야 할 경우

① 배당표에 대하여 이의가 없는 경우

② 기일에 출석하지 아니한 채권자가 있어 배당표와 같이 배당을 실시하는데 동의한 경우(153조 1항)

③ 이의가 있었으나 관계인이 정당하다고 인정하거나 다른 방법으로 합의가 있어 배당표를 경정한 경우(152조 2항)

④ 이의가 완결되지 아니한 때에는 이의가 없는 부분에 한하여 배당(152조)

⑤ 이의를 취하하거나 소제기 증명이 없는 때

⑥ 배당이의 소가 취하되거나 배당이의 소의 판결이 확정되었을 때

나. 배당실시 절차

(1) 배당액 지급

① 채권자와 채무자에 대한 배당금의 교부절차, 법 제160조의 규정에 따른 배당금의 공탁과 그 공탁금의 지급위탁절차는 법원사무관등이 그 이름으로 실시한다(규칙 82조 1항).

② 배당기일에 출석하지 아니한 채권자가 배당액을 입금할 예금계좌를 신고한 때에는 법원사무관등은 법 제160조제2항의 규정에 따른 공탁에 갈음하여 배당액을 그 예금계좌에 입금할 수 있다(규칙 82조 2항) .

(2) 집행력 있는 정본 또는 채권증서의 교부

① 채권 전부의 배당을 받을 채권자에게는 배당액지급증을 교부하는 동시에 그가 가진 집행력 있는 정본 또는 채권증서를 받아 채무자에게 교부하여야 한다(159조 2항).

② 채권 일부의 배당을 받을 채권자에게는 집행력 있는 정본 또는 채권증서를 제출하게 한 뒤 배당액을 적어서 돌려주고 배당액지급증을 교부하는 동시에 영수증을 받아 채무자에게 교부하여야 한다(159조 3항).

다. 배당금액의 공탁

(1) 배당액을 공탁하여야 하는 경우

① 160조 1항 사유가 있을 때

㉠ 채권에 정지조건 또는 불확정기한이 붙어 있는 때(1호)

임차보증금의 반환은 임차목적물의 인도와 동시이행관계에 있으므로 임차물의 인도

를 조건으로 배당액을 공탁하고 임차인이 목적물의 인도를 증명한 때[201]에 이를 지급하고, 임차인이 미리 목적물을 인도한 때에는 공탁함이 없이 바로 배당금을 지급한다(재민 84-10).

    ⓛ 가압류채권자의 채권인 때(2호)

    ⓒ 집행정지재판의 정본이 제출되어 있는 때(3호)

    ⓔ 저당권설정의 가등기가 마쳐져 있는 때(4호)

    ⓜ 배당이의의 소가 제기된 때(5호)

    ⓗ 민법 제340조 제2항 및 같은 법 제370조에 따른 배당금액의 공탁청구가 있는 때(6호)

  ② 160조 2항의 사유 : 채권자가 배당기일에 출석하지 아니한 때

  ③ 배당금 · 잉여금수령채권에 대하여 (가)압류가 있는 경우

  ④ 배당금 · 잉여금수령채권에 대하여 압류추심명령 또는 압류전부명령이 있는 경우. 이때는 추심권자나 전부권자에게 지급한다.

(2) 공탁절차

법원사무관등은 배당기일부터 10일 안에 각 채권자별로 공탁관에게 공탁하여야 한다.

라. 배당기일조서의 작성(159조 4항)

배당기일의 진행 내용과 배당실시절차는 조서에 명확히 적어야 한다.

---

201) 실무상 명도확인서를 받고 지급한다.

[배당표에 대하여 이의가 없는 경우]

○ ○ 지 방 법 원
배당기일조서

사 건 20 타경   부동산강제(임의)경매   기 일 . . . :
    사법보좌관   장 소
    법원사무관   공개 여부 공개
    사건과 관계인의 이름을 부름

채 권 자   김갑돌   출석
          이을동   출석
          박병삼   출석
    채무자 겸 소유자   김일석   출석

사법보좌관

    별지 배당표를 이해관계인들에게 제시

이해관계인들

    배당표에 대하여 이의 없다고 진술

사법보좌관

    배당표를 확정하고 이에 의하여 배당을 실시

              법원사무관   ㉲

              사법보좌관   ㉲

[배당표에 대하여 이의가 있는 경우]

○ 지 방 법 원
배당기일조서

사   건 20 타경   부동산강제(임의)경매   기 일 . . . :
  사법보좌관   장 소
  법원사무관   공개 여부 공개
  사건과 관계인의 이름을 부름
  채 권 자   1   출석
                               2   출석
                               3   출석

  채무자 겸 소유자   김일석   출석

사법보좌관

  별지 배당표를 이해관계인들에게 제시

채권자 1 김갑돌

  채권자 2 채권액 전부 및 배당액에 관하여 이의가 있다고 진술

채권자 2

  채권자 1 이의를 부인한다고 진술

채권자 3, 채무자

  배당표에 대하여 이의 없다고 진술

사법보좌관

  채권자 ○○○에게 1주일 이내에 배당이의의 소제기증명과 소장사본을 제출할 것을 명하고,
  이의 있는 부분의 배당을 중지하고 이의 없는 부분에 관하여 배당표에 의하여 배당을 실시

법원사무관   ㉑

사법보좌관   ㉑

마. 추가배당(공탁금에 대한 배당의 실시)

① 채권자에 대한 배당액을 공탁한 뒤 공탁의 사유가 소멸한 때에는 법원은 공탁금을 지급하거나 공탁금에 대한 배당을 실시하여야 한다(161조 1항).

② 이 배당을 실시함에 있어, 관련된 채권자에 대하여 배당을 실시할 수 없게 된 때, 채무자로부터 배당이의소를 제기당한 자가 패소한 때, 채권자가 저당물의 매각대가로부터 배당을 받은 때에는 배당에 대하여 이의하지 아니한 채권자를 위하여서도 배당표를 바꾸어야 한다(162조 2항). 이를 추가배당이라 한다.

③ 기일에 출석하지 않은 채권자가 공탁금의 수령을 포기하는 의사를 표시한 때에도 같다.

9. 배당이의 소

가. 의 의

배당기일에 출석하여 실체상의 이유로 이의를 진술한 채권자 또는 채무자가 그 이의를 관철하기 위하여 배당표의 변경을 구하는 소이다. 배당이의의 소는 배당기일부터 1주 이내에 제기하여야 한다.

나. 당사자 적격

배당이의 소의 원고적격이 있는 자는 배당기일에 출석하여 배당표에 대한 실체상의 이의를 신청한 채권자 또는 채무자에 한한다. 피고는 배당이의에 대하여 동의하지 않는 채권자이다. 배당요구의 종기까지 적법한 배당요구를 하지 않은 채 배당기일에 출석하여 배당표에 대한 이의를 신청한 채권자는 배당이의의 소를 제기할 원고적격이 없다.[202]

다. 관할법원

배당이의의 소는 배당을 실시한 집행법원이 속한 지방법원의 관할로 한다. 다만, 소송물이 단독판사의 관할에 속하지 아니할 경우에는 지방법원의 합의부가 이를 관할한다(156조 1항).

여러 개의 배당이의의 소가 제기된 경우에 한 개의 소를 합의부가 관할하는 때에는 그 밖의 소도 함께 합의부가 관할하고(동조 2항), 당사자가 단독판사에게 재판받을 것을 합의하면 단독판사가 관할한다(동조 3항).

---

202) 대법원 2020. 10. 15. 선고 2017다216523 판결

라. 취하간주

이의한 사람이 배당이의의 소의 첫 변론기일에 출석하지 아니한 때에는 소를 취하한 것으로 본다(158조). 첫 변론준비기일은 해당되지 않는다.

마. 판 결

배당이의의 소에 대한 판결에서는 배당액에 대한 다툼이 있는 부분에 관하여 배당을 받을 채권자와 그 액수를 정하여야 한다. 이를 정하는 것이 적당하지 아니하다고 인정한 때에는 판결에서 배당표를 다시 만들고 다른 배당절차를 밟도록 명하여야 한다(157조).

[판결주문 예시]

> ### 주 문
>
> 1. ○○지방법원 20xx타경xxx임의경매사건 관하여 위 법원이 20xx. ○. ○. 작성한 배당표 중 피고에 대한 배당액 120,000,000원을 60,000,000원으로, 원고에 대한 배당액 40,000,000원을 100,000,000원으로 각 경정한다.

> ### 주 문
>
> 1. ○○지방법원 20xx타경xxx강제경매사건 관하여 위 법원이 20xx. ○. ○. 작성한 배당표 중 피고에 대한 배당액 120,000,000원을 삭제하고 각 채권자의 채권순위 및 채권액에 비례하여 배당한다.

바. 판결의 효력

배당이의소송은 대립하는 당사자 사이의 배당액을 둘러싼 분쟁을 그들 사이에서 상대적으로 해결하는 것에 지나지 아니하여 그 판결의 효력은 오직 그 소송의 당사자에게만 미친다.[203] 이 판결에 따라 다시 배당을 실시하는 것을 재배당이라 한다. 그러나 채무자가 집행력 있는 정본이 없는 채권자를 상대로 제기한 배당이의 소에서 승소확정판결이 있는 경우 이의를 제기하지 않은 다른 채권자들을 위해서도 배당표를 바꾸어야 한다(161조 2항 2호). 이를 추가배당이라 한다.

---

203) 대법원 2007. 2. 9. 선고 2006다39546 판결

XI. 경매신청의 취하

1. 취하권자

경매신청을 취하할 수 있는 자는 경매신청인이고, 승계집행문이 제출된 후에는 승계인이 취하할 수 있다. 임의경매절차가 개시된 후 경매신청의 기초가 된 담보물권이 대위변제에 의하여 이전된 경우에는 경매절차의 진행에는 아무런 영향이 없고, 대위변제자가 경매신청인의 지위를 승계하므로, 종전의 경매신청인이 한 취하는 효력이 없다.204)

2. 취하의 시기

취하는 매수인이 대금을 납부하기 전에 하여야 한다. 다만 취하의 시기에 따라 요건이 다르다.

가. 매수신고 전 취하

매수신고 전에 하는 취하는 다른 이해관계인의 동의 없이 임의로 취하할 수 있다.

나. 매수신고 후 취하

매수신고가 있은 뒤 경매신청을 취하하는 경우에는 최고가매수신고인 또는 매수인과 민사집행법 114조의 차순위매수신고인의 동의를 받아야 그 효력이 생긴다(93조 2항).

다. 최고가매수신고인 또는 매수인의 동의서 필요 없이 집행절차를 종료시킬 수 있는 경우

① 강제경매의 채무자가 청구이의 소를 제기하여 승소판결을 받아 확정된 경우, 그 확정판결정본을 제출한 경우에는 다른 이해관계인의 동의 없이도 집행절차는 취소된다.

② 임의경매에서 신청채권자가 채무자로부터 피담보채무를 모두 변제받았음에도 최고가매수인고인 또는 매수인이 동의를 해주지 않아 취하를 하지 못하는 경우, 채무자가 경매개시결정에 대한 이의신청을 하여 인용결정을 받아 확정된 경우, 근저당권설정등기 말소의 소를 제기하여 승소한 후 확정판결정본을 제출하거나, 채무부존재확인소송을 제기하여 승소한 후 확정판결정본을 제출하는 경우에는 최고가매수신고인 또는 매수인의

---

204) 대법원 2001. 12. 28. 선고 2001마2094 결정

동의 없이도 경매절차는 취소된다.

3. 취하의 방식

① 취하는 집행법원에 서면 또는 구술로 한다. 취하서 제출자가 경매신청채권자 본인이 아닌 경우에는 본인으로부터 위임장 등 제출에 관한 권한을 수여받았음을 소명할 수 있는 서류와 경매신청채권자의 인감증명서를 첨부하여야 한다. 다만, 변호인, 소송대리인, 국가소송수행자, 제출대행권이 있는 법무사, 사건관계 직무담당 공무원은 그러하지 아니하다[소송서류 기타 사건관계서류의 접수사무에 관한 처리지침(재일 2003-8)].

② 최고가매수신고인 또는 매수인의 동의가 필요한 경우에는 이들의 동의서를 첨부하여야 한다.

4. 취하 효력 및 취하서 제출 후의 조치

① 압류 소멸, 경매절차 종료

경매신청이 유효하게 취하되면 압류는 소멸하고(93조 1항), 경매절차는 종료한다.

② 채무자에게 통지

민사집행을 개시하는 결정이 상대방에게 송달된 후 민사집행의 신청이 취하된 때에는 법원사무관등은 상대방에게 그 취지를 통지하여야 한다(규칙 16조).

③ 경매개시결정등기의 말소

경매신청이 매각허가 없이 마쳐진 때에는 법원사무관등은 제94조와 제139조 제1항의 규정에 따른 기입을 말소하도록 등기관에게 촉탁하여야 한다(141조)

제 2 장 담보권의 실행 등을 위한 경매

I. 총 설

　　민사집행법은 민사집행을 협의의 민사집행과 보전처분으로 구분하여 규정하고 있다. 협의의 민사집행은 집행에 집행권원이 필요한 강제경매와 집행권원이 필요하지 않는 담보권이 실행 등을 위한 경매로 나뉜다.

　　민사집행법 제264조부터 제275조까지 담보권 실행 등을 위한 경매는 통상 임의경매로 불린다. 임의경매에는 저당권, 질권, 전세권 등 담보물권의 실행을 위한 실질적 경매와 민법, 상법 그 밖의 법률의 규정에 의한 형식적 경매가 있다. 형식적 경매에는 유치권에 의한 경매, 공유물분할 판결에 기한 경매, 청산을 위한 경매 등이 있다.

　　여기서는 담보권의 실행을 위한 경매와 강제경매와의 차이를 살펴보고 담보권 실행을 위한 경매절차를 살펴보기로 한다.

II. 임의경매와 강제경매의 비교

1. 강제경매 규정의 준용

　　민사집행법은 담보권의 실행 등을 위한 경매에 강제경매에 관한 규정 제79조 내지 제162조를 전부 준용하는 것으로 규정하고 있고(268조), 강제집행의 총칙 규정의 일부도 준용하는 규정을 두고 있다(275조). 따라서 임의경매도 일부 규정을 제외하면 강제경매절차와 동일한 절차에 따라 진행한다.

2. 임의경매와 강제경매의 차이

가. 집행권원의 요부 및 강제집행정지 사유

경매신청서에 첨부하는 서류가 다르다. 즉 강제경매신청에는 집행력 있는 정본이 필요하지만, 임의경매에서는 집행권원을 요하지 않고, 담보권의 존재를 증명하는 서류를 제출하도록 되어 있다(264조 1항).

또 임의경매에 있어서는 강제집행 정지사유를 달리 규정하고 있다. 담보권의 등기가 말소된 등기사항증명서, 담보권 등기를 말소하도록 명한 확정판결의 정본, 담보권이 없거나 소멸되었다는 취지의 확정판결의 정본, 채권자가 담보권을 실행하지 아니하기로 하거나 경매신청을 취하하겠다는 취지 또는 피담보채권을 변제받았거나 그 변제를 미루도록 승낙한다는 취지를 적은 서류, 담보권 실행을 일시정지하도록 명한 재판의 정본이 제출되면 경매절차를 정지해야 한다(266조 1항).

나. 공신적 효과의 차이

① 강제경매에서의 집행력 있는 정본은 소송절차를 통하여 그 청구권의 존부와 범위가 확인, 확정된 것으로, 일단 유효하게 성립한 집행권원에 기한 경매절차가 적합한 절차에 의하여 저지되지 아니한 이상, 이미 매각절차가 적합하게 완결된 때에는 매수인은 유효하게 소유권을 취득한다. 판례는 가집행선고부 판결에 기한 강제집행은 확정판결에 기한 경우와 같이 본집행이므로 상소심의 판결에 의하여 가집행선고의 효력이 소멸되거나 집행채권의 존재가 부정된다고 할지라도 그에 앞서 이미 완료된 집행절차나 이에 기한 경락인의 소유권취득의 효력에는 아무런 영향을 미치지 아니한다고 하여 강제경매에서 공신적 효력을 긍정한다.[205]

② 그러나 임의경매에서 경매신청이 근거가 되는 담보권 및 피담보채권은 그 존부와 범위에 관하여 소송절차를 통하여 확정된 것이 아니고, 담보권자의 담보권에 기한 경매의 실행을 국가기관이 대행하는 것에 불과하므로 담보권에 실체적 하자가 있으면, 매각절차에 영향을 미치고 나아가 소유권을 취득하지 못하게 되기도 한다. 피담보채권의 소멸로 저당권이 소멸되었는데도 이를 간과한 채 경매개시결정이 내려지고 경매절차가 진행되어 매각허가결정이 확정됨에 따라 매수인이 매각대금을 완납한 경우, 매수인이 부동산 소유권을 취득하는지 여부에 대하여 판례는 부정한다.[206]즉 공신적 효력을 부정하고 있다.

민사집행법 제267조가 매수인의 부동산 취득은 담보권 소멸로 영향을 받지 않는다

---

205) 대법원 1991. 2. 8. 선고 90다16177 판결
206) 대법원 2012. 1. 12. 선고 2011다68012 판결

고 규정하고 있지만, 이는 임의경매개시 후 변제 등으로 담보권이 소멸된 경우에 적용된다. 채무자와 수익자 사이의 저당권설정행위가 사해행위로 인정되어 저당권설정계약이 취소되는 경우에도 당해 부동산이 이미 입찰절차에 의하여 낙찰되어 대금이 완납되었을 때에는 낙찰인의 소유권취득에는 영향을 미칠 수 없다.[207)

다. 이의신청 사유

강제경매에서는 실체상의 사유를 들어 경매개시결정에 대한 이의나 매각허가에 대한 이의나 매각허가결정에 대한 즉시항고 사유가 되지 않는다. 강제경매의 개시결정에 대한 이의는 절차적 사유만 가능하다.

그러나 임의경매에서는 담보권의 존부 등과 같은 실체적 사유뿐만 아니라 절차적 하자도 이의 사유가 된다.

라. 송달 특례

일정한 금융기관의 신청에 의하여 법원이 진행하는 민사집행법에 따른 경매절차(담보권 실행을 위한 경매절차만 해당한다)에서의 통지 또는 송달은 경매 신청 당시 해당 부동산의 등기부에 적혀 있는 주소(주민등록법에 따른 주민등록표에 적혀 있는 주소와 다른 경우에는 주민등록표에 적혀 있는 주소를 포함하며, 주소를 법원에 신고한 경우에는 그 주소로 한다)에 발송함으로써 송달된 것으로 본다. 다만, 등기부 및 주민등록표에 주소가 적혀 있지 아니하고 주소를 법원에 신고하지 아니한 경우에는 공시송달의 방법으로 하여야 한다. 일정한 금융기관이 경매 신청 전에 경매실행 예정 사실을 해당 채무자 및 소유자에게 부동산의 등기부에 적혀 있는 주소(주민등록법」에 따른 주민등록표에 적혀 있는 주소와 다른 경우에는 주민등록표에 적혀 있는 주소를 포함한다)로 통지하여야 한다. 이 경우 발송함으로써 송달된 것으로 본다(금융회사부실자산 등의 효율적 처리 및 한국자산관리공사의 설립에 관한 법률 45조의 2).

---

207) 대법원 2001. 2. 27. 선고 2000다44348 판결

Ⅲ. 임의경매의 신청

> **제264조(부동산에 대한 경매신청)**
> ① 부동산을 목적으로 하는 담보권을 실행하기 위한 경매신청을 함에는 담보권이 있다는 것을 증명하는 서류를 내야 한다.
> ② 담보권을 승계한 경우에는 승계를 증명하는 서류를 내야 한다.
> ③ 부동산 소유자에게 경매개시결정을 송달할 때에는 제2항의 규정에 따라 제출된 서류의 등본을 붙여야 한다.

1. 신청 방식

임의경매 신청은 서면으로 하고(4조), 신청서에는 저당권의 개수에 따른 인지(각 저당권마다 5,000원)를 첨부하여야 한다.

2. 신청서 기재사항

신청서에는 채권자, 채무자, 소유자 및 그 대리인의 표시, 담보권과 피담보채권의 표시, 담보권 실행 또는 권리행사의 대상인 재산의 표시, 피담보채권의 일부에 대하여 담보권 실행 또는 권리행사를 하는 때에는 그 취지 및 범위를 기재하여야 한다(규칙 192조).

가. 피담보채권(청구금액)의 표시

① 표시 방법

경매신청서에 기재하는 청구금액의 표시는 원금과 지연손해금 등의 부대채권을 합산한 금액으로 표시하거나 원금 및 ~부터 완제일까지의 지연손해금으로 표시하는 경우, 원금만 표시하는 경우, 원금 중 일부금으로 표시하는 경우 등이 있다.

② 청구금액의 확장

민사집행법 제268조에 의하여 담보권의 실행을 위한 경매절차에 준용되는 같은 법 제80조 제3호, 민사집행규칙 제192조 제2호 및 제4호의 각 규정의 취지는 경매신청의 단계에서 신청채권자에게 경매신청의 원인이 되는 피담보채권을 특정시키기 위한 것일 뿐만 아니라, 신청채권자의 청구채권액을 그 신청서에 표시된 금액을 한도로 하여 확정시키기 위한 것이므로 신청채권자가 경매신청서에 피담보채권의 일부만을 청구금액으로 하여 경매를 신청하였을 경우에는 다른 특별한 사정이 없는 한 신청채권자의 청구금액은 그 기재된 채권액을 한도로 확정되고 그 후 신청채권자가 채권계산서에 청구금액을 확장하여 제출하는 등의 방법에 의하여 청구금액을 확장할 수 없지만, 신청채권자가 경매신청서에 청구채권으로 채권 원금 외에 지연손해금 등의 부대채권을 개괄적으로나마 표시하였다가 나중에 채권계산서에 의하여 그 부대채권의 구체적인 금액을 특정하는 것은 경매신청서에 개괄적으로 기재하였던 청구금액의 산출근거와 범위를 밝히는 것에 지나지 아니하여 허용된다고 할 것이고, 이를 청구금액의 확장에 해당하여 허용되지 아니하는 것으로 볼 것은 아니다.208)

사 례

경매신청서의 청구금액란에 "금 3억 원(5억 중 일부금) 및 2015. 1. 5.부터 완제일까지 연 17%에 의한 지연손해금"라고 기재된 경우

청구금액 중 원금은 3억 원으로 확정되고, 지연손해금은 배당기일까지 계산한 금액을 배당받을 수 있다.

만일 경매신청인이 배당기일 전에 원금을 5억 원으로 증액하고, 배당기일까지의 지연손해금을 청구하는 내용으로 채권계산서를 제출하였다면, 원금 3억 원에서 5억 원으로의 확장은 허용되지 않고, 지연손해금 부분은 경매신청서 청구금액란에 표시되어 있으므로 배당기일까지 계산한 금액을 청구하여 배당받을 수 있다.

나머지 원금 2억 원(잔액채권)을 변제받고자 하는 때에는 배당요구종기까지 이중경매신청을 하든지 별도의 집행권원을 얻어 배당요구하여야 한다.209)

위와 같이 일부 청구(3억)한 경매신청채권자가 이중경매신청 등 필요한 조치를 하지 아니하여 배당받지 못한 나머지 피담보채권액(2억)을 가지고 후순위채권자들에게 부당이득반환으로 청구할 수 없다.210)

따라서 변제받고자 하는 청구금액을 명확히 기재하여야 한다.

---

③ 피담보채권의 확정

근저당권은 존속기간만료, 결산기 도래, 근저당권에 기한 경매신청이 있으면 그 때 피담보채권은 확정되고, 경매신청을 하지 아니한 다른 근저당권자는 그 근저당권이 소멸하는 시기 즉 매수인이 대금을 완납할 때 확정된다. 피담보채권이 확정되면, 근저당권은 보통의 저당권으로 전환되고 확정 이후에 새로운 거래관계에서 발생한 원본채권은 그 근저당권에 의하여 담보되지 아니하고, 확정 전에 발생한 원본채권에 관하여 확정 후에 발생하

---

208) 대법원 2007. 5. 11. 선고 2007다14933 판결
209) 대법원 1997. 2. 28. 선고 96다495 판결
210) 대법원 1997. 2. 28. 선고 96다495 판결

는 이자나 지연손해금 채권은 채권최고액의 범위 내에서 근저당권에 의하여 여전히 담보된다.211) 경매개시결정 후에 경매신청이 취하되어도 채무확정의 효과는 번복되지 않는다.

확정된 채권의 총액이 채권최고액을 초과하는 경우, 채무자는 최고액에 관계 없이 채무 전액을 변제하여야만 근저당권의 말소를 청구할 수 있고, 물상보증인이나 제3취득자는 최고액까지만 변제하면 근저당권의 말소를 청구할 수 있다.

나. 전세권자의 경매신청

① 경매개시요건으로서 반대급부의 이행

전세기간 만료로 전세목적물을 인도한 전세권자가 경매신청하는 경우(민법 318조), 전세권설정등기말소의무와 전세권설정자의 전세금반환채무는 동시이행관계에 있고 이는 경매개시요건이므로, 반대급부의 이행으로써 전세권설정등기말소에 필요한 서류를 교부하거나(민법 317조) 전세권설정등기말소에 필요한 서류를 준비하여 전세권설정자가 언제든지 수령할 수 있는 상태에 있도록 이행제공을 하여 전세권설정자를 이행지체에 빠뜨려야 한다. 주로 전세권설정등기말소에 필요한 서류를 변호사(법무사) 사무실에 맡겨 놓았으니 언제까지 전세금을 지급하라는 내용증명우편을 보낸 것으로 소명한다. 이를 소명하지 못하면 반대의무의 이행 또는 이행제공이 없음을 이유로 경매개시결정에 대한 이의신청이 가능하다.

② 건물 일부에 대한 전세권자의 경매신청

건물의 일부에 대하여 전세권이 설정되어 있는 경우 그 전세권자는 민법 제303조 제1항의 규정에 의하여 그 건물 전부에 대하여 후순위권리자 기타 채권자보다 전세금의 우선변제를 받을 권리가 있고, 민법 제318조의 규정에 의하여 전세권설정자가 전세금의 반환을 지체한 때에는 전세권의 목적물의 경매를 청구할 수 있는 것이나, 전세권의 목적물이 아닌 나머지 건물부분에 대하여는 우선변제권은 별론으로 하고 경매신청권은 없으므로, 위와 같은 경우 전세권자는 전세권의 목적이 된 부분을 초과하여 건물 전부의 경매를 청구할 수 없다고 할 것이고, 그 전세권의 목적이 된 부분이 구조상 또는 이용상 독립성이 없어 독립한 소유권의 객체로 분할할 수 없고 따라서 그 부분만의 경매신청이 불가능하다고 하여 달리 볼 것은 아니다.212)

이러한 전세권자가 경매신청을 하기 위해서는 전세금반환청구소송을 제기하여 승소판결을 받은 후 강제경매를 하여야 하고, 그 매각절차에서 전세권에 기한 우선변제를 받을 수 있다.213)

---

211) 대법원 2007. 4. 26. 선고 2005다38300 판결
212) 대법원 2001. 7. 2. 선고 2001마212 결정

3. 첨부서류

가. 담보권의 존재를 증명하는 서류

부동산에 대한 담보권의 실행을 위한 경매신청을 함에는 담보권의 존재를 증명하는 서류를 붙여야 한다(264조 1항). 주로 담보권이 설정되어 있는 부동산등기사항증명서를 제출한다. 대위변제자 또는 공동저당의 차순위자에 의한 경매신청의 경우, 담보권이전의 부기등기가 없어도 대위변제사실을 증명하는 서면 또는 차순위 저당권자로 기입된 등기사항증명서와 배당표등본을 첨부한다.

나. 기타 첨부서류

강제경매신청서 부분 참조.

Ⅳ. 임의경매절차의 정지 · 취소

제266조(경매절차의 정지)

① 다음 각호 가운데 어느 하나에 해당하는 문서가 경매법원에 제출되면 경매절차를 정지하여야 한다.

1. 담보권의 등기가 말소된 등기사항증명서
2. 담보권 등기를 말소하도록 명한 확정판결의 정본
3. 담보권이 없거나 소멸되었다는 취지의 확정판결의 정본
4. 채권자가 담보권을 실행하지 아니하기로 하거나 경매신청을 취하하겠다는 취지 또는 피담보채권을 변제받았거나 그 변제를 미루도록 승낙한다는 취지를 적은 서류
5. 담보권 실행을 일시정지하도록 명한 재판의 정본

② 제1항제1호 내지 제3호의 경우와 제4호의 서류가 화해조서의 정본 또는 공정증서의 정본인 경우에는 경매법원은 이미 실시한 경매절차를 취소하여야 하며, 제5호의 경우에는 그 재판에 따라 경매절차를 취소하지 아니한 때에만 이미 실시한 경매절차를 일시적으로 유지하게 하여야 한다.

③ 제2항의 규정에 따라 경매절차를 취소하는 경우에는 제17조의 규정을 적용하지 아니한다.

임의경매에서 경매절차의 정지와 취소에 관하여는 별도로 규정하고 있다. 이는 강제

---

213) 법원실무제요, 민사집행Ⅲ, 사법연수원 2020, 325면

경매와 임의경매가 집행권원의 요부에 따라 본질적인 차이가 있기 때문이다.

1. 경매절차 정지

다음 각호 가운데 어느 하나에 해당하는 문서가 경매법원에 제출되면 경매절차를 정지하여야 한다(266조 1항).

① 담보권의 등기가 말소된 등기사항증명서(1호)

대금납부 전까지 제출하여야 하며, 집행취소 사유가 된다. 그러나 그 후 제출하면 말소된 담보권자는 배당에서 제외된다.

② 담보권 등기를 말소하도록 명한 확정판결의 정본(2호)

대급납부 전까지 제출하여야 하며, 집행취소 사유가 된다. 대급납부 후 제출하면 당해 채권자는 배당에서 제외된다. 반드시 확정판결에 국한하지 않고 확정판결과 동일한 효력 있는 조정조서, 화해조서, 인낙조서도 가능하다.

③ 담보권이 없거나 소멸되었다는 취지의 확정판결의 정본(3호)

대급납부 전까지 제출하여야 하며, 집행취소 사유가 된다. 대금납부 후 제출하면 당해 채권자는 배당에서 제외된다.

④ 채권자가 담보권을 실행하지 아니하기로 하거나 경매신청을 취하하겠다는 취지 또는 피담보채권을 변제받았거나 그 변제를 미루도록 승낙한다는 취지를 적은 서류(4호)

제4호 서류가 화해조서 등인 경우 매수신고 전에 제출되면 경매절차를 취소하고, 매수신고 뒤에 제출되면 최고가매수신고인의 동의를 받아야 취소된다. 매수인이 매각대금을 낸 뒤에 화해조서의 정본 또는 공정증서의 정본인 법 제266조 제1항 제4호의 서류가 제출된 때에는 절차는 속행하되 그 채권자를 배당에서 제외한다(규칙 194조 단서).

제4호 서류가 사문서인 경우 매수신고 전에 제출되면 집행절차를 정지하고 후에 제출되면 최고가매수신고인의 동의를 요한다.

⑤ 담보권 실행을 일시정지하도록 명한 재판의 정본(5호)

채무부존재확인소송, 근저당권설정등기말소 소송에 따른 집행정지결정이 제출된 경우이다. 이 서류를 대급납부 전에 제출하면 집행을 정지한다. 대금납부 후 제출하면 그 채권자에 대한 배당금을 공탁한다. 경매개시결정에 대한 이의신청, 채무부존재확인소송, 근저당권부존재확인소송, 근저당권설정등기말소 소송에 따른 집행정지결정이 제출된 경우이다.

2. 경매절차의 취소

제1호 내지 제3호의 경우와 제4호의 서류가 화해조서의 정본 또는 공정증서의 정본인 경우에는 경매법원은 이미 실시한 경매절차를 취소하여야 하며, 제5호의 경우에는 그 재판에 따라 경매절차를 취소하지 아니한 때에만 이미 실시한 경매절차를 일시적으로 유지하게 하여야 한다(266조 2항). 취소서류가 제출되어 경매절차를 취소하는 경우 경매신청 채권자, 채무자, 소유자에게 고지하고, 경매개시결정기입등기 말소촉탁을 한다.

이 규정에 따라 경매절차를 취소하는 경우에는 제17조의 규정을 적용하지 아니하므로, 즉시항고할 수 없다(266조 3항).

부 록

민사집행법

민사집행법

타법개정 2016. 2. 3. [법률 제13952호, 시행 2017. 2. 4.]

제1편 총 칙

제1조(목적)

이 법은 강제집행, 담보권 실행을 위한 경매, 민법·상법, 그 밖의 법률의 규정에 의한 경매(이하 "민사집행"이라 한다) 및 보전처분의 절차를 규정함을 목적으로 한다.

제2조(집행실시자)

민사집행은 이 법에 특별한 규정이 없으면 집행관이 실시한다.

제3조(집행법원)

① 이 법에서 규정한 집행행위에 관한 법원의 처분이나 그 행위에 관한 법원의 협력사항을 관할하는 집행법원은 법률에 특별히 지정되어 있지 아니하면 집행절차를 실시할 곳이나 실시한 곳을 관할하는 지방법원이 된다.

② 집행법원의 재판은 변론 없이 할 수 있다.

제4조(집행신청의 방식)

민사집행의 신청은 서면으로 하여야 한다.

제5조(집행관의 강제력 사용)

① 집행관은 집행을 하기 위하여 필요한 경우에는 채무자의 주거·창고 그 밖의 장소를 수색하고, 잠근 문과 기구를 여는 등 적절한 조치를 할 수 있다.

② 제1항의 경우에 저항을 받으면 집행관은 경찰 또는 국군의 원조를 요청할 수 있다.

③ 제2항의 국군의 원조는 법원에 신청하여야 하며, 법원이 국군의 원조를 요청하는 절차는 대법원규칙으로 정한다.

제6조(참여자)

집행관은 집행하는 데 저항을 받거나 채무자의 주거에서 집행을 실시하려는데 채무자나 사리를 분별할 지능이 있는 그 친족·고용인을 만나지 못한 때에는 성년 두 사람이나 특별시·광역시의 구 또는 동 직원, 시·읍·면 직원(도농복합형태의 시의 경우 동지역에서는 시 직원, 읍·면지역에서는 읍·면 직원) 또는 경찰공무원중 한 사람을 증인으로 참여하게 하여야 한다.

제7조(집행관에 대한 원조요구)

① 집행관 외의 사람으로서 법원의 명령에 의하여 민사집행에 관한 직무를 행하는 사람은 그 신분 또는 자격을 증명하는 문서를 지니고 있다가 관계인이 신청할 때에는 이를 내보여야 한다.

② 제1항의 사람이 그 직무를 집행하는 데 저항을 받으면 집행관에게 원조를 요구할 수 있다.

③ 제2항의 원조요구를 받은 집행관은 제5조 및 제6조에 규정된 권한을 행사할 수 있다.

제8조(공휴일·야간의 집행)

① 공휴일과 야간에는 법원의 허가가 있어야 집행행위를 할 수 있다.

② 제1항의 허가명령은 민사집행을 실시할 때에 내보여야 한다.

제9조(기록열람·등본부여)

집행관은 이해관계 있는 사람이 신청하면 집행기록을 볼 수 있도록 허가하고, 기록에 있는 서류의 등본을 교부하여야 한다.

제10조(집행조서)

① 집행관은 집행조서(執行調書)를 작성하여야 한다.

② 제1항의 조서(調書)에는 다음 각호의 사항을 밝혀야 한다.

1. 집행한 날짜와 장소
2. 집행의 목적물과 그 중요한 사정의 개요
3. 집행참여자의 표시
4. 집행참여자의 서명날인
5. 집행참여자에게 조서를 읽어 주거나 보여 주고, 그가 이를 승인하고 서명날인한 사실

6. 집행관의 기명날인 또는 서명

③ 제2항제4호 및 제5호의 규정에 따라 서명 날인할 수 없는 경우에는 그 이유를 적어야 한다.

제11조(집행행위에 속한 최고, 그 밖의 통지)

① 집행행위에 속한 최고(催告) 그 밖의 통지는 집행관이 말로 하고 이를 조서에 적어야 한다.

② 말로 최고나 통지를 할 수 없는 경우에는 민사소송법 제181조·제182조 및 제187조의 규정을 준용하여 그 조서의 등본을 송달한다. 이 경우 송달증서를 작성하지 아니한 때에는 조서에 송달한 사유를 적어야 한다.

③ 집행하는 곳과 법원의 관할구역안에서 제2항의 송달을 할 수 없는 경우에는 최고나 통지를 받을 사람에게 대법원규칙이 정하는 방법으로 조서의 등본을 발송하고 그 사유를 조서에 적어야 한다.

제12조(송달·통지의 생략)

채무자가 외국에 있거나 있는 곳이 분명하지 아니한 때에는 집행행위에 속한 송달이나 통지를 하지 아니하여도 된다.

제13조(외국송달의 특례)

① 집행절차에서 외국으로 송달이나 통지를 하는 경우에는 송달이나 통지와 함께 대한민국안에 송달이나 통지를 받을 장소와 영수인을 정하여 상당한 기간 이내에 신고하도록 명할 수 있다.

② 제1항의 기간 이내에 신고가 없는 경우에는 그 이후의 송달이나 통지를 하지 아니할 수 있다.

제14조(주소 등이 바뀐 경우의 신고의무)

① 집행에 관하여 법원에 신청이나 신고를 한 사람 또는 법원으로부터 서류를 송달받은 사람이 송달받을 장소를 바꾼 때에는 그 취지를 법원에 바로 신고하여야 한다.

② 제1항의 신고를 하지 아니한 사람에 대한 송달은 달리 송달할 장소를 알 수 없는 경우에는 법원에 신고된 장소 또는 종전에 송달을 받던 장소에 대법원규칙이 정하는 방법으로 발송할 수 있다.

③ 제2항의 규정에 따라 서류를 발송한 경우에는 발송한 때에 송달된 것으로 본다.

제15조(즉시항고)

① 집행절차에 관한 집행법원의 재판에 대하여는 특별한 규정이 있어야만 즉시항고(卽時抗告)를 할 수 있다.

② 항고인(抗告人)은 재판을 고지받은 날부터 1주의 불변기간 이내에 항고장(抗告狀)을 원심법원에 제출하여야 한다.

③ 항고장에 항고이유를 적지 아니한 때에는 항고인은 항고장을 제출한 날부터 10일 이내에 항고이유서를 원심법원에 제출하여야 한다.

④ 항고이유는 대법원규칙이 정하는 바에 따라 적어야 한다.

⑤ 항고인이 제3항의 규정에 따른 항고이유서를 제출하지 아니하거나 항고이유가 제4항의 규정에 위반한 때 또는 항고가 부적법하고 이를 보정(補正)할 수 없음이 분명한 때에는 원심법원은 결정으로 그 즉시항고를 각하하여야 한다.

⑥ 제1항의 즉시항고는 집행정지의 효력을 가지지 아니한다. 다만, 항고법원(재판기록이 원심법원에 남아 있는 때에는 원심법원)은 즉시항고에 대한 결정이 있을 때까지 담보를 제공하게 하거나 담보를 제공하게 하지 아니하고 원심재판의 집행을 정지하거나 집행절차의 전부 또는 일부를 정지하도록 명할 수 있고, 담보를 제공하게 하고 그 집행을 계속하도록 명할 수 있다.

⑦ 항고법원은 항고장 또는 항고이유서에 적힌 이유에 대하여서만 조사한다. 다만, 원심재판에 영향을 미칠 수 있는 법령위반 또는 사실오인이 있는지에 대하여 직권으로 조사할 수 있다.

⑧ 제5항의 결정에 대하여는 즉시항고를 할 수 있다.

⑨ 제6항 단서의 규정에 따른 결정에 대하여는 불복할 수 없다.

⑩ 제1항의 즉시항고에 대하여는 이 법에 특별한 규정이 있는 경우를 제외하고는 민사소송법 제3편 제3장중 즉시항고에 관한 규정을 준용한다.

제16조(집행에 관한 이의신청)

① 집행법원의 집행절차에 관한 재판으로서

즉시항고를 할 수 없는 것과, 집행관의 집행처분, 그 밖에 집행관이 지킬 집행절차에 대하여서는 법원에 이의를 신청할 수 있다.

② 법원은 제1항의 이의신청에 대한 재판에 앞서, 채무자에게 담보를 제공하게 하거나 제공하게 하지 아니하고 집행을 일시정지하도록 명하거나, 채권자에게 담보를 제공하게 하고 그 집행을 계속하도록 명하는 등 잠정처분(暫定處分)을 할 수 있다.

③ 집행관이 집행을 위임받기를 거부하거나 집행행위를 지체하는 경우 또는 집행관이 계산한 수수료에 대하여 다툼이 있는 경우에는 법원에 이의를 신청할 수 있다.

제17조(취소결정의 효력)
① 집행절차를 취소하는 결정, 집행절차를 취소한 집행관의 처분에 대한 이의신청을 기각·각하하는 결정 또는 집행관에게 집행절차의 취소를 명하는 결정에 대하여는 즉시항고를 할 수 있다.

② 제1항의 결정은 확정되어야 효력을 가진다.

제18조(집행비용의 예납 등)
① 민사집행의 신청을 하는 때에는 채권자는 민사집행에 필요한 비용으로서 법원이 정하는 금액을 미리 내야 한다. 법원이 부족한 비용을 미리 내라고 명하는 때에도 또한 같다.

② 채권자가 제1항의 비용을 미리 내지 아니한 때에는 법원은 결정으로 신청을 각하하거나 집행절차를 취소할 수 있다.

③ 제2항의 규정에 따른 결정에 대하여는 즉시항고를 할 수 있다.

제19조(담보제공·공탁 법원)
① 이 법의 규정에 의한 담보의 제공이나 공탁은 채권자나 채무자의 보통재판적(普通裁判籍)이 있는 곳의 지방법원 또는 집행법원에 할 수 있다.

② 당사자가 담보를 제공하거나 공탁을 한 때에는, 법원은 그의 신청에 따라 증명서를 주어야 한다.

③ 이 법에 규정된 담보에는 특별한 규정이 있는 경우를 제외하고는 민사소송법 제122조·제123조·제125조 및 제126조의 규정을 준용한다.

제20조(공공기관의 원조)
법원은 집행을 하기 위하여 필요하면 공공기관에 원조를 요청할 수 있다.

제21조(재판적)
이 법에 정한 재판적(裁判籍)은 전속관할(專屬管轄)로 한다.

제22조(시·군법원의 관할에 대한 특례)
다음 사건은 시·군법원이 있는 곳을 관할하는 지방법원 또는 지방법원지원이 관할한다.
1. 시·군법원에서 성립된 화해·조정(민사조정법 제34조제4항의 규정에 따라 재판상의 화해와 동일한 효력이 있는 결정을 포함한다. 이하 같다) 또는 확정된 지급명령에 관한 집행문부여의 소, 청구에 관한 이의의 소 또는 집행문부여에 대한 이의의 소로서 그 집행권원에서 인정된 권리가 소액사건심판법의 적용대상이 아닌 사건
2. 시·군법원에서 한 보전처분의 집행에 대한 제3자이의의 소
3. 시·군법원에서 성립된 화해·조정에 기초한 대체집행 또는 간접강제
4. 소액사건심판법의 적용대상이 아닌 사건을 본안으로 하는 보전처분

제23조(민사소송법의 준용 등)
① 이 법에 특별한 규정이 있는 경우를 제외하고는 민사집행 및 보전처분의 절차에 관하여는 민사소송법의 규정을 준용한다.

② 이 법에 정한 것 외에 민사집행 및 보전처분의 절차에 관하여 필요한 사항은 대법원규칙으로 정한다.

제 2 편 강제집행

제 1 장 총 칙

제24조(강제집행과 종국판결)
강제집행은 확정된 종국판결(終局判決)이나 가집행의 선고가 있는 종국판결에 기초하여 한다.

제25조(집행력의 주관적 범위)
① 판결이 그 판결에 표시된 당사자 외의 사람에게 효력이 미치는 때에는 그 사람에 대하

여 집행하거나 그 사람을 위하여 집행할 수 있다. 다만, 민사소송법 제71조의 규정에 따른 참가인에 대하여는 그러하지 아니하다.

② 제1항의 집행을 위한 집행문(執行文)을 내어 주는데 대하여는 제31조 내지 제33조의 규정을 준용한다.

제26조(외국재판의 강제집행)

① 외국법원의 확정판결 또는 이와 동일한 효력이 인정되는 재판(이하 "확정재판등"이라 한다)에 기초한 강제집행은 대한민국 법원에서 집행판결로 그 강제집행을 허가하여야 할 수 있다. <개정 2014.5.20>

② 집행판결을 청구하는 소(訴)는 채무자의 보통재판적이 있는 곳의 지방법원이 관할하며, 보통재판적이 없는 때에는 민사소송법 제11조의 규정에 따라 채무자에 대한 소를 관할하는 법원이 관할한다.

[제목개정 2014.5.20]

제27조(집행판결)

① 집행판결은 재판의 옳고 그름을 조사하지 아니하고 하여야한다.

② 집행판결을 청구하는 소는 다음 각호 가운데 어느 하나에 해당하면 각하하여야 한다. <개정 2014.5.20>

 1. 외국법원의 확정재판등이 확정된 것을 증명하지 아니한 때

 2. 외국법원의 확정재판등이 민사소송법 제217조의 조건을 갖추지 아니한 때

제28조(집행력 있는 정본)

① 강제집행은 집행문이 있는 판결정본(이하 "집행력 있는 정본"이라 한다)이 있어야 할 수 있다.

② 집행문은 신청에 따라 제1심 법원의 법원서기관·법원사무관·법원주사 또는 법원주사보(이하 "법원사무관등"이라 한다)가 내어 주며, 소송기록이 상급심에 있는 때에는 그 법원의 법원사무관등이 내어 준다.

③ 집행문을 내어 달라는 신청은 말로 할 수 있다.

제29조(집행문)

① 집행문은 판결정본의 끝에 덧붙여 적는다.

② 집행문에는 "이 정본은 피고 아무개 또는

원고 아무개에 대한 강제집행을 실시하기 위하여 원고 아무개 또는 피고 아무개에게 준다."라고 적고 법원사무관등이 기명날인하여야 한다.

제30조(집행문부여)

① 집행문은 판결이 확정되거나 가집행의 선고가 있는 때에만 내어 준다.

② 판결을 집행하는 데에 조건이 붙어 있어 그 조건이 성취되었음을 채권자가 증명하여야 하는 때에는 이를 증명하는 서류를 제출하여야만 집행문을 내어 준다. 다만, 판결의 집행이 담보의 제공을 조건으로 하는 때에는 그러하지 아니하다.

제31조(승계집행문)

① 집행문은 판결에 표시된 채권자의 승계인을 위하여 내어 주거나 판결에 표시된 채무자의 승계인에 대한 집행을 위하여 내어 줄 수 있다. 다만, 그 승계가 법원에 명백한 사실이거나, 증명서로 승계를 증명한 때에 한한다.

② 제1항의 승계가 법원에 명백한 사실인 때에는 이를 집행문에 적어야 한다.

제32조(재판장의 명령)

① 재판을 집행하는 데에 조건을 붙인 경우와 제31조의 경우에는 집행문은 재판장(합의부의 재판장 또는 단독판사를 말한다. 이하 같다)의 명령이 있어야 내어 준다.

② 재판장은 그 명령에 앞서 서면이나 말로 채무자를 심문(審問) 할 수 있다.

③ 제1항의 명령은 집행문에 적어야 한다.

제33조(집행문부여의 소)

제30조제2항 및 제31조의 규정에 따라 필요한 증명을 할 수 없는 때에는 채권자는 집행문을 내어 달라는 소를 제1심 법원에 제기할 수 있다.

제34조(집행문부여 등에 관한 이의신청)

① 집행문을 내어 달라는 신청에 관한 법원사무관등의 처분에 대하여 이의신청이 있는 경우에는 그 법원사무관등이 속한 법원이 결정으로 재판한다.

② 집행문부여에 대한 이의신청이 있는 경우에는 법원은 제16조제2항의 처분에 준하는 결정을 할 수 있다.

제35조(여러 통의 집행문의 부여)

① 채권자가 여러 통의 집행문을 신청하거나 전에 내어 준 집행문을 돌려주지 아니하고 다시 집행문을 신청한 때에는 재판장의 명령이 있어야만 이를 내어 준다.

② 재판장은 그 명령에 앞서 서면이나 말로 채무자를 심문할 수 있으며, 채무자를 심문하지 아니하고 여러 통의 집행문을 내어 주거나 다시 집행문을 내어 준 때에는 채무자에게 그 사유를 통지하여야 한다.

③ 여러 통의 집행문을 내어 주거나 다시 집행문을 내어 주는 때에는 그 사유를 원본과 집행문에 적어야 한다.

제36조(판결원본에의 기재)

집행문을 내어 주는 경우에는 판결원본 또는 상소심 판결정본에 원고 또는 피고에게 이를 내어 준다는 취지와 그 날짜를 적어야 한다.

제37조(집행력 있는 정본의 효력)

집행력 있는 정본의 효력은 전국 법원의 관할구역에 미친다.

제38조(여러 통의 집행력 있는 정본에 의한 동시집행)

채권자가 한 지역에서 또는 한 가지 방법으로 강제집행을 하여도 모두 변제를 받을 수 없는 때에는 여러 통의 집행력 있는 정본에 의하여 여러 지역에서 또는 여러 가지 방법으로 동시에 강제집행을 할 수 있다.

제39조(집행개시의 요건)

① 강제집행은 이를 신청한 사람과 집행을 받을 사람의 성명이 판결이나 이에 덧붙여 적은 집행문에 표시되어 있고 판결을 이미 송달하였거나 동시에 송달한 때에만 개시할 수 있다.

② 판결의 집행이 그 취지에 따라 채권자가 증명할 사실에 매인 때 또는 판결에 표시된 채권자의 승계인을 위하여 하는 것이거나 판결에 표시된 채무자의 승계인에 대하여 하는 것일 때에는 집행할 판결 외에, 이에 덧붙여 적은 집행문을 강제집행을 개시하기 전에 채무자의 승계인에게 송달하여야 한다.

③ 증명서에 의하여 집행문을 내어 준 때에는 그 증명서의 등본을 강제집행을 개시하기 전에 채무자에게 송달하거나 강제집행과 동시에 송달하여야 한다.

제40조(집행개시의 요건)

① 집행을 받을 사람이 일정한 시일에 이르러야 그 채무를 이행하게 되어 있는 때에는 그 시일이 지난 뒤에 강제집행을 개시할 수 있다.

② 집행이 채권자의 담보제공에 매인 때에는 채권자는 담보를 제공한 증명서류를 제출하여야 한다. 이 경우의 집행은 그 증명서류의 등본을 채무자에게 이미 송달하였거나 동시에 송달하는 때에만 개시할 수 있다.

제41조(집행개시의 요건)

① 반대의무의 이행과 동시에 집행할 수 있다는 것을 내용으로 하는 집행권원의 집행은 채권자가 반대의무의 이행 또는 이행의 제공을 하였다는 것을 증명하여야만 개시할 수 있다.

② 다른 의무의 집행이 불가능한 때에 그에 갈음하여 집행할 수 있다는 것을 내용으로 하는 집행권원의 집행은 채권자가 그 집행이 불가능하다는 것을 증명하여야만 개시할 수 있다.

제42조(집행관에 의한 영수증의 작성·교부)

① 채권자가 집행관에게 집행력 있는 정본을 교부하고 강제집행을 위임한 때에는 집행관은 특별한 권한을 받지 못하였더라도 지급이나 그 밖의 이행을 받고 그에 대한 영수증서를 작성하고 교부할 수 있다. 집행관은 채무자가 그 의무를 완전히 이행한 때에는 집행력 있는 정본을 채무자에게 교부하여야 한다.

② 채무자가 그 의무의 일부를 이행한 때에는 집행관은 집행력 있는 정본에 그 사유를 덧붙여 적고 영수증서를 채무자에게 교부하여야 한다.

③ 채무자의 채권자에 대한 영수증 청구는 제2항의 규정에 의하여 영향을 받지 아니한다.

제43조(집행관의 권한)

① 집행관은 집행력 있는 정본을 가지고 있으면 채무자와 제3자에 대하여 강제집행을 하고 제42조에 규정된 행위를 할 수 있는 권한을 가지며, 채권자는 그에 대하여 위임의 흠이나 제한을 주장하지 못한다.

② 집행관은 집행력 있는 정본을 가지고 있다가 관계인이 요청할 때에는 그 자격을 증명하기 위하여 이를 내보여야 한다.

제44조(청구에 관한 이의의 소)

① 채무자가 판결에 따라 확정된 청구에 관하여 이의하려면 제1심 판결법원에 청구에 관한 이의의 소를 제기하여야 한다.

② 제1항의 이의는 그 이유가 변론이 종결된 뒤(변론 없이 한 판결의 경우에는 판결이 선고된 뒤)에 생긴 것이어야 한다.

③ 이의이유가 여러 가지인 때에는 동시에 주장하여야 한다.

제45조(집행문부여에 대한 이의의 소)

제30조제2항과 제31조의 경우에 채무자가 집행문부여에 관하여 증명된 사실에 의한 판결의 집행력을 다투거나, 인정된 승계에 의한 판결의 집행력을 다투는 때에는 제44조의 규정을 준용한다. 다만, 이 경우에도 제34조의 규정에 따라 집행문부여에 대하여 이의를 신청할 수 있는 채무자의 권한은 영향을 받지 아니한다.

제46조(이의의 소와 잠정처분)

① 제44조 및 제45조의 이의의 소는 강제집행을 계속하여 진행하는 데에는 영향을 미치지 아니한다.

② 제1항의 이의를 주장한 사유가 법률상 정당한 이유가 있다고 인정되고, 사실에 대한 소명(疏明)이 있을 때에는 수소법원(受訴法院)은 당사자의 신청에 따라 판결이 있을 때까지 담보를 제공하게 하거나 담보를 제공하게 하지 아니하고 강제집행을 정지하도록 명할 수 있으며, 담보를 제공하게 하고 그 집행을 계속하도록 명하거나 실시한 집행처분을 취소하도록 명할 수 있다.

③ 제2항의 재판은 변론 없이 하며 급박한 경우에는 재판장이 할 수 있다.

④ 급박한 경우에는 집행법원이 제2항의 권한을 행사할 수 있다. 이 경우 집행법원은 상당한 기간 이내에 제2항에 따른 수소법원의 재판서를 제출하도록 명하여야 한다.

⑤ 제4항 후단의 기간을 넘긴 때에는 채권자의 신청에 따라 강제집행을 계속하여 진행한다.

제47조(이의의 재판과 잠정처분)

① 수소법원은 이의의 소의 판결에서 제46조의 명령을 내리고 이미 내린 명령을 취소·변경 또는 인가할 수 있다.

② 판결중 제1항에 규정된 사항에 대하여는 직권으로 가집행의 선고를 하여야 한다.

③ 제2항의 재판에 대하여는 불복할 수 없다.

제48조(제3자이의의 소)

① 제3자가 강제집행의 목적물에 대하여 소유권이 있다고 주장하거나 목적물의 양도나 인도를 막을 수 있는 권리가 있다고 주장하는 때에는 채권자를 상대로 그 강제집행에 대한 이의의 소를 제기할 수 있다. 다만, 채무자가 그 이의를 다투는 때에는 채무자를 공동피고로 할 수 있다.

② 제1항의 소는 집행법원이 관할한다. 다만, 소송물이 단독판사의 관할에 속하지 아니할 때에는 집행법원이 있는 곳을 관할하는 지방법원의 합의부가 이를 관할한다.

③ 강제집행의 정지와 이미 실시한 집행처분의 취소에 대하여는 제46조 및 제47조의 규정을 준용한다. 다만, 집행처분을 취소할 때에는 담보를 제공하게 하지 아니할 수 있다.

제49조(집행의 필수적 정지·제한)

강제집행은 다음 각호 가운데 어느 하나에 해당하는 서류를 제출한 경우에 정지하거나 제한하여야 한다.

1. 집행할 판결 또는 그 가집행을 취소하는 취지나, 강제집행을 허가하지 아니하거나 그 정지를 명하는 취지 또는 집행처분의 취소를 명한 취지를 적은 집행력 있는 재판의 정본

2. 강제집행의 일시정지를 명한 취지를 적은 재판의 정본

3. 집행을 면하기 위하여 담보를 제공한 증명서류

4. 집행할 판결이 있은 뒤에 채권자가 변제를 받았거나, 의무이행을 미루도록 승낙한 취지를 적은 증서

5. 집행할 판결, 그 밖의 재판이 소의 취하 등의 사유로 효력을 잃었다는 것을 증명하는 조서등본 또는 법원사무관등이 작성한 증서

6. 강제집행을 하지 아니한다거나 강제집행의 신청이나 위임을 취하한다는 취지를 적은 화해조서(和解調書)의 정본 또는 공정

증서(公正證書)의 정본

제50조(집행처분의 취소·일시유지)
① 제49조제1호·제3호·제5호 및 제6호의 경우에는 이미 실시한 집행처분을 취소하여야 하며, 같은 조 제2호 및 제4호의 경우에는 이미 실시한 집행처분을 일시적으로 유지하게 하여야 한다.
② 제1항에 따라 집행처분을 취소하는 경우에는 제17조의 규정을 적용하지 아니한다.

제51조(변제증서 등의 제출에 의한 집행정지의 제한)
① 제49조제4호의 증서 가운데 변제를 받았다는 취지를 적은 증서를 제출하여 강제집행이 정지되는 경우 그 정지기간은 2월로 한다.
② 제49조제4호의 증서 가운데 의무이행을 미루도록 승낙하였다는 취지를 적은 증서를 제출하여 강제집행이 정지되는 경우 그 정지는 2회에 한하며 통산하여 6월을 넘길 수 없다.

제52조(집행을 개시한 뒤 채무자가 죽은 경우)
① 강제집행을 개시한 뒤에 채무자가 죽은 때에는 상속재산에 대하여 강제집행을 계속하여 진행한다.
② 채무자에게 알려야 할 집행행위를 실시할 경우에 상속인이 없거나 상속인이 있는 곳이 분명하지 아니하면 집행법원은 채권자의 신청에 따라 상속재산 또는 상속인을 위하여 특별대리인을 선임하여야 한다.
③ 제2항의 특별대리인에 관하여는 「민사소송법」 제62조제2항부터 제5항까지의 규정을 준용한다. <개정 2016.2.3>

제53조(집행비용의 부담)
① 강제집행에 필요한 비용은 채무자가 부담하고 그 집행에 의하여 우선적으로 변상을 받는다.
② 강제집행의 기초가 된 판결이 파기된 때에는 채권자는 제1항의 비용을 채무자에게 변상하여야 한다.

제54조(군인·군무원에 대한 강제집행)
① 군인·군무원에 대하여 병영·군사용 청사 또는 군용 선박에서 강제집행을 할 경우 법원은 채권자의 신청에 따라 군판사 또는 부대장(部隊長)이나 선장에게 촉탁하여 이를 행한다.
② 촉탁에 따라 압류한 물건은 채권자가 위임한 집행관에게 교부하여야 한다.

제55조(외국에서 할 집행)
① 외국에서 강제집행을 할 경우에 그 외국 공공기관의 법률상 공조를 받을 수 있는 때에는 제1심 법원이 채권자의 신청에 따라 외국 공공기관에 이를 촉탁하여야 한다.
② 외국에 머물고 있는 대한민국 영사(領事)에 의하여 강제집행을 할 수 있는 때에는 제1심 법원은 그 영사에게 이를 촉탁하여야 한다.

제56조(그 밖의 집행권원)
강제집행은 다음 가운데 어느 하나에 기초하여서도 실시할 수 있다.
1. 항고로만 불복할 수 있는 재판
2. 가집행의 선고가 내려진 재판
3. 확정된 지급명령
4. 공증인이 일정한 금액의 지급이나 대체물 또는 유가증권의 일정한 수량의 급여를 목적으로 하는 청구에 관하여 작성한 공정증서로서 채무자가 강제집행을 승낙한 취지가 적혀 있는 것
5. 소송상 화해, 청구의 인낙(認諾) 등 그 밖에 확정판결과 같은 효력을 가지는 것

제57조(준용규정)
제56조의 집행권원에 기초한 강제집행에 대하여는 제58조 및 제59조에서 규정하는 바를 제외하고는 제28조 내지 제55조의 규정을 준용한다.

제58조(지급명령과 집행)
① 확정된 지급명령에 기한 강제집행은 집행문을 부여받을 필요없이 지급명령 정본에 의하여 행한다. 다만, 다음 각호 가운데 어느 하나에 해당하는 경우에는 그러하지 아니하다.
1. 지급명령의 집행에 조건을 붙인 경우
2. 당사자의 승계인을 위하여 강제집행을 하는 경우
3. 당사자의 승계인에 대하여 강제집행을 하는 경우
② 채권자가 여러 통의 지급명령 정본을 신청하거나, 전에 내어준 지급명령 정본을 돌려주지 아니하고 다시 지급명령 정본을 신청한 때

에는 법원사무관등이 이를 부여한다. 이 경우 그 사유를 원본과 정본에 적어야 한다.

③ 청구에 관한 이의의 주장에 대하여는 제44조제2항의 규정을 적용하지 아니한다.

④ 집행문부여의 소, 청구에 관한 이의의 소 또는 집행문부여에 대한 이의의 소는 지급명령을 내린 지방법원이 관할한다.

⑤ 제4항의 경우에 그 청구가 합의사건인 때에는 그 법원이 있는 곳을 관할하는 지방법원의 합의부에서 재판한다.

제59조(공정증서와 집행)

① 공증인이 작성한 증서의 집행문은 그 증서를 보존하는 공증인이 내어 준다.

② 집행문을 내어 달라는 신청에 관한 공증인의 처분에 대하여 이의신청이 있는 때에는 그 공증인의 사무소가 있는 곳을 관할하는 지방법원 단독판사가 결정으로 재판한다.

③ 청구에 관한 이의의 주장에 대하여는 제44조제2항의 규정을 적용하지 아니한다.

④ 집행문부여의 소, 청구에 관한 이의의 소 또는 집행문부여에 대한 이의의 소는 채무자의 보통재판적이 있는 곳의 법원이 관할한다. 다만, 그러한 법원이 없는 때에는 민사소송법 제11조의 규정에 따라 채무자에 대하여 소를 제기할 수 있는 법원이 관할한다.

제60조(과태료의 집행)

① 과태료의 재판은 검사의 명령으로 집행한다.

② 제1항의 명령은 집행력 있는 집행권원과 같은 효력을 가진다.

제 2 장 금전채권에 기초한 강제집행

제 1 절 재산명시절차 등

제61조(재산명시신청)

① 금전의 지급을 목적으로 하는 집행권원에 기초하여 강제집행을 개시할 수 있는 채권자는 채무자의 보통재판적이 있는 곳의 법원에 채무자의 재산명시를 요구하는 신청을 할 수 있다. 다만, 민사소송법 제213조에 따른 가집행의 선고가 붙은 판결 또는 같은 조의 준용에 따른 가집행의 선고가 붙어 집행력을 가지

는 집행권원의 경우에는 그러하지 아니하다.

② 제1항의 신청에는 집행력 있는 정본과 강제집행을 개시하는데 필요한 문서를 붙여야 한다.

제62조(재산명시신청에 대한 재판)

① 재산명시신청에 정당한 이유가 있는 때에는 법원은 채무자에게 재산상태를 명시한 재산목록을 제출하도록 명할 수 있다.

② 재산명시신청에 정당한 이유가 없거나, 채무자의 재산을 쉽게 찾을 수 있다고 인정한 때에는 법원은 결정으로 이를 기각하여야 한다.

③ 제1항 및 제2항의 재판은 채무자를 심문하지 아니하고 한다.

④ 제1항의 결정은 신청한 채권자 및 채무자에게 송달하여야 하고, 채무자에 대한 송달에서는 결정에 따르지 아니할 경우 제68조에 규정된 제재를 받을 수 있음을 함께 고지하여야 한다.

⑤ 제4항의 규정에 따라 채무자에게 하는 송달은 민사소송법 제187조 및 제194조에 의한 방법으로는 할 수 없다.

⑥ 제1항의 결정이 채무자에게 송달되지 아니한 때에는 법원은 채권자에게 상당한 기간을 정하여 그 기간 이내에 채무자의 주소를 보정하도록 명하여야 한다.

⑦ 채권자가 제6항의 명령을 받고도 이를 이행하지 아니한 때에는 법원은 제1항의 결정을 취소하고 재산명시신청을 각하하여야 한다.

⑧ 제2항 및 제7항의 결정에 대하여는 즉시항고를 할 수 있다.

⑨ 채무자는 제1항의 결정을 송달받은 뒤 송달장소를 바꾼 때에는 그 취지를 법원에 바로 신고하여야 하며, 그러한 신고를 하지 아니한 경우에는 민사소송법 제185조제2항 및 제189조의 규정을 준용한다.

제63조(재산명시명령에 대한 이의신청)

① 채무자는 재산명시명령을 송달받은 날부터 1주 이내에 이의신청을 할 수 있다.

② 채무자가 제1항에 따라 이의신청을 한 때에는 법원은 이의신청사유를 조사할 기일을 정하고 채권자와 채무자에게 이를 통지하여야 한다.

③ 이의신청에 정당한 이유가 있는 때에는 법

원은 결정으로 재산명시명령을 취소하여야한다.
④ 이의신청에 정당한 이유가 없거나 채무자가 정당한 사유 없이 기일에 출석하지 아니한 때에는 법원은 결정으로 이의신청을 기각하여야 한다.
⑤ 제3항 및 제4항의 결정에 대하여는 즉시항고를 할 수 있다.

제64조(재산명시기일의 실시)
① 재산명시명령에 대하여 채무자의 이의신청이 없거나 이를 기각한 때에는 법원은 재산명시를 위한 기일을 정하여 채무자에게 출석하도록 요구하여야 한다. 이 기일은 채권자에게도 통지하여야 한다.
② 채무자는 제1항의 기일에 강제집행의 대상이 되는 재산과 다음 각호의 사항을 명시한 재산목록을 제출하여야 한다.
1. 재산명시명령이 송달되기 전 1년 이내에 채무자가 한 부동산의 유상양도(有償讓渡)
2. 재산명시명령이 송달되기 전 1년 이내에 채무자가 배우자, 직계혈족 및 4촌 이내의 방계혈족과 그 배우자, 배우자의 직계혈족과 형제자매에게 한 부동산 외의 재산의 유상양도
3. 재산명시명령이 송달되기 전 2년 이내에 채무자가 한 재산상 무상처분(無償處分). 다만, 의례적인 선물은 제외한다.
③ 재산목록에 적을 사항과 범위는 대법원규칙으로 정한다.
④ 제1항의 기일에 출석한 채무자가 3월 이내에 변제할 수 있음을 소명한 때에는 법원은 그 기일을 3월의 범위내에서 연기할 수 있으며, 채무자가 새 기일에 채무액의 3분의 2 이상을 변제하였음을 증명하는 서류를 제출한 때에는 다시 1월의 범위내에서 연기할 수 있다.

제65조(선서)
① 채무자는 재산명시기일에 재산목록이 진실하다는 것을 선서하여야한다.
② 제1항의 선서에 관하여는 민사소송법 제320조 및 제321조의 규정을 준용한다. 이 경우 선서서(宣誓書)에는 다음과 같이 적어야 한다.
"양심에 따라 사실대로 재산목록을 작성하여 제출하였으며, 만일 숨긴 것이나 거짓 작성한

것이 있으면 처벌을 받기로 맹세합니다."

제66조(재산목록의 정정)
① 채무자는 명시기일에 제출한 재산목록에 형식적인 흠이 있거나 불명확한 점이 있는 때에는 제65조의 규정에 의한 선서를 한 뒤라도 법원의 허가를 얻어 이미 제출한 재산목록을 정정할 수 있다.
② 제1항의 허가에 관한 결정에 대하여는 즉시항고를 할 수 있다.

제67조(재산목록의 열람·복사)
채무자에 대하여 강제집행을 개시할 수 있는 채권자는 재산목록을 보거나 복사할 것을 신청할 수 있다.

제68조(채무자의 감치 및 벌칙)
① 채무자가 정당한 사유 없이 다음 각호 가운데 어느 하나에 해당하는 행위를 한 경우에는 법원은 결정으로 20일 이내의 감치(監置)에 처한다.
1. 명시기일 불출석
2. 재산목록 제출 거부
3. 선서 거부
② 채무자가 법인 또는 민사소송법 제52조의 사단이나 재단인 때에는 그 대표자 또는 관리인을 감치에 처한다.
③ 법원은 감치재판기일에 채무자를 소환하여 제1항 각호의 위반행위에 대하여 정당한 사유가 있는지 여부를 심리하여야 한다.
④ 제1항의 결정에 대하여는 즉시항고를 할 수 있다.
⑤ 채무자가 감치의 집행중에 재산명시명령을 이행하겠다고 신청한 때에는 법원은 바로 명시기일을 열어야 한다.
⑥ 채무자가 제5항의 명시기일에 출석하여 재산목록을 내고 선서하거나 신청채권자에 대한 채무를 변제하고 이를 증명하는 서면을 낸 때에는 법원은 바로 감치결정을 취소하고 그 채무자를 석방하도록 명하여야 한다.
⑦ 제5항의 명시기일은 신청채권자에게 통지하지 아니하고도 실시할 수 있다. 이 경우 제6항의 사실을 채권자에게 통지하여야 한다.
⑧ 제1항 내지 제7항의 규정에 따른 재판절차 및 그 집행 그 밖에 필요한 사항은 대법원규칙으로 정한다.

⑨ 채무자가 거짓의 재산목록을 낸 때에는 3년 이하의 징역 또는 500만원 이하의 벌금에 처한다.

⑩ 채무자가 법인 또는 민사소송법 제52조의 사단이나 재단인 때에는 그 대표자 또는 관리인을 제9항의 규정에 따라 처벌하고, 채무자는 제9항의 벌금에 처한다.

제69조(명시신청의 재신청)

재산명시신청이 기각·각하된 경우에는 그 명시신청을 한 채권자는 기각·각하사유를 보완하지 아니하고서는 같은 집행권원으로 다시 재산명시신청을 할 수 없다.

제70조(채무불이행자명부 등재신청)

① 채무자가 다음 각호 가운데 어느 하나에 해당하면 채권자는 그 채무자를 채무불이행자명부(債務不履行者名簿)에 올리도록 신청할 수 있다.

1. 금전의 지급을 명한 집행권원이 확정된 후 또는 집행권원을 작성한 후 6월 이내에 채무를 이행하지 아니하는 때. 다만, 제61조제1항 단서에 규정된 집행권원의 경우를 제외한다.

2. 제68조제1항 각호의 사유 또는 같은 조 제9항의 사유 가운데 어느 하나에 해당하는 때

② 제1항의 신청을 할 때에는 그 사유를 소명하여야 한다.

③ 제1항의 신청에 대한 재판은 제1항제1호의 경우에는 채무자의 보통재판적이 있는 곳의 법원이 관할하고, 제1항제2호의 경우에는 재산명시절차를 실시한 법원이 관할한다.

제71조(등재신청에 대한 재판)

① 제70조의 신청에 정당한 이유가 있는 때에는 법원은 채무자를 채무불이행자명부에 올리는 결정을 하여야 한다.

② 등재신청에 정당한 이유가 없거나 쉽게 강제집행할 수 있다고 인정할 만한 명백한 사유가 있는 때에는 법원은 결정으로 이를 기각하여야 한다.

③ 제1항 및 제2항의 재판에 대하여는 즉시항고를 할 수 있다. 이 경우 민사소송법 제447조의 규정은 준용하지 아니한다.

제72조(명부의 비치)

① 채무불이행자명부는 등재결정을 한 법원에 비치한다.

② 법원은 채무불이행자명부의 부본을 채무자의 주소지(채무자가 법인인 경우에는 주된 사무소가 있는 곳) 시(구가 설치되지 아니한 시를 말한다. 이하 같다)·구·읍·면의 장(도농복합형태의 시의 경우 동지역은 시·구의 장, 읍·면지역은 읍·면의 장으로 한다. 이하 같다)에게 보내야 한다.

③ 법원은 채무불이행자명부의 부본을 대법원규칙이 정하는 바에 따라 일정한 금융기관의 장이나 금융기관 관련단체의 장에게 보내어 채무자에 대한 신용정보로 활용하게 할 수 있다.

④ 채무불이행자명부나 그 부본은 누구든지 보거나 복사할 것을 신청할 수 있다.

⑤ 채무불이행자명부는 인쇄물 등으로 공표되어서는 아니된다.

제73조(명부등재의 말소)

① 변제, 그 밖의 사유로 채무가 소멸되었다는 것이 증명된 때에는 법원은 채무자의 신청에 따라 채무불이행자명부에서 그 이름을 말소하는 결정을 하여야 한다.

② 채권자는 제1항의 결정에 대하여 즉시항고를 할 수 있다. 이 경우 민사소송법 제447조의 규정은 준용하지 아니한다.

③ 채무불이행자명부에 오른 다음 해부터 10년이 지난 때에는 법원은 직권으로 그 명부에 오른 이름을 말소하는 결정을 하여야 한다.

④ 제1항과 제3항의 결정을 한 때에는 그 취지를 채무자의 주소지(채무자가 법인인 경우에는 주된 사무소가 있는 곳) 시·구·읍·면의 장 및 제72조제3항의 규정에 따라 채무불이행자명부의 부본을 보낸 금융기관 등의 장에게 통지하여야 한다.

⑤ 제4항의 통지를 받은 시·구·읍·면의 장 및 금융기관 등의 장은 그 명부의 부본에 오른 이름을 말소하여야 한다.

제74조(재산조회)

① 재산명시절차의 관할 법원은 다음 각호의 어느 하나에 해당하는 경우에는 그 재산명시를 신청한 채권자의 신청에 따라 개인의 재산

및 신용에 관한 전산망을 관리하는 공공기관·금융기관·단체 등에 채무자명의의 재산에 관하여 조회할 수 있다. <개정 2005.1.27>

1. 재산명시절차에서 채권자가 제62조제6항의 규정에 의한 주소보정명령을 받고도 민사소송법 제194조제1항의 규정에 의한 사유로 인하여 채권자가 이를 이행할 수 없었던 것으로 인정되는 경우

2. 재산명시절차에서 채무자가 제출한 재산목록의 재산만으로는 집행채권의 만족을 얻기에 부족한 경우

3. 재산명시절차에서 제68조제1항 각호의 사유 또는 동조제9항의 사유가 있는 경우

② 채권자가 제1항의 신청을 할 경우에는 조회할 기관·단체를 특정하여야 하며 조회에 드는 비용을 미리 내야 한다.

③ 법원이 제1항의 규정에 따라 조회할 경우에는 채무자의 인적 사항을 적은 문서에 의하여 해당 기관·단체의 장에게 채무자의 재산 및 신용에 관하여 그 기관·단체가 보유하고 있는 자료를 한꺼번에 모아 제출하도록 요구할 수 있다.

④ 공공기관·금융기관·단체 등은 정당한 사유 없이 제1항 및 제3항의 조회를 거부하지 못한다.

제75조(재산조회의 결과 등)
① 법원은 제74조제1항 및 제3항의 규정에 따라 조회한 결과를 채무자의 재산목록에 준하여 관리하여야 한다.
② 제74조제1항 및 제3항의 조회를 받은 기관·단체의 장이 정당한 사유 없이 거짓 자료를 제출하거나 자료를 제출할 것을 거부한 때에는 결정으로 500만원 이하의 과태료에 처한다.
③ 제2항의 결정에 대하여는 즉시항고를 할 수 있다.

제76조(벌칙)
① 누구든지 재산조회의 결과를 강제집행 외의 목적으로 사용하여서는 아니된다.
② 제1항의 규정에 위반한 사람은 2년 이하의 징역 또는 500만원 이하의 벌금에 처한다.

제77조(대법원규칙)
제74조제1항 및 제3항의 규정에 따라 조회를 할 공공기관·금융기관·단체 등의 범위 및

조회절차, 제74조제2항의 규정에 따라 채권자가 내야 할 비용, 제75조제1항의 규정에 따른 조회결과의 관리에 관한 사항, 제75조제2항의 규정에 의한 과태료의 부과절차 등은 대법원규칙으로 정한다.

제 2 절   부동산에 대한 강제집행

제 1 관   통 칙

제78조(집행방법)
① 부동산에 대한 강제집행은 채권자의 신청에 따라 법원이 한다.
② 강제집행은 다음 각호의 방법으로 한다.
1. 강제경매
2. 강제관리
③ 채권자는 자기의 선택에 의하여 제2항 각호 가운데 어느 한 가지 방법으로 집행하게 하거나 두 가지 방법을 함께 사용하여 집행하게 할 수 있다.
④ 강제관리는 가압류를 집행할 때에도 할 수 있다.

제79조(집행법원)
① 부동산에 대한 강제집행은 그 부동산이 있는 곳의 지방법원이 관할한다.
② 부동산이 여러 지방법원의 관할구역에 있는 때에는 각 지방법원에 관할권이 있다. 이 경우 법원이 필요하다고 인정한 때에는 사건을 다른 관할 지방법원으로 이송할 수 있다.

제 2 관   강제경매

제80조(강제경매신청서)
강제경매신청서에는 다음 각호의 사항을 적어야 한다.
1. 채권자·채무자와 법원의 표시
2. 부동산의 표시
3. 경매의 이유가 된 일정한 채권과 집행할 수 있는 일정한 집행권원

제81조(첨부서류)
① 강제경매신청서에는 집행력 있는 정본 외에 다음 각호 가운데 어느 하나에 해당하는

서류를 붙여야 한다. <개정 2011.4.12>
1. 채무자의 소유로 등기된 부동산에 대하여는 등기사항증명서
2. 채무자의 소유로 등기되지 아니한 부동산에 대하여는 즉시 채무자명의로 등기할 수 있다는 것을 증명할 서류. 다만, 그 부동산이 등기되지 아니한 건물인 경우에는 그 건물이 채무자의 소유임을 증명할 서류, 그 건물의 지번·구조·면적을 증명할 서류 및 그 건물에 관한 건축허가 또는 건축신고를 증명할 서류
② 채권자는 공적 장부를 주관하는 공공기관에 제1항제2호 단서의 사항들을 증명하여 줄 것을 청구할 수 있다.
③ 제1항제2호 단서의 경우에 건물의 지번·구조·면적을 증명하지 못한 때에는, 채권자는 경매신청과 동시에 그 조사를 집행법원에 신청할 수 있다.
④ 제3항의 경우에 법원은 집행관에게 그 조사를 하게 하여야 한다.
⑤ 강제관리를 하기 위하여 이미 부동산을 압류한 경우에 그 집행기록에 제1항 각호 가운데 어느 하나에 해당하는 서류가 붙어 있으면 다시 그 서류를 붙이지 아니할 수 있다.

제82조(집행관의 권한)
① 집행관은 제81조제4항의 조사를 위하여 건물에 출입할 수 있고, 채무자 또는 건물을 점유하는 제3자에게 질문하거나 문서를 제시하도록 요구할 수 있다.
② 집행관은 제1항의 규정에 따라 건물에 출입하기 위하여 필요한 때에는 잠긴 문을 여는 등 적절한 처분을 할 수 있다.

제83조(경매개시결정 등)
① 경매절차를 개시하는 결정에는 동시에 그 부동산의 압류를 명하여야 한다.
② 압류는 부동산에 대한 채무자의 관리·이용에 영향을 미치지 아니한다.
③ 경매절차를 개시하는 결정을 한 뒤에는 법원은 직권으로 또는 이해관계인의 신청에 따라 부동산에 대한 침해행위를 방지하기 위하여 필요한 조치를 할 수 있다.
④ 압류는 채무자에게 그 결정이 송달된 때 또는 제94조의 규정에 따른 등기가 된 때에 효력이 생긴다.
⑤ 강제경매신청을 기각하거나 각하하는 재판에 대하여는 즉시항고를 할 수 있다.

제84조(배당요구의 종기결정 및 공고)
① 경매개시결정에 따른 압류의 효력이 생긴 때(그 경매개시결정전에 다른 경매개시결정이 있은 경우를 제외한다)에는 집행법원은 절차에 필요한 기간을 감안하여 배당요구를 할 수 있는 종기(終期)를 첫 매각기일 이전으로 정한다.
② 배당요구의 종기가 정하여진 때에는 법원은 경매개시결정을 한 취지 및 배당요구의 종기를 공고하고, 제91조제4항 단서의 전세권자 및 법원에 알려진 제88조제1항의 채권자에게 이를 고지하여야 한다.
③ 제1항의 배당요구의 종기결정 및 제2항의 공고는 경매개시결정에 따른 압류의 효력이 생긴 때부터 1주 이내에 하여야 한다.
④ 법원사무관등은 제148조제3호 및 제4호의 채권자 및 조세, 그 밖의 공과금을 주관하는 공공기관에 대하여 채권의 유무, 그 원인 및 액수(원금·이자·비용, 그 밖의 부대채권(附帶債權)을 포함한다)를 배당요구의 종기까지 법원에 신고하도록 최고하여야 한다.
⑤ 제148조제3호 및 제4호의 채권자가 제4항의 최고에 대한 신고를 하지 아니한 때에는 그 채권자의 채권액은 등기사항증명서 등 집행기록에 있는 서류와 증빙(證憑)에 따라 계산한다. 이 경우 다시 채권액을 추가하지 못한다. <개정 2011.4.12>
⑥ 법원은 특별히 필요하다고 인정하는 경우에는 배당요구의 종기를 연기할 수 있다.
⑦ 제6항의 경우에는 제2항 및 제4항의 규정을 준용한다. 다만, 이미 배당요구 또는 채권신고를 한 사람에 대하여는 같은 항의 고지 또는 최고를 하지 아니한다.

제85조(현황조사)
① 법원은 경매개시결정을 한 뒤에 바로 집행관에게 부동산의 현상, 점유관계, 차임(借賃) 또는 보증금의 액수, 그 밖의 현황에 관하여 조사하도록 명하여야 한다.
② 집행관이 제1항의 규정에 따라 부동산을 조사할 때에는 그 부동산에 대하여 제82조에

규정된 조치를 할 수 있다.

제86조(경매개시결정에 대한 이의신청)
① 이해관계인은 매각대금이 모두 지급될 때까지 법원에 경매개시결정에 대한 이의신청을 할 수 있다.
② 제1항의 신청을 받은 법원은 제16조제2항에 준하는 결정을 할 수 있다.
③ 제1항의 신청에 관한 재판에 대하여 이해관계인은 즉시항고를 할 수 있다.

제87조(압류의 경합)
① 강제경매절차 또는 담보권 실행을 위한 경매절차를 개시하는 결정을 한 부동산에 대하여 다른 강제경매의 신청이 있는 때에는 법원은 다시 경매개시결정을 하고, 먼저 경매개시결정을 한 집행절차에 따라 경매한다.
② 먼저 경매개시결정을 한 경매신청이 취하되거나 그 절차가 취소된 때에는 법원은 제91조제1항의 규정에 어긋나지 아니하는 한도 안에서 뒤의 경매개시결정에 따라 절차를 계속 진행하여야 한다.
③ 제2항의 경우에 뒤의 경매개시결정이 배당요구의 종기 이후의 신청에 의한 것인 때에는 집행법원은 새로이 배당요구를 할 수 있는 종기를 정하여야 한다. 이 경우 이미 제84조제2항 또는 제4항의 규정에 따라 배당요구 또는 채권신고를 한 사람에 대하여는 같은 항의 고지 또는 최고를 하지 아니한다.
④ 먼저 경매개시결정을 한 경매절차가 정지된 때에는 법원은 신청에 따라 결정으로 뒤의 경매개시결정(배당요구의 종기까지 행하여진 신청에 의한 것에 한한다)에 기초하여 절차를 계속하여 진행할 수 있다. 다만, 먼저 경매개시결정을 한 경매절차가 취소되는 경우 제105조제1항제3호의 기재사항이 바뀔 때에는 그러하지 아니하다.
⑤ 제4항의 신청에 대한 재판에 대하여는 즉시항고를 할 수 있다.

제88조(배당요구)
① 집행력 있는 정본을 가진 채권자, 경매개시결정이 등기된 뒤에 가압류를 한 채권자, 민법·상법, 그 밖의 법률에 의하여 우선변제청구권이 있는 채권자는 배당요구를 할 수 있다.
② 배당요구에 따라 매수인이 인수하여야 할 부담이 바뀌는 경우 배당요구를 한 채권자는 배당요구의 종기가 지난 뒤에 이를 철회하지 못한다.

제89조(이중경매신청 등의 통지)
법원은 제87조제1항 및 제88조제1항의 신청이 있는 때에는 그 사유를 이해관계인에게 통지하여야 한다.

제90조(경매절차의 이해관계인)
경매절차의 이해관계인은 다음 각호의 사람으로 한다.
1. 압류채권자와 집행력 있는 정본에 의하여 배당을 요구한 채권자
2. 채무자 및 소유자
3. 등기부에 기입된 부동산 위의 권리자
4. 부동산 위의 권리자로서 그 권리를 증명한 사람

제91조(인수주의와 잉여주의의 선택 등)
① 압류채권자의 채권에 우선하는 채권에 관한 부동산의 부담을 매수인에게 인수하게 하거나, 매각대금으로 그 부담을 변제하는 데 부족하지 아니하다는 것이 인정된 경우가 아니면 그 부동산을 매각하지 못한다.
② 매각부동산 위의 모든 저당권은 매각으로 소멸된다.
③ 지상권·지역권·전세권 및 등기된 임차권은 저당권·압류채권·가압류채권에 대항할 수 없는 경우에는 매각으로 소멸된다.
④ 제3항의 경우 외의 지상권·지역권·전세권 및 등기된 임차권은 매수인이 인수한다. 다만, 그중 전세권의 경우에는 전세권자가 제88조에 따라 배당요구를 하면 매각으로 소멸된다.
⑤ 매수인은 유치권자(留置權者)에게 그 유치권(留置權)으로 담보하는 채권을 변제할 책임이 있다.

제92조(제3자와 압류의 효력)
① 제3자는 권리를 취득할 때에 경매신청 또는 압류가 있다는 것을 알았을 경우에는 압류에 대항하지 못한다.
② 부동산이 압류채권을 위하여 의무를 진 경우에는 압류한 뒤 소유권을 취득한 제3자가 소유권을 취득할 때에 경매신청 또는 압류가

있다는 것을 알지 못하였더라도 경매절차를 계속하여 진행하여야 한다.

제93조(경매신청의 취하)
① 경매신청이 취하되면 압류의 효력은 소멸된다.
② 매수신고가 있은 뒤 경매신청을 취하하는 경우에는 최고가매수신고인 또는 매수인과 제114조의 차순위매수신고인의 동의를 받아야 그 효력이 생긴다.
③ 제49조제3호 또는 제6호의 서류를 제출하는 경우에는 제1항 및 제2항의 규정을, 제49조제4호의 서류를 제출하는 경우에는 제2항의 규정을 준용한다.

제94조(경매개시결정의 등기)
① 법원이 경매개시결정을 하면 법원사무관등은 즉시 그 사유를 등기부에 기입하도록 등기관(登記官)에게 촉탁하여야 한다.
② 등기관은 제1항의 촉탁에 따라 경매개시결정사유를 기입하여야 한다.

제95조(등기사항증명서의 송부)
등기관은 제94조에 따라 경매개시결정사유를 등기부에 기입한 뒤 그 등기사항증명서를 법원에 보내야 한다. <개정 2011.4.12>
[제목개정 2011.4.12]

제96조(부동산의 멸실 등으로 말미암은 경매취소)
① 부동산이 없어지거나 매각 등으로 말미암아 권리를 이전할 수 없는 사정이 명백하게 된 때에는 법원은 강제경매의 절차를 취소하여야 한다.
② 제1항의 취소결정에 대하여는 즉시항고를 할 수 있다.

제97조(부동산의 평가와 최저매각가격의 결정)
① 법원은 감정인(鑑定人)에게 부동산을 평가하게 하고 그 평가액을 참작하여 최저매각가격을 정하여야 한다.
② 감정인은 제1항의 평가를 위하여 필요하면 제82조제1항에 규정된 조치를 할 수 있다.
③ 감정인은 제7조의 규정에 따라 집행관의 원조를 요구하는 때에는 법원의 허가를 얻어야 한다.

제98조(일괄매각결정)
① 법원은 여러 개의 부동산의 위치·형태·이용관계 등을 고려하여 이를 일괄매수하게 하는 것이 알맞다고 인정하는 경우에는 직권으로 또는 이해관계인의 신청에 따라 일괄매각하도록 결정할 수 있다.
② 법원은 부동산을 매각할 경우에 그 위치·형태·이용관계 등을 고려하여 다른 종류의 재산(금전채권을 제외한다)을 그 부동산과 함께 일괄매수하게 하는 것이 알맞다고 인정하는 때에는 직권으로 또는 이해관계인의 신청에 따라 일괄매각하도록 결정할 수 있다.
③ 제1항 및 제2항의 결정은 그 목적물에 대한 매각기일 이전까지 할 수 있다.

제99조(일괄매각사건의 병합)
① 법원은 각각 경매신청된 여러 개의 재산 또는 다른 법원이나 집행관에 계속된 경매사건의 목적물에 대하여 제98조제1항 또는 제2항의 결정을 할 수 있다.
② 다른 법원이나 집행관에 계속된 경매사건의 목적물의 경우에 그 다른 법원 또는 집행관은 그 목적물에 대한 경매사건을 제1항의 결정을 한 법원에 이송한다.
③ 제1항 및 제2항의 경우에 법원은 그 경매사건들을 병합한다.

제100조(일괄매각사건의 관할)
제98조 및 제99조의 경우에는 민사소송법 제31조에 불구하고 같은 법 제25조의 규정을 준용한다. 다만, 등기할 수 있는 선박에 관한 경매사건에 대하여서는 그러하지 아니하다.

제101조(일괄매각절차)
① 제98조 및 제99조의 일괄매각결정에 따른 매각절차는 이 관의 규정에 따라 행한다. 다만, 부동산 외의 재산의 압류는 그 재산의 종류에 따라 해당되는 규정에서 정하는 방법으로 행하고, 그 중에서 집행관의 압류에 따르는 재산의 압류는 집행법원이 집행관에게 이를 압류하도록 명하는 방법으로 행한다.
② 제1항의 매각절차에서 각 재산의 대금액을 특정할 필요가 있는 경우에는 각 재산에 대한 최저매각가격의 비율을 정하여야 하며, 각 재산의 대금액은 총대금액을 각 재산의 최저매각가격비율에 따라 나눈 금액으로 한다. 각 재산이 부담할 집행비용액을 특정할 필요가 있는 경우에도 또한 같다.

③ 여러 개의 재산을 일괄매각하는 경우에 그 가운데 일부의 매각대금으로 모든 채권자의 채권액과 강제집행비용을 변제하기에 충분하면 다른 재산의 매각을 허가하지 아니한다. 다만, 토지와 그 위의 건물을 일괄매각하는 경우나 재산을 분리하여 매각하면 그 경제적 효용이 현저하게 떨어지는 경우 또는 채무자의 동의가 있는 경우에는 그러하지 아니하다.

④ 제3항 본문의 경우에 채무자는 그 재산 가운데 매각할 것을 지정할 수 있다.

⑤ 일괄매각절차에 관하여 이 법에서 정한 사항을 제외하고는 대법원규칙으로 정한다.

제102조(남을 가망이 없을 경우의 경매취소)

① 법원은 최저매각가격으로 압류채권자의 채권에 우선하는 부동산의 모든 부담과 절차비용을 변제하면 남을 것이 없겠다고 인정한 때에는 압류채권자에게 이를 통지하여야 한다.

② 압류채권자가 제1항의 통지를 받은 날부터 1주 이내에 제1항의 부담과 비용을 변제하고 남을 만한 가격을 정하여 그 가격에 맞는 매수신고가 없을 때에는 자기가 그 가격으로 매수하겠다고 신청하면서 충분한 보증을 제공하지 아니하면, 법원은 경매절차를 취소하여야 한다.

③ 제2항의 취소 결정에 대하여는 즉시항고를 할 수 있다.

제103조(강제경매의 매각방법)

① 부동산의 매각은 집행법원이 정한 매각방법에 따른다.

② 부동산의 매각은 매각기일에 하는 호가경매(呼價競賣), 매각기일에 입찰 및 개찰하게 하는 기일입찰 또는 입찰기간 이내에 입찰하게 하여 매각기일에 개찰하는 기간입찰의 세 가지 방법으로 한다.

③ 부동산의 매각절차에 관하여 필요한 사항은 대법원규칙으로 정한다.

제104조(매각기일과 매각결정기일 등의 지정)

① 법원은 최저매각가격으로 제102조제1항의 부담과 비용을 변제하고도 남을 것이 있다고 인정하거나 압류채권자가 제102조제2항의 신청을 하고 충분한 보증을 제공한 때에는 직권으로 매각기일과 매각결정기일을 정하여 대법원규칙이 정하는 방법으로 공고한다.

② 법원은 매각기일과 매각결정기일을 이해관계인에게 통지하여야 한다.

③ 제2항의 통지는 집행기록에 표시된 이해관계인의 주소에 대법원규칙이 정하는 방법으로 발송할 수 있다.

④ 기간입찰의 방법으로 매각할 경우에는 입찰기간에 관하여도 제1항 내지 제3항의 규정을 적용한다.

제105조(매각물건명세서 등)

① 법원은 다음 각호의 사항을 적은 매각물건명세서를 작성하여야 한다.

1. 부동산의 표시
2. 부동산의 점유자와 점유의 권원, 점유할 수 있는 기간, 차임 또는 보증금에 관한 관계인의 진술
3. 등기된 부동산에 대한 권리 또는 가처분으로서 매각으로 효력을 잃지 아니하는 것
4. 매각에 따라 설정된 것으로 보게 되는 지상권의 개요

② 법원은 매각물건명세서·현황조사보고서 및 평가서의 사본을 법원에 비치하여 누구든지 볼 수 있도록 하여야 한다.

제106조(매각기일의 공고내용)

매각기일의 공고내용에는 다음 각호의 사항을 적어야 한다.

1. 부동산의 표시
2. 강제집행으로 매각한다는 취지와 그 매각방법
3. 부동산의 점유자, 점유의 권원, 점유하여 사용할 수 있는 기간, 차임 또는 보증금약정 및 그 액수
4. 매각기일의 일시·장소, 매각기일을 진행할 집행관의 성명 및 기간입찰의 방법으로 매각할 경우에는 입찰기간·장소
5. 최저매각가격
6. 매각결정기일의 일시·장소
7. 매각물건명세서·현황조사보고서 및 평가서의 사본을 매각기일 전에 법원에 비치하여 누구든지 볼 수 있도록 제공한다는 취지
8. 등기부에 기입할 필요가 없는 부동산에 대한 권리를 가진 사람은 채권을 신고하여야 한다는 취지

9. 이해관계인은 매각기일에 출석할 수 있다
는 취지

제107조(매각장소)

매각기일은 법원안에서 진행하여야 한다. 다
만, 집행관은 법원의 허가를 얻어 다른 장소
에서 매각기일을 진행할 수 있다.

제108조(매각장소의 질서유지)

집행관은 다음 각호 가운데 어느 하나에 해당
한다고 인정되는 사람에 대하여 매각장소에
들어오지 못하도록 하거나 매각장소에서 내
보내거나 매수의 신청을 하지 못하도록 할 수
있다.

1. 다른 사람의 매수신청을 방해한 사람
2. 부당하게 다른 사람과 담합하거나 그 밖
에 매각의 적정한 실시를 방해한 사람
3. 제1호 또는 제2호의 행위를 교사(敎唆)한
사람
4. 민사집행절차에서의 매각에 관하여 형법
제136조·제137조·제140조·제140조의2
·제142조·제315조 및 제323조 내지 제
327조에 규정된 죄로 유죄판결을 받고 그
판결확정일부터 2년이 지나지 아니한 사람

제109조(매각결정기일)

① 매각결정기일은 매각기일부터 1주 이내로
정하여야 한다.
② 매각결정절차는 법원안에서 진행하여야
한다.

제110조(합의에 의한 매각조건의 변경)

① 최저매각가격 외의 매각조건은 법원이 이
해관계인의 합의에 따라 바꿀 수 있다.
② 이해관계인은 배당요구의 종기까지 제1항
의 합의를 할 수 있다.

제111조(직권에 의한 매각조건의 변경)

① 거래의 실상을 반영하거나 경매절차를 효
율적으로 진행하기 위하여 필요한 경우에 법
원은 배당요구의 종기까지 매각조건을 바꾸
거나 새로운 매각조건을 설정할 수 있다.
② 이해관계인은 제1항의 재판에 대하여 즉시
항고를 할 수 있다.
③ 제1항의 경우에 법원은 집행관에게 부동산
에 대하여 필요한 조사를 하게 할 수 있다.

제112조(매각기일의 진행)

집행관은 기일입찰 또는 호가경매의 방법에
의한 매각기일에는 매각물건명세서·현황조
사보고서 및 평가서의 사본을 볼 수 있게 하
고, 특별한 매각조건이 있는 때에는 이를 고
지하며, 법원이 정한 매각방법에 따라 매수가
격을 신고하도록 최고하여야 한다.

제113조(매수신청의 보증)

매수신청인은 대법원규칙이 정하는 바에 따
라 집행법원이 정하는 금액과 방법에 맞는 보
증을 집행관에게 제공하여야 한다.

제114조(차순위매수신고)

① 최고가매수신고인 외의 매수신고인은 매
각기일을 마칠 때까지 집행관에게 최고가매
수신고인이 대금지급기한까지 그 의무를 이
행하지 아니하면 자기의 매수신고에 대하여
매각을 허가하여 달라는 취지의 신고(이하
"차순위매수신고"라 한다)를 할 수 있다.
② 차순위매수신고는 그 신고액이 최고가매
수신고액에서 그 보증액을 뺀 금액을 넘는 때
에만 할 수 있다.

제115조(매각기일의 종결)

① 집행관은 최고가매수신고인의 성명과 그
가격을 부르고 차순위매수신고를 최고한 뒤,
적법한 차순위매수신고가 있으면 차순위매수
신고인을 정하여 그 성명과 가격을 부른 다음
매각기일을 종결한다고 고지하여야 한다.
② 차순위매수신고를 한 사람이 둘 이상인 때
에는 신고한 매수가격이 높은 사람을 차순위
매수신고인으로 정한다. 신고한 매수가격이
같은 때에는 추첨으로 차순위매수신고인을
정한다.
③ 최고가매수신고인과 차순위매수신고인을
제외한 다른 매수신고인은 제1항의 고지에 따
라 매수의 책임을 벗게 되고, 즉시 매수신청
의 보증을 돌려 줄 것을 신청할 수 있다.
④ 기일입찰 또는 호가경매의 방법에 의한 매
각기일에서 매각기일을 마감할 때까지 허가
할 매수가격의 신고가 없는 때에는 집행관은
즉시 매각기일의 마감을 취소하고 같은 방법
으로 매수가격을 신고하도록 최고할 수 있다.
⑤ 제4항의 최고에 대하여 매수가격의 신고가
없어 매각기일을 마감하는 때에는 매각기일
의 마감을 다시 취소하지 못한다.

제116조(매각기일조서)

① 매각기일조서에는 다음 각호의 사항을 적어야 한다.

1. 부동산의 표시
2. 압류채권자의 표시
3. 매각물건명세서·현황조사보고서 및 평가서의 사본을 볼 수 있게 한 일
4. 특별한 매각조건이 있는 때에는 이를 고지한 일
5. 매수가격의 신고를 최고한 일
6. 모든 매수신고가격과 그 신고인의 성명·주소 또는 허가할 매수가격의 신고가 없는 일
7. 매각기일을 마감할 때까지 허가할 매수가격의 신고가 없어 매각기일의 마감을 취소하고 다시 매수가격의 신고를 최고한 일
8. 최종적으로 매각기일의 종결을 고지한 일시
9. 매수하기 위하여 보증을 제공한 일 또는 보증을 제공하지 아니하므로 그 매수를 허가하지 아니한 일
10. 최고가매수신고인과 차순위매수신고인의 성명과 그 가격을 부른 일

② 최고가매수신고인 및 차순위매수신고인과 출석한 이해관계인은 조서에 서명날인하여야 한다. 그들이 서명날인할 수 없을 때에는 집행관이 그 사유를 적어야 한다.

③ 집행관이 매수신청의 보증을 돌려 준 때에는 영수증을 받아 조서에 붙여야 한다.

제117조(조서와 금전의 인도)

집행관은 매각기일조서와 매수신청의 보증으로 받아 돌려주지 아니한 것을 매각기일부터 3일 이내에 법원사무관등에게 인도하여야 한다.

제118조(최고가매수신고인 등의 송달영수인신고)

① 최고가매수신고인과 차순위매수신고인은 대한민국안에 주소·거소와 사무소가 없는 때에는 대한민국안에 송달이나 통지를 받을 장소와 영수인을 정하여 법원에 신고하여야 한다.

② 최고가매수신고인이나 차순위매수신고인이 제1항의 신고를 하지 아니한 때에는 법원은 그에 대한 송달이나 통지를 하지 아니할 수 있다.

③ 제1항의 신고는 집행관에게 말로 할 수 있다. 이 경우 집행관은 조서에 이를 적어야 한다.

제119조(새 매각기일)

허가할 매수가격의 신고가 없이 매각기일이 최종적으로 마감된 때에는 제91조제1항의 규정에 어긋나지 아니하는 한도에서 법원은 최저매각가격을 상당히 낮추고 새 매각기일을 정하여야 한다. 그 기일에 허가할 매수가격의 신고가 없는 때에도 또한 같다.

제120조(매각결정기일에서의 진술)

① 법원은 매각결정기일에 출석한 이해관계인에게 매각허가에 관한 의견을 진술하게 하여야 한다.

② 매각허가에 관한 이의는 매각허가가 있을 때까지 신청하여야 한다. 이미 신청한 이의에 대한 진술도 또한 같다.

제121조(매각허가에 대한 이의신청사유)

매각허가에 관한 이의는 다음 각호 가운데 어느 하나에 해당하는 이유가 있어야 신청할 수 있다.

1. 강제집행을 허가할 수 없거나 집행을 계속 진행할 수 없을 때
2. 최고가매수신고인이 부동산을 매수할 능력이나 자격이 없는 때
3. 부동산을 매수할 자격이 없는 사람이 최고가매수신고인을 내세워 매수신고를 한 때
4. 최고가매수신고인, 그 대리인 또는 최고가매수신고인을 내세워 매수신고를 한 사람이 제108조 각호 가운데 어느 하나에 해당되는 때
5. 최저매각가격의 결정, 일괄매각의 결정 또는 매각물건명세서의 작성에 중대한 흠이 있는 때
6. 천재지변, 그 밖에 자기가 책임을 질 수 없는 사유로 부동산이 현저하게 훼손된 사실 또는 부동산에 관한 중대한 권리관계가 변동된 사실이 경매절차의 진행중에 밝혀진 때
7. 경매절차에 그 밖의 중대한 잘못이 있는 때

제122조(이의신청의 제한)

이의는 다른 이해관계인의 권리에 관한 이유로 신청하지 못한다.

제123조(매각의 불허)

① 법원은 이의신청이 정당하다고 인정한 때에는 매각을 허가하지 아니한다.

② 제121조에 규정한 사유가 있는 때에는 직권으로 매각을 허가하지 아니한다. 다만, 같은 조 제2호 또는 제3호의 경우에는 능력 또는 자격의 흠이 제거되지 아니한 때에 한한다.

제124조(과잉매각되는 경우의 매각불허가)

① 여러 개의 부동산을 매각하는 경우에 한 개의 부동산의 매각대금으로 모든 채권자의 채권액과 강제집행비용을 변제하기에 충분하면 다른 부동산의 매각을 허가하지 아니한다. 다만, 제101조제3항 단서에 따른 일괄매각의 경우에는 그러하지 아니하다.

② 제1항 본문의 경우에 채무자는 그 부동산 가운데 매각할 것을 지정할 수 있다.

제125조(매각을 허가하지 아니할 경우의 새 매각기일)

① 제121조와 제123조의 규정에 따라 매각을 허가하지 아니하고 다시 매각을 명하는 때에는 직권으로 새 매각기일을 정하여야 한다.

② 제121조제6호의 사유로 제1항의 새 매각기일을 열게 된 때에는 제97조 내지 제105조의 규정을 준용한다.

제126조(매각허가여부의 결정선고)

① 매각을 허가하거나 허가하지 아니하는 결정은 선고하여야 한다.

② 매각결정기일조서에는 민사소송법 제152조 내지 제154조와 제156조 내지 제158조 및 제164조의 규정을 준용한다.

③ 제1항의 결정은 확정되어야 효력을 가진다.

제127조(매각허가결정의 취소신청)

① 제121조제6호에서 규정한 사실이 매각허가결정의 확정 뒤에 밝혀진 경우에는 매수인은 대금을 낼 때까지 매각허가결정의 취소신청을 할 수 있다.

② 제1항의 신청에 관한 결정에 대하여는 즉시항고를 할 수 있다.

제128조(매각허가결정)

① 매각허가결정에는 매각한 부동산, 매수인과 매각가격을 적고 특별한 매각조건으로 매각한 때에는 그 조건을 적어야 한다.

② 제1항의 결정은 선고하는 외에 대법원규칙이 정하는 바에 따라 공고하여야 한다.

제129조(이해관계인 등의 즉시항고)

① 이해관계인은 매각허가여부의 결정에 따라 손해를 볼 경우에만 그 결정에 대하여 즉시항고를 할 수 있다.

② 매각허가에 정당한 이유가 없거나 결정에 적은 것 외의 조건으로 허가하여야 한다고 주장하는 매수인 또는 매각허가를 주장하는 매수신고인도 즉시항고를 할 수 있다.

③ 제1항 및 제2항의 경우에 매각허가를 주장하는 매수신고인은 그 신청한 가격에 대하여 구속을 받는다.

제130조(매각허가여부에 대한 항고)

① 매각허가결정에 대한 항고는 이 법에 규정한 매각허가에 대한 이의신청사유가 있다거나, 그 결정절차에 중대한 잘못이 있다는 것을 이유로 드는 때에만 할 수 있다.

② 민사소송법 제451조제1항 각호의 사유는 제1항의 규정에 불구하고 매각허가 또는 불허가결정에 대한 항고의 이유로 삼을 수 있다.

③ 매각허가결정에 대하여 항고를 하고자 하는 사람은 보증으로 매각대금의 10분의 1에 해당하는 금전 또는 법원이 인정한 유가증권을 공탁하여야 한다.

④ 항고를 제기하면서 항고장에 제3항의 보증을 제공하였음을 증명하는 서류를 붙이지 아니한 때에는 원심법원은 항고장을 받은 날부터 1주 이내에 결정으로 이를 각하하여야 한다.

⑤ 제4항의 결정에 대하여는 즉시항고를 할 수 있다.

⑥ 채무자 및 소유자가 한 제3항의 항고가 기각된 때에는 항고인은 보증으로 제공한 금전이나 유가증권을 돌려 줄 것을 요구하지 못한다.

⑦ 채무자 및 소유자 외의 사람이 한 제3항의 항고가 기각된 때에는 항고인은 보증으로 제공한 금전이나, 유가증권을 현금화한 금액 가운데 항고를 한 날부터 항고기각결정이 확정된 날까지의 매각대금에 대한 대법원규칙이 정하는 이율에 의한 금액(보증으로 제공한 금전이나, 유가증권을 현금화한 금액을 한도로 한다)에 대하여는 돌려 줄 것을 요구할 수 없

다. 다만, 보증으로 제공한 유가증권을 현금화하기 전에 위의 금액을 항고인이 지급한 때에는 그 유가증권을 돌려 줄 것을 요구할 수 있다.

⑧ 항고인이 항고를 취하한 경우에는 제6항 또는 제7항의 규정을 준용한다.

제131조(항고심의 절차)

① 항고법원은 필요한 경우에 반대진술을 하게 하기 위하여 항고인의 상대방을 정할 수 있다.

② 한 개의 결정에 대한 여러 개의 항고는 병합한다.

③ 항고심에는 제122조의 규정을 준용한다.

제132조(항고법원의 재판과 매각허가여부결정) 항고법원이 집행법원의 결정을 취소하는 경우에 그 매각허가여부의 결정은 집행법원이 한다.

제133조(매각을 허가하지 아니하는 결정의 효력)

매각을 허가하지 아니한 결정이 확정된 때에는 매수인과 매각허가를 주장한 매수신고인은 매수에 관한 책임이 면제된다.

제134조(최저매각가격의 결정부터 새로할 경우) 제127조의 규정에 따라 매각허가결정을 취소한 경우에는 제97조 내지 제105조의 규정을 준용한다.

제135조(소유권의 취득시기)

매수인은 매각대금을 다 낸 때에 매각의 목적인 권리를 취득한다.

제136조(부동산의 인도명령 등)

① 법원은 매수인이 대금을 낸 뒤 6월 이내에 신청하면 채무자·소유자 또는 부동산 점유자에 대하여 부동산을 매수인에게 인도하도록 명할 수 있다. 다만, 점유자가 매수인에게 대항할 수 있는 권원에 의하여 점유하고 있는 것으로 인정되는 경우에는 그러하지 아니하다.

② 법원은 매수인 또는 채권자가 신청하면 매각허가가 결정된 뒤 인도할 때까지 관리인에게 부동산을 관리하게 할 것을 명할 수 있다.

③ 제2항의 경우 부동산의 관리를 위하여 필요하면 법원은 매수인 또는 채권자의 신청에 따라 담보를 제공하게 하거나 제공하게 하지 아니하고 제1항의 규정에 준하는 명령을 할 수 있다.

④ 법원이 채무자 및 소유자 외의 점유자에 대하여 제1항 또는 제3항의 규정에 따른 인도명령을 하려면 그 점유자를 심문하여야 한다. 다만, 그 점유자가 매수인에게 대항할 수 있는 권원에 의하여 점유하고 있지 아니함이 명백한 때 또는 이미 그 점유자를 심문한 때에는 그러하지 아니하다.

⑤ 제1항 내지 제3항의 신청에 관한 결정에 대하여는 즉시항고를 할 수 있다.

⑥ 채무자·소유자 또는 점유자가 제1항과 제3항의 인도명령에 따르지 아니할 때에는 매수인 또는 채권자는 집행관에게 그 집행을 위임할 수 있다.

제137조(차순위매수신고인에 대한 매각허가여부결정)

① 차순위매수신고인이 있는 경우에 매수인이 대금지급기한까지 그 의무를 이행하지 아니한 때에는 차순위매수신고인에게 매각을 허가할 것인지를 결정하여야 한다. 다만, 제142조제4항의 경우에는 그러하지 아니하다.

② 차순위매수신고인에 대한 매각허가결정이 있는 때에는 매수인은 매수신청의 보증을 돌려 줄 것을 요구하지 못한다.

제138조(재매각)

① 매수인이 대금지급기한 또는 제142조제4항의 다시 정한 기한까지 그 의무를 완전히 이행하지 아니하였고, 차순위매수신고인이 없는 때에는 법원은 직권으로 부동산의 재매각을 명하여야 한다.

② 재매각절차에도 종전에 정한 최저매각가격, 그 밖의 매각조건을 적용한다.

③ 매수인이 재매각기일의 3일 이전까지 대금, 그 지급기한이 지난 뒤부터 지급일까지의 대금에 대한 대법원규칙이 정하는 이율에 따른 지연이자와 절차비용을 지급한 때에는 재매각절차를 취소하여야 한다. 이 경우 차순위매수신고인이 매각허가결정을 받았던 때에는 위 금액을 먼저 지급한 매수인이 매매목적물의 권리를 취득한다.

④ 재매각절차에서는 전의 매수인은 매수신청을 할 수 없으며 매수신청의 보증을 돌려

줄 것을 요구하지 못한다.

제139조(공유물지분에 대한 경매)

① 공유물지분을 경매하는 경우에는 채권자의 채권을 위하여 채무자의 지분에 대한 경매개시결정이 있음을 등기부에 기입하고 다른 공유자에게 그 경매개시결정이 있다는 것을 통지하여야 한다. 다만, 상당한 이유가 있는 때에는 통지하지 아니할 수 있다.

② 최저매각가격은 공유물 전부의 평가액을 기본으로 채무자의 지분에 관하여 정하여야 한다. 다만, 그와 같은 방법으로 정확한 가치를 평가하기 어렵거나 그 평가에 부당하게 많은 비용이 드는 등 특별한 사정이 있는 경우에는 그러하지 아니하다.

제140조(공유자의 우선매수권)

① 공유자는 매각기일까지 제113조에 따른 보증을 제공하고 최고매수신고가격과 같은 가격으로 채무자의 지분을 우선매수하겠다는 신고를 할 수 있다.

② 제1항의 경우에 법원은 최고가매수신고가 있더라도 그 공유자에게 매각을 허가하여야 한다.

③ 여러 사람의 공유자가 우선매수하겠다는 신고를 하고 제2항의 절차를 마친 때에는 특별한 협의가 없으면 공유지분의 비율에 따라 채무자의 지분을 매수하게 한다.

④ 제1항의 규정에 따라 공유자가 우선매수신고를 한 경우에는 최고가매수신고인을 제114조의 차순위매수신고인으로 본다.

제141조(경매개시결정등기의 말소)

경매신청이 매각허가 없이 마쳐진 때에는 법원사무관등은 제94조와 제139조제1항의 규정에 따른 기입을 말소하도록 등기관에게 촉탁하여야 한다.

제142조(대금의 지급)

① 매각허가결정이 확정되면 법원은 대금의 지급기한을 정하고, 이를 매수인과 차순위매수신고인에게 통지하여야 한다.

② 매수인은 제1항의 대금지급기한까지 매각대금을 지급하여야 한다.

③ 매수신청의 보증으로 금전이 제공된 경우에 그 금전은 매각대금에 넣는다.

④ 매수신청의 보증으로 금전 외의 것이 제공된 경우로서 매수인이 매각대금중 보증액을 뺀 나머지 금액만을 낸 때에는, 법원은 보증을 현금화하여 그 비용을 뺀 금액을 보증액에 해당하는 매각대금 및 이에 대한 지연이자에 충당하고, 모자라는 금액이 있으면 다시 대금지급기한을 정하여 매수인으로 하여금 내게 한다.

⑤ 제4항의 지연이자에 대하여는 제138조제3항의 규정을 준용한다.

⑥ 차순위매수신고인은 매수인이 대금을 모두 지급한 때 매수의 책임을 벗게 되고 즉시 매수신청의 보증을 돌려 줄 것을 요구할 수 있다.

제143조(특별한 지급방법)

① 매수인은 매각조건에 따라 부동산의 부담을 인수하는 외에 배당표(配當表)의 실시에 관하여 매각대금의 한도에서 관계채권자의 승낙이 있으면 대금의 지급에 갈음하여 채무를 인수할 수 있다.

② 채권자가 매수인인 경우에는 매각결정기일이 끝날 때까지 법원에 신고하고 배당받아야 할 금액을 제외한 대금을 배당기일에 낼 수 있다.

③ 제1항 및 제2항의 경우에 매수인이 인수한 채무나 배당받아야 할 금액에 대하여 이의가 제기된 때에는 매수인은 배당기일이 끝날 때까지 이에 해당하는 대금을 내야 한다.

제144조(매각대금 지급 뒤의 조치)

① 매각대금이 지급되면 법원사무관등은 매각허가결정의 등본을 붙여 다음 각호의 등기를 촉탁하여야 한다.

1. 매수인 앞으로 소유권을 이전하는 등기
2. 매수인이 인수하지 아니한 부동산의 부담에 관한 기입을 말소하는 등기
3. 제94조 및 제139조제1항의 규정에 따른 경매개시결정등기를 말소하는 등기

② 매각대금을 지급할 때까지 매수인과 부동산을 담보로 제공받으려고 하는 사람이 대법원규칙으로 정하는 바에 따라 공동으로 신청한 경우, 제1항의 촉탁은 등기신청의 대리를 업으로 할 수 있는 사람으로서 신청인이 지정하는 사람에게 촉탁서를 교부하여 등기소에

제출하도록 하는 방법으로 하여야 한다. 이
경우 신청인이 지정하는 사람은 지체 없이 그
촉탁서를 등기소에 제출하여야 한다. <신설
2010.7.23>
③ 제1항의 등기에 드는 비용은 매수인이 부
담한다. <개정 2010.7.23>

제145조(매각대금의 배당)
① 매각대금이 지급되면 법원은 배당절차를
밟아야 한다.
② 매각대금으로 배당에 참가한 모든 채권자
를 만족하게 할 수 없는 때에는 법원은 민법
·상법, 그 밖의 법률에 의한 우선순위에 따
라 배당하여야 한다.

제146조(배당기일)
매수인이 매각대금을 지급하면 법원은 배당
에 관한 진술 및 배당을 실시할 기일을 정하
고 이해관계인과 배당을 요구한 채권자에게
이를 통지하여야 한다. 다만, 채무자가 외국
에 있거나 있는 곳이 분명하지 아니한 때에는
통지하지 아니한다.

제147조(배당할 금액 등)
① 배당할 금액은 다음 각호에 규정한 금액으
로 한다.
1. 대금
2. 제138조제3항 및 제142조제4항의 경우에
는 대금지급기한이 지난 뒤부터 대금의 지
급·충당까지의 지연이자
3. 제130조제6항의 보증(제130조제8항에 따
라 준용되는 경우를 포함한다.)
4. 제130조제7항 본문의 보증 가운데 항고인
이 돌려 줄 것을 요구하지 못하는 금액 또
는 제130조제7항 단서의 규정에 따라 항고
인이 낸 금액(각각 제130조제8항에 따라
준용되는 경우를 포함한다.)
5. 제138조제4항의 규정에 의하여 매수인이
돌려줄 것을 요구할 수 없는 보증(보증이
금전 외의 방법으로 제공되어 있는 때에는
보증을 현금화하여 그 대금에서 비용을 뺀
금액)
② 제1항의 금액 가운데 채권자에게 배당하고
남은 금액이 있으면, 제1항제4호의 금액의 범
위안에서 제1항제4호의 보증 등을 제공한 사
람에게 돌려준다.

③ 제1항의 금액 가운데 채권자에게 배당하고
남은 금액으로 제1항제4호의 보증 등을 돌려
주기 부족한 경우로서 그 보증 등을 제공한
사람이 여럿인 때에는 제1항제4호의 보증 등
의 비율에 따라 나누어 준다.

제148조(배당받을 채권자의 범위)
제147조제1항에 규정한 금액을 배당받을 채
권자는 다음 각호에 규정된 사람으로 한다.
1. 배당요구의 종기까지 경매신청을 한 압류
채권자
2. 배당요구의 종기까지 배당요구를 한 채
권자
3. 첫 경매개시결정등기전에 등기된 가압류
채권자
4. 저당권·전세권, 그 밖의 우선변제청구권
으로서 첫 경매개시결정등기전에 등기되
었고 매각으로 소멸하는 것을 가진 채권자

제149조(배당표의 확정)
① 법원은 채권자와 채무자에게 보여 주기 위
하여 배당기일의 3일전에 배당표원안(配當表
原案)을 작성하여 법원에 비치하여야 한다.
② 법원은 출석한 이해관계인과 배당을 요구
한 채권자를 심문하여 배당표를 확정하여야
한다.

제150조(배당표의 기재 등)
① 배당표에는 매각대금, 채권자의 채권의 원
금, 이자, 비용, 배당의 순위와 배당의 비율을
적어야 한다.
② 출석한 이해관계인과 배당을 요구한 채권
자가 합의한 때에는 이에 따라 배당표를 작성
하여야 한다.

제151조(배당표에 대한 이의)
① 기일에 출석한 채무자는 채권자의 채권 또
는 그 채권의 순위에 대하여 이의할 수 있다.
② 제1항의 규정에 불구하고 채무자는 제149
조제1항에 따라 법원에 배당표원안이 비치된
이후 배당기일이 끝날 때까지 채권자의 채권
또는 그 채권의 순위에 대하여 서면으로 이의
할 수 있다.
③ 기일에 출석한 채권자는 자기의 이해에 관
계되는 범위 안에서는 다른 채권자를 상대로
그의 채권 또는 그 채권의 순위에 대하여 이

의할 수 있다.

제152조(이의의 완결)

① 제151조의 이의에 관계된 채권자는 이에 대하여 진술하여야 한다.

② 관계인이 제151조의 이의를 정당하다고 인정하거나 다른 방법으로 합의한 때에는 이에 따라 배당표를 경정(更正)하여 배당을 실시하여야 한다.

③ 제151조의 이의가 완결되지 아니한 때에는 이의가 없는 부분에 한하여 배당을 실시하여야 한다.

제153조(불출석한 채권자)

① 기일에 출석하지 아니한 채권자는 배당표와 같이 배당을 실시하는 데에 동의한 것으로 본다.

② 기일에 출석하지 아니한 채권자가 다른 채권자가 제기한 이의에 관계된 때에는 그 채권자는 이의를 정당하다고 인정하지 아니한 것으로 본다.

제154조(배당이의의 소 등)

① 집행력 있는 집행권원의 정본을 가지지 아니한 채권자(가압류채권자를 제외한다)에 대하여 이의한 채무자와 다른 채권자에 대하여 이의한 채권자는 배당이의의 소를 제기하여야 한다.

② 집행력 있는 집행권원의 정본을 가진 채권자에 대하여 이의한 채무자는 청구이의의 소를 제기하여야 한다.

③ 이의한 채권자나 채무자가 배당기일부터 1주 이내에 집행법원에 대하여 제1항의 소를 제기한 사실을 증명하는 서류를 제출하지 아니한 때 또는 제2항의 소를 제기한 사실을 증명하는 서류와 그 소에 관한 집행정지재판의 정본을 제출하지 아니한 때에는 이의가 취하된 것으로 본다.

제155조(이의한 사람 등의 우선권 주장)

이의한 채권자가 제154조제3항의 기간을 지키지 아니한 경우에도 배당표에 따른 배당을 받은 채권자에 대하여 소로 우선권 및 그 밖의 권리를 행사하는 데 영향을 미치지 아니한다.

제156조(배당이의의 소의 관할)

① 제154조제1항의 배당이의의 소는 배당을 실시한 집행법원이 속한 지방법원의 관할로 한다. 다만, 소송물이 단독판사의 관할에 속하지 아니할 경우에는 지방법원의 합의부가 이를 관할한다.

② 여러 개의 배당이의의 소가 제기된 경우에 한 개의 소를 합의부가 관할하는 때에는 그 밖의 소도 함께 관할한다.

③ 이의한 사람과 상대방이 이의에 관하여 단독판사의 재판을 받을 것을 합의한 경우에는 제1항 단서와 제2항의 규정을 적용하지 아니한다.

제157조(배당이의의 소의 판결)

배당이의의 소에 대한 판결에서는 배당액에 대한 다툼이 있는 부분에 관하여 배당을 받을 채권자와 그 액수를 정하여야 한다. 이를 정하는 것이 적당하지 아니하다고 인정한 때에는 판결에서 배당표를 다시 만들고 다른 배당절차를 밟도록 명하여야 한다.

제158조(배당이의의 소의 취하간주)

이의한 사람이 배당이의의 소의 첫 변론기일에 출석하지 아니한 때에는 소를 취하한 것으로 본다.

제159조(배당실시절차 • 배당조서)

① 법원은 배당표에 따라 제2항 및 제3항에 규정된 절차에 의하여 배당을 실시하여야 한다.

② 채권 전부의 배당을 받을 채권자에게는 배당액지급증을 교부하는 동시에 그가 가진 집행력 있는 정본 또는 채권증서를 받아 채무자에게 교부하여야 한다.

③ 채권 일부의 배당을 받을 채권자에게는 집행력 있는 정본 또는 채권증서를 제출하게 한 뒤 배당액을 적어서 돌려주고 배당액지급증을 교부하는 동시에 영수증을 받아 채무자에게 교부하여야 한다.

④ 제1항 내지 제3항의 배당실시절차는 조서에 명확히 적어야 한다.

제160조(배당금액의 공탁)

① 배당을 받아야 할 채권자의 채권에 대하여 다음 각호 가운데 어느 하나의 사유가 있으면 그에 대한 배당액을 공탁하여야 한다.

1. 채권에 정지조건 또는 불확정기한이 붙어

있는 때

2. 가압류채권자의 채권인 때

3. 제49조제2호 및 제266조제1항제5호에 규
정된 문서가 제출되어 있는 때

4. 저당권설정의 가등기가 마쳐져 있는 때

5. 제154조제1항에 의한 배당이의의 소가 제
기된 때

6. 민법 제340조제2항 및 같은 법 제370조에
따른 배당금액의 공탁청구가 있는 때

② 채권자가 배당기일에 출석하지 아니한 때
에는 그에 대한 배당액을 공탁하여야 한다.

제161조(공탁금에 대한 배당의 실시)

① 법원이 제160조제1항의 규정에 따라 채권
자에 대한 배당액을 공탁한 뒤 공탁의 사유가
소멸한 때에는 법원은 공탁금을 지급하거나
공탁금에 대한 배당을 실시하여야 한다.

② 제1항에 따라 배당을 실시함에 있어서 다
음 각호 가운데 어느 하나에 해당하는 때에는
법원은 배당에 대하여 이의하지 아니한 채권
자를 위하여서도 배당표를 바꾸어야 한다.

1. 제160조제1항제1호 내지 제4호의 사유에
따른 공탁에 관련된 채권자에 대하여 배당
을 실시할 수 없게 된 때

2. 제160조제1항제5호의 공탁에 관련된 채권
자가 채무자로부터 제기당한 배당이의의
소에서 진 때

3. 제160조제1항제6호의 공탁에 관련된 채권
자가 저당물의 매각대가로부터 배당을 받
은 때

③ 제160조제2항의 채권자가 법원에 대하여
공탁금의 수령을 포기하는 의사를 표시한 때
에는 그 채권자의 채권이 존재하지 아니하는
것으로 보고 배당표를 바꾸어야 한다.

④ 제2항 및 제3항의 배당표변경에 따른 추가
배당기일에 제151조의 규정에 따라 이의할 때
에는 종전의 배당기일에서 주장할 수 없었던
사유만을 주장할 수 있다.

제162조(공동경매)

여러 압류채권자를 위하여 동시에 실시하는
부동산의 경매절차에는 제80조 내지 제161조
의 규정을 준용한다.

제 3 관 강제관리

제163조(강제경매규정의 준용)

강제관리에는 제80조 내지 제82조, 제83조제1
항·제3항 내지 제5항, 제85조 내지 제89조
및 제94조 내지 제96조의 규정을 준용한다.

제164조(강제관리개시결정)

① 강제관리를 개시하는 결정에는 채무자에
게는 관리사무에 간섭하여서는 아니되고 부
동산의 수익을 처분하여서도 아니된다고 명
하여야 하며, 수익을 채무자에게 지급할 제3
자에게는 관리인에게 이를 지급하도록 명하
여야 한다.

② 수확하였거나 수확할 과실(果實)과, 이행
기에 이르렀거나 이르게 될 과실은 제1항의
수익에 속한다.

③ 강제관리개시결정은 제3자에게는 결정서
를 송달하여야 효력이 생긴다.

④ 강제관리신청을 기각하거나 각하하는 재
판에 대하여는 즉시항고를 할 수 있다.

제165조(강제관리개시결정 등의 통지)

법원은 강제관리를 개시하는 결정을 한 부동
산에 대하여 다시 강제관리의 개시결정을 하
거나 배당요구의 신청이 있는 때에는 관리인
에게 이를 통지하여야 한다.

제166조(관리인의 임명 등)

① 관리인은 법원이 임명한다. 다만, 채권자는
적당한 사람을 관리인으로 추천할 수 있다.

② 관리인은 관리와 수익을 하기 위하여 부동
산을 점유할 수 있다. 이 경우 저항을 받으면
집행관에게 원조를 요구할 수 있다.

③ 관리인은 제3자가 채무자에게 지급할 수익
을 추심(推尋)할 권한이 있다.

제167조(법원의 지휘·감독)

① 법원은 관리에 필요한 사항과 관리인의 보
수를 정하고, 관리인을 지휘·감독한다.

② 법원은 관리인에게 보증을 제공하도록 명
할 수 있다.

③ 관리인에게 관리를 계속할 수 없는 사유가
생긴 경우에는 법원은 직권으로 또는 이해관
계인의 신청에 따라 관리인을 해임할 수 있
다. 이 경우 관리인을 심문하여야 한다.

제168조(준용규정)

제3자가 부동산에 대한 강제관리를 막을 권리가 있다고 주장하는 경우에는 제48조의 규정을 준용한다.

제169조(수익의 처리)

① 관리인은 부동산수익에서 그 부동산이 부담하는 조세, 그 밖의 공과금을 뺀 뒤에 관리비용을 변제하고, 그 나머지 금액을 채권자에게 지급한다.

② 제1항의 경우 모든 채권자를 만족하게 할 수 없는 때에는 관리인은 채권자 사이의 배당협의에 따라 배당을 실시하여야 한다.

③ 채권자 사이에 배당협의가 이루어지지 못한 경우에 관리인은 그 사유를 법원에 신고하여야 한다.

④ 제3항의 신고가 있는 경우에는 제145조·제146조 및 제148조 내지 제161조의 규정을 준용하여 배당표를 작성하고 이에 따라 관리인으로 하여금 채권자에게 지급하게 하여야 한다.

제170조(관리인의 계산보고)

① 관리인은 매년 채권자·채무자와 법원에 계산서를 제출하여야 한다. 그 업무를 마친 뒤에도 또한 같다.

② 채권자와 채무자는 계산서를 송달받은 날부터 1주 이내에 집행법원에 이에 대한 이의신청을 할 수 있다.

③ 제2항의 기간 이내에 이의신청이 없는 때에는 관리인의 책임이 면제된 것으로 본다.

④ 제2항의 기간 이내에 이의신청이 있는 때에는 관리인을 심문한 뒤 결정으로 재판하여야 한다. 신청한 이의를 매듭 지은 때에는 법원은 관리인의 책임을 면제한다.

제171조(강제관리의 취소)

① 강제관리의 취소는 법원이 결정으로 한다.

② 채권자들이 부동산수익으로 전부 변제를 받았을 때에는 법원은 직권으로 제1항의 취소결정을 한다.

③ 제1항 및 제2항의 결정에 대하여는 즉시항고를 할 수 있다.

④ 강제관리의 취소결정이 확정된 때에는 법원사무관등은 강제관리에 관한 기입등기를 말소하도록 촉탁하여야 한다.

제 3 절 선박 등에 대한 강제집행

제172조(선박에 대한 강제집행)

등기할 수 있는 선박에 대한 강제집행은 부동산의 강제경매에 관한 규정에 따른다. 다만, 사물의 성질에 따른 차이가 있거나 특별한 규정이 있는 경우에는 그러하지 아니하다.

제173조(관할법원)

선박에 대한 강제집행의 집행법원은 압류 당시에 그 선박이 있는 곳을 관할하는 지방법원으로 한다.

제174조(선박국적증서 등의 제출)

① 법원은 경매개시결정을 한 때에는 집행관에게 선박국적증서 그 밖에 선박운행에 필요한 문서(이하 "선박국적증서등"이라 한다)를 선장으로부터 받아 법원에 제출하도록 명하여야 한다.

② 경매개시결정이 송달 또는 등기되기 전에 집행관이 선박국적증서등을 받은 경우에는 그 때에 압류의 효력이 생긴다.

제175조(선박집행신청전의 선박국적증서등의 인도명령)

① 선박에 대한 집행의 신청전에 선박국적증서등을 받지 아니하면 집행이 매우 곤란할 염려가 있을 경우에는 선적(船籍)이 있는 곳을 관할하는 지방법원(선적이 없는 때에는 대법원규칙이 정하는 법원)은 신청에 따라 채무자에게 선박국적증서등을 집행관에게 인도하도록 명할 수 있다. 급박한 경우에는 선박이 있는 곳을 관할하는 지방법원도 이 명령을 할 수 있다.

② 집행관은 선박국적증서등을 인도받은 날부터 5일 이내에 채권자로부터 선박집행을 신청하였음을 증명하는 문서를 제출받지 못한 때에는 그 선박국적증서등을 돌려 주어야 한다.

③ 제1항의 규정에 따른 재판에 대하여는 즉시항고를 할 수 있다.

④ 제1항의 규정에 따른 재판에는 제292조제2항 및 제3항의 규정을 준용한다.

제176조(압류선박의 정박)

① 법원은 집행절차를 행하는 동안 선박이 압류 당시의 장소에 계속 머무르도록 명하여야 한다.

② 법원은 영업상의 필요, 그 밖에 상당한 이유가 있다고 인정할 경우에는 채무자의 신청에 따라 선박의 운행을 허가할 수 있다. 이 경우 채권자·최고가매수신고인·차순위매수신고인 및 매수인의 동의가 있어야 한다.

③ 제2항의 선박운행허가결정에 대하여는 즉시항고를 할 수 있다.

④ 제2항의 선박운행허가결정은 확정되어야 효력이 생긴다.

제177조(경매신청의 첨부서류)
① 강제경매신청을 할 때에는 다음 각호의 서류를 내야 한다.
1. 채무자가 소유자인 경우에는 소유자로서 선박을 점유하고 있다는 것을, 선장인 경우에는 선장으로서 선박을 지휘하고 있다는 것을 소명할 수 있는 증서
2. 선박에 관한 등기사항을 포함한 등기부의 초본 또는 등본
② 채권자는 공적 장부를 주관하는 공공기관이 멀리 떨어진 곳에 있는 때에는 제1항제2호의 초본 또는 등본을 보내주도록 법원에 신청할 수 있다.

제178조(감수·보존처분)
① 법원은 채권자의 신청에 따라 선박을 감수(監守)하고 보존하기 위하여 필요한 처분을 할 수 있다.
② 제1항의 처분을 한 때에는 경매개시결정이 송달되기 전에도 압류의 효력이 생긴다.

제179조(선장에 대한 판결의 집행)
① 선장에 대한 판결로 선박채권자를 위하여 선박을 압류하면 그 압류는 소유자에 대하여도 효력이 미친다. 이 경우 소유자도 이해관계인으로 본다.
② 압류한 뒤에 소유자나 선장이 바뀌더라도 집행절차에는 영향을 미치지 아니한다.
③ 압류한 뒤에 선장이 바뀐 때에는 바뀐 선장만이 이해관계인이 된다.

제180조(관할위반으로 말미암은 절차의 취소)
압류 당시 선박이 그 법원의 관할안에 없었음

이 판명된 때에는 그 절차를 취소하여야 한다.

제181조(보증의 제공에 의한 강제경매절차의 취소)
① 채무자가 제49조제2호 또는 제4호의 서류를 제출하고 압류채권자 및 배당을 요구한 채권자의 채권과 집행비용에 해당하는 보증을 매수신고전에 제공한 때에는 법원은 신청에 따라 배당절차 외의 절차를 취소하여야 한다.
② 제1항에 규정한 서류를 제출함에 따른 집행정지가 효력을 잃은 때에는 법원은 제1항의 보증금을 배당하여야 한다.
③ 제1항의 신청을 기각한 재판에 대하여는 즉시항고를 할 수 있다.
④ 제1항의 규정에 따른 집행취소결정에는 제17조제2항의 규정을 적용하지 아니한다.
⑤ 제1항의 보증의 제공에 관하여 필요한 사항은 대법원규칙으로 정한다.

제182조(사건의 이송)
① 압류된 선박이 관할구역 밖으로 떠난 때에는 집행법원은 선박이 있는 곳을 관할하는 법원으로 사건을 이송할 수 있다.
② 제1항의 규정에 따른 결정에 대하여는 불복할 수 없다.

제183조(선박국적증서등을 넘겨받지 못한 경우의 경매절차취소)
경매개시결정이 있은 날부터 2월이 지나기까지 집행관이 선박국적증서등을 넘겨받지 못하고, 선박이 있는 곳이 분명하지 아니한 때에는 법원은 강제경매절차를 취소할 수 있다.

제184조(매각기일의 공고)
매각기일의 공고에는 선박의 표시와 그 정박한 장소를 적어야 한다.

제185조(선박지분의 압류명령)
① 선박의 지분에 대한 강제집행은 제251조에서 규정한 강제집행의 예에 따른다.
② 채권자가 선박의 지분에 대하여 강제집행 신청을 하기 위하여서는 채무자가 선박의 지분을 소유하고 있다는 사실을 증명할 수 있는 선박등기부의 등본이나 그 밖의 증명서를 내야 한다.
③ 압류명령은 채무자 외에 「상법」 제764조에 의하여 선임된 선박관리인(이하 이 조에서

"선박관리인"이라 한다)에게도 송달하여야 한다. <개정 2007.8.3>

④ 압류명령은 선박관리인에게 송달되면 채무자에게 송달된 것과 같은 효력을 가진다.

제186조(외국선박의 압류)

외국선박에 대한 강제집행에는 등기부에 기입할 절차에 관한 규정을 적용하지 아니한다.

제187조(자동차 등에 대한 강제집행)

자동차·건설기계·소형선박(「자동차 등 특정동산 저당법」 제3조제2호에 따른 소형선박을 말한다) 및 항공기(「자동차 등 특정동산 저당법」 제3조제4호에 따른 항공기 및 경량항공기를 말한다)에 대한 강제집행절차는 제2편제2장제2절부터 제4절까지의 규정에 준하여 대법원규칙으로 정한다. <개정 2007.8.3, 2009.3.25., 2015.5.18>

제 4 절 동산에 대한 강제집행

제 1 관 통 칙

제188조(집행방법, 압류의 범위)

① 동산에 대한 강제집행은 압류에 의하여 개시한다.

② 압류는 집행력 있는 정본에 적은 청구금액의 변제와 집행비용의 변상에 필요한 한도안에서 하여야 한다.

③ 압류물을 현금화하여도 집행비용 외에 남을 것이 없는 경우에는 집행하지 못한다.

제 2 관 유체동산에 대한 강제집행

제189조(채무자가 점유하고 있는 물건의 압류)

① 채무자가 점유하고 있는 유체동산의 압류는 집행관이 그 물건을 점유함으로써 한다. 다만, 채권자의 승낙이 있거나 운반이 곤란한 때에는 봉인(封印), 그 밖의 방법으로 압류물임을 명확히 하여 채무자에게 보관시킬 수 있다.

② 다음 각호 가운데 어느 하나에 해당하는 물건은 이 법에서 유체동산으로 본다.

1. 등기할 수 없는 토지의 정착물로서 독립

하여 거래의 객체가 될 수 있는 것

2. 토지에서 분리하기 전의 과실로서 1월 이내에 수확할 수 있는 것

3. 유가증권으로서 배서가 금지되지 아니한 것

③ 집행관은 채무자에게 압류의 사유를 통지하여야 한다.

제190조(부부공유 유체동산의 압류)

채무자와 그 배우자의 공유로서 채무자가 점유하거나 그 배우자와 공동으로 점유하고 있는 유체동산은 제189조의 규정에 따라 압류할 수 있다.

제191조(채무자 외의 사람이 점유하고 있는 물건의 압류)

채권자 또는 물건의 제출을 거부하지 아니하는 제3자가 점유하고 있는 물건은 제189조의 규정을 준용하여 압류할 수 있다.

제192조(국고금의 압류)

국가에 대한 강제집행은 국고금을 압류함으로써 한다.

제193조(압류물의 인도)

① 압류물을 제3자가 점유하게 된 경우에는 법원은 채권자의 신청에 따라 그 제3자에 대하여 그 물건을 집행관에게 인도하도록 명할 수 있다.

② 제1항의 신청은 압류물을 제3자가 점유하고 있는 것을 안 날부터 1주 이내에 하여야 한다.

③ 제1항의 재판은 상대방에게 송달되기 전에도 집행할 수 있다.

④ 제1항의 재판은 신청인에게 고지된 날부터 2주가 지난 때에는 집행할 수 없다.

⑤ 제1항의 재판에 대하여는 즉시항고를 할 수 있다.

제194조(압류의 효력)

압류의 효력은 압류물에서 생기는 천연물에도 미친다.

제195조(압류가 금지되는 물건)

다음 각호의 물건은 압류하지 못한다. <개정 2005.1.27>

1. 채무자 및 그와 같이 사는 친족(사실상 관계에 따른 친족을 포함한다. 이하 이 조에서 "채무자등"이라 한다)의 생활에 필요

한 의복·침구·가구·부엌기구, 그 밖의
생활필수품
2. 채무자등의 생활에 필요한 2월간의 식료
품·연료 및 조명재료
3. 채무자등의 생활에 필요한 1월간의 생계
비로서 대통령령이 정하는 액수의 금전
4. 주로 자기 노동력으로 농업을 하는 사람
에게 없어서는 아니될 농기구·비료·가축
·사료·종자, 그 밖에 이에 준하는 물건
5. 주로 자기의 노동력으로 어업을 하는 사
람에게 없어서는 아니될 고기잡이 도구·
어망·미끼·새끼고기, 그 밖에 이에 준하
는 물건
6. 전문직 종사자·기술자·노무자, 그 밖에
주로 자기의 정신적 또는 육체적 노동으로
직업 또는 영업에 종사하는 사람에게 없어
서는 아니 될 제복·도구, 그 밖에 이에 준
하는 물건
7. 채무자 또는 그 친족이 받은 훈장·포장
·기장, 그 밖에 이에 준하는 명예증표
8. 위패·영정·묘비, 그 밖에 상례·제사
또는 예배에 필요한 물건
9. 족보·집안의 역사적인 기록·사진첩, 그
밖에 선조숭배에 필요한 물건
10. 채무자의 생활 또는 직무에 없어서는 아
니 될 도장·문패·간판, 그 밖에 이에 준
하는 물건
11. 채무자의 생활 또는 직업에 없어서는 아
니 될 일기장·상업장부, 그 밖에 이에 준
하는 물건
12. 공표되지 아니한 저작 또는 발명에 관한
물건
13. 채무자등이 학교·교회·사찰, 그 밖의
교육기관 또는 종교단체에서 사용하는 교
과서·교리서·학습용구, 그 밖에 이에 준
하는 물건
14. 채무자등의 일상생활에 필요한 안경·보
청기·의치·의수족·지팡이·장애보조용
바퀴의자, 그 밖에 이에 준하는 신체보조
기구
15. 채무자등의 일상생활에 필요한 자동차로
서 자동차관리법이 정하는 바에 따른 장애
인용 경형자동차
16. 재해의 방지 또는 보안을 위하여 법령의
규정에 따라 설비하여야 하는 소방설비·
경보기구·피난시설, 그 밖에 이에 준하는
물건

제196조(압류금지 물건을 정하는 재판)
① 법원은 당사자가 신청하면 채권자와 채무
자의 생활형편, 그 밖의 사정을 고려하여 유
체동산의 전부 또는 일부에 대한 압류를 취소
하도록 명하거나 제195조의 유체동산을 압류
하도록 명할 수 있다.
② 제1항의 결정이 있은 뒤에 그 이유가 소멸
되거나 사정이 바뀐 때에는 법원은 직권으로
또는 당사자의 신청에 따라 그 결정을 취소하
거나 바꿀 수 있다.
③ 제1항 및 제2항의 경우에 법원은 제16조제
2항에 준하는 결정을 할 수 있다.
④ 제1항 및 제2항의 결정에 대하여는 즉시항
고를 할 수 있다.
⑤ 제3항의 결정에 대하여는 불복할 수 없다.

제197조(일괄매각)
① 집행관은 여러 개의 유체동산의 형태, 이
용관계 등을 고려하여 일괄매수하게 하는 것
이 알맞다고 인정하는 때에는 직권으로 또는
이해관계인의 신청에 따라 일괄하여 매각할
수 있다.
② 제1항의 경우에는 제98조제3항, 제99조,
제100조, 제101조제2항 내지 제5항의 규정을
준용한다.

제198조(압류물의 보존)
① 압류물을 보존하기 위하여 필요한 때에는
집행관은 적당한 처분을 하여야 한다.
② 제1항의 경우에 비용이 필요한 때에는 채
권자로 하여금 이를 미리 내게 하여야 한다.
채권자가 여럿인 때에는 요구하는 액수에 비
례하여 미리 내게 한다.
③ 제49조제2호 또는 제4호의 문서가 제출된
경우에 압류물을 즉시 매각하지 아니하면 값
이 크게 내릴 염려가 있거나, 보관에 지나치
게 많은 비용이 드는 때에는 집행관은 그 물
건을 매각할 수 있다.
④ 집행관은 제3항의 규정에 따라 압류물을 매
각하였을 때에는 그 대금을 공탁하여야 한다.

제199조(압류물의 매각)
집행관은 압류를 실시한 뒤 입찰 또는 호가경매의 방법으로 압류물을 매각하여야 한다.

제200조(값비싼 물건의 평가)
매각할 물건 가운데 값이 비싼 물건이 있는 때에는 집행관은 적당한 감정인에게 이를 평가하게 하여야 한다.

제201조(압류금전)
① 압류한 금전은 채권자에게 인도하여야 한다.
② 집행관이 금전을 추심한 때에는 채무자가 지급한 것으로 본다. 다만, 담보를 제공하거나 공탁을 하여 집행에서 벗어날 수 있도록 채무자에게 허가한 때에는 그러하지 아니하다.

제202조(매각일)
압류일과 매각일 사이에는 1주 이상 기간을 두어야 한다. 다만, 압류물을 보관하는 데 지나치게 많은 비용이 들거나, 시일이 지나면 그 물건의 값이 크게 내릴 염려가 있는 때에는 그러하지 아니하다.

제203조(매각장소)
① 매각은 압류한 유체동산이 있는 시·구·읍·면(도농복합형태의 시의 경우 동지역은 시·구, 읍·면지역은 읍·면)에서 진행한다. 다만, 압류채권자와 채무자가 합의하면 합의된 장소에서 진행한다.
② 매각일자와 장소는 대법원규칙이 정하는 방법으로 공고한다. 공고에는 매각할 물건을 표시하여야 한다.

제204조(준용규정)
매각장소의 질서유지에 관하여는 제108조의 규정을 준용한다.

제205조(매각·재매각)
① 집행관은 최고가매수신고인의 성명과 가격을 말한 뒤 매각을 허가한다.
② 매각물은 대금과 서로 맞바꾸어 인도하여야 한다.
③ 매수인이 매각조건에 정한 지급기일에 대금의 지급과 물건의 인도청구를 게을리 한 때에는 재매각을 하여야 한다. 지급기일을 정하지 아니한 경우로서 매각기일의 마감에 앞서 대금의 지급과 물건의 인도청구를 게을리 한

때에도 또한 같다.
④ 제3항의 경우에는 전의 매수인은 재매각절차에 참가하지 못하며, 뒤의 매각대금이 처음의 매각대금보다 적은 때에는 그 부족한 액수를 부담하여야 한다.

제206조(배우자의 우선매수권)
① 제190조의 규정에 따라 압류한 유체동산을 매각하는 경우에 배우자는 매각기일에 출석하여 우선매수할 것을 신고할 수 있다.
② 제1항의 우선매수신고에는 제140조제1항 및 제2항의 규정을 준용한다.

제207조(매각의 한도)
매각은 매각대금으로 채권자에게 변제하고 강제집행비용을 지급하기에 충분하게 되면 즉시 중지하여야 한다. 다만, 제197조제2항 및 제101조제3항 단서에 따른 일괄매각의 경우에는 그러하지 아니하다.

제208조(집행관이 매각대금을 영수한 효과)
집행관이 매각대금을 영수한 때에는 채무자가 지급한 것으로 본다. 다만, 담보를 제공하거나 공탁을 하여 집행에서 벗어날 수 있도록 채무자에게 허가한 때에는 그러하지 아니하다.

제209조(금·은붙이의 현금화)
금·은붙이는 그 금·은의 시장가격 이상의 금액으로 일반 현금화의 규정에 따라 매각하여야 한다. 시장가격 이상의 금액으로 매수하는 사람이 없는 때에는 집행관은 그 시장가격에 따라 적당한 방법으로 매각할 수 있다.

제210조(유가증권의 현금화)
집행관이 유가증권을 압류한 때에는 시장가격이 있는 것은 매각하는 날의 시장가격에 따라 적당한 방법으로 매각하고 그 시장가격이 형성되지 아니한 것은 일반 현금화의 규정에 따라 매각하여야 한다.

제211조(기명유가증권의 명의개서)
유가증권이 기명식인 때에는 집행관은 매수인을 위하여 채무자에 갈음하여 배서 또는 명의개서에 필요한 행위를 할 수 있다.

제212조(어음 등의 제시의무)
① 집행관은 어음·수표 그 밖의 금전의 지급을 목적으로 하는 유가증권(이하 "어음등"이라 한다)으로서 일정한 기간 안에 인수 또는

지급을 위한 제시 또는 지급의 청구를 필요로
하는 것을 압류하였을 경우에 그 기간이 개시
되면 채무자에 갈음하여 필요한 행위를 하여
야 한다.
② 집행관은 미완성 어음등을 압류한 경우에
채무자에게 기한을 정하여 어음등에 적을 사
항을 보충하도록 최고하여야 한다.

제213조(미분리과실의 매각)
① 토지에서 분리되기 전에 압류한 과실은 충
분히 익은 다음에 매각하여야 한다.
② 집행관은 매각하기 위하여 수확을 하게 할
수 있다.

제214조(특별한 현금화 방법)
① 법원은 필요하다고 인정하면 직권으로 또
는 압류채권자, 배당을 요구한 채권자 또는
채무자의 신청에 따라 일반 현금화의 규정에
의하지 아니하고 다른 방법이나 다른 장소에
서 압류물을 매각하게 할 수 있다. 또한 집행
관에게 위임하지 아니하고 다른 사람으로 하
여금 매각하게 하도록 명할 수 있다.
② 제1항의 재판에 대하여는 불복할 수 없다.

제215조(압류의 경합)
① 유체동산을 압류하거나 가압류한 뒤 매각
기일에 이르기 전에 다른 강제집행이 신청된
때에는 집행관은 집행신청서를 먼저 압류한
집행관에게 교부하여야 한다. 이 경우 더 압
류할 물건이 있으면 이를 압류한 뒤에 추가압
류조서를 교부하여야 한다.
② 제1항의 경우에 집행에 관한 채권자의 위
임은 먼저 압류한 집행관에게 이전된다.
③ 제1항의 경우에 각 압류한 물건은 강제집
행을 신청한 모든 채권자를 위하여 압류한 것
으로 본다.
④ 제1항의 경우에 먼저 압류한 집행관은 뒤
에 강제집행을 신청한 채권자를 위하여 다시
압류한다는 취지를 덧붙여 그 압류조서에 적
어야 한다.

제216조(채권자의 매각최고)
① 상당한 기간이 지나도 집행관이 매각하지
아니하는 때에는 압류채권자는 집행관에게 일
정한 기간 이내에 매각하도록 최고할 수 있다.
② 집행관이 제1항의 최고에 따르지 아니하는

때에는 압류채권자는 법원에 필요한 명령을
신청할 수 있다.

제217조(우선권자의 배당요구)
민법・상법, 그 밖의 법률에 따라 우선변제청
구권이 있는 채권자는 매각대금의 배당을 요
구할 수 있다.

제218조(배당요구의 절차)
제217조의 배당요구는 이유를 밝혀 집행관에
게 하여야 한다.

제219조(배당요구 등의 통지)
제215조제1항 및 제218조의 경우에는 집행관
은 그 사유를 배당에 참가한 채권자와 채무자
에게 통지하여야 한다.

제220조(배당요구의 시기)
① 배당요구는 다음 각호의 시기까지 할 수
있다.
1. 집행관이 금전을 압류한 때 또는 매각대
금을 영수한 때
2. 집행관이 어음・수표 그 밖의 금전의 지
급을 목적으로 한 유가증권에 대하여 그
금전을 지급받은 때
② 제198조제4항에 따라 공탁된 매각대금에
대하여는 동산집행을 계속하여 진행할 수 있
게 된 때까지, 제296조제5항 단서에 따라 공
탁된 매각대금에 대하여는 압류의 신청을 한
때까지 배당요구를 할 수 있다.

제221조(배우자의 지급요구)
① 제190조의 규정에 따라 압류한 유체동산에
대하여 공유지분을 주장하는 배우자는 매각
대금을 지급하여 줄 것을 요구할 수 있다.
② 제1항의 지급요구에는 제218조 내지 제220
조의 규정을 준용한다.
③ 제219조의 통지를 받은 채권자가 배우자의
공유주장에 대하여 이의가 있는 때에는 배우
자를 상대로 소를 제기하여 공유가 아니라는
것을 확정하여야 한다.
④ 제3항의 소에는 제154조제3항, 제155조 내
지 제158조, 제160조제1항제5호 및 제161조제
1항・제2항・제4항의 규정을 준용한다.

제222조(매각대금의 공탁)
① 매각대금으로 배당에 참가한 모든 채권자
를 만족하게 할 수 없고 매각허가된 날부터 2

주 이내에 채권자 사이에 배당협의가 이루어지지 아니한 때에는 매각대금을 공탁하여야 한다.

② 여러 채권자를 위하여 동시에 금전을 압류한 경우에도 제1항과 같다.

③ 제1항 및 제2항의 경우에 집행관은 집행절차에 관한 서류를 붙여 그 사유를 법원에 신고하여야 한다.

제 3 관 채권과 그 밖의 재산권에 대한 강제집행

제223조(채권의 압류명령)

제3자에 대한 채무자의 금전채권 또는 유가증권, 그 밖의 유체물의 권리이전이나 인도를 목적으로 한 채권에 대한 강제집행은 집행법원의 압류명령에 의하여 개시한다.

제224조(집행법원)

① 제223조의 집행법원은 채무자의 보통재판적이 있는 곳의 지방법원으로 한다.

② 제1항의 지방법원이 없는 경우 집행법원은 압류한 채권의 채무자(이하 "제3채무자"라 한다)의 보통재판적이 있는 곳의 지방법원으로 한다. 다만, 이 경우에 물건의 인도를 목적으로 하는 채권과 물적 담보권 있는 채권에 대한 집행법원은 그 물건이 있는 곳의 지방법원으로 한다.

③ 가압류에서 이전되는 채권압류의 경우에 제223조의 집행법원은 가압류를 명한 법원이 있는 곳을 관할하는 지방법원으로 한다.

제225조(압류명령의 신청)

채권자는 압류명령신청에 압류할 채권의 종류와 액수를 밝혀야 한다.

제226조(심문의 생략)

압류명령은 제3채무자와 채무자를 심문하지 아니하고 한다.

제227조(금전채권의 압류)

① 금전채권을 압류할 때에는 법원은 제3채무자에게 채무자에 대한 지급을 금지하고 채무자에게 채권의 처분과 영수를 금지하여야 한다.

② 압류명령은 제3채무자와 채무자에게 송달하여야 한다.

③ 압류명령이 제3채무자에게 송달되면 압류의 효력이 생긴다.

④ 압류명령의 신청에 관한 재판에 대하여는 즉시항고를 할 수 있다.

제228조(저당권이 있는 채권의 압류)

① 저당권이 있는 채권을 압류할 경우 채권자는 채권압류사실을 등기부에 기입하여 줄 것을 법원사무관등에게 신청할 수 있다. 이 신청은 채무자의 승낙 없이 법원에 대한 압류명령의 신청과 함께 할 수 있다.

② 법원사무관등은 의무를 지는 부동산 소유자에게 압류명령이 송달된 뒤에 제1항의 신청에 따른 등기를 촉탁하여야 한다.

제229조(금전채권의 현금화방법)

① 압류한 금전채권에 대하여 압류채권자는 추심명령(推尋命令)이나 전부명령(轉付命令)을 신청할 수 있다.

② 추심명령이 있는 때에는 압류채권자는 대위절차(代位節次) 없이 압류채권을 추심할 수 있다.

③ 전부명령이 있는 때에는 압류된 채권은 지급에 갈음하여 압류채권자에게 이전된다.

④ 추심명령에 대하여는 제227조제2항 및 제3항의 규정을, 전부명령에 대하여는 제227조제2항의 규정을 각각 준용한다.

⑤ 전부명령이 제3채무자에게 송달될 때까지 그 금전채권에 관하여 다른 채권자가 압류·가압류 또는 배당요구를 한 경우에는 전부명령은 효력을 가지지 아니한다.

⑥ 제1항의 신청에 관한 재판에 대하여는 즉시항고를 할 수 있다.

⑦ 전부명령은 확정되어야 효력을 가진다.

⑧ 전부명령이 있은 뒤에 제49조제2호 또는 제4호의 서류를 제출한 것을 이유로 전부명령에 대한 즉시항고가 제기된 경우에는 항고법원은 다른 이유로 전부명령을 취소하는 경우를 제외하고는 항고에 관한 재판을 정지하여야 한다.

제230조(저당권이 있는 채권의 이전)

저당권이 있는 채권에 관하여 전부명령이 있는 경우에는 제228조의 규정을 준용한다.

제231조(전부명령의 효과)

전부명령이 확정된 경우에는 전부명령이 제3채무자에게 송달된 때에 채무자가 채무를 변제한 것으로 본다. 다만, 이전된 채권이 존재하지 아니한 때에는 그러하지 아니하다.

제232조(추심명령의 효과)
① 추심명령은 그 채권전액에 미친다. 다만, 법원은 채무자의 신청에 따라 압류채권자를 심문하여 압류액수를 그 채권자의 요구액수로 제한하고 채무자에게 그 초과된 액수의 처분과 영수를 허가할 수 있다.
② 제1항 단서의 제한부분에 대하여 다른 채권자는 배당요구를 할 수 없다.
③ 제1항의 허가는 제3채무자와 채권자에게 통지하여야 한다.

제233조(지시채권의 압류)
어음·수표 그 밖에 배서로 이전할 수 있는 증권으로서 배서가 금지된 증권채권의 압류는 법원의 압류명령으로 집행관이 그 증권을 점유하여 한다.

제234조(채권증서)
① 채무자는 채권에 관한 증서가 있으면 압류채권자에게 인도하여야 한다.
② 채권자는 압류명령에 의하여 강제집행의 방법으로 그 증서를 인도받을 수 있다.

제235조(압류의 경합)
① 채권 일부가 압류된 뒤에 그 나머지 부분을 초과하여 다시 압류명령이 내려진 때에는 각 압류의 효력은 그 채권 전부에 미친다.
② 채권 전부가 압류된 뒤에 그 채권 일부에 대하여 다시 압류명령이 내려진 때 그 압류의 효력도 제1항과 같다.

제236조(추심의 신고)
① 채권자는 추심한 채권액을 법원에 신고하여야 한다.
② 제1항의 신고전에 다른 압류·가압류 또는 배당요구가 있었을 때에는 채권자는 추심한 금액을 바로 공탁하고 그 사유를 신고하여야 한다.

제237조(제3채무자의 진술의무)
① 압류채권자는 제3채무자로 하여금 압류명령을 송달받은 날부터 1주 이내에 서면으로 다음 각호의 사항을 진술하게 하도록 법원에 신청할 수 있다.
1. 채권을 인정하는지의 여부 및 인정한다면 그 한도
2. 채권에 대하여 지급할 의사가 있는지의 여부 및 의사가 있다면 그 한도
3. 채권에 대하여 다른 사람으로부터 청구가 있는지의 여부 및 청구가 있다면 그 종류
4. 다른 채권자에게 채권을 압류당한 사실이 있는지의 여부 및 그 사실이 있다면 그 청구의 종류
② 법원은 제1항의 진술을 명하는 서면을 제3채무자에게 송달하여야 한다.
③ 제3채무자가 진술을 게을리 한 때에는 법원은 제3채무자에게 제1항의 사항을 심문할 수 있다.

제238조(추심의 소제기)
채권자가 명령의 취지에 따라 제3채무자를 상대로 소를 제기할 때에는 일반규정에 의한 관할법원에 제기하고 채무자에게 그 소를 고지하여야 한다. 다만, 채무자가 외국에 있거나 있는 곳이 분명하지 아니한 때에는 고지할 필요가 없다.

제239조(추심의 소홀)
채권자가 추심할 채권의 행사를 게을리 한 때에는 이로써 생긴 채무자의 손해를 부담한다.

제240조(추심권의 포기)
① 채권자는 추심명령에 따라 얻은 권리를 포기할 수 있다. 다만, 기본채권에는 영향이 없다.
② 제1항의 포기는 법원에 서면으로 신고하여야 한다. 법원사무관등은 그 등본을 제3채무자와 채무자에게 송달하여야 한다.

제241조(특별한 현금화방법)
① 압류된 채권이 조건 또는 기한이 있거나, 반대의무의 이행과 관련되어 있거나 그 밖의 이유로 추심하기 곤란할 때에는 법원은 채권자의 신청에 따라 다음 각호의 명령을 할 수 있다.
1. 채권을 법원이 정한 값으로 지급함에 갈음하여 압류채권자에게 양도하는 양도명령
2. 추심에 갈음하여 법원이 정한 방법으로 그 채권을 매각하도록 집행관에게 명하는 매각명령

3. 관리인을 선임하여 그 채권의 관리를 명하는 관리명령
4. 그 밖에 적당한 방법으로 현금화하도록 하는 명령
② 법원은 제1항의 경우 그 신청을 허가하는 결정을 하기 전에 채무자를 심문하여야 한다. 다만, 채무자가 외국에 있거나 있는 곳이 분명하지 아니한 때에는 심문할 필요가 없다.
③ 제1항의 결정에 대하여는 즉시항고를 할 수 있다.
④ 제1항의 결정은 확정되어야 효력을 가진다.
⑤ 압류된 채권을 매각한 경우에는 집행관은 채무자를 대신하여 제3채무자에게 서면으로 양도의 통지를 하여야 한다.
⑥ 양도명령에는 제227조제2항·제229조제5항·제230조 및 제231조의 규정을, 매각명령에 의한 집행관의 매각에는 제108조의 규정을, 관리명령에는 제227조제2항의 규정을, 관리명령에 의한 관리에는 제167조, 제169조 내지 제171조, 제222조제2항·제3항의 규정을 각각 준용한다.

제242조(유체물인도청구권 등에 대한 집행)
부동산·유체동산·선박·자동차·건설기계·항공기·경량항공기 등 유체물의 인도나 권리이전의 청구권에 대한 강제집행에 대하여는 제243조부터 제245조까지의 규정을 우선적용하는 것을 제외하고는 제227조부터 제240조까지의 규정을 준용한다. <개정 2015.5. 18>

제243조(유체동산에 관한 청구권의 압류)
① 유체동산에 관한 청구권을 압류하는 경우에는 법원이 제3채무자에 대하여 그 동산을 채권자의 위임을 받은 집행관에게 인도하도록 명한다.
② 채권자는 제3채무자에 대하여 제1항의 명령의 이행을 구하기 위하여 법원에 추심명령을 신청할 수 있다.
③ 제1항의 동산의 현금화에 대하여는 압류한 유체동산의 현금화에 관한 규정을 적용한다.

제244조(부동산청구권에 대한 압류)
① 부동산에 관한 인도청구권의 압류에 대하여는 그 부동산소재지의 지방법원은 채권자 또는 제3채무자의 신청에 의하여 보관인을 정

하고 제3채무자에 대하여 그 부동산을 보관인에게 인도할 것을 명하여야 한다.
② 부동산에 관한 권리이전청구권의 압류에 대하여는 그 부동산소재지의 지방법원은 채권자 또는 제3채무자의 신청에 의하여 보관인을 정하고 제3채무자에 대하여 그 부동산에 관한 채무자명의의 권리이전등기절차를 보관인에게 이행할 것을 명하여야 한다.
③ 제2항의 경우에 보관인은 채무자명의의 권리이전등기신청에 관하여 채무자의 대리인이 된다.
④ 채권자는 제3채무자에 대하여 제1항 또는 제2항의 명령의 이행을 구하기 위하여 법원에 추심명령을 신청할 수 있다.

제245조(전부명령 제외)
유체물의 인도나 권리이전의 청구권에 대하여는 전부명령을 하지 못한다.

제246조(압류금지채권)
① 다음 각호의 채권은 압류하지 못한다. <개정 2005.1.27, 2010.7.23, 2011.4.5>
1. 법령에 규정된 부양료 및 유족부조료(遺族扶助料)
2. 채무자가 구호사업이나 제3자의 도움으로 계속 받는 수입
3. 병사의 급료
4. 급료·연금·봉급·상여금·퇴직연금, 그 밖에 이와 비슷한 성질을 가진 급여채권의 2분의 1에 해당하는 금액. 다만, 그 금액이 국민기초생활보장법에 의한 최저생계비를 감안하여 대통령령이 정하는 금액에 미치지 못하는 경우 또는 표준적인 가구의 생계비를 감안하여 대통령령이 정하는 금액을 초과하는 경우에는 각각 당해 대통령령이 정하는 금액으로 한다.
5. 퇴직금 그 밖에 이와 비슷한 성질을 가진 급여채권의 2분의 1에 해당하는 금액
6. 「주택임대차보호법」 제8조, 같은 법 시행령의 규정에 따라 우선변제를 받을 수 있는 금액
7. 생명, 상해, 질병, 사고 등을 원인으로 채무자가 지급받는 보장성보험의 보험금(해약환급 및 만기환급금을 포함한다). 다만, 압류금지의 범위는 생계유지, 치료 및 장

애 회복에 소요될 것으로 예상되는 비용 등을 고려하여 대통령령으로 정한다.

8. 채무자의 1월간 생계유지에 필요한 예금 (적금·부금·예탁금과 우편대체를 포함한다). 다만, 그 금액은 「국민기초생활 보장법」에 따른 최저생계비, 제195조제3호에서 정한 금액 등을 고려하여 대통령령으로 정한다.

② 법원은 제1항제1호부터 제7호까지에 규정된 종류의 금원이 금융기관에 개설된 채무자의 계좌에 이체되는 경우 채무자의 신청에 따라 그에 해당하는 부분의 압류명령을 취소하여야 한다. <신설 2011.4.5>

③ 법원은 당사자가 신청하면 채권자와 채무자의 생활형편, 그 밖의 사정을 고려하여 압류명령의 전부 또는 일부를 취소하거나 제1항의 압류금지채권에 대하여 압류명령을 할 수 있다. <개정 2011.4.5>

④ 제3항의 경우에는 제196조제2항 내지 제5항의 규정을 준용한다. <개정 2011.4.5>

제247조(배당요구)

① 민법·상법, 그 밖의 법률에 의하여 우선변제청구권이 있는 채권자와 집행력 있는 정본을 가진 채권자는 다음 각호의 시기까지 법원에 배당요구를 할 수 있다.

1. 제3채무자가 제248조제4항에 따른 공탁의 신고를 한 때
2. 채권자가 제236조에 따른 추심의 신고를 한 때
3. 집행관이 현금화한 금전을 법원에 제출한 때

② 전부명령이 제3채무자에게 송달된 뒤에는 배당요구를 하지 못한다.

③ 제1항의 배당요구에는 제218조 및 제219조의 규정을 준용한다.

④ 제1항의 배당요구는 제3채무자에게 통지하여야 한다.

제248조(제3채무자의 채무액의 공탁)

① 제3채무자는 압류에 관련된 금전채권의 전액을 공탁할 수 있다.

② 금전채권에 관하여 배당요구서를 송달받은 제3채무자는 배당에 참가한 채권자의 청구가 있으면 압류된 부분에 해당하는 금액을 공탁하여야 한다.

③ 금전채권중 압류되지 아니한 부분을 초과하여 거듭 압류명령 또는 가압류명령이 내려진 경우에 그 명령을 송달받은 제3채무자는 압류 또는 가압류채권자의 청구가 있으면 그 채권의 전액에 해당하는 금액을 공탁하여야 한다.

④ 제3채무자가 채무액을 공탁한 때에는 그 사유를 법원에 신고하여야 한다. 다만, 상당한 기간 이내에 신고가 없는 때에는 압류채권자, 가압류채권자, 배당에 참가한 채권자, 채무자, 그 밖의 이해관계인이 그 사유를 법원에 신고할 수 있다.

제249조(추심의 소)

① 제3채무자가 추심절차에 대하여 의무를 이행하지 아니하는 때에는 압류채권자는 소로써 그 이행을 청구할 수 있다.

② 집행력 있는 정본을 가진 모든 채권자는 공동소송인으로 원고 쪽에 참가할 권리가 있다.

③ 소를 제기당한 제3채무자는 제2항의 채권자를 공동소송인으로 원고 쪽에 참가하도록 명할 것을 첫 변론기일까지 신청할 수 있다.

④ 소에 대한 재판은 제3항의 명령을 받은 채권자에 대하여 효력이 미친다.

제250조(채권자의 추심최고)

압류채권자가 추심절차를 게을리 한 때에는 집행력 있는 정본으로 배당을 요구한 채권자는 일정한 기간내에 추심하도록 최고하고, 최고에 따르지 아니한 때에는 법원의 허가를 얻어 직접 추심할 수 있다.

제251조(그 밖의 재산권에 대한 집행)

① 앞의 여러 조문에 규정된 재산권 외에 부동산을 목적으로 하지 아니한 재산권에 대한 강제집행은 이 관의 규정 및 제98조 내지 제101조의 규정을 준용한다.

② 제3채무자가 없는 경우에 압류는 채무자에게 권리처분을 금지하는 명령을 송달한 때에 효력이 생긴다.

제 4 관 배당절차

제252조(배당절차의 개시)

법원은 다음 각호 가운데 어느 하나에 해당하는 경우에는 배당절차를 개시한다.

1. 제222조의 규정에 따라 집행관이 공탁한 때
2. 제236조의 규정에 따라 추심채권자가 공탁하거나 제248조의 규정에 따라 제3채무자가 공탁한 때
3. 제241조의 규정에 따라 현금화된 금전을 법원에 제출한 때

제253조(계산서 제출의 최고)
법원은 채권자들에게 1주 이내에 원금·이자·비용, 그 밖의 부대채권의 계산서를 제출하도록 최고하여야 한다.

제254조(배당표의 작성)
① 제253조의 기간이 끝난 뒤에 법원은 배당표를 작성하여야 한다.
② 제1항의 기간을 지키지 아니한 채권자의 채권은 배당요구서와 사유신고서의 취지 및 그 증빙서류에 따라 계산한다. 이 경우 다시 채권액을 추가하지 못한다.

제255조(배당기일의 준비)
법원은 배당을 실시할 기일을 지정하고 채권자와 채무자에게 이를 통지하여야 한다. 다만, 채무자가 외국에 있거나 있는 곳이 분명하지 아니한 때에는 통지하지 아니한다.

제256조(배당표의 작성과 실시)
배당표의 작성, 배당표에 대한 이의 및 그 완결과 배당표의 실시에 대하여는 제149조 내지 제161조의 규정을 준용한다.

제3장 금전채권 외의 채권에 기초한 강제집행

제257조(동산인도청구의 집행)
채무자가 특정한 동산이나 대체물의 일정한 수량을 인도하여야 할 때에는 집행관은 이를 채무자로부터 빼앗아 채권자에게 인도하여야 한다.

제258조(부동산 등의 인도청구의 집행)
① 채무자가 부동산이나 선박을 인도하여야 할 때에는 집행관은 채무자로부터 점유를 빼앗아 채권자에게 인도하여야 한다.
② 제1항의 강제집행은 채권자나 그 대리인이 인도받기 위하여 출석한 때에만 한다.
③ 강제집행의 목적물이 아닌 동산은 집행관이 제거하여 채무자에게 인도하여야 한다.
④ 제3항의 경우 채무자가 없는 때에는 집행관은 채무자와 같이 사는 사리를 분별할 지능이 있는 친족 또는 채무자의 대리인이나 고용인에게 그 동산을 인도하여야 한다.
⑤ 채무자와 제4항에 적은 사람이 없는 때에는 집행관은 그 동산을 채무자의 비용으로 보관하여야 한다.
⑥ 채무자가 그 동산의 수취를 게을리 한 때에는 집행관은 집행법원의 허가를 받아 동산에 대한 강제집행의 매각절차에 관한 규정에 따라 그 동산을 매각하고 비용을 뺀 뒤에 나머지 대금을 공탁하여야 한다.

제259조(목적물을 제3자가 점유하는 경우)
인도할 물건을 제3자가 점유하고 있는 때에는 채권자의 신청에 따라 금전채권의 압류에 관한 규정에 따라 채무자의 제3자에 대한 인도청구권을 채권자에게 넘겨야 한다.

제260조(대체집행)
① 민법 제389조제2항 후단과 제3항의 경우에는 제1심 법원은 채권자의 신청에 따라 민법의 규정에 의한 결정을 하여야 한다.
② 채권자는 제1항의 행위에 필요한 비용을 미리 지급할 것을 채무자에게 명하는 결정을 신청할 수 있다. 다만, 뒷날 그 초과비용을 청구할 권리는 영향을 받지 아니한다.
③ 제1항과 제2항의 신청에 관한 재판에 대하여는 즉시항고를 할 수 있다.

제261조(간접강제)
① 채무의 성질이 간접강제를 할 수 있는 경우에 제1심 법원은 채권자의 신청에 따라 간접강제를 명하는 결정을 한다. 그 결정에는 채무의 이행의무 및 상당한 이행기간을 밝히고, 채무자가 그 기간 이내에 이행을 하지 아니하는 때에는 늦어진 기간에 따라 일정한 배상을 하도록 명하거나 즉시 손해배상을 하도록 명할 수 있다.
② 제1항의 신청에 관한 재판에 대하여는 즉시항고를 할 수 있다.

제262조(채무자의 심문)
제260조 및 제261조의 결정은 변론 없이 할 수 있다. 다만, 결정하기 전에 채무자를 심문

하여야 한다.

제263조(의사표시의무의 집행)

① 채무자가 권리관계의 성립을 인낙한 때에는 그 조서로, 의사의 진술을 명한 판결이 확정된 때에는 그 판결로 권리관계의 성립을 인낙하거나 의사를 진술한 것으로 본다.

② 반대의무가 이행된 뒤에 권리관계의 성립을 인낙하거나 의사를 진술할 것인 경우에는 제30조와 제32조의 규정에 따라 집행문을 내어 준 때에 그 효력이 생긴다.

제3편 담보권 실행 등을 위한 경매

제264조(부동산에 대한 경매신청)

① 부동산을 목적으로 하는 담보권을 실행하기 위한 경매신청을 함에는 담보권이 있다는 것을 증명하는 서류를 내야 한다.

② 담보권을 승계한 경우에는 승계를 증명하는 서류를 내야 한다.

③ 부동산 소유자에게 경매개시결정을 송달할 때에는 제2항의 규정에 따라 제출된 서류의 등본을 붙여야 한다.

제265조(경매개시결정에 대한 이의신청사유)

경매절차의 개시결정에 대한 이의신청사유로 담보권이 없다는 것 또는 소멸되었다는 것을 주장할 수 있다.

제266조(경매절차의 정지)

① 다음 각호 가운데 어느 하나에 해당하는 문서가 경매법원에 제출되면 경매절차를 정지하여야 한다. <개정 2011.4.12>

1. 담보권의 등기가 말소된 등기사항증명서

2. 담보권 등기를 말소하도록 명한 확정판결의 정본

3. 담보권이 없거나 소멸되었다는 취지의 확정판결의 정본

4. 채권자가 담보권을 실행하지 아니하기로 하거나 경매신청을 취하하겠다는 취지 또는 피담보채권을 변제받았거나 그 변제를 미루도록 승낙한다는 취지를 적은 서류

5. 담보권 실행을 일시정지하도록 명한 재판의 정본

② 제1항제1호 내지 제3호의 경우와 제4호의

서류가 화해조서의 정본 또는 공정증서의 정본인 경우에는 경매법원은 이미 실시한 경매절차를 취소하여야 하며, 제5호의 경우에는 그 재판에 따라 경매절차를 취소하지 아니한 때에만 이미 실시한 경매절차를 일시적으로 유지하게 하여야 한다.

③ 제2항의 규정에 따라 경매절차를 취소하는 경우에는 제17조의 규정을 적용하지 아니한다.

제267조(대금완납에 따른 부동산취득의 효과)

매수인의 부동산 취득은 담보권 소멸로 영향을 받지 아니한다.

제268조(준용규정)

부동산을 목적으로 하는 담보권 실행을 위한 경매절차에는 제79조 내지 제162조의 규정을 준용한다.

제269조(선박에 대한 경매)

선박을 목적으로 하는 담보권 실행을 위한 경매절차에는 제172조 내지 제186조, 제264조 내지 제268조의 규정을 준용한다.

제270조(자동차 등에 대한 경매)

자동차·건설기계·소형선박(「자동차 등 특정동산 저당법」 제3조제2호에 따른 소형선박을 말한다) 및 항공기(「자동차 등 특정동산 저당법」 제3조제4호에 따른 항공기 및 경량항공기를 말한다)를 목적으로 하는 담보권 실행을 위한 경매절차는 제264조부터 제269조까지, 제271조 및 제272조의 규정에 준하여 대법원규칙으로 정한다. <개정 2007.8.3., 2009. 3.25, 2015.5.18>

제271조(유체동산에 대한 경매)

유체동산을 목적으로 하는 담보권 실행을 위한 경매는 채권자가 그 목적물을 제출하거나, 그 목적물의 점유자가 압류를 승낙한 때에 개시한다.

제272조(준용규정)

제271조의 경매절차에는 제2편 제2장 제4절 제2관의 규정과 제265조 및 제266조의 규정을 준용한다.

제273조(채권과 그 밖의 재산권에 대한 담보권의 실행)

① 채권, 그 밖의 재산권을 목적으로 하는 담보권의 실행은 담보권의 존재를 증명하는 서

류(권리의 이전에 관하여 등기나 등록을 필요로 하는 경우에는 그 등기사항증명서 또는 등록원부의 등본)가 제출된 때에 개시한다. <개정 2011.4.12>

② 민법 제342조에 따라 담보권설정자가 받을 금전, 그 밖의 물건에 대하여 권리를 행사하는 경우에도 제1항과 같다.

③ 제1항과 제2항의 권리실행절차에는 제2편 제2장 제4절 제3관의 규정을 준용한다.

제274조(유치권 등에 의한 경매)
① 유치권에 의한 경매와 민법·상법, 그 밖의 법률이 규정하는 바에 따른 경매(이하 "유치권등에 의한 경매"라 한다)는 담보권 실행을 위한 경매의 예에 따라 실시한다.

② 유치권 등에 의한 경매절차는 목적물에 대하여 강제경매 또는 담보권 실행을 위한 경매절차가 개시된 경우에는 이를 정지하고, 채권자 또는 담보권자를 위하여 그 절차를 계속하여 진행한다.

③ 제2항의 경우에 강제경매 또는 담보권 실행을 위한 경매가 취소되면 유치권 등에 의한 경매절차를 계속하여 진행하여야 한다.

제275조(준용규정)
이 편에 규정한 경매 등 절차에는 제42조 내지 제44조 및 제46조 내지 제53조의 규정을 준용한다.

제4편 보전처분

제276조(가압류의 목적)
① 가압류는 금전채권이나 금전으로 환산할 수 있는 채권에 대하여 동산 또는 부동산에 대한 강제집행을 보전하기 위하여 할 수 있다.

② 제1항의 채권이 조건이 붙어 있는 것이거나 기한이 차지 아니한 것인 경우에도 가압류를 할 수 있다.

제277조(보전의 필요)
가압류는 이를 하지 아니하면 판결을 집행할 수 없거나 판결을 집행하는 것이 매우 곤란할 염려가 있을 경우에 할 수 있다.

제278조(가압류법원)
가압류는 가압류할 물건이 있는 곳을 관할하는 지방법원이나 본안의 관할법원이 관할한다.

제279조(가압류신청)
① 가압류신청에는 다음 각호의 사항을 적어야 한다.
 1. 청구채권의 표시, 그 청구채권이 일정한 금액이 아닌 때에는 금전으로 환산한 금액
 2. 제277조의 규정에 따라 가압류의 이유가 될 사실의 표시
② 청구채권과 가압류의 이유는 소명하여야 한다.

제280조(가압류명령)
① 가압류신청에 대한 재판은 변론 없이 할 수 있다.

② 청구채권이나 가압류의 이유를 소명하지 아니한 때에도 가압류로 생길 수 있는 채무자의 손해에 대하여 법원이 정한 담보를 제공한 때에는 법원은 가압류를 명할 수 있다.

③ 청구채권과 가압류의 이유를 소명한 때에도 법원은 담보를 제공하게 하고 가압류를 명할 수 있다.

④ 담보를 제공한 때에는 그 담보의 제공과 담보제공의 방법을 가압류명령에 적어야 한다.

제281조(재판의 형식)
① 가압류신청에 대한 재판은 결정으로 한다. <개정 2005.1.27>

② 채권자는 가압류신청을 기각하거나 각하하는 결정에 대하여 즉시항고를 할 수 있다.

③ 담보를 제공하게 하는 재판, 가압류신청을 기각하거나 각하하는 재판과 제2항의 즉시항고를 기각하거나 각하하는 재판은 채무자에게 고지할 필요가 없다.

제282조(가압류해방금액)
가압류명령에는 가압류의 집행을 정지시키거나 집행한 가압류를 취소시키기 위하여 채무자가 공탁할 금액을 적어야 한다.

제283조(가압류결정에 대한 채무자의 이의신청)
① 채무자는 가압류결정에 대하여 이의를 신청할 수 있다.

② 제1항의 이의신청에는 가압류의 취소나 변경을 신청하는 이유를 밝혀야 한다.

③ 이의신청은 가압류의 집행을 정지하지 아니한다.

제284조(가압류이의신청사건의 이송)

　법원은 가압류이의신청사건에 관하여 현저한 손해 또는 지연을 피하기 위한 필요가 있는 때에는 직권으로 또는 당사자의 신청에 따라 결정으로 그 가압류사건의 관할권이 있는 다른 법원에 사건을 이송할 수 있다. 다만, 그 법원이 심급을 달리하는 경우에는 그러하지 아니하다.

제285조(가압류이의신청의 취하)

　① 채무자는 가압류이의신청에 대한 재판이 있기 전까지 가압류이의신청을 취하할 수 있다. <개정 2005.1.27>

　② 제1항의 취하에는 채권자의 동의를 필요로 하지 아니한다.

　③ 가압류이의신청의 취하는 서면으로 하여야 한다. 다만, 변론기일 또는 심문기일에서는 말로 할 수 있다. <개정 2005.1.27>

　④ 가압류이의신청서를 송달한 뒤에는 취하의 서면을 채권자에게 송달하여야 한다.

　⑤ 제3항 단서의 경우에 채권자가 변론기일 또는 심문기일에 출석하지 아니한 때에는 그 기일의 조서등본을 송달하여야 한다. <개정 2005.1.27>

제286조(이의신청에 대한 심리와 재판)

　① 이의신청이 있는 때에는 법원은 변론기일 또는 당사자 쌍방이 참여할 수 있는 심문기일을 정하고 당사자에게 이를 통지하여야 한다.

　② 법원은 심리를 종결하고자 하는 경우에는 상당한 유예기간을 두고 심리를 종결할 기일을 정하여 이를 당사자에게 고지하여야 한다. 다만, 변론기일 또는 당사자 쌍방이 참여할 수 있는 심문기일에는 즉시 심리를 종결할 수 있다.

　③ 이의신청에 대한 재판은 결정으로 한다.

　④ 제3항의 규정에 의한 결정에는 이유를 적어야 한다. 다만, 변론을 거치지 아니한 경우에는 이유의 요지만을 적을 수 있다.

　⑤ 법원은 제3항의 규정에 의한 결정으로 가압류의 전부나 일부를 인가·변경 또는 취소할 수 있다. 이 경우 법원은 적당한 담보를 제공하도록 명할 수 있다.

　⑥ 법원은 제3항의 규정에 의하여 가압류를 취소하는 결정을 하는 경우에는 채권자가 그 고지를 받은 날부터 2주를 넘지 아니하는 범위 안에서 상당하다고 인정하는 기간이 경과하여야 그 결정의 효력이 생긴다는 뜻을 선언할 수 있다.

　⑦ 제3항의 규정에 의한 결정에 대하여는 즉시항고를 할 수 있다. 이 경우 민사소송법 제447조의 규정을 준용하지 아니한다.

[전문개정 2005.1.27]

제287조(본안의 제소명령)

　① 가압류법원은 채무자의 신청에 따라 변론 없이 채권자에게 상당한 기간 이내에 본안의 소를 제기하여 이를 증명하는 서류를 제출하거나 이미 소를 제기하였으면 소송계속사실을 증명하는 서류를 제출하도록 명하여야 한다.

　② 제1항의 기간은 2주 이상으로 정하여야 한다.

　③ 채권자가 제1항의 기간 이내에 제1항의 서류를 제출하지 아니한 때에는 법원은 채무자의 신청에 따라 결정으로 가압류를 취소하여야 한다.

　④ 제1항의 서류를 제출한 뒤에 본안의 소가 취하되거나 각하된 경우에는 그 서류를 제출하지 아니한 것으로 본다.

　⑤ 제3항의 신청에 관한 결정에 대하여는 즉시항고를 할 수 있다. 이 경우 민사소송법 제447조의 규정은 준용하지 아니한다.

제288조(사정변경 등에 따른 가압류취소)

　① 채무자는 다음 각호의 어느 하나에 해당하는 사유가 있는 경우에는 가압류가 인가된 뒤에도 그 취소를 신청할 수 있다. 제3호에 해당하는 경우에는 이해관계인도 신청할 수 있다.

　1. 가압류이유가 소멸되거나 그 밖에 사정이 바뀐 때

　2. 법원이 정한 담보를 제공한 때

　3. 가압류가 집행된 뒤에 3년간 본안의 소를 제기하지 아니한 때

　② 제1항의 규정에 의한 신청에 대한 재판은 가압류를 명한 법원이 한다. 다만, 본안이 이미 계속된 때에는 본안법원이 한다.

　③ 제1항의 규정에 의한 신청에 대한 재판에는 제286조제1항 내지 제4항·제6항 및 제7항을 준용한다.

[전문개정 2005.1.27]

제289조(가압류취소결정의 효력정지)

① 가압류를 취소하는 결정에 대하여 즉시항고가 있는 경우에, 불복의 이유로 주장한 사유가 법률상 정당한 사유가 있다고 인정되고 사실에 대한 소명이 있으며, 그 가압류를 취소함으로 인하여 회복할 수 없는 손해가 생길 위험이 있다는 사정에 대한 소명이 있는 때에는, 법원은 당사자의 신청에 따라 담보를 제공하게 하거나 담보를 제공하지 아니하게 하고 가압류취소결정의 효력을 정지시킬 수 있다.

② 제1항의 규정에 의한 소명은 보증금을 공탁하거나 주장이 진실함을 선서하는 방법으로 대신할 수 없다.

③ 재판기록이 원심법원에 있는 때에는 원심법원이 제1항의 규정에 의한 재판을 한다.

④ 항고법원은 항고에 대한 재판에서 제1항의 규정에 의한 재판을 인가·변경 또는 취소하여야 한다.

⑤ 제1항 및 제4항의 규정에 의한 재판에 대하여는 불복할 수 없다.

[전문개정 2005.1.27]

제290조(가압류 이의신청규정의 준용)

① 제287조제3항, 제288조제1항에 따른 재판의 경우에는 제284조의 규정을 준용한다. <개정 2005.1.27>

② 제287조제1항·제3항 및 제288조제1항에 따른 신청의 취하에는 제285조의 규정을 준용한다. <개정 2005.1.27>

제291조(가압류집행에 대한 본집행의 준용)

가압류의 집행에 대하여는 강제집행에 관한 규정을 준용한다. 다만, 아래의 여러 조문과 같이 차이가 나는 경우에는 그러하지 아니하다.

제292조(집행개시의 요건)

① 가압류에 대한 재판이 있은 뒤에 채권자나 채무자의 승계가 이루어진 경우에 가압류의 재판을 집행하려면 집행문을 덧붙여야 한다.

② 가압류에 대한 재판의 집행은 채권자에게 재판을 고지한 날부터 2주를 넘긴 때에는 하지 못한다. <개정 2005.1.27>

③ 제2항의 집행은 채무자에게 재판을 송달하기 전에도 할 수 있다.

제293조(부동산가압류집행)

① 부동산에 대한 가압류의 집행은 가압류재판에 관한 사항을 등기부에 기입하여야 한다.

② 제1항의 집행법원은 가압류재판을 한 법원으로 한다.

③ 가압류등기는 법원사무관등이 촉탁한다.

제294조(가압류를 위한 강제관리)

가압류의 집행으로 강제관리를 하는 경우에는 관리인이 청구채권액에 해당하는 금액을 지급받아 공탁하여야 한다.

제295조(선박가압류집행)

① 등기할 수 있는 선박에 대한 가압류를 집행하는 경우에는 가압류등기를 하는 방법이나 집행관에게 선박국적증서등을 선장으로부터 받아 집행법원에 제출하도록 명하는 방법으로 한다. 이들 방법은 함께 사용할 수 있다.

② 가압류등기를 하는 방법에 의한 가압류집행은 가압류명령을 한 법원이, 선박국적증서등을 받아 제출하도록 명하는 방법에 의한 가압류집행은 선박이 정박하여 있는 곳을 관할하는 지방법원이 집행법원으로서 관할한다.

③ 가압류등기를 하는 방법에 의한 가압류의 집행에는 제293조제3항의 규정을 준용한다.

제296조(동산가압류집행)

① 동산에 대한 가압류의 집행은 압류와 같은 원칙에 따라야 한다.

② 채권가압류의 집행법원은 가압류명령을 한 법원으로 한다.

③ 채권의 가압류에는 제3채무자에 대하여 채무자에게 지급하여서는 아니 된다는 명령만을 하여야 한다.

④ 가압류한 금전은 공탁하여야 한다.

⑤ 가압류물은 현금화를 하지 못한다. 다만, 가압류물을 즉시 매각하지 아니하면 값이 크게 떨어질 염려가 있거나 그 보관에 지나치게 많은 비용이 드는 경우에는 집행관은 그 물건을 매각하여 매각대금을 공탁하여야 한다.

제297조(제3채무자의 공탁)

제3채무자가 가압류 집행된 금전채권액을 공탁한 경우에는 그 가압류의 효력은 그 청구채권액에 해당하는 공탁금액에 대한 채무자의 출급청구권에 대하여 존속한다.

제298조(가압류취소결정의 취소와 집행)

① 가압류의 취소결정을 상소법원이 취소한 경우로서 법원이 그 가압류의 집행기관이 되는 때에는 그 취소의 재판을 한 상소법원이 직권으로 가압류를 집행한다. <개정 2005.1.27>
② 제1항의 경우에 그 취소의 재판을 한 상소법원이 대법원인 때에는 채권자의 신청에 따라 제1심 법원이 가압류를 집행한다.
[제목개정 2005.1.27]

제299조(가압류집행의 취소)
① 가압류명령에 정한 금액을 공탁한 때에는 법원은 결정으로 집행한 가압류를 취소하여야 한다. <개정 2005.1.27>
② 삭제 <2005.1.27>
③ 제1항의 취소결정에 대하여는 즉시항고를 할 수 있다.
④ 제1항의 취소결정에 대하여는 제17조제2항의 규정을 준용하지 아니한다.

제300조(가처분의 목적)
① 다툼의 대상에 관한 가처분은 현상이 바뀌면 당사자가 권리를 실행하지 못하거나 이를 실행하는 것이 매우 곤란할 염려가 있을 경우에 한다.
② 가처분은 다툼이 있는 권리관계에 대하여 임시의 지위를 정하기 위하여도 할 수 있다. 이 경우 가처분은 특히 계속하는 권리관계에 끼칠 현저한 손해를 피하거나 급박한 위험을 막기 위하여, 또는 그 밖의 필요한 이유가 있을 경우에 하여야 한다.

제301조(가압류절차의 준용)
가처분절차에는 가압류절차에 관한 규정을 준용한다. 다만, 아래의 여러 조문과 같이 차이가 나는 경우에는 그러하지 아니하다.

제302조
삭제 <2005.1.27>

제303조(관할법원)
가처분의 재판은 본안의 관할법원 또는 다툼의 대상이 있는 곳을 관할하는 지방법원이 관할한다.

제304조(임시의 지위를 정하기 위한 가처분)
제300조제2항의 규정에 의한 가처분의 재판에는 변론기일 또는 채무자가 참석할 수 있는 심문기일을 열어야 한다. 다만, 그 기일을 열어 심리하면 가처분의 목적을 달성할 수 없는 사정이 있는 때에는 그러하지 아니하다.

제305조(가처분의 방법)
① 법원은 신청목적을 이루는 데 필요한 처분을 직권으로 정한다.
② 가처분으로 보관인을 정하거나, 상대방에게 어떠한 행위를 하거나 하지 말도록, 또는 급여를 지급하도록 명할 수 있다.
③ 가처분으로 부동산의 양도나 저당을 금지한 때에는 법원은 제293조의 규정을 준용하여 등기부에 그 금지한 사실을 기입하게 하여야 한다.

제306조(법인임원의 직무집행정지 등 가처분의 등기촉탁)
법원사무관등은 법원이 법인의 대표자 그 밖의 임원으로 등기된 사람에 대하여 직무의 집행을 정지하거나 그 직무를 대행할 사람을 선임하는 가처분을 하거나 그 가처분을 변경·취소한 때에는, 법인의 주사무소 및 분사무소 또는 본점 및 지점이 있는 곳의 등기소에 그 등기를 촉탁하여야 한다. 다만, 이 사항이 등기하여야 할 사항이 아닌 경우에는 그러하지 아니하다.

제307조(가처분의 취소)
① 특별한 사정이 있는 때에는 담보를 제공하게 하고 가처분을 취소할 수 있다.
② 제1항의 경우에는 제284조, 제285조 및 제286조제1항 내지 제4항·제6항·제7항의 규정을 준용한다. <개정 2005.1.27>

제308조(원상회복재판)
가처분을 명한 재판에 기초하여 채권자가 물건을 인도받거나, 금전을 지급받거나 또는 물건을 사용·보관하고 있는 경우에는, 법원은 가처분을 취소하는 재판에서 채무자의 신청에 따라 채권자에 대하여 그 물건이나 금전을 반환하도록 명할 수 있다.

제309조(가처분의 집행정지)
① 소송물인 권리 또는 법률관계가 이행되는 것과 같은 내용의 가처분을 명한 재판에 대하여 이의신청이 있는 경우에, 이의신청으로 주장한 사유가 법률상 정당한 사유가 있다고 인정되고 주장사실에 대한 소명이 있으며, 그

집행에 의하여 회복할 수 없는 손해가 생길 위험이 있다는 사정에 대한 소명이 있는 때에는, 법원은 당사자의 신청에 따라 담보를 제공하게 하거나 담보를 제공하게 하지 아니하고 가처분의 집행을 정지하도록 명할 수 있고, 담보를 제공하게 하고 집행한 처분을 취소하도록 명할 수 있다.

② 제1항에서 규정한 소명은 보증금을 공탁하거나 주장이 진실함을 선서하는 방법으로 대신할 수 없다.

③ 재판기록이 원심법원에 있는 때에는 원심법원이 제1항의 규정에 의한 재판을 한다.

④ 법원은 이의신청에 대한 결정에서 제1항의 규정에 의한 명령을 인가·변경 또는 취소하여야 한다.

⑤ 제1항·제3항 또는 제4항의 규정에 의한 재판에 대하여는 불복할 수 없다.

[전문개정 2005.1.27]

제310조(준용규정)

제301조에 따라 준용되는 제287조제3항, 제288조제1항 또는 제307조의 규정에 따른 가처분취소신청이 있는 경우에는 제309조의 규정을 준용한다.

[전문개정 2005.1.27]

제311조(본안의 관할법원)

이 편에 규정한 본안법원은 제1심 법원으로 한다. 다만, 본안이 제2심에 계속된 때에는 그 계속된 법원으로 한다.

제312조(재판장의 권한)

급박한 경우에 재판장은 이 편의 신청에 대한 재판을 할 수 있다. <개정 2005.1.27.>

부칙 <제6627호,2002.1.26>

제1조 (시행일) 이 법은 2002년 7월 1일부터 시행한다.

제2조 (계속사건에 관한 경과조치) ①이 법 시행전에 신청된 집행사건에 관하여는 종전의 규정에 따른다.

②이 법 시행 당시 종전의 민사소송법의 규정에 따라 이 법 시행전에 행한 집행처분 그 밖의 행위는 이 법의 적용에 관하여는 이 법의 해당 규정에 따라 한 것으로 본다.

③제1항 및 제2항에 규정한 것 외에 이 법의 시행 당시 이미 법원에 계속되거나 집행관이 취급하고 있는 사건의 처리에 관하여 필요한 사항은 대법원규칙으로 정한다.

제3조 (관할에 관한 경과조치) 이 법 시행 당시 법원에 계속중인 사건은 이 법에 따라 관할권이 없는 경우에도 종전의 규정에 따라 관할권이 있으면 그에 따른다.

제4조 (법정기간에 대한 경과조치) 이 법 시행 전부터 진행된 법정기간과 그 계산은 종전의 규정에 따른다.

제5조 (법 적용의 시간적 범위) 이 법은 이 법 시행전에 생긴 사항에도 적용한다. 다만, 종전의 규정에 따라 생긴 효력에는 영향을 미치지 아니한다.

제6조 (다른 법률의 개정) ①가등기담보등에관한법률중 다음과 같이 개정한다.

제16조제2항 단서중 "민사소송법 제661조제1항제2호"를 "민사집행법 제144조제1항제2호"로 한다.

②가사소송법중 다음과 같이 개정한다.

제63조제1항 후단중 "민사소송법 제696조 내지 제723조"를 "민사집행법 제276조 내지 제312조"로 하고, 같은 조제3항중 "민사소송법 제705조"를 "민사집행법 제287조"로 한다.

③가정폭력범죄의처벌등에관한특례법중 다음과 같이 개정한다.

제61조제1항중 "민사소송법"을 "민사집행법"으로 한다.

④건설산업기본법중 다음과 같이 개정한다.

제59조제4항중 "민사소송절차"를 "민사집행절차"로, "민사소송법 제566조"를 "민사집행법 제233조"로 한다.

⑤공공차관의도입및관리에관한법률중 다음과 같이 개정한다.

제11조제2항중 "민사소송법"을 "민사집행법"으로 한다.

⑥공무원범죄에관한몰수특례법중 다음과 같이 개정한다.

제27조제7항을 다음과 같이 한다.

⑦민사집행법 제83조제2항·제94조제2항 및 제95조의 규정은 부동산의 몰수보전에 관하여 이를 준용한다. 이 경우 같은 법 제83조제2

항중 "채무자"는 "몰수보전재산을 가진 자"로, 제94조제2항중 "제1항" 및 제95조중 "제94조"는 "공무원범죄에관한몰수특례법 제27조제4항"으로, 제95조중 "법원"은 "검사"로 본다.
제30조제4항을 다음과 같이 한다.
④민사집행법 제228조, 제248조제1항 및 제4항 본문의 규정은 채권의 몰수보전에 관하여 이를 준용한다. 이 경우 동법 제228조제1항중 "압류"는 "몰수보전"으로, "채권자"는 "검사"로, 제228조제1항 및 제2항중 "압류명령" 및 제248조제1항중 "압류"는 "몰수보전명령"으로, 제248조제1항 및 제4항 본문중 "제3채무자"는 "채무자"로, 같은 조제4항중 "법원"은 "몰수보전명령을 발한 법원"으로 본다.
제31조제3항을 다음과 같이 한다.
③제27조제3항 내지 제6항과 민사집행법 제94조제2항 및 제95조의 규정은 기타 재산권중 권리의 이전에 등기 등을 요하는 경우에 이를 준용한다. 이 경우 같은 법 제94조제2항중 "제1항" 및 제95조중 "제94조"는 "공무원범죄에관한몰수특례법 제31조제3항에서 준용한 제27조제4항"으로, 제95조중 "법원"은 "검사"로 본다.
제35조제4항중 "민사소송법 제584조제1항"을 "민사집행법 제251조제1항"으로 한다.
제36조제5항중 "민사소송법 제580조"를 "민사집행법 제247조"로, "제581조제3항"을 "제248조제4항"으로 한다.
제38조제2항 후단중 "민사소송법"을 "민사집행법"으로, "동법 제510조제2호"를 "같은 법 제49조제2호"로 한다.
제39조제2항 후단중 "민사소송법"을 "민사집행법"으로, "동법 제726조제1항제5호(동법 제729조 및 제732조에서 준용하는 경우를 포함한다)"를 "같은 법 제266조제1항제5호(같은 법 제269조 및 제272조에서 준용하는 경우를 포함한다)"로 한다.
제44조제1항 후단 및 같은 조제3항 전단중 "민사소송법"을 각각 "민사집행법"으로 한다.
⑦공장저당법중 다음과 같이 개정한다.
제62조중 "민사소송법 제661조"를 "민사집행법 제144조"로 한다.
⑧공증인법중 다음과 같이 개정한다.

제56조의2제4항중 "민사소송법 제519조"를 "민사집행법 제56조"로, "채무명의"를 "집행권원"으로 하고, 같은 조제5항중 "채무명의"를 "집행권원"으로 한다.
제56조의4제1항 본문중 "민사소송법 제519조제3호"를 "민사집행법 제56조제4호"로, "동법 제490조제2항 및 동조제3항"을 "같은 법 제39조제2항 및 같은 조제3항"으로 한다.
⑨관광진흥법중 다음과 같이 개정한다.
제8조제2항중 "민사소송법"을 "민사집행법"으로 한다.
⑩광업재단저당법중 다음과 같이 개정한다.
제12조제2항중 "민사소송법 제648조"를 "민사집행법 제138조"로 한다.
⑪국가유공자등예우및지원에관한법률중 다음과 같이 개정한다.
제61조제1항 전단중 "민사소송법"을 "민사집행법"으로 하고, 같은 항 후단중 "민사소송법 제625조"를 "민사집행법 제113조"로 한다.
⑫국가채권관리법중 다음과 같이 개정한다.
제15조제2호중 "채무명의"를 각각 "집행권원"으로 하고, 같은 조제3호중 "채무명의취득절차"를 "집행권원취득절차"로 한다.
제29조제2항중 "채무명의"를 각각 "집행권원"로 한다.
⑬국토이용관리법중 다음과 같이 개정한다.
제21조의9제2항중 "민사소송법"을 "민사집행법"으로 한다.
⑭군사법원법중 다음과 같이 개정한다.
제520조제4항중 "민사소송법"을 "민사집행법"으로 한다.
⑮금융기관부실자산등의효율적처리및한국자산관리공사의설립에관한법률중 다음과 같이 개정한다.
제26조제1항제1호중 "민사소송법"을 "민사소송법 및 민사집행법"으로 한다.
제45조중 "민사소송법"을 "민사집행법"으로, "민사소송법 제625조"를 "민사집행법 제113조"로 한다.
제45조의2제1항중 "민사소송법"을 "민사집행법"으로 한다.
<16>기업활동규제완화에관한특별조치법중 다음과 같이 개정한다.

제60조의13제1항중 "민사소송법"을 "민사집행법"으로 한다.

<17>농업협동조합의구조개선에관한법률중 다음과 같이 개정한다.

제30조제2호 및 제32조중 "민사소송법"을 각각 "민사집행법"으로 한다.

<18>담보부사채신탁법중 다음과 같이 개정한다.

제72조제1항중 "민사소송법"을 "민사집행법"으로 한다.

<19>마약류불법거래방지에관한특례법중 다음과 같이 개정한다.

제37조제7항을 다음과 같이 한다.

⑦민사집행법 제83조제2항·제94조제2항 및 제95조의 규정은 부동산의 몰수보전에 관하여 이를 준용한다. 이 경우 같은 법 제83조제2항중 "채무자"는 "몰수보전재산을 가진 자"로, 같은 법 제94조제2항중 "제1항" 및 같은 법 제95조중 "제94조"는 "마약류불법거래방지에관한특례법 제37조제4항"으로, 같은 법 제95조중 "법원"은 "검사"로 본다.

제40조제5항을 다음과 같이 한다.

⑤민사집행법 제228조의 규정은 채권의 몰수보전에 관하여 이를 준용한다. 이 경우 같은 법 제228조제1항중 "압류"는 "몰수보전"으로, "채권자"는 "검사"로, 같은 조제1항 및 제2항중 "압류명령"은 "몰수보전명령"으로 본다.

제41조제3항 전단중 "민사소송법 제611조제2항·제612조"를 "민사집행법 제94조제2항 및 제95조"로 하고, 동항 후단을 다음과 같이 한다. 이 경우 민사집행법 제94조제2항중 "제1항" 및 같은 법 제95조중 "제94조"는 "마약류불법거래방지에관한특례법 제41조제3항의 규정에 의하여 준용되는 제37조제4항"으로, 같은 법 제95조중 "법원"은 "검사"로 본다.

제45조제4항중 "민사소송법 제584조제1항"을 "민사집행법 제251조제1항"으로 한다.

제46조제5항중 "민사소송법 제580조"를 "민사집행법 제247조"로, "제581조제3항"을 "제248조제4항"으로 한다.

제48조제2항 후단중 "민사소송법"을 "민사집행법"으로, "제510조제2호"를 "제49조제2호"로 한다.

제49조제2항 후단중 "민사소송법"을 "민사집행법"으로, "제726조제1항제5호(같은 법 제729조 및 제732조에서 준용하는 경우를 포함한다)."를 "제266조제1항제5호(같은 법 제269조 및 제272조에서 준용하는 경우를 포함한다)."로 한다.

제54조제1항 및 제3항 전단중 "민사소송법"을 각각 "민사집행법"으로 한다.

<20>먹는물관리법중 다음과 같이 개정한다.

제22조제2항 전단중 "민사소송법"을 "민사집행법"으로 한다.

<21>보안관찰법중 다음과 같이 개정한다.

제24조중 "민사소송법"을 "민사집행법"으로 한다.

<22>비송사건절차법중 다음과 같이 개정한다.

제29조제2항 전단중 "민사소송법 제6편"을 "민사집행법"으로 한다.

제107조제5호를 삭제한다.

제249조제2항 전단중 "민사소송법 제7편"을 "민사집행법"으로 한다.

<23>사료관리법중 다음과 같이 개정한다.

제8조제4항중 "민사소송법"을 "민사집행법"으로 한다.

<24>사행행위등규제및처벌특례법중 다음과 같이 개정한다.

제9조제2항 전단중 "민사소송법"을 "민사집행법"으로 한다.

<25>석유사업법중 다음과 같이 개정한다.

제7조제2항중 "민사소송법"을 "민사집행법"으로 한다.

<26>석탄산업법중 다음과 같이 개정한다.

제20조제2항중 "민사소송법"을 "민사집행법"으로 한다.

<27>선박소유자등의책임제한절차에관한법률중 다음과 같이 개정한다.

제4조중 "민사소송법"을 "민사소송법 및 민사집행법"으로 한다.

제29조제2항중 "민사소송법 제505조"를 "민사집행법 제44조"로 한다.

제30조제3항중 "민사소송법 제507조와 제508조"를 "민사집행법 제46조 및 제47조"로 한다.

<28>소방법중 다음과 같이 개정한다.

제19조제2항 전단중 "민사소송법"을 "민사집행법"으로 한다.

<29> 소송촉진등에관한특례법중 다음과 같이 개정한다.

제34조제1항중 "민사소송법"을 "민사집행법"으로 하고, 같은 조제4항중 "민사소송법 제505조제2항 전단"을 "민사집행법 제44조제2항"으로 한다.

<30> 소프트웨어산업진흥법중 다음과 같이 개정한다.

제32조제5항중 "민사소송절차"를 "민사집행절차"로, "민사소송법"을 "민사집행법"으로 한다.

<31> 수질환경보전법중 다음과 같이 개정한다.

제11조의2제2항 및 제43조의4제2항중 "민사소송법"을 각각 "민사집행법"으로 한다.

<32> 식품위생법중 다음과 같이 개정한다.

제25조제2항 전단중 "민사소송법"을 "민사집행법"으로 한다.

<33> 신탁법중 다음과 같이 개정한다.

제21조제2항 후단중 "민사소송법 제509조"를 "민사집행법 제48조"로 한다.

<34> 액화석유가스의안전및사업관리법중 다음과 같이 개정한다.

제7조제2항 전단중 "민사소송법"을 "민사집행법"으로 한다.

<35> 염관리법중 다음과 같이 개정한다.

제5조제2항중 "민사소송법"을 "민사집행법"으로 한다.

<36> 유류오염손해배상보장법중 다음과 같이 개정한다.

제13조제2항중 "민사소송법 제477조제2항"을 "민사집행법 제27조제2항"으로, "외국판결이 제203조의 조건을 구비하지 아니한 때"를 "외국판결이 민사소송법 제217조의 조건을 갖추지 아니한 때"로 한다.

<37> 음반·비디오물및게임물에관한법률중 다음과 같이 개정한다.

제33조제2항중 "민사소송법"을 "민사집행법"으로 한다.

<38> 응급의료에관한법률중 다음과 같이 개정한다.

제54조제2항중 "민사소송법"을 "민사집행법"으로 한다.

<39> 자동차관리법중 다음과 같이 개정한다.

제14조중 "민사소송법"을 "민사집행법"으로 한다.

<40> 정기간행물의등록등에관한법률중 다음과 같이 개정한다.

제19조제1항중 "민사소송법 제693조"를 "민사집행법 제261조"로 하고, 같은 제4항 본문중 "민사소송법"을 "민사집행법"으로 하며, 같은 단서중 "민사소송법 제697조 및 제705조"를 "민사집행법 제277조 및 제287조"로 한다.

<41> 정보통신공사업법중 다음과 같이 개정한다.

제48조제4항중 "민사소송절차"를 "민사집행절차"로, "민사소송법"을 "민사집행법"으로 한다.

<42> 주택임대차보호법중 다음과 같이 개정한다.

제3조의2제1항중 "채무명의"를 "집행권원"으로, "민사소송법 제491조의2"를 "민사집행법 제41조"로 하고, 같은 조제2항중 "민사소송법"을 "민사집행법"으로 하며, 같은 조제5항중 "민사소송법 제590조 내지 제597조"를 "민사집행법 제152조 내지 제161조"로 한다.

제3조의3제3항중 "민사소송법 제700조제1항, 제701조, 제703조, 제704조, 제706조제1항·제3항·제4항 전단, 제707조, 제710조"를 "민사집행법 제280조제1항, 제281조, 제283조, 제285조, 제286조, 제288조제1항·제2항·제3항 전단, 제289조제1항 내지 제4항, 제290조제2항중 제288조제1항에 대한 부분, 제291조, 제293조"로 한다.

제3조의5 본문중 "민사소송법"을 "민사집행법"으로 한다.

<43> 집단에너지사업법중 다음과 같이 개정한다.

제12조제2항중 "민사소송법"을 "민사집행법"으로 한다.

<44> 집행관법중 다음과 같이 개정한다.

제15조제2항중 "민사소송법 제536조"를 "민사집행법 제200조"로 한다.

제17조제2항중 "민사소송법 제496조제2항"을

"민사집행법 제5조제2항"으로 한다.

<45>청소년기본법중 다음과 같이 개정한다.
제34조제2항중 "민사소송법"을 "민사집행법"으로 한다.

<46>축산물가공처리법중 다음과 같이 개정한다.
제26조제2항중 "민사소송법"을 "민사집행법"으로 한다.

<47>토양환경보전법중 다음과 같이 개정한다.
제23조제3항제4호중 "민사소송법"을 "민사집행법"으로 한다.

<48>파산법중 다음과 같이 개정한다.
제6조제3항 단서중 "민사소송법 제532조제4호 내지 제6호 및 제579조"를 "민사집행법 제195조제4호 내지 제6호 및 제246조제1항"으로 한다.
제99조의 제목 및 본문중 "민사소송법"을 각각 "민사소송법 및 민사집행법"으로 한다.
제192조 및 제193조제1항 전단중 "민사소송법"을 각각 "민사집행법"으로 한다.
제259조제2항 후단 및 제300조제2항중 "민사소송법 제478조 내지 제517조"를 각각 "민사집행법 제2조 내지 제18조, 제20조, 제28조 내지 제55조"로 한다.

<49>폐기물관리법중 다음과 같이 개정한다.
제24조제5항 후단중 "민사소송법"을 "민사집행법"으로 한다.

<50>항만운송사업법중 다음과 같이 개정한다.
제23조제3항중 "민사소송법"을 "민사집행법"으로 한다.

<51>해운법중 다음과 같이 개정한다.
제18조제2항중 "민사소송법"을 "민사집행법"으로 한다.

<52>행정소송법중 다음과 같이 개정한다.
제8조제2항중 "민사소송법"을 "민사소송법 및 민사집행법"으로 한다.
제34조제2항중 "민사소송법 제694조"를 "민사집행법 제262조"로 한다.

<53>형사소송법중 다음과 같이 개정한다.
제477조제3항 단서 및 제493조중 "민사소송법"을 각각 "민사집행법"으로 한다.

<54>화의법중 다음과 같이 개정한다.
제11조제2항중 "민사소송법"을 "민사소송법 및 민사집행법"으로 한다.

<55>회사정리법중 다음과 같이 개정한다.
제8조중 "민사소송법"을 "민사소송법 및 민사집행법"으로 한다.
제81조중 "채무명의"를 "집행권원"으로 한다.
제245조제3항 전단중 "민사소송법 제478조 내지 제517조"를 "민사집행법 제2조 내지 제18조, 제20조, 제28조 내지 제55조"로 하고, 같은 항 후단중 "동법 제483조, 제505조와 제506조"를 "민사집행법 제33조·제44조 및 제45조"로 한다.

제7조 (다른 법률과의 관계) ①이 법 시행 당시 다른 법률에서 종전의 민사소송법의 규정을 인용한 경우에 이 법중 그에 해당하는 규정이 있는 때에는 이 법의 해당 규정을 인용한 것으로 본다.
②이 법 시행 당시 다른 법률에서 규정한 "재산관계명시절차"와 "채무명의"는 각각 "재산명시절차"와 "집행권원"으로 본다.

부칙 <제7358호,2005.1.27>
제1조 (시행일) 이 법은 공포 후 6월이 경과한 날부터 시행한다.
제2조 (계속사건에 관한 경과조치) 이 법 시행 전에 신청된 재산조회 사건·동산에 대한 강제집행 사건·보전명령 사건·보전명령에 대한 이의 및 취소신청 사건에 관하여는 종전의 규정에 의한다. 다만, 보전명령이 종국판결로 선고된 경우에는 이에 대한 상소 또는 취소신청이 이 법 시행 후에 된 경우에도 종전의 규정에 의한다.
제3조 (다른 법률의 개정) ①상가건물임대차보호법중 다음과 같이 개정한다.
제6조제3항 전단중 "민사집행법 제280조제1항, 제281조, 제283조, 제285조, 제286조, 제288조제1항·제2항·제3항 본문, 제289조제1항 내지 제4항"을 "민사집행법 제280조제1항, 제281조, 제283조, 제285조, 제286조, 제288조제1항·제2항 본문, 제289조"로 한다.
②주택임대차보호법중 다음과 같이 개정한다.
제3조의3제3항 전단중 "민사집행법 제280조

제1항, 제281조, 제283조, 제285조, 제286조, 제288조제1항·제2항·제3항 전단, 제289조 제1항 내지 제4항"을 "민사집행법 제280조제1항, 제281조, 제283조, 제285조, 제286조, 제288조제1항·제2항 본문, 제289조"로 한다.

③개인채무자회생법중 다음과 같이 개정한다. 제25조제1항 단서중 "민사집행법 제246조(압류금지채권)제1항제4호"를 "민사집행법 제246조(압류금지채권)제1항제4호·제5호"로 한다.

제4조 (다른 법령과의 관계) 이 법 시행 당시 다른 법령에서 종전의 민사집행법의 규정을 인용한 경우에 이 법 중 그에 해당하는 규정이 있는 때에는 그 규정에 갈음하여 이 법의 해당 규정을 인용한 것으로 본다.

부칙(상법) ＜제8581호,2007.8.3＞
제1조 (시행일) 이 법은 공포 후 1년이 경과한 날부터 시행한다. ＜단서 생략＞
제2조부터 제8조까지 생략
제9조 (다른 법률의 개정) ①민사집행법 일부를 다음과 같이 개정한다.
제185조제3항 중 "상법 제760조"를 "「상법」 제764조"로 한다.
②부터 ⑤까지 생략

부칙(소형선박저당법) ＜제8622호,2007.8.3＞
①(시행일) 이 법은 2008년 7월 1일부터 시행한다.
②생략
③(다른 법률의 개정) 민사집행법 일부를 다음과 같이 개정한다.
제187조 및 제270조 중 "건설기계"를 각각 "건설기계·소형선박(「소형선박저당법」 제2조에 따른 소형선박을 말한다)"으로 한다.

부칙(자동차 등 특정동산 저당법) ＜제9525호, 2009.3.25＞
제1조(시행일) 이 법은 공포 후 6개월이 경과한 날부터 시행한다.
제2조 및 제3조 생략
제4조(다른 법률의 개정) ① 생략
② 민사집행법 일부를 다음과 같이 개정한다.

제187조 및 제270조 중 "「소형선박저당법」 제2조"를 각각 "「자동차 등 특정동산 저당법」 제3조제2호"로 한다.
③ 생략
제5조 생략

부칙 ＜제10376호,2010.7.23＞
이 법은 공포 후 3개월이 경과한 날부터 시행한다. 다만, 제246조제1항제6호의 개정규정은 공포한 날부터 시행한다.

부칙 ＜제10539호,2011.4.5＞
①(시행일) 이 법은 공포 후 3개월이 경과한 날부터 시행한다.
②(적용례) 제246조제1항제7호·제8호 및 같은 조 제2항의 개정규정은 이 법 시행 후 최초로 접수된 압류명령 신청 및 취소사건부터 적용한다.

부칙(부동산등기법) ＜제10580호, 2011.4.12＞
제1조(시행일) 이 법은 공포 후 6개월이 경과한 날부터 시행한다. ＜단서 생략＞
제2조 및 제3조 생략
제4조(다른 법률의 개정) ①부터 ＜18＞까지 생략
＜19＞ 민사집행법 일부를 다음과 같이 개정한다.
제81조제1항제1호 중 "등기부등본"을 "등기사항증명서"로 한다.
제84조제5항 전단 중 "등기부등본"을 "등기사항증명서"로 한다.
제95조의 제목 "(등기부등본의 송부)"를 "(등기사항증명서의 송부)"로 하고, 같은 조 중 "등기부의 등본"을 "등기사항증명서"로 한다.
제266조제1항제1호 중 "등기부의 등본"을 "등기사항증명서"로 한다.
제273조제1항 중 "등기부"를 "등기사항증명서"로 한다.
＜20＞부터 ＜42＞까지 생략
제5조 생략

부칙 <제12588호,2014.5.20>
이 법은 공포한 날부터 시행한다.

부칙 <제13286호,2015.5.18>
이 법은 공포 후 6개월이 경과한 날부터 시행한다.

부칙(민사소송법) <제13952호, 2016.2.3>
제1조(시행일) 이 법은 공포 후 1년이 경과한 날부터 시행한다.
제2조 및 제3조 생략
제4조(다른 법률의 개정) ① 생략
② 민사집행법 일부를 다음과 같이 개정한다.
제52조제3항 중 "민사소송법 제62조제3항 내지 제6항의 규정"을 "「민사소송법」 제62조제2항부터 제5항까지의 규정"으로 한다.

■ 판례색인 ■

‖ 공저자 약력 ‖

전 장 헌

- 단국대학교 일반대학원 법학박사(민사법 전공)
- Northwestern University School of Law Master of Laws(법학석사)
- 현) 한국부동산경매학회 초대 회장
- 현) 한국법학회 제20대 회장
- 현) 단국대학교 정책경영대학원 특수법무학과(부동산경매법학 전공) 주임교수
- 현) 단국대학교 법정대학 법무행정학과 교수/학과장

이 영 행

- 부동산학 박사
- 현) 알랩 부동산연구소 소장
- 전) 나사렛대학교 자산관리최고위과정(CEO) 책임교수
- 전) 나사렛대학교 평생교육원 부동산학전공 주임교수
- 전) 나사렛대학교 평생교육원 부동산실전투자(주/야) 교수
- 전) 대전, 세종, 충남 전문건설협회 부동산 자문위원
- 전) 천안시 아파트 입주자 대표회의 법률자문위원
- 전) 단국대학교 평생교육원(죽전) 경매 분석사 과정 강사
- 전) 나사렛대학교 평생교육원 경매 분석사과정 강사
- 전) 한국부동산경매학회 최우수논문상, 우수논문상, 장관 표창등 30회의 상장 및 표창 수상
- 현) 미국, Midwest University 부동산 & 경매 전공 박사과정 주임교수
- 현) 단국대학교 정책경영대학원 특수법무학과(법학석사과정) 교수
- 현) 한국공인중개사 협회 충남도지부 공인중개사실무교육 전임교수(모의현장실습/공경매)
- 현) 천안시청 생활법률 무료상담관(부동산 임대차 상담)
- 현) 천안시청 규제개혁 위원회 위원장
- 현) 한국법학회 국제부회장
- 현) 한국부동산경매학회 수석부회장 및 편집위원
- 현) 한국부동산경매법제연구원 부원장
- 현) 충청남도 도시계획위원회 위원

신 재 오

- 법원 29년 근무
- 등기소장 , 회생 조사위원 및 참여관
- 법원 신청, 집행, 민사과장 각 역임
- 변호사 및 법무사에 대한 회생절차 강의
- 기업체 대표에 대한 회생절차 강의
- 우정연수원에 대한 민사신청·집행 강의
- 단국대 및 나사렛대 등 민사집행법 강의 다수
- 법원부이사관 퇴직
- 현) 법원집행관

최 근 묵

- 법원행시 16기
- 사법보좌관, 민사신청, 민사집행과장 등 역임
- 단국대학교 민사집행법 강의
- 현) 서울가정법원 가족관계등록과장

부동산경매론

초판발행   2021년 10월 8일

지은이   전장헌 · 이영행 · 신재오 · 최근묵
펴낸이   안종만 · 안상준

편 집   김상인
기획/마케팅   오치웅
표지디자인   BEN STORY
제 작   고철민 · 조영환

펴낸곳   (주) **박영사**
                서울특별시 금천구 가산디지털2로 53, 210호(가산동, 한라시그마밸리)
                등록 1959. 3. 11. 제300-1959-1호(倫)
전 화   02)733-6771
f a x   02)736-4818
e-mail   pys@pybook.co.kr
homepage   www.pybook.co.kr
ISBN   979-11-303-1383-2 93320

copyright©전장헌 · 이영행 · 신재오 · 최근묵, 2021, Printed in Korea

* 파본은 구입하신 곳에서 교환해 드립니다. 본서의 무단복제행위를 금합니다.
* 저자와 협의하여 인지첩부를 생략합니다.

정 가   34,000원